違いがありつつ、ひとつ

試論「十全のイエス・キリスト」へ

鈴木道也［著］

YOBEL, Inc.

推薦の言葉

鈴木道也という若手の牧師が実に見事な、画期的な神学論文を完成させました。「試論」ではありますが、よくぞここまで徹底して考え抜き、提言してくれたと襟《えり》を正させられます。このたびヨベルから出版される運びとなり、僭越《せんえつ》ですが、私が推薦の言葉を紡《つむ》ぎます。

まず、著者について紹介いたします。鈴木道也氏は岩手県にある日本基督教団 花巻教会の牧師です。奥羽教区主事を務め、岩手・秋田・青森3県にまたがる地方教区の陰の立役者でもあります。２０１３年に東京神学大学大学院を修了と同時に、花巻に着任しました。神学校に入学する以前には、北海道大学文学部で学び、小説家を目指したという経歴があります。著者には人の心に届く言葉を紡ぎ出す力があり、また事柄を深く探求して、それを的確に言語化できる優れた才能があります。かつて私は神学大学で鈴木牧師の修士論文の指導をしましたが、提出された論文は難解なヨブ記の思想を深くえぐり、独自の発想で論じ切った見事な聖書神学論文でした。

その著者がほぼ10年の歳月を費やし、思索し続けて言語化した試論が本書『違いがありつつ、ひとつ――試論「十全《じゅうぜん》のイエス・キリスト」へ』です。二部構成ですが、まず四つの福音書の関係について新約学の学術的知見を踏まえ、独自の仕方で説明します。福音書が相互に補完し合う関係性を論じるのです。現在の新約聖書学では、福音書研究は重箱の隅を突く議論に終始し、また伝承史、様式史、編集史という歴史批判的な方法によって四福音書の関係性を建設的に提示することはもはやできません。本書の考え方は歴史的な順序で各福音書の形成を辿って関係性を意味付けるという聖書神学的な方法です。私は30年前、ドイツ留学中に新約学者のA・リンデマンから本書の発想に近い福音書形成史を教わったことがあります。本書はそれをはるかに凌駕《りょうが》し、独自の神学的な発想で矛盾克服の提言をしています。本書の聖書学的議論については、新約聖書学の泰斗《たいと》である大貫隆先生が好意的に評価してくれました。

この第一部だけでも見事ですが、本書はこの結論に基づき、次の第二部では聖餐論を扱います。第一部の相互補完性という見通しを日本基督教団の分裂状況の打開に適用し、相反する聖餐理解の克服を提言します。聖書学から歴史神学へ、そして実践神学へとつながります。史的イエスと信仰のキリストの対立を克服する相互補完性という結論が、日本基督教団の対立を解消するための論拠となるのです。教会を担う牧師として、直面している現実の矛盾と対立を克服するために、徹底して考え抜き、聖書から解決策を導き出そうとする著者の姿勢に心が揺さぶられます。

一人の若手の牧師が、しかも地方教区の小さな教会で日々伝道と牧会に明け暮れている牧師が、もがきながら思索し続け、教会の閉塞打開のため自らの言葉を紡ぎ出して、このような神学的文書を仕上げました。このことを私は、同様に地方教区に身を置く者として誇らしく思います。この本は、教会の現場で日々苦闘している多くの牧師たちに読んでほしいと強く希望します。聖書を信じて生きる信徒の皆さんや、聖書を心の拠り所として読む人たちにも、『違いがありつつ、ひとつ —— 試論「十全のイエス・キリスト」へ』という本書が発する神学的知見は十分に理解可能ではないでしょうか。ともすると地方の牧師は学術的な神学の営みとは無縁のように思われますが、そうではありません。聖書と格闘し、手に入る限られた注解書や神学書に学びつつ、思索を重ねる中で、このような本を生み出すことができるのです。自己実現のためではありません。日本の教会と伝道のために、わずかであるとしても貢献はできるのです。若い世代を代表する一地方伝道者の、ひたすら学び続けようとする誠実な姿勢と伝道への情熱に私は惜しみない拍手を送ります。

２０２４年５月

日本旧約学会会長　小友聡

違いがありつつ、ひとつ

——試論「十全のイエス・キリスト」へ

目次

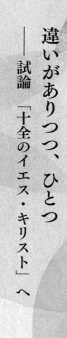

はじめに――本書の課題

「多様性」は、現代を生きる私たちにとって大切な言葉のひとつとなっています。多様性への理解を深めることは、いまを生きる私たちにとって不可欠の事柄です。と同時に、この言葉が指し示す範囲は広く、様々な文脈で使うことが出来る言葉なので、時に混乱を招いてしまうことがあるかもしれません。

多様性（ダイバーシティ）とセットとなる言葉として挙げられることが多いのが、包摂性《ほうせっせい》（インクルージョン）です。多様性と包摂性（ダイバーシティ&インクルージョン）は、違いをもった一人ひとりが、そのままに、誰一人排除されることなく包摂されている在り方のことを指します。私たちはどうすれば、違いを認め合い、互いを活かし合っていくことができるか。インクルーシブ（包摂的な）社会をいかに実現していくかは、今を生きる私たちにとって喫緊の課題のひとつです。

聖書を読んでいて思わされることは、そこに含まれるメッセージの多様さです。旧約聖書（ヘブライ語聖書）と新約聖書の中には、様々な立場から記された文書が含まれています。場合によっては、ある文書と文書との間に対照的な視点が見出されることもあります。

たとえば、新約聖書には四つの福音書《ふくいんしょ》が含まれており、それぞれに異なった視点をもっていることはよく知られている通りです。四つの福音書にはそれぞれ固有の視点があり、相違があります。それらの相違をそのままに保存し包摂しているのが、私たちが現在手にしている聖書の特徴です。聖書は、まさにそれ自体、多様性と包摂性を体現している書物だと受け止めることもできるでしょう。

聖書が体現する多様性と包摂性（ダイバーシティ&インクルージョン）——。本書なりに表現すると、それは、「違いがありつつ、ひとつ」である在り方です。違いを排してひとつになるのではなく、違いを通してひとつになる在り方を聖書は伝えています。固有性（かけがえのなさ）をもった存在として在りつつ、互いに補い合い、活かし合うという在り方。筆者の考えによれば、その「違いがありつつ、ひとつ」である在り方は、新約聖書の四福音書において最も良く体現されています。

本書の**第一部「違いがありつつ、ひとつ——四福音書の相違と相互補完性《そうごほかんせい》」**では四福音書を取り上げ、その相違と相互補完性について、本論としての仮説を提示したいと思います。それぞれの福音書に内在する固有の「キリスト像」を考察し、それらのキリスト像がどのように相互に補完し合っているのかを問うのが本書の課題です。よって、聖書学的見地から書かれている部分が多くありますが、根本的には、本書は教義学的（組織神学的）見地から書かれています。[1]

続く**第二部「「十全のイエス・キリスト」へ——伝統的な聖餐論《せいさんろん》と開かれた聖餐論の相違と相互補完性」**では、今日の聖餐論議を取り上げます。伝統的な聖餐論と開かれた聖餐論という、対照的な二つの聖餐論を考察し、その相違と相互補完性について問うのが第二部の課題です。

そして、伝統的な聖餐論と開かれた聖餐論を考察することを通して、四福音書に内在する「信仰告白のキリス

1　大貫隆先生の本論の第一部に対する総評より。《第一部全体の査読から判断するかぎり、この原稿全体が根本的には（旧約および新約）聖書学の土俵というよりも、むしろ教義学（組織神学）の土俵のもの。大貫が（史的イエスに用いた「全時的今」ではなく）ヨハネ福音書のキリスト論に用いた「全時的キリスト」を「十全のイエス・キリスト」と呼び換え、それに著者自身の「相互補完」という統合原理を加えて、全体の統一性を論証することが基本的意図》（大貫隆「鈴木道也『試論「十全のイエス・キリスト」へ』第一部へのメモ」）。大貫隆先生は本論の第一部を原稿の段階で査読くださり、詳細な論評を寄せてくださいました。心より感謝申し上げます。

ト像」と「生前のイエス像」の相違と相互補完性を論じていきたいと思います。信仰告白のキリスト像と生前のイエス像は本来、対立し合う関係にはなく、それぞれの固有の役割を通して、互いに補完し合う関係にあるというのが、第二部で提示したい仮説です。

そのために、新たに提示したい視点が、本書のタイトルともなっている「十全《じゅうぜん》のイエス・キリスト」という視点です。このキリスト像は、信仰告白のキリストと生前のイエスが結び合わされることによって立ち現れる（可視化される）キリスト像です。

十全のイエス・キリストは、本書の造語です。「十全」という語には、「ひとつの欠けもないこと」と「多様性がありつつひとつであること」の意味を込めています。このことは、本書が何か新しいキリスト像を創出しているることを意味するものではありません。この２０００年近くの間、私たちキリスト教会が「まことの神であり、まことの人である」と告白し続けてきたイエス・キリストを、また新たな視点と言葉で表現し直すことを試みているのが本書です。この十全のイエス・キリストの内には、信仰告白のキリスト（十字架－復活－昇天－再臨のキリスト）も、生前のイエスも、共に含まれています。十全のイエス・キリストが体現する「十全なる世界の在り方」を通して、いまを生きる私たちにとって重要な課題である多様性と包摂性（ダイバーシティ＆インクルージョン）について――本書なりに言い換えますと、「違いがありつつ、ひとつ」なるあり方について、ご一緒に考えを深めていければと願っています。

少数を多数に同化させようとする、あるいは違いを排除しようとする全体主義的な言説は、形を変えながら、私たち人間の歴史に繰り返し登場しています。これらの言説は、他者の存在のかけがえのなさ（固有性）を否定し、相互に補完し合う関係性を否定する力によって成り立っているように思います。そのような中にあって、四福音書に内在する「違いがありつつ、ひとつ」である在り方を言語化し、提示していくことは、キリスト教会のみならず、私たちが生きる社会においても重要な指針となり得るものと考えています。

父よ、
あなたがわたしの内におられ、
わたしがあなたの内にいるように、
すべての人を一つにしてください。
彼らもわたしたちの内にいるようにしてください。
そうすれば、世は、あなたがわたしをお遣わしになったことを、
信じるようになります。

（ヨハネによる福音書17章21節　『聖書　新共同訳』、日本聖書協会、１９８７年）

（ヴィクトル・ヴァスネツォフ『神言（かみことば）と神の子』、トレチャコフ美術館蔵）

第一部　違いがありつつ、ひとつ

――四福音書の相違と相互補完性

第1章　福音書に関する五つの疑問

1　相違をそのままに保存する四福音書

新約聖書の中には四つの福音書が収められています。マタイによる福音書、マルコによる福音書、ルカによる福音書、ヨハネによる福音書の四つです。

順番としてはマタイによる福音書がはじめに配置されていますが、最も早い年代に記されたのはマルコによる福音書です。一般に、マルコ福音書は紀元70年を過ぎて間もなくか、あるいは70年代に書かれたとされています。マルコ福音書がその年代に書かれたとされることが多いのは、福音書記者マルコが第一次ユダヤ戦争（66～70年）およびエルサレム神殿崩壊（70年）を踏まえて執筆をしていると考えられることが理由です。その場合、マルコ福音書は第二世代の年代に属する文書であることになります。本論はおおまかに、紀元30～60年を第一世代、60～90年を第二世代、90～120年を第三世代と区分しています。

その次に書かれたのはマタイによる福音書です。[2] 通説として、マタイによる福音書は紀元80年代～90年代（遅くとも100年頃）に書かれたとされています。このことを踏まえるなら、マタイ福音書は第二世代もしくは第三世代に属する文書となります。ルカによる福音書もマタイ福音書とほぼ同時期に記されたものと考えられます（ただし、本論はルカの執筆年代をマタイの少し後に位置付けています）。

最も遅い時期に記されたのはヨハネによる福音書で、ヨハネが成立したのはおそらく紀元90年代～100年代頃で

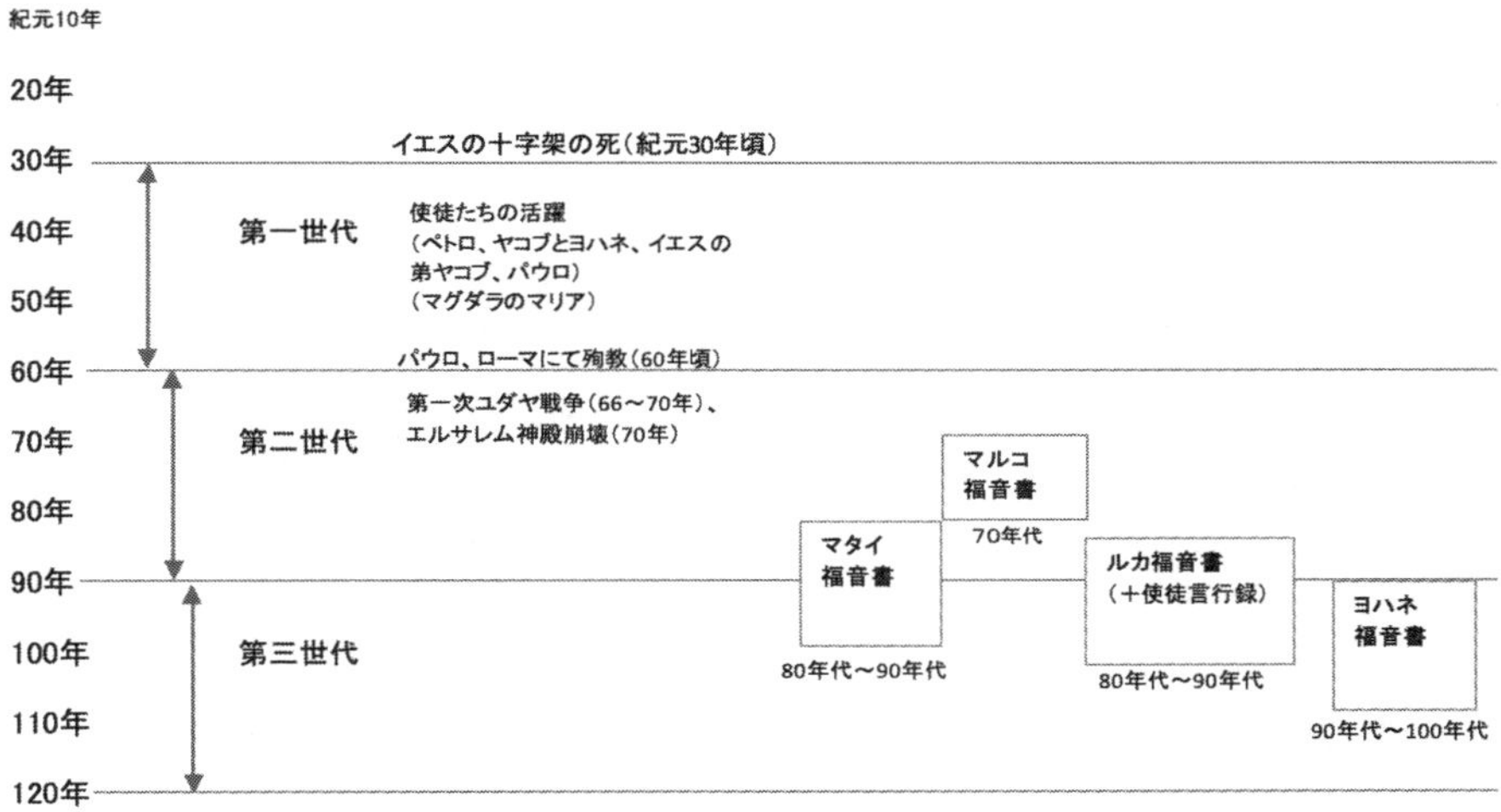

あると考えられています。その場合、ヨハネ福音書は第三世代の年代に属する文書であることになります。

これらの四つの福音書がそれぞれ、異なった視点をもっていることはよく知られている通りです。マタイにはマタイ固有の視点が、マルコにはマルコ固有の視点が、ルカにはルカ、ヨハネにはヨハネ固有の視点があります。同じ場面を取り上げていても、福音書によってその視点や表現の仕方に相違があります。場合によっては、記述に矛盾が生じているところもあります。それらの相違を調整することなく、そのままに保存しているのが、現在私たちが手にしている新約聖書の特徴です。

その一例として、イエス・キリストの最期の場面を引用します。いわゆる「イエスの最期の言葉」とその前後の描写は、福音書によってかなりの相違があります。

2　戸田聡氏は従来の説に反し、「マタイ福音書最古説」を提唱しています（執筆年代は紀元40年代を想定。「共観福音書のための覚書」、『古代キリスト教研究論集』所収、北海道大学出版会、２０２１年、3－31頁）。本論は従来通りのマルコ福音書最古説に基づいて論述をしています。

マタイによる福音書（27章45－46節、50－54節、私訳。[3] 太字・傍線部は筆者による）

27：45　さて、第六時（正午頃）に地上のすべてが闇になり、第九時（午後三時頃）に至った。
27：46　第九時にイエスは大声で叫んで言った、「**エリ、エリ、レマ、サバクタニ**」。これは「我が神、我が神、なぜ私をお見捨てになったのか」という意味である。
27：50　イエスは再び大声で叫んで息を引き取った。
27：51a　すると見よ、神殿の幕が上から下まで真っ二つに裂けた。
27：51b　そして地が震え、岩が裂けた。
27：52　墓が開いて、眠っていた聖者たちの多くの体がよみがえった。
27：53　彼のよみがえりの後、彼らは墓から出て来て、聖なる町に入り、多くの人々に現れた。
27：54　百人隊長と、彼と共にイエスを見張っていた人々は、地震と生じたことを見て、非常に恐れ、言った、「**まことにこの者は神の子であった**」。

マルコによる福音書（15章33－34節、37－39節、同）

15：33　そして、昼の第六時（正午頃）になると全地が闇になり、第九時（午後三時頃）に至った。
15：34　そして第九時にイエスは大声で叫んだ。「**エロイ、エロイ、レマ、サバクタニ**」。これは訳すと「私の神、私の神、どうして私をお見捨てになったのか」という意味である。
15：37　しかし、イエスは大声を発して息絶えた。
15：38　すると、神殿の幕が真っ二つに上から下まで裂けた。

15：39　彼のそばに向かい合って立っていた百人隊長は、彼がこのように息絶えたのを見て、言った、「**まことにこの人間は神の子であった**」。

ルカによる福音書（23章44－47節、同）

23：44　そして、すでに第六時頃（正午頃）になった。全地が闇になり、第九時（午後三時頃）に至った。

23：45　太陽が光を失ったのである。また、神殿の幕が真ん中から裂けた。

23：46　そしてイエスは大声で叫んで言った、「**父よ、あなたの手に私の霊を委ねます**」。こう言って彼は息絶えた。

23：47　百人隊長は起こったことを見て、神を賛美して、言った、「**実にこの人間は正しい人であった**」。

ヨハネによる福音書（19章28－30節、同）

19：28　この後、イエスは今やすべてが成し遂げられたのを知り、聖書が完成するように、「**私は渇く**」と言った。

19：29　酸いぶどう酒を満たした器が置いてあった。そこでこの酸いぶどう酒で満たした海綿をヒソプに巻きつけ、彼らは彼の口に差し出した。

3　本稿は新約聖書ギリシア語本文の底本として、Nestle-Aland, *Novum Testamentum Graece*（28. revidierte Aufl.; Stuttgart: Deutsche Bibelgesellschaft, 2012）を用いています。私訳もこれに基づいています。

19：30　そこでイエスは酸いぶどう酒を受け取ると、**「成し遂げられた」**と言った。そして頭を垂れて霊を引き渡した。

これらの相違が意味するものについては後述しますが、こうして四つの場面を並べるだけでも、いかに四福音書がそれぞれに固有の視点をもっているかがお分かりいただけるかと思います。

2　福音書に関する五つの疑問

四福音書の間に相違があるのならば、いっそひとつにまとめて、より調和のとれたものにすればよかったのではないか、との意見もあるかもしれません。実際、そのような福音書が作られていた時代もありました。5世紀頃まで、一部の地域において四つの福音書をひとつにまとめて相違を調整した「合併《がっぺい》福音書（調和福音書）」が用いられていたことが知られています（シリアのタティアノスによる『ディアテッサロン』[4]など）。

しかし、結果的にキリスト教会内で権威あるものとして認められていったのは、異なる視点をそのまま保存する四福音書でした。私たちが現在受け継いでいる四福音書です。一見分かりやすいもののように思われる合併福音書は、いつしか時代とともに姿を消していくこととなったのです。

教会内で権威あるものとして認められている文書の集まりのことを「正典《せいてん》」と言います。新約正典は四福音書の他、使徒言行録《しとげんこうろく》、書簡、ヨハネの黙示録《もくしろく》の計27の書で構成されています。新約聖書の正典化がなされたのは2世紀後半から4世紀頃にかけてであると考えられます。

◎正典（Canon）

「リスト」「表」あるいは「基準」「物差し」を意味するギリシア語カノンに由来。キリスト教会内で権威あるものとして認められている文書の集まりのこと。新約正典は四福音書の他、使徒言行録、書簡、ヨハネの黙示録の計27の書で構成されている。

四福音書に関しては、まだ不可思議な点があります。

それは、新約文書の正典化がなされていく過程で、そもそも、なぜマタイ — マルコ — ルカ — ヨハネが選ばれることになったか、という点です。

当時、四福音書の他にも様々な福音書が存在していました。よく知られているものとしては、トマスによる福音書があります。[5] 他にも、使徒たちのリーダーであったペトロの名が冠されたペトロ（ペテロ）福音書という文書もあります。[6] それらの福音書は結果として、権威あるものとして正典に加えられることはありませんでした。なぜ、マタイ — マルコ — ルカ — ヨハネでなくてはならなかったのか ——。これは四福音書を巡る問いの中でも最

4 『ディアテッサロン（合併福音書）』については、日本語訳（一部）が『原典 古代キリスト教思想史 1 初期キリスト教思想家』に収録されています（小高毅編、教文館、1999年、74—78頁）。タティアノスの神学と聖書論についての概略は、大貫隆「ユスティノス、タティアノス、エイレナイオスの聖書論」（『ロゴスとソフィア —— ヨハネ福音書からグノーシスと初期教父への道』所収、教文館、2001年、141—156頁）を参照。『ディアテッサロン』の著作言語の問題に関しては、戸田聡「巨大な地下迷宮？ —— ディアテッサロン再論」も参照（戸田聡、前掲書所収、63—89頁）。

5 新約学者の荒井献氏はトマス福音書のギリシア語原本は遅くとも2世紀後半には成立していたとしています（『トマスによる福音書』、講談社学術文庫、1994年、29、30頁）。

6 田川建三氏はペテロ福音書の執筆年代は2世紀半ば頃であると断定しています（「ペテロ福音書」解説、『新約聖書外典』所収、講談社学術文庫、1997年、480頁）。エウセビオスの『教会史』（6・12）には、アンティオキア近辺のロッソスの教会で紀元200年頃までペテロ福音書が読まれていたことが記録されています（同、479頁参照）。

も根本的なものであると言えるでしょう。

そのことに付随して、次の疑問も生じてきます。何らかの理由があってマタイ－マルコ－ルカ－ヨハネが選ばれたとして、では、なぜ福音書の数はその四つに限定され、それ以上増えることはなかったのか。あるいは、なぜ福音書の数はこれ以下に減ることはなかったのか。四つの福音書の間に相違があるのなら、いっそどれかひとつの福音書に絞れば良かったのではないか、とも思えます。ひとつの福音書を選び、それを権威あるものとすれば、混乱が生じることなく、むしろ分かりやすいようにも思えます。

このように、後世の私たちにとって四つの福音書はいまだ不明な点を含む対象です。以下、改めて福音書に関する疑問を記します。

福音書に関する五つの疑問：

①正典化がなされていく中で、なぜマタイ－マルコ－ルカ－ヨハネが選ばれたのか？
②なぜ福音書の数はこの四つに限定され、それ以上増えることはなかったのか？
③あるいは、なぜそれ以下に減ることはなかったのか？
④なぜひとつの福音書だけに絞られることがなかったのか？
⑤なぜ四つをまとめてひとつの福音書に編集し直すことがなされなかったのか？

最も答えるのが難しい問いは、ひとつ目の問いでありましょう。「①正典化がなされていく中で、なぜマタイ－マルコ－ルカ－ヨハネが選ばれたのか？」――。マタイ－マルコ－ルカ－ヨハネの四つが正典としての権威を認められた理由は、後世には伝えられていないからです。教会会議の記録にも残されておらず、選ばれた経緯やその詳細は分からないというのが実際のところです。

3　問い②〜⑤について —— エイレナイオスの功績

（1）正統教会が選び取った道

①の問いについての本論の考えを述べる前に、②〜⑤の問いについて述べておきたいと思います。

ある理由があってマタイ－マルコ－ルカ－ヨハネの四つが正典としての権威を認められたのだとして、その後の扱いについては様々な選択肢があり得たことでしょう。さらに権威ある福音書を増やしていく選択肢。または、減らしていく選択肢。あるいは、ひとつだけに絞る選択肢。またそして、それらの四つをひとつの整合性のとれた福音書に編集し直す選択肢。しかし、正統教会（主流派の教会）に属する人々は、そのいずれの選択もすることはありませんでした。そのおかげで、現代を生きる私たちは四福音書の本文を（写本によって細かな相違はあれど）そのままに受け取ることができています。

もしも数が減らされていたら、または、ひとつに絞られてしまっていたら、あるいは削除・編集されひとつの福音書にまとめられてしまっていたら——。私たちは四つの福音書に内在するその限りない豊かさを失っていたことになります。

正統教会が結果的に選び取ったのは、「四福音書をひとつの正典とする道」、そして「その本文をそのままに保存する道」でした。

では、この方向性が定まったのは、いつ頃からのことなのでしょうか。歴史を遡《さかのぼ》っていきますと、幾人かの重要人物に行きつきます。その一人が、古代教父《きょうふ》のエイレナイオスです。

（2）エイレナイオスの功績①
——「四福音書をひとつの正典とする」方向性の提示

エイレナイオス[7]は135年頃、小アジアのスミルナに生まれ、ルグドゥヌム（現在のリヨン）で司祭・司教として働き、202年に殉教して亡くなった人物です（エイレナイオスは第四～第五世代の年代を生きたキリスト者であることになります）。ハンス・フォン・カンペンハウゼンは、四福音書を初めて厳密な意味で「ひとつの正典」とした（ひとつのまとまりのある権威とみなした）のはエイレナイオスであると指摘しています。[8] エイレナイオス以前は、「マタイ－マルコ－ルカ－ヨハネの四福音書を正典とする」考え方自体が存在していなかった可能性があるのです。[9] 四福音書を不動の正典とする道筋を整えた人物の一人、それがこのエイレナイオスだと言えるでしょう。

エイレナイオス
（135頃～202）

ですので、②～⑤の問いを考えるにあたって、エイレナイオスの言説を参照することがそのひとつの手がかりとなります。

エイレナイオスは主著『異端反駁《いたんはんばく》』（全5巻。180年頃に執筆）において、マタイ－マルコ－ルカ－ヨハネの四福音書こそが権威ある書であることを強調しています。

《福音書は［その］数に関して［いえば］、［これより］多い［数］でも［ありえ］ないし、また［逆に］より少ない［数］でも［ありえ］ない》（『異端反駁』第3巻11・8）。[10]

福音書の数は四つより多いことはあり得ないし、また、四つより少ないこともあり得ないのだとエイレナイオスは述べます。

その根拠として、エイレナイオスは幾つかの表象を用いています。現在も広く知られているのは、福音書を表す四つのシンボルについての言説でありましょう。

（前述の引用文の続き）《なぜなら、私たちのいる［この］世界の［主要］方向は四つであり、［主要な］風も四つであり、他方教会は全地上にまき散らされていて、福音と生命の霊が［その］教会の柱であり、支えであるゆえ、あらゆる方向から不死性を吹きこみ、人々を再び燃え立たせる柱を［この教会］が四つ持つことは［理にかなうことだ］からである。ありとあらゆるものを［造り出した］名匠であるみことば［すなわち］ケルビムの上に座して万物を掌握している方が、人々［の目］に［見えるものとして］現れた時、ひとつの霊

7　エイレナイオスの神学と聖書論についての概略は、大貫隆「ユスティノス、タティアノス、エイレナイオスの聖書論」（前掲書所収、156―184頁）を参照。

8　H. F. von Campenhausen, Translated by J.A.Baker, *The Formation of the Christian Bible*, Fortress Press,Philadelphia,1977,p. 201（『キリスト教の聖書の成立』、原著 *Die Entstehung der christlichen Bible*, Tübingen,1968. 本論が参照しているのは J. A. Baker による英訳です。邦訳は出版されていません）。

カンペンハウゼンの原著の出版は１９６８年と古いですが、本書で提示された主要な見解の数々は今は定説となっており、正典史研究において現在も参照すべき重要文献のひとつであると言えるでしょう。

9　マルキオン（後述）以前にすでに四福音書の正典があったというハルナックの見解に対し、カンペンハウゼンは、マルキオンやユスティノスら（エイレナイオスと同時代の人々）の文献に「四福音書をひとつの正典とする」旨の言説は存在しないこと、エイレナイオスこそがその考えを打ち出した初めての人物であることを指摘しています（ibid., pp. 157-159 注）。同時代もしくはそれ以前に他の人々によっても同様の言説がなされていた可能性は否定できませんが、文献としては残っていません（ibid., p. 189 注）。少なくとも、右記の考えを最も早い時期に打ち出し、また同時代の人々への影響力をもっていた指導者の一人がエイレナイオスであったと言えるでしょう。

10　『キリスト教教父著作集　第３巻Ⅰ　エイレナイオス３　異端反駁Ⅲ』（小林稔訳、教文館、１９９９年）、43頁。

に掌握された四つの形の福音書を私たちに与えたことは、以上のことから明らかである。ダビデも［みことば］の来臨を求めて「ケルビムの上に座する方、［姿を］現わ［し］てください」といっている通りである。そしてケルビムたちは確かに四つの顔であり、彼らの顔は神の子のわざの似像である。「第一の生き物は獅子に似ていた」と［聖書］はいっている。その活動性を指導的、王的と性格づけているのである。「第二のは雄牛に似ていた」［とは］犠牲奉仕的、祭司的な位を表示し、「第三のは人の［もののような］顔を持っていた」［とは］、その、人間に適わせたやり方での来臨の輪郭を［はっきりと］描いているのであり、「第四のは［飛ぶ］鷲に似ていた」［とは］教会に向かって飛んでくる霊が［与える］賜物を説明しているのである。福音書は以上のことと合致しており、その中にキリスト［・イエス］が座している》（『異端反駁』第3巻11・8）。[11]

ここでエイレナイオスは福音書の数が四つであるべきことの根拠として、この世界の方角は（東西南北の）四つであること、吹き来る風の方向も四つであること、教会を支える柱も四つであること[12]、そして玉座を囲む生き物たちが四つの顔をもっていることを挙げています。最後の言説はエゼキエル書1章6節とヨハネの黙示録4章7節のイメージを踏まえたものです。[13]エイレナイオスはヨハネの黙示録4章7節の言葉を引用しつつ、第一の生き物である「獅子《しし》」はヨハネ福音書を表すものであり、第二の生き物である「雄牛」はルカ福音書を表し、第三の生き物である「人のような顔」はマタイ福音書を、第四の生き物である「鷲《わし》」はマルコ福音書を表すものであると述べます。[14]

また、それぞれのシンボルが表す性質として、「獅子」は《指導的、王的》性格を表し、「雄牛」は《犠牲奉仕的、祭司的》な位を表し、「人」は《人間に適わせたやり方での再臨の輪郭》を描き、「鷲」は《霊が［与える］賜物》を説明しているのだと述べています。これが、「なぜマタイ－マルコ－ルカ－ヨハネであるか」のエイレナイオス自身の説明です。

この表象は伝統的に受け継がれていき、現在も四福音書は右記のシンボルで表されることがあります。ただし、後にヒエロニムス（347年頃－420年）においてマルコとヨハネとが入れ替わり、[15] 以後、それが西方教会では伝統的な型として定着するに至っています。西方教会では、マルコが獅子（羽の生えた獅子）、マタイが人（羽の生えた人、天使）、ルカが雄牛（羽の生えた雄牛）、ヨハネが鷲で表されます。

～四福音書を表すシンボル（西方教会）～

マルコ……獅子
マタイ……人（天使）
ルカ……雄牛
ヨハネ……鷲　（下図参照）

ヴィクトル・ヴァスネツォフ
『神言《かみことば》と神の子』
（トレチャコフ美術館蔵）

11 同、43、44頁。

12 「四福音書は教会の《柱》である」とのエイレナイオスの言葉は比喩表現であることを超えて、私たちにとって重要なものです。このことについてはまた後述します。同様の表現としては第3巻1・1も参照。《彼らは［福音］をまず［口頭で］宣べ伝え、その後、私たちの信仰の基礎・柱となるはずのものとして、神の意思により、書物で私たちに伝えたのである》（同、6頁）。

13 エイレナイオスはさらに詩編80編2節にも言及しています。

14 カンペンハウゼンは、この四福音書に関する独創的な類型論もエイレナイオスが初めて提唱したものである可能性が高いことを述べています（H. F. von Campenhausen, op. cit., p. 199）。

15 《第一の人間の顔はマタイを意味している。……第二の［顔］はマルコを［意味している］。……砂漠で吼える獅子の声が

問い②「なぜ福音書の数はこの四つに限定され、それ以上増えることはなかったのか？」、問い③「あるいは、なぜそれ以下に減ることはなかったのか？」については、このエイレナイオスの言説を参照することで、ある程度は説明できるでしょう。「福音書の数は四つより多いことはあり得ないし、また、四つより少ないこともあり得ない」との言葉にある通り、エイレナイオスは当初から「四」という数を重視していたのであり、それ以上増やすことも減らすことも選択肢として考えてはいなかったことが分かります。このエイレナイオスの方針が、その後の正統教会にも受け継がれていったのです。

（3）論敵たちへの対抗として

エイレナイオスのこれらの言説は、論敵の主張を念頭に置いたものです。ここでの主な論敵として挙げられているのはエビオン派、ヴァレンティノス派、[16] そしてマルキオン派です。エイレナイオスは彼・彼女らの福音書の受け止め方を誤っているものとして、はっきりと斥《しりぞ》けています。

これらの論敵たちの共通点は、ひとつの福音書のみに集中している点です。エビオン派はマタイ福音書のみを用い、ヴァレンティノス派はヨハネ福音書のみを用い、マルキオン派はルカ福音書とパウロ書簡を権威あるものとして用いていたようです。[17] エイレナイオスが「四」の複数にこだわったのは、これらの論敵たちの存在が念頭にあったからであることが伺われます。ひとつの福音書に集中する論敵たちへの対抗として、四つの福音書を「ひとつの正典」とする言説がより強固なものとして形成された側面があると言えるでしょう。

問い④「なぜひとつの福音書だけに絞られることがなかったのか？」も、この点から説明することが可能です。論敵たちがひとつの福音書だけに絞っていたので、正統教会はそれと同じ道を選び取ることはしなかったのです。

（4）論敵マルキオンの功績

ここで特に強調しておきたいのは、マルキオン派の祖であるマルキオン（85年頃−160年頃）という人物の存在です。[18] マルキオンは「善なる神」（新約）と「義なる神」（旧約）の分離を説いたことで知られ、同時代に大きな影響力をもちつつも、エイレナイオスやテルトゥリアヌス[19]ら古代教父たちから「異端《いたん》」[20]として斥けられた人物です。

聞こえる。第三の若い雄牛の［顔］は、祭司ゼカリアから書き起こしている福音記者ルカを予示している。第四の［顔］は福音記者ヨハネを［予示している］。彼は、鷲の翼を得て、より高きところへ急ぎ、神の御言について論じている》（ヒエロニムス「マタイ福音書注解」序文、小高毅編『原典　古代キリスト教思想史 3 ラテン教父』所収、教文館、2001年、202頁）。

16　ヴァレンティノスは当時影響力をもっていた、いわゆる「キリスト教的グノーシス主義者」の一人です。2−4世紀頃、様々なキリスト教的グノーシス主義が、特定の使徒から秘密の伝承を受け取ったと主張、あるいは特定の使徒の名を有するひとつの福音書を権威あるものとみなしていました。

「グノーシス（γνῶσις）」はギリシア語で「知識」「認識」を意味する言葉です。ここで示されている認識とは、自己に内在する「霊的本質（本来的自己）」の認識を意味すると言われます。この枠組みにおいては自己の内に閉じ込められている「光」を認識し、自らの内に統合していくことが救済となります（参照：荒井献『トマスによる福音書』、講談社学術文庫、1994年、102、103頁）。

17　『異端反駁』第3巻11・7（小林稔訳、前掲書、43頁）。

18　世代としては、マルキオンはエイレナイオスより一−二世代前です。主に第三〜第四世代の年代に活動した人物です（エイレナイオスは第四〜第五世代の年代に活動）。

19　古代教父の一人テルトゥリアヌスはその著書『マルキオン反駁』において、マルキオンの言説は律法の神（義なる神）と福音の神（善なる神）との対立を主張する「二神論的」なものであるとして厳しく批判しました。20世紀の初頭、アドルフ・フォン・ハルナックはこのテルトゥリアヌスの叙述を基にマルキオンの二神論を分析し（Adolf von Harnack, *Marcion: Das Evangelium vom fremden Gott*,1921. 第2版1924年。第2版の日本語訳は、津田謙治訳『マルキオン――異邦の神の福音』、教文館、2023年を参照。ただし補遺は訳出されていません）、その背景に《極端に推し進めたパウロ主義的傾向》を読み取りました（参照：津田謙治『マルキオン思想の多元論的構造――プトレマイオスおよびヌメニオスの思想との比較において』、一麦出版社、2013年、13頁）。ハルナックの見解は現在も標準的な理解として受け容れられています（同、32

◎異端

もともとはギリシア語で「党派」や「分派」を意味する言葉。ただし、初期キリスト教会の歴史においては次第に正統的なキリスト教信仰の枠組みの外に位置し教会を破壊するとみなされた神学的思想の呼称となった。異端とみなされた代表的な学派・思想体系として、マルキオン派、キリスト教的グノーシス主義、アレイオス主義など。

侮蔑的・断罪的な意味合いが強い語であり、異端反駁を目的として書かれた文書は論敵についての不正確な理解や偏見に基づいて書かれていることも多い。また、初期カトリック教会（古代教会）においては、信仰の枠組みを同じくする者同士でも、ひとつの教理の理解を巡って相手を「異端」として断罪することがなされた。

対義語は「正しい信仰」を意味する「正統信仰（オーソドクシー）」。

またそして、マルキオンはそれまでの旧約正典[21]に替わるものとして、史上初めて「キリスト教の正典（Canon）」を提示した人物としても知られています。２世紀後半から本格化した正統教会における新約文書の正典化の動きは、このいわゆる『マルキオン正典』（140年代に成立。残念ながら、マルキオン正典そのものは現存していません）への対抗としてなされていった[22]というのが現在の定説となっています。すなわち、エイレナイオスはマルキオンやその他の論敵たちに対抗するため、マルキオンの原理を採用した最初の神学者であったということになります。[23]新約正典の考えを初めて打ち出したのはマルキオンであった[24]のであり、この点において、彼の果たした功績は非常に大きい[25]と言えるでしょう。

（5）エイレナイオスの功績②――「福音書の本文をそのままに保存する」方向性の提示

すでに述べたように、マルキオンが正典としたのはルカ福音書とパウロ書簡だけでした。また、マルキオンは

頁注17）。津田謙治氏は前掲の書において、従来の「二神論説」にとどまらない、マルキオンの思想体系の「多元論的構造」を論じています。

20　現代を生きる私たちは「異端」とされた神学および思想体系を受け止める際、詳細な吟味と再検討が必要です。本論ではあくまで便宜的に、「正統」と「異端」の語を用いています。

21　当時のキリスト教徒にとって、正典とは「旧約聖書」を指すものでした。

22　カンペンハウゼンは『The Formation of the Christian Bible』においてこのことを説得的に論証しています。《キリスト教の聖書という考えと現実はマルキオンの功績であったのであり、彼の功績を否定した教会はこの分野で彼に先んじるどころか、形式的に単に彼の例に倣っただけなのである》(ibid., p. 148. その他 p. 203 も参照)。同様の指摘はすでに1942年にジョン・ノックスによってなされているとのことですが（筆者未読。John Knox, *Marcion and the New Testament*, Chicago, 1942）、カンペンハウゼンがそれを右記の書において詳細に論証しています。

カンペンハウゼンのマルキオンについての論述は基本的にハルナックの研究書に従っています。ただし両者には一部、意見の相違もあります。ハルナックはマルキオン以前にすでに四福音書が「ひとつの正典」とされていたことを前提としていますが、カンペンハウゼンはそれは「根拠のない仮定」であるとして否定しています（ibid.,p. 149. 本論の注9も参照）。

23　H. F. von Campenhausen, op. cit., p. 186.

24　マルキオンが史上初めて「キリスト教の正典（Canon）」を提示したとの通説に対しては、近年異論も提出されています（参照：筒井賢治「マルキオン再考――異端反駁文書に書かれないこと」、『福音と世界』2017年3月号所収、18―23頁）。

25　マルキオン正典という「外的要因」の意義をどれくらい強調するかは神学者によって相違があります。中には、新約聖書正典の歴史においてマルキオンは重要であるとしても、その重要性を強調しすぎるべきではないとする立場の神学者もいます（たとえば教会史家のフスト・ゴンサレス『キリスト教思想史Ⅰ　キリスト教の成立からカルケドン公会議まで』、石田学訳、新教出版社、2010年、165頁注49）。もちろん、正統教会における新約文書の正典化の動きのすべての要因をマルキオン派に帰すことはできないとしても（正統教会がもともと有していた『内的要因』も関係していたことでしょう）、やはり、主要な要因のひとつであったとは言えるでしょう。

彼自身が「純粋な福音」であると考える内容を復元するために、文書の本文の切り取り・編集を行ったと言われています。現代の視点で言うと、オリジナルの復元を試み、本文批評を行ったのだと言えるでしょう。もしもマルキオン正典が主流となっていたら、他の三つの福音書が失われただけではなく、ルカ福音書本文の原型（オリジナル）も失われてしまっていたことになります。

エイレナイオスは『異端反駁』において、福音書本文の切り取り・編集を行うマルキオンを批判しています。

《マルキオンとその弟子たちも［同じところ］から［出発して］聖書を切り取ることへ転向し、［聖書］を全体として識ることをせず、ルカによる福音書とパウロの手紙を短くし、自分たちの矮小化したこれらのもののみが［公に朗読されるべき］正式のものであるといっている》（『異端反駁』第3巻12・12）。[26]

一方、エイレナイオスが選択した道は、福音書本文をそのままに保存する道[27]でした。そこには、福音書本文を切り取り・編集するマルキオンに対抗する意識もあったことでしょう。ここに、エイレナイオスを始めとする古代教父たちの極めて重要な功績があります。彼らのこの選択のおかげで、結果的に、私たちは現在も四福音書の本文をそのままに受け取る恩恵に与ることができているからです。

エイレナイオスの功績として、「四福音書をひとつの正典とする」方向性を最初に示したことのみならず、「その本文をそのままに保存する」流れを作ったことが挙げられるでしょう。以降、正統教会はこのエイレナイオスの意向通りに、「四福音書をひとつの正典とする道」、そして「その本文をそのままに保存する道」[28]を歩んでいくこととなります。

～エイレナイオスの功績～

①「四福音書をひとつの正典とする」方向性の提示
②「福音書の本文をそのままに保存する」方向性の提示

問い⑤「なぜ四つをまとめてひとつの福音書に編集し直すことがなされなかったのか？」についても、この点から説明をすることが可能です。エイレナイオスが提示したのは「福音書の本文をそのままに保存する道」であり、それは四つの福音書の本文に手を入れること自体を禁ずるものであったからです。

4　統一性と公同性への信頼

以上、エイレナイオスの四福音書に関する言説を参照しました。四福音書に関する五つの疑問の内、問い②〜⑤に関しては、エイレナイオスの言説を踏まえると、ある程度は説明できるものであるように思います。

福音書に関する五つの疑問：
①正典化がなされていく中で、なぜマタイ－マルコ－ルカ－ヨハネが選ばれたのか？
②なぜ福音書の数はこの四つに限定され、それ以上増えることはなかったのか？

26　小林稔訳、前掲書、62頁。
27　《エイレナイオスは資料を（筆者注：手を加えることなく）そのままにしている》(H. F. von Campenhausen, op. cit., p. 206)。
28　《それは排他的に四つに限定すると同時に、四つを包括し、しかもその四つをそれぞれの個性において立てたままにすることで、一つの全体を獲ようとする、言葉の本当の意味で「綜合」(σύνθεσις) の道であった》（大貫隆「ユスティノス、タティアノス、エイレナイオスの聖書論」、前掲書所収、170頁）。

③あるいは、なぜそれ以下に減ることはなかったのか？
④なぜひとつの福音書だけに絞られることがなかったのか？
⑤なぜ四つをまとめてひとつの福音書に編集し直すことがなされなかったのか？

エイレナイオスが「四福音書をひとつの正典とする」方向性、そして「その本文をそのままに保存する」方向性を推し進めていく上で、すでに述べたように論敵たちの存在がその念頭にあったことは確かでありましょう。しかし、論敵たちへの対抗がその唯一の理由ではないことはもちろんのことです。エイレナイオスの神学的な思考の根本にあるものとして、「統一性」への信頼を挙げることができます。神が創ったこの被造世界《ひぞう》（＝旧約）の統一性と秩序への信頼、そしていまやキリストが万物の新たな頭《かしら》[29]となっている（＝新約）、その統一性と秩序への信頼です。この信頼に基づき、エイレナイオスは論敵たちの言説に対抗していったことが伺われます。

（1）統一性

先ほどの引用したエイレナイオスの文章の中に《［聖書］を全体として識ることをせず……》とのマルキオンへの批判の言葉がありました。エイレナイオスの統一性への信頼は、聖書を全体として受け止め、理解しようとする姿勢とつながっています。エイレナイオス自身、新約文書の中に相違が存在していることは自覚していたでしょう。四つの福音書の間に相違や矛盾があることも分かってはいたでしょう[30]。しかし、エイレナイオスはそれ以上に、この「被造世界の統一性」「キリストが万物の頭であることの統一性」を信頼していました。彼は『異端反駁』第3巻の中で次のように語っています。

《福音書はあの「四つの」ものだけが真のもの、堅固なものであって、上述したものより多くもなければ少なくもない。このことは、これほど沢山のことによって示した。すべては神が集め、調和させたのであるから、福音書の形は当然うまく集められ、上手に結び合わされたもののはずである》（『異端反駁』第3巻11・9）。[31]

すべては神が集め、調和させたのであるから、四つの福音書の間には当然、統一的な秩序が存在しているはずであることをエイレナイオスは語ります。素朴《そぼく》と言えば素朴な信頼ですが（対して、マルキオンの聖書本文への向き合い方はある意味、近代的な精神を先取っているとも言えます）、この素朴で堅固な統一性への信頼を土台とし、エイレナイオスは論敵たちの言説に対抗していったことが伺われます。

エイレナイオスにとって、論敵であったキリスト教的グノーシス主義者やマルキオン派はこの統一性を打ち壊す存在[32]でした。統一の対義語は、対立・分裂でありましょう。エイレナイオスにとって論敵たちの言説はキリス

29 エフェソの信徒への手紙1章10節参照。《こうして、時が満ちるに及んで、救いの業が完成され、あらゆるものが、頭であるキリストのもとに一つにまとめられます。天にあるものも地にあるものもキリストのもとに一つにまとめられるのです》（新共同訳）。

30 大貫隆氏は、《エイレナイオスは四つの福音書の統一性を失うことをおそれずに、それらの間の違いと、それを生み出した歴史的事情の違いを落ち着いて承認することができる位置にいる》とし、福音書を第一義的には《それを書き下した使徒たちの教えを体現するものとして捉える基本姿勢》（カンペンハウゼン）においても、《現代の編集史的福音書研究を彷彿とさせるものがある》と述べています（大貫隆「ユスティノス、タティアノス、エイレナイオスの聖書論」、前掲書所収、172頁）。

31 小林稔訳、前掲書、46、47頁。

32 参照：ジャン・ダニエルー『キリスト教史1　初代教会』（上智大学中世思想研究所編訳／監修、平凡社ライブラリー、1996年）、260頁。ローマ・カトリックの枢機卿であり歴史神学者のジャン・ダニエルーは《エイレナイオスの信仰の説明に関する著作に強い一貫性を与えたのは、統一性の強調であった》と述べ、対して、グノーシス派の教えは《統一性をうちこわす》ものであるとしています（たとえば、マルキオンに見られた新約の『救いの神』と旧約の『造り主の神』との対立）。このエイレナイオスの神学の中心には、《あらゆるものがキリストのうちに「再統合」（recapitulatio）されている》（同、262

トを頭とする統一性を破壊するものであり、だからこそ容認し難かったのだと受け止めることができます。元来は「分派主義者」を意味するに過ぎなかった「異端」という語は、初期キリスト教の歴史において次第に「破壊者」を意味する呼称となっていきました。

（2）公同性

このエイレナイオスの神学は、当時勢いをもち始めていた「普遍主義（カトリシスム）」の潮流の中にあるものです。新約学者の加藤隆氏は普遍主義（カトリシスム）を《統一的な秩序を重要視する動き》と説明しています。《二世紀半ばになると全体としての統一的な秩序を重要視する動きが、かなりはっきりと認められるようになってくる。こうした流れを「普遍主義（カトリシスム）」と呼ぶことができる。こうした初期の普遍主義（カトリシスム）の動きは、諸文書の乱立の状態に見られるような全体的な無秩序の状況に対応するものであった》。[33]

普遍主義は「公同性《こうどうせい》（Catholicity）」[34]と同義の言葉です。カトリック教会の「カトリック」はこの「普遍性、公同性」に由来しています。

エイレナイオスの神学の根底にあるこの統一性と公同性への信頼は、マルキオンには見られなかったものです。カンペンハウゼンは、エイレナイオスにおいて、すでにこの新しい精神と理解が示されており、《マルキオン的なものからカトリック的な正典になっている》[35]ことを指摘しています。

本項で記したエイレナイオスの功績は彼個人の功績であると共に、それ以上に、時代の精神によるもの——初期カトリック教会の神学的姿勢を代表し具現化したものでもあったと受け止めることができるでしょう（本論では紀元30年頃～70年までを『原始キリスト教会[36]（最初期のキリスト教会）』、70年～150年頃（2世紀半ば）までを『初期キリスト教会』、150年頃以降の主流派教会を『初期カトリック教会（古代教会）』と呼んでいます）。

頁）との考えがあります。フスト・ゴンサレスは《再統合はエイレナイオスの根本的教理であり、この理解なしにはエイレナイオスの神学を理解することはできない》としています（フスト・ゴンサレス、前掲書、194頁）。ゴンサレスによれば、ここでの再統合とは、「万物が《新しい人類の頭》であるキリストのもとに置かれ、再統合されること」を意味しています（同、194頁）。

教会はキリストの体であり、再統合のために重要な役割を負っている。キリストは教会の中で、再統合の働きを進めていく（特に、洗礼と聖餐を通して。同、197頁）。よって教会は正しい教理を保ち、教え、体としての一体性を保っていなければならない。そのために、エイレナイオスは異端とみなす者たちを論駁することに精力を傾けたのだとゴンサレスは述べます。異端は教会に対してのみならず、キリストの働きの有効性にとっても脅威である。彼らは偽りの教理を教え、一体であるべき信仰者の共同体を分裂させると受け止めるからです（同、198頁）。

エイレナイオスの「再統合」理論に関しては、大貫隆氏の「エイレナイオスにおける「再統合」と救済史」（前掲書所収、194―282頁）も参照。

33 加藤隆『新約聖書』の誕生』（講談社学術文庫、２０１６年）、280頁。

34 《公同の教会》という用語を最初に用いたのはアンティオキアのイグナティオス（110年にローマにて殉教）であるそうです。イグナティオスにとって、「公同の」という語は「世界的な」という意味ではなく、《分派による分断に反対する意味での全体を表していた》（参照：フスト・ゴンサレス、前掲書、88頁）。

35 H. F. von Campenhausen, op. cit., pp. 203-204. カンペンハウゼンは、マルキオンの正典は厳密な意味で「使徒的な」正典であったと述べています。つまり、それはただ一人の使徒パウロにのみ基づいており、（ルカ）福音書も使徒パウロの権威に規定されていた（使徒については次項を参照）。エイレナイオスが提示した正典も「使徒的な」正典と呼ぶことはできるが、彼においては「使徒の権威」というそれまでの漠然とした用語が、より正確で規範的な意味をもつようになっている。エイレナイオスにおいて、使徒たちはそれぞれ真理の証人としての同等の地位が与えられており（ある特定の使徒だけが権威をもつのではない）、また、その使徒たちから教えを受けた者たちの証言にも、使徒たちと同等の信頼性と拘束力があるとみなされている。なぜなら、エイレナイオスは「教会とその伝統」を信頼しているからである。そしてそれはまさに、マルキオンが戦いたかったものであったとカンペンハウゼンは分析しています。

36 新約学者の佐藤研氏は、キリスト教がその基盤となるユダヤ教から自覚的に自らを切り離して独自の運動を始めたのは「紀元70年から1世紀の終わり頃」であるとして、紀元70年以前の教会を「原始キリスト教」とは呼ばず、《ユダヤ教ナザレ派》

5　問い①について――使徒性という基準、それでも説明し尽くせないもの

これらのことを踏まえた上で、改めて、最も難解な問いである問い①に戻りたいと思います。問い①「正典化がなされていく中で、なぜマタイ－マルコ－ルカ－ヨハネが選ばれたのか？」――。

エイレナイオスは『異端反駁』の中で、その理由を述べることはしています（第3巻11・8参照）。[37] ただ、それは四つのシンボルが表す性質を語ることにとどまり、明確な根拠とはなっていません。少なくとも、現代を生きる私たちが納得をすることができる説明にはなってはいないと言えるでしょう。

（1）使徒性

最古の正典リストのひとつとして、『ムラトリ正典表』[38]という文書があります。新約学者の田川建三《けんぞう》氏は、この文書の著者は正典として採用される文書の特色として、三つのことを考えていると分析しています。[39] それは、「使徒性《しとせい》」と「公同の教会のために書かれたこと（公同性）」と「統一性」の三つ[40]です。

～正典の三つの基準（『ムラトリ正典表』より）～

・使徒性
・公同性
・統一性

すでに述べた公同性と統一性と共に、その第一に「使徒性（Apostolicity, 使徒的であること）」[41]が挙げられています。

と形容しています（佐藤研『聖書時代史 新約篇』、岩波現代文庫、2003年、「まえがき」、V–VI）。決定的な契機となったのは、エルサレムとその神殿体制の壊滅です（同、144頁）。《イエス派のユダヤ教離れは、地域や共同体によって程度の差はあれ、それ以前に徐々に進行していた。しかし70年という年に、それまでのユダヤ教のいわば総本山であったエルサレムとその神殿体制が壊滅したとき、ユダヤ教イエス派は決定的な脱皮と独立の時期を迎えたのである》（同、144頁）。

37 ヨハネ福音書を象徴する「獅子」は《指導的、王的》性格を表し、ルカ福音書を象徴する「雄牛」は《犠牲奉仕的、祭司的》な位を表し、マタイ福音書を象徴する「人」は《人間に適わせたやり方での再臨の輪郭》を描き、マルコ福音書を象徴する「鷲」は《霊が［与える］賜物》を説明している――これが、「なぜマタイ－マルコ－ルカ－ヨハネであるか」のエイレナイオス自身の説明です。

38 『ムラトリ正典表』は1740年に発見された最古の正典リストのひとつ（現存するのはラテン語訳）。ギリシア語原文の執筆年代については諸説ありますが、最も早いものでは2世紀末（カンペンハウゼン）あるいは3世紀はじめ（ツァーン）の説があります（参照：田川建三『書物としての新約聖書』、勁草書房、1997年、154頁）。同書では田川氏による日本語訳も収録されています（189–195頁）。

39 同、163–170頁。

40 この三つの基準は、エイレナイオスの言説とも一致しています。エイレナイオスは「四福音書をひとつの正典とする」にあたり、その「公同性」「統一性」と共に「使徒性」を強調しています。

エイレナイオスにとって「使徒」とは、神ご自身から「福音を告げ知らせる権能」を授かった存在です。この使徒たちの伝承を通して、自分たちは「真理すなわち神の教え」を知ったのだとエイレナイオスは語ります。《実際、万物の主が、その使徒たちに、福音の権能を与えた。この人々［使徒たち］によって私たちは、真理すなわち神の子の教えを知ったのであり、また、この人々［使徒たち］に対して主はいった、「あなたがたに聴き［したがう］者は私に聴き［したがう］のであり、あなたがたを拒む者は私と私を遣わした方を拒むのである」と》（『異端反駁』第3巻序。小林稔訳、前掲書、5、6頁）。

使徒たちはまず「口頭で」福音を宣べ伝え、その後、教会の信仰の《基礎・柱》となるものとして、神の意思により「書物で伝えた」とエイレナイオスは続けます。《私たちは、私たちの救いの［ための神の］営みを、他の人々によってではなく、彼ら［使徒たち］を通して知った。そして福音は彼らによって私たちのもとにまで届いたのである。彼らは［福音］をまず［口頭で］宣べ伝え、その後、私たちの信仰の基礎・柱となるはずのものとして、神の意思により、書物で私たちに伝えたのである》（『異端反駁』第3巻1・1。同、6頁）。

使徒[42]とは狭義において、生前のイエスから直接召命《しょうめい》を受けた12弟子、および復活顕現《けんげん》を通して召命を受けた弟子たちのことを指します。[43] 最初期のキリスト教会において、使徒とその弟子たちは大きな権威を有していました。正統教会に属する人々は使徒たちから代々受け継がれてきた伝承（＝使徒伝承）をとりわけ重視し、使徒性（使徒的であること）を物事を判断する上での重要な指標としていました。正典が結集される過程においても、使徒性がその基準のひとつとされたと言われます。

◎使徒

ギリシア語の「使徒（ἀπόστολος）」の原意は「使命をもって遣わされた者」。狭義においては、生前のイエスによって直接召命を受けた12弟子（12使徒）、および40日間の復活顕現を通して召命を受けた弟子たちを指す（＝ルカ文書）。

「使徒伝承」とは、使徒の時代から代々教会に受け継がれてきた伝承のこと。この伝承は秘義的なものではなく、すべての地域教会に、十分に明らかにされているものとみなされた。

伝統的に、マタイ福音書の著者は使徒マタイ、マルコ福音書の著者は使徒ペトロの弟子マルコ、ルカ福音書の著者は使徒パウロの同労者ルカ、ヨハネ福音書の著者は使徒ヨハネであるとされてきました（エイレナイオス『異端反駁』第3巻1・1参照）。[44] もちろん、これはあくまで伝承であり、実際の著者および編者が誰であるかは、はっきりとは分かっていません（ルカ福音書を除く）。それぞれの著者・編者が誰であるかについては諸説あります。またそして、マタイ－マルコ－ルカ－ヨハネの名はもともと冠されていたのではなく、2世紀になってから付されたものと考えられています。いずれにせよ、使徒あるいはその弟子・同労者が著者であることが、2世紀後半以降に四福音書が「使徒的である」ことの理由のひとつとなっていったと言えるでしょう。

エイレナイオスのこれらの言説は、やはり「異端」の存在が念頭に置かれたものです。初期キリスト教の歴史においては、異端に対抗する手段として「使徒性」がより強調されていった側面があります。正統教会に属する人々は使徒性を根拠のひとつとし、「異端」的であるとみなした神学的な立場を斥けていきました。

当時、論敵であったキリスト教的グノーシス主義者たちは、特定の使徒から秘密の伝承を受け取ったと主張していました。ある特定の使徒から、個別的に、「秘義的な伝承」を受け取ったとしていたのです。彼・彼女らの教会が特定の使徒の名前を有するひとつの福音書のみを権威あるものとしていたこともこのことと関係しているでしょう。

対して、正統教会に属する教会は、特定の使徒にのみ権威を付すことをしませんでした。「使徒の伝承」は、すべての使徒たちを通して、すべての（地域）教会に、十分に明らかにされていると訴えたのです（＝教会の普遍性・公同性）。フスト・ゴンサレスは、福音書が複数あることの理由として、特定の使徒に権威を付すのではなく「すべての」使徒の権威に基づいていることを主張する意図があったことを指摘しています（フスト・ゴンサレス『キリスト教思想史Ⅰ　キリスト教の成立からカルケドン公会議まで』、177頁）。

エイレナイオスも『異端反駁』において、伝承を秘義的なものとする論敵たちの姿勢を批判しています（第3巻では2・1〜4・3など。小林稔訳、前掲書、7―14頁）。エイレナイオスは特定の使徒が「秘義的な伝承」を伝えたことはあり得ないとしつつも、もしも仮に、ある特定の使徒がそのような秘義的な伝承を知っていたならば、教会の人々にもそれを伝えたはずであり、その伝承は代々継承されていったはずである。しかし実際にはそうなっていないことを述べています。

それに対して、使徒たちの伝承は「全世界で明らか」であり、求めるものは誰でも、すべての地域教会において観ることができる。またそして、自分たちはローマ教会を始めとし、それぞれの地域教会において使徒たちによって司教として立てられた人々、またその継承者たちを自分たちの世代に至るまで数え上げることができる（3・1―3・2）。すなわち、自分たちの教会の歴史は古く使徒にまで遡るが、論敵たちの歴史はまだ新しい（4・3。エイレナイオスは第四〜五世代のキリスト者です）。

3・1―3・2の部分で、使徒的・正統的であることの根拠として職制についても言及されているのは注目すべき点です。《エイレナイオスは、使徒と現在の教会との間の制度的・教理的な継続性の可視的な具体化として司教たちを理解している》（アリスター・E・マクグラス『キリスト教思想史入門　歴史神学概説』、神代真砂実・関川泰寛訳、キリスト新聞社、2008年、65頁）。

これらのことを根拠として、エイレナイオスは論敵たちを非難しつつ、自分たちの教会こそが正統な伝承の担い手であることを主張しています。

〜伝承における福音書の著者（エイレナイオス『異端反駁』より）〜

マタイによる福音書　……使徒マタイ
マルコによる福音書　……使徒ペトロの弟子のマルコ
ルカによる福音書　……使徒パウロの同労者のルカ
ヨハネによる福音書　……使徒ヨハネ

初期キリスト教会において重要視されていた使徒性、公同性、統一性の三つの基準。「なぜマタイ－マルコ－ルカ－ヨハネが選ばれたのか？」との問いに対しては、四福音書が使徒性をはじめとするこの三つの基準を満たすものであったから、とまずは答えることができるでしょう。

(2) それでも説明し尽くせないもの

しかし、「なぜマタイ－マルコ－ルカ－ヨハネが選ばれたのか？」という問いについて、それでも説明し尽くせないものが残ります。使徒性と公同性と統一性の三つの基準が重要であるのは理解できるけれども、では、その内実がどのようなものであるかは必ずしも明瞭ではないからです。たとえば、使徒性の内実がどのようなものなのかは、後世の私たちには必ずしもはっきりと示されているわけではありません。

使徒の名前が冠されているから使徒性がある、という単純な話ではなかったでしょう。使徒の名前が冠された福音書で言うと、トマス福音書やペトロ福音書もあります。ヨハネとマタイは使徒であるので良いとして、マルコは使徒ペトロの弟子、ルカは使徒パウロの同労者です。福音書に冠された名前だけで判断すると、マルコ福音書やルカ福音書よりも、トマス福音書やペトロ福音書の方が権威あるものとされそうなものですが、実際はそうはなりませんでした。やはり、その内容が「使徒的であるか」が重視されていたことが伺われます。
よって、ここからは、四福音書の使徒性と統一性の内実について、本論としての考えを述べていきたいと思います。本論としては、マタイ－マルコ－ルカ－ヨハネの四福音書が選ばれたことには、ある必然性があったと考えています。言い換えますと、ある法則性があったのだと考えています。その法則性について語ることが、四福音書の公同性（普遍性）について語ることにもつながっていくかもしれません。

グノーシスの「秘義的伝承」：特殊的、個別的（個人的）
↔
正統教会の「使徒伝承」：普遍的、公同的　……すべての地域教会においてアクセスが可能

41　『ムラトリ正典表』（およびそれ以前ないし同時期の文書）においてはまだ「使徒性」は正典の基準になっておらず、「文書の古さと内容の信頼度」がその基準となっているとのカンペンハウゼンの主張に対し、田川氏はやはり『ムラトリ正典表』において「使徒性」は基準となっており、この著者にとっては、著作年代の古さと使徒性は同意であったと述べています（田川建三『書物としての新約聖書』、165、166頁）。

42　「使徒」という用語の定義については、アン・グレアム・ブロック『マグダラのマリア、第一の使徒　権威を求める闘い』（吉谷かおる訳、新教出版社、２０１１年）を参照。同書においてアン・グレアム・ブロックは使徒の定義と使徒の権威に関する問題を再検討し、マグダラのマリアも使徒に位置付けられるべき存在であることを説得的に論証しています。

43　この使徒（ἀπόστολος）の狭義の定義は、新約聖書では主にルカ文書に由来。ルカ福音書―使徒言行録は、使徒を①生前のイエスから直接召命を受けた12弟子（12使徒）、②40日間の復活顕現を通して召命を受けた弟子たちに限定しています（参照：アン・グレアム・ブロック、前掲書、197－219頁）。対して、パウロ書簡における用法はより範囲が広く、パウロは（生前のイエスとは面識はなかったものの）自身を復活のキリストによって召命を受けた使徒であると認識していました（ローマの信徒への手紙1章1節など）。また、パウロ書簡においては女性の弟子のユニア（ローマの信徒への手紙16章7節）も使徒の中に含まれています（アン・グレアム・ブロック、同、200頁）。

44　小林稔訳、前掲書、6、7頁。

その法則性は、おそらくエイレナイオスら古代教父もはっきりとは意識していなかったものです。しかし、現代を生きる私たちはそこに、あるはっきりとした必然性＝法則性を見出すことができます。

新約正典の福音書は、この四つでなければならなかった。この四つに新たに別の福音書が加わると成り立たなくなる、この四つの中からひとつ欠けても成り立たなくなる、法則性があるのです。そのように、類まれなるバランスで成り立っているのがこの四福音書であるのだと受け止めています。

以下に述べることは、あくまで仮説であり、いまだ学術的な検証を十分に受けていないものであることをあらかじめお断りしておきます。

述べておきたい仮説は二つに分かれています。ひとつ目は「四福音書の固有のキリスト像」について（第3～7章）、二つ目の仮説は「四福音書のキリスト像の相互補完性」について（第8章）です。この二つ目の「相互補完性」が、四福音書に内在する「法則性」の具体的な内容です。

～提示したい仮説～
仮説①　四福音書の核にはそれぞれ、固有のキリスト像がある。
仮説②　そして、それらのキリスト像は相互に補完し合う関係にある。

第2章　四福音書の共通の土台、四福音書の固有のキリスト像

1　四福音書共通の土台――「生前のイエス」の側面

二つの仮説を述べるにあたって、まずその前提となっていることについて確認しておきたいと思います。それは、「生前《せいぜん》のイエス」（一人の人間としてのナザレのイエス）の側面です。この側面が、四福音書の共通の土台となっていることを確認しておきたいと思います。イエス・キリストは確かに実在の人物であり、一人の人間として生きていた歴史的人物であるとの前提（共通の土台）なくして、そもそも四福音書のキリスト像は成り立ちません。

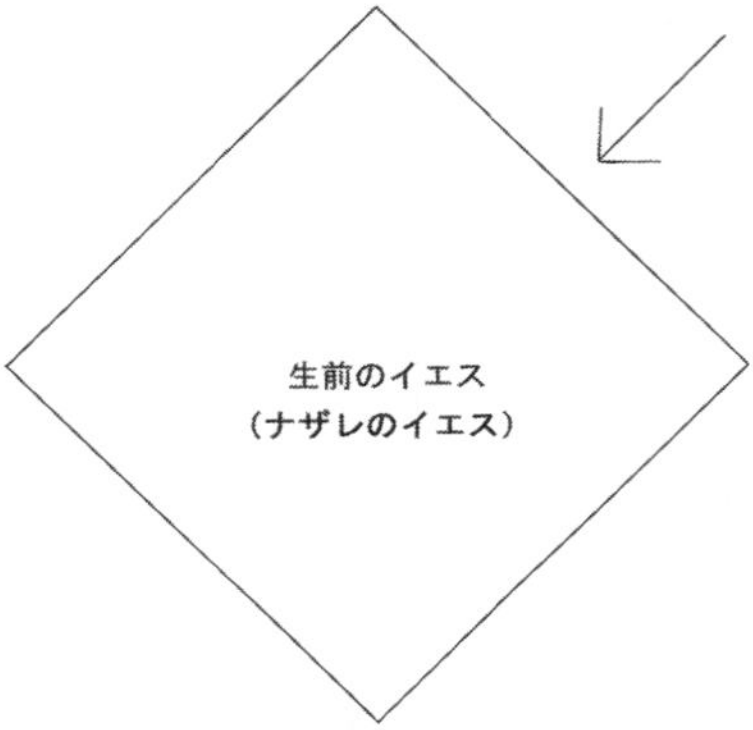

共通の土台

前項で、マタイ－マルコ－ルカ－ヨハネが「使徒性（使徒的であること）」の基準を満たしているとみなされたことを述べました。けれども、その使徒性の内実は必ずしも明瞭《めいりょう》ではありませんでした。四福音書の使徒性を証明する最も重要な要素のひとつ、それが「生前のイエスの側面の強調」であると本論は考えています（図版）。

改めて、「使徒（ἀπόστολος）」とはどのような存在であるかを考えてみたいと思います。

前項で述べましたように、使徒は狭義（ルカ文書）においては、①生

前のイエスから直接召命を受けた12弟子（12使徒）、②40日間の復活顕現を通して召命を受けた弟子たちのことを指します。第一義としては、前者の「生前のイエスから直接召命を受けた12弟子（12使徒）」のことを指していると言えるでしょう。ここで重要な事柄として受け止めたいのは、使徒が生前のイエスと直接接点があった人々であることです。肉体をもった歴史上の人物としてのナザレのイエスと直接的な接点があり、そのイエスから召命を受け、直に教えを受けていた人々[45]が使徒であるのです。

この使徒たちの存在が証ししていることは、イエスは確かに「肉体をもった人として存在していた」という事実です。イエスは神の子・救い主である、これはキリスト教信仰の大前提です。と同時に、イエスは肉体をもった人間であった、これも同様に大前提であることです。すなわち、「ナザレのイエスという歴史的人物において神が現わされた」、この信仰[46]に基づいていることが、「使徒的であること」の本質であると本論は考えます。

エイレナイオスら後の世代のキリスト者たちが四福音書を「使徒的である」としたのは、この四つが共通して「生前のイエスの側面を強調して描いている」ことが重要な要因のひとつとしてあったのではないでしょうか。2世紀の正統教会において重視されていた使徒性の本質にあるものは「ナザレのイエスという歴史的人物において神が現された」とする信仰（ピスティス）であり、マタイ－マルコ－ルカ－ヨハネの四福音書こそはこの信仰に基づいて書かれている文書であったからです。

四福音書共通の土台
……「生前のイエス」の側面
「使徒的であること」の本質
……「ナザレのイエスという歴史的人物において神が現された」

とする信仰（ピスティス）に基づいていること

2 背景にある「仮現論」への対抗

「使徒的であること」が重視されたことの背景には、やはりいわゆる「異端」の存在があります。特に、紀元90年以降の初期キリスト教会および初期カトリック教会（2世紀半ば〜）の時代に大きな影響力を持っていた「仮現《かげん》論」への対抗として、使徒性が強調されていった側面があるのです。

仮現論とは、キリストが「仮の姿でこの世界に現れた」とする考え方のことを言います。仮現論の立場の人々（いわゆる『キリスト教的グノーシス主義』の傾向をもつ人々）は、キリストが人間としての身体をもってこの世界に来たことを否定しました。仮現論（Docetism）は「そのように見える」を意味するギリシア語（ドケイン）に由来する言葉です。仮現論を主張する人々は、神の子であるキリストが苦しみを受け十字架上で死ぬはずはないと考え、それは「そのように見えた」に過ぎないのだとしました。この考え方の背景には、外的なもの（物質）よりも内的なものを重んじる[47]神学的な思考のパラダイム（基本的な思考の枠組み）があります。

45 この定義においても、マグダラのマリアは使徒として位置付けられるべきでしょう。
46 ギリシア語では「ピスティス（πίστις）」。
47 当時「異端」とみなされた仮現論者たちは、では、いったいどのようなキリスト像をもっていたのでしょうか。それは本論の第二部最終章で述べる「内住のキリスト」につながっていくものであったというのが本論の考えです。彼・彼女らは「内なるキリスト」に重点を置く（現存・救いのリアリティを感じる）ゆえ、歴史的人物であったナザレのイエス（生前のイエスの側面）への関心が希薄になっていたのだと考えられます。

◎仮現論（Docetism）

「そのように見える」を意味するギリシア語（ドケイン）に由来。キリストは「仮の姿でこの世界に現れた」とし、人間としての身体をもってこの世界に来たことを否定（あるいは軽視）する考え方。新約文書後期の著者や使徒教父文書の著者たちは仮現論的な考え方を教会を破壊する教えであるとして厳しく批判した（ヨハネの手紙一、イグナティオスの手紙など）。

キリスト教の歴史の初期に特に課題となったのは、この仮現論との対決でした。仮現論的言説がいつ頃から発生したのかは定かではありませんが、かなり早い時期から出現していたと考えられます。おそらく第一・第二世代のキリスト者がいなくなり、第三世代のキリスト者が中心となった紀元90年代頃から、次第にその勢いを増していったものと考えられます。世代が移り変わっていくにつれ、どうしてもイエスの人間性へのリアリティは薄れていくものであるからです。

第一世代は、生前のイエスから直接教えを受けた使徒たちを中心に構成されています。この第一世代がいなくなり[48]、第二世代が中心となったのは60年代後半あるいは70年以降のことです。ただし、この第二世代までは、まだイエスの人間性へのリアリティは色濃く保たれていたでしょう。第二世代のキリスト者たちは生前のイエスに直接会ってはいないものの、使徒たちから直に生前のイエスの伝承を伝え聞いているからです。その第二世代もいなくなった紀元90年頃から、生前のイエスの側面へのリアリティが本格的に薄れ始めたと考えられます。それと連動して発生したのが、仮現論的なキリスト理解です。この時期に教会内に仮現論的なキリスト理解が生じたのも当然の流れであったと言えるでしょう。

ただし、イエスの人間性へのリアリティが薄れただけでは、仮現論的な言説は発生しません。そこに高度なキリスト論が加わって初めて、仮現論的な言説は発生し得るものとなります（詳しくは、第7章「ヨハネによる福音書のキリスト像」を参照ください）。

現存する最も早い時期の仮現論への批判は、新約聖書のヨハネの手紙一（100〜110年頃）[49]や使徒教父文書のイグナティオスの手紙（110年頃）などに見られます（第三世代の年代に属する文書）。手紙の著者たちはそこで、仮現論的な考え方を、教会を破壊する教えであるとして厳しく批判しています。もしもイエスが仮の姿でこの世界に現れたに過ぎないのだとすれば、イエスの受難と十字架をはじめとする救いの出来事も仮のものとなり、意味のないものとなると考えたから[50]です。

48　60年頃には使徒パウロがローマにて殉教、62年にはエルサレム教会の指導者イエスの弟ヤコブが処刑されています。12使徒のリーダーであったペトロもおそらく64年の皇帝ネロの迫害によって殉教したと考えられます。

49　ヨハネの手紙一4章2、3節《イエス・キリストが肉となって来られたということを公に言い表す霊は、すべて神から出たものです。このことによって、あなたがたは神の霊が分かります。／イエスのことを公に言い表さない霊はすべて、神から出ていません。これは、反キリストの霊です》（新共同訳）。

ただし、ヨハネの手紙一における論敵たちの思想が仮現論者の思想にはっきり当てはまるものであるかどうかは検討が必要です。レイモンド・E・ブラウンは、ヨハネの手紙から再構成される論敵（分離主義者）の思想は後代の証言から私たちが知るような仮現論者の思想には正確に当てはまらないことを強調し、共同体の分裂後に、彼・彼女らがはっきりとした仮現論へ向かい、グノーシス主義運動の中に吸収されていったのだとしています（レイモンド・E・ブラウン『ヨハネ共同体の神学とその史的変遷――イエスに愛された弟子の共同体の軌跡』、湯浅俊治監訳、田中昇訳、教友社、2008年。原著は1979年）。ちなみに、ブラウンはヨハネ福音書の成立時期を90年頃、ヨハネの手紙の成立時期を100年頃に設定しています。

50　『イグナティオスの手紙――トラレスのキリスト者へ』9・1―10《ですから誰かがイエス・キリストを語らないおしゃべりをしたら、耳を覆いなさい。イエスはダビデの裔、マリアから真実に生まれ、食べ飲み、ポンティウス・ピラトゥスのもとに真実に迫害され、真実に十字架につけられて死んだのです。それは天と地と地下の諸霊の眼前で起ったことなのです。／彼はまた真実に死者の中から甦ったのです。彼の父が甦らせたのです。（略）／さてもし、ある無神の徒すなわち不信の

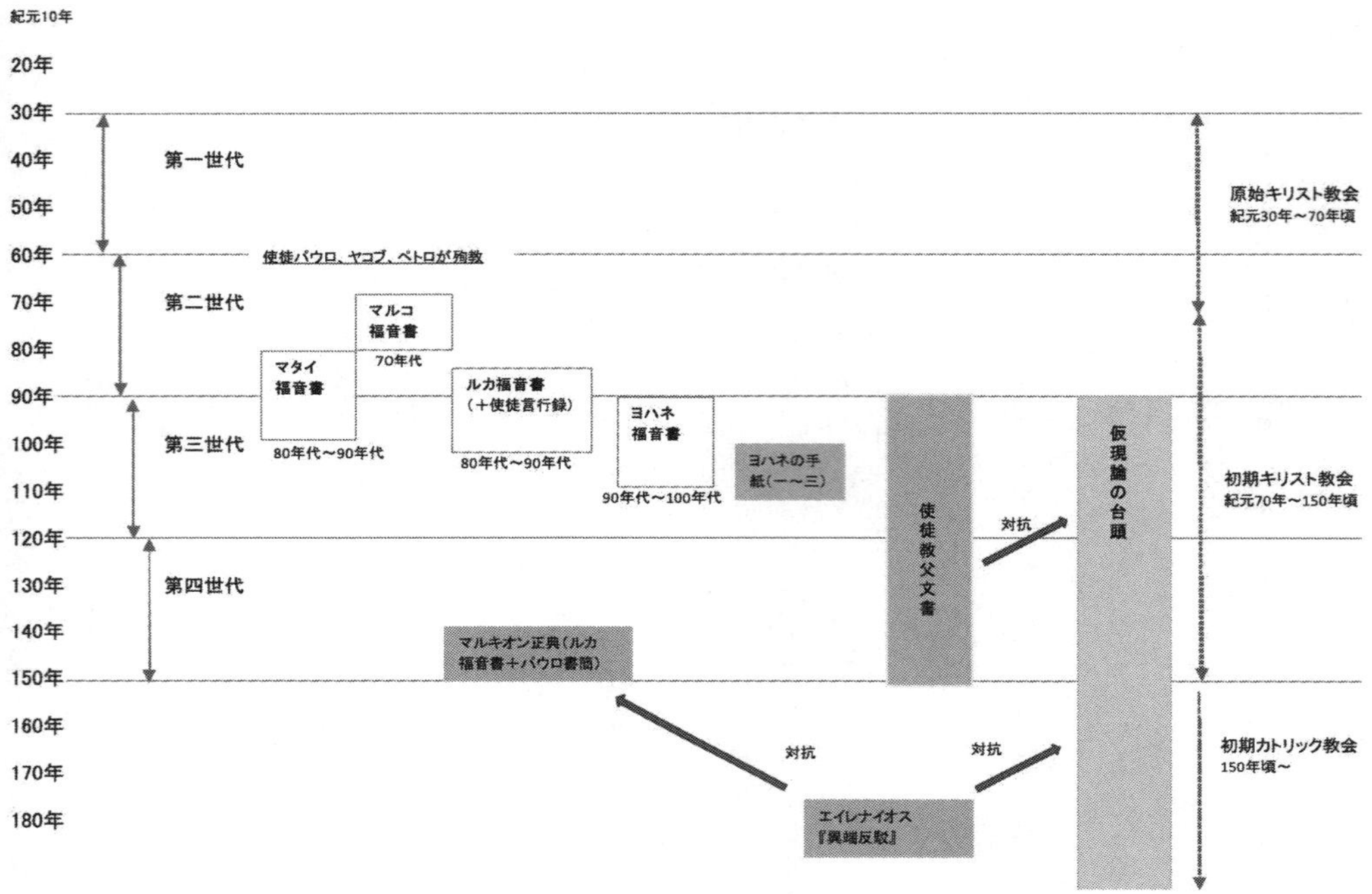

マルキオンの神学にも仮現論的傾向[51]がありました。マルキオンはイエスの人間性を否定するゆえ、たとえば、ルカ福音書本文からキリストの降誕に関わる場面を削除したと言われています。エイレナイオスは『異端反駁』の中でこのマルキオンの行為を非難[52]しています。マルキオン神学のこの仮現論的傾向ゆえ、エイレナイオスは彼とその教会を「グノーシス」である、[53]すなわち「異端」と認定していたことが伺われます。

「ナザレのイエスという歴史的人物において神が現された」――この信仰（ピスティス）は初期キリスト教会および初期カトリック教会において、決定的に重要な要素であったと言えます。この信仰なくしてキリスト教の固有性が生じることはなかったでしょうし、今日までキリスト教そのものが存続することもなかったでしょう。小林稔《みのる》氏はキリスト教の本質・固有性は《ナザレのイエスという歴史上の一人の人物において、唯一の神があますところなく自らを啓示したと信じる信仰にある》[54]とし、それが新約諸文書の語ろうとする《信仰の公約数》であると述べています。本論の新しい要素は、生前のイエスの側面を「四福音書共通の土台」として位置付けようとしているところです。

3　仮説①――四福音書の固有のキリスト像

四福音書の共通の土台となっているものは「生前のイエス」の側面であることを確認しました。その上で、こ

輩が言うように、キリストの受難がただみせかけだけのことだったとしたら――などと言う輩こそただのみせかけ（の存在）なのですが――、私は何のために囚人となり、何故獣と闘うことを祈り求めているのでしょうか。もしそうだったら、私の死は無駄なのです。もしそうだったら、私は主に逆らって嘘を吐いていることになるのです》（八木誠一訳、荒井献編『使徒教父文書』所収、講談社文芸文庫、1998年、181頁）。引用部の末尾ですでにイグナティオス自身が覚悟しているように、2世紀はじめ（110年頃）、アンティオキアの主教であったイグナティオスはローマで処刑されることとなりました（おそらく野獣と闘わされ殺されるという残酷な処刑の仕方）。参照：フスト・ゴンサレス、前掲書、80―93頁）。

51　参照：津田謙治、前掲書、86―91頁。

52　《さらにマルキオンはルカによる福音書を切り取り、主の誕生に関して書かれたすべての部分を取り去った。……》（エイレナイオス『異端反駁』第1巻27・2。津田氏訳、同、87頁）。

53　『異端反駁』第1巻27・3参照。この意味において、エイレナイオスはマルキオンを、ヴァレンティノスやバシレイデスら当時のキリスト教的グノーシス主義者たちと一緒にしています。ただし、マルキオンの仮現論はキリストの受難と十字架の死（贖罪）を重視している点で、他のグノーシス主義における仮現論と相違があります（参照：津田氏、同、89、90頁）。前述した通り、他の多くのグノーシス主義は神性が受苦することを否定するゆえにキリストの受難そのものを否定しましたが、マルキオンはそうではありませんでした。津田謙治氏は、《マルキオンにとってキリストの受難の事実は、至高神が創造神から人間を贖うための決定的で必要不可欠な出来事であった》（同、90頁）と述べています。エイレナイオスはマルキオンをグノーシスの一人とみなしていましたが、マルキオンが受難と十字架の贖罪を重視していた点からも、マルキオン神学がキリスト教的グノーシス主義とまったくイコールにはできないものであったことが伺えます。

54　小林稔『ヨハネ福音書のイエス』（岩波書店、2008年）、39頁。

れから、「四福音書の核にはそれぞれ、固有のキリスト像がある」というひとつ目の仮説について述べたいと思います。

仮説① 四福音書の核にはそれぞれ、固有のキリスト像がある。

各福音書の特質について、これまで膨大な量の研究がなされてきました。けれども、その固有性の核にあるものについて、そしてその核心部がどのように他の福音書と作用し合っているかについては、いまだはっきりとは言語化されてこなかった部分があるように思います。本論は、それぞれの福音書の固有性の核にあるものは、固有の「キリスト像」であると考えています。

キリスト像

では、キリスト像とは何でしょうか。神学の領域にキリスト論がありますが、ここで言わんとしているニュアンスはそれとまた少し異なるものです。本論においては、この語を「論」である以前のもの、感覚的・経験的な「像」の意味として用いています。

私たちはそれぞれ、自分なりのキリスト像をもっています。それらの像は第一に感覚的なものであり、必ずしも論として言語化・体系化されているわけではありません。各人が感覚的・経験的に現存のリアリティ・救いのリアリティを感じているキリストの一側面のことを、ここではキリスト像と形容しています。それらのキリスト像は新約聖書の福音書を主要な源泉としているものです。

キリスト像（Christusbild）の意義を強調したことで知られるのは、ルター派の神学者W・エーラート（1885～1954）です。彼は死後に編纂《へんさん》された古代教義史[55]において、新約文書におけるキリスト像の意義を強調[56]しています。

教義の歴史において手引きをなすのは、ロゴス論や哲学的な教義ではなく、不変的なキリスト像であるとエーラートは述べています。それらのキリスト像は、第一に、四福音書から生み出されているものです。《四つの福音書において、キリストは同時代の人々が見てとれる時空間的な世界の枠組みの中で、絵画的に、生き生きと読者と対峙しており、当時の人々にとっては見て、聞いて、触れることのできる存在である》。[57] このエーラートの言葉にあるように、キリスト像とは「論」である以前に、絵画的・体感的なものです。いわば、キリスト論の種子となるものがキリスト像だと言えるでしょう。

マタイ－マルコ－ルカ－ヨハネの四福音書はそれぞれ、独自のキリスト像を鮮やかに描き出しています。そしてそのキリスト像こそが、それぞれの福音書の固有性を形成しています。四福音書の固有性の核にあるものが、キリスト像であるのです。

55　Werner Elert, *Der Ausgang der altkirchlichen Christologie. Eine Untersuchung über Theodor von Pharan und seine Zeit als Einführung in die alte Dogmengeschichte.* Aus dem Nachlaß herausgegeben von W. Maurer und E. Bergsträßer, Berlin, 1957.（未邦訳）

水垣渉氏はキリスト論総説を論述するにあたり、エーラートの言説の重要性を指摘しています。《エーラートは、教義形成の全過程の発端にあるのは、思弁的であれ非思弁的であれロゴス論ではなく、キリスト像（Christusbild）であり、この像こそがいわば不変の定数であるがゆえにすべての教義史の手引きをなす、と主張した。……ここからさらに、キリスト論はキリスト像の解釈という意味をもち、そのさい聖書解釈が決定的な役割を果たすことも、当然のことながら再確認される。

エーラートが福音書のキリスト像を教義形成過程全体における定数としたことは、大きな意味をもっている。新約正典には、一つでなく四つの福音書が収められている。このこと自体驚くべきことであるが、これをキリスト論の多様性といったレベルでとらえることは正しくない。多様な福音書を生み出したのは、キリスト像の強烈な印象形成力である》（水垣渉「総説　第一節　キリストとキリスト教とキリスト論」、水垣渉・小高毅編『キリスト論論争史』所収、日本キリスト教団出版局、２００３年、36、37頁）。

56　Werner Elert , op.cit.,pp.12-25.

57　Werner Elert , op.cit.,p.18.

もちろん、福音書記者たちは何か勝手に独自のキリスト像を創作したわけではありません。自分とその教会（教団）が実際に現存・救いのリアリティを感じているキリストを、様々な伝承を用いて復元しようとしたのだと受け止めることができます。

それでは、四福音書が提示する固有のキリスト像はどのようなものなのでしょうか。以下、本論の仮説を図と共に提示していきます。新約正典の配列はマタイによる福音書からですが、書かれた年代が一番古い[58]マルコによる福音書のキリスト像から述べていきたいと思います。

58　マルコ福音書の執筆年代は紀元70年を過ぎて間もなくか、あるいは70年代とされることが一般的です。マルコ福音書がその年代に書かれたとされることが多いのは、すでに述べましたように、福音記者マルコが第一次ユダヤ戦争（66－70年）およびエルサレム神殿崩壊（70年）を踏まえて執筆をしていると考えられることが理由です。その場合、マルコ福音書は第二世代の年代に属する文書であることになります。

たとえば、G・タイセンはマルコはユダヤ戦争および70年のエルサレム神殿の崩壊を踏まえて福音書を記している、としています。《新約聖書の手紙叙述の成立が皇帝クラウディウスの宗教政策を背景として理解されるべきであるように、福音書文学の成立はユダヤ戦争を背景として理解されるべきである》（G・タイセン『新約聖書 —— 歴史・文学・宗教』、大貫隆訳、教文館、2003年、141頁）。《マルコ福音書は紀元後70年を過ぎて間もない頃に書かれた。神殿の倒壊が前提とされている。マルコ福音書十三1―2でイエスがそれを予言する件は、事実神殿が崩壊した通りに書かれている》（同、143頁）。

この一般的な見解に対して、新約学者の田川建三氏は「マルコには第一次ユダヤ戦争の様子を知っていると思わせる要素は出てこない」とし、その執筆年代は（はっきりとしたことは分からないと前置きした上で）50年代の可能性があることを指摘しています。（田川建三『新約聖書 訳と註1　マルコ福音書／マタイ福音書』、作品社、2008年、855、856頁。『新装版　原始キリスト教史の一断面　福音書文学の成立』、勁草書房、2006年、32、33頁も参照）。

新約学者の加藤隆氏も、マルコ福音書がエルサレム教会と対立する内容を含むことを根拠としてかなり早い時期に執筆年代を設定しています（早くて40年代後半、あるいは50年代―60年代初め頃。加藤隆『『新約聖書』の誕生』、100頁）。その場合、福音書記者マルコはペトロやパウロたちと同じ第一世代のキリスト者であることになります。

この相違は、マルコ福音書13章の小黙示録をどう捉えるかにもよります（小黙示録については後述します）。そこにユダヤ戦争・エルサレム神殿崩壊についての示唆を読み取るか否かで、年代設定にも相違が生じます。

また、マルコ福音書に関しては、「原マルコ福音書」あるいは「第二版マルコ福音書」が存在した可能性も指摘されています（参照：G・タイセン、前掲書、48、49頁）。そのことを踏まえると、成立年代の設定はより複雑なものとなるでしょう。最終版が成立したのは仮に70年代であったとしても、「原マルコ福音書」はさらに早い時期に成立していた可能性があるからです。エチエンヌ・トロクメは第一の形態のマルコ福音書（1―13章）の成立時期を65年以前、受難物語が加えられた正典の（第二版の）マルコ福音書の成立時期を75年以降と想定しています（エチエンヌ・トロクメ『キリスト教の幼年期』、加藤隆訳、ちくま学芸文庫、2021年、93頁。2000年に出版された『四つの福音書、ただ一つの信仰』では、『正典マルコ』は80年頃にローマで成立したとしています。『四つの福音書、ただ一つの信仰』、加藤隆訳、新教出版社、2002年、26頁）。田川建三氏もマルコの成立年代をかなり早い時期に設定しつつ、受難物語を加えた「正典マルコ」の成立についてはもっと後、80―85年頃のことであるとしています（「補論　その二　マルコ受難物語」、『新装版　原始キリスト教史の一断面　福音書文学の成立』所収、340、341頁）。

いずれにせよ、本論としては、マルコ福音書の決定版（仮に『原マルコ福音書』が存在するとして）の成立は、通説と同様、70年以後間もなく、あるいは70年代を想定しています。

第3章　マルコによる福音書のキリスト像――生前‐十字架のキリスト

マルコによる福音書が提示する固有のキリスト像[59]は「生前《せいぜん》‐十字架のキリスト」です。「生前のイエス」の側面と「十字架のキリスト」の側面に重点が置かれているのがマルコの特質です。

下の図の四方形について説明をしますと、マルコ福音書の中ではっきりと言語化されている側面は白色、ある程度言語化されている側面はグレー、まったく言語化されていない側面は黒色で表しています。

図の四方形を見ていただくと分かります通り、マルコ福音書においてはっきりと言語化されているのは、生前のイエスと十字架のキリストの側面です。ある程度言語化されているのは、復活のキリストと再臨《さいりん》のキリストの側面。昇天《しょうてん》のキリストの側面は言語化されていません。

四方形に付された矢印は、マルコ福音書の志向性が特にどの側面に向かっているか（どの側面に神性の現存、救いのリアリティを見出しているか）を示しています。図を見ていただくと分かりますように、マルコにおいては、生前のイエスの側面と十字架のキリストの側面に矢印が向いています。

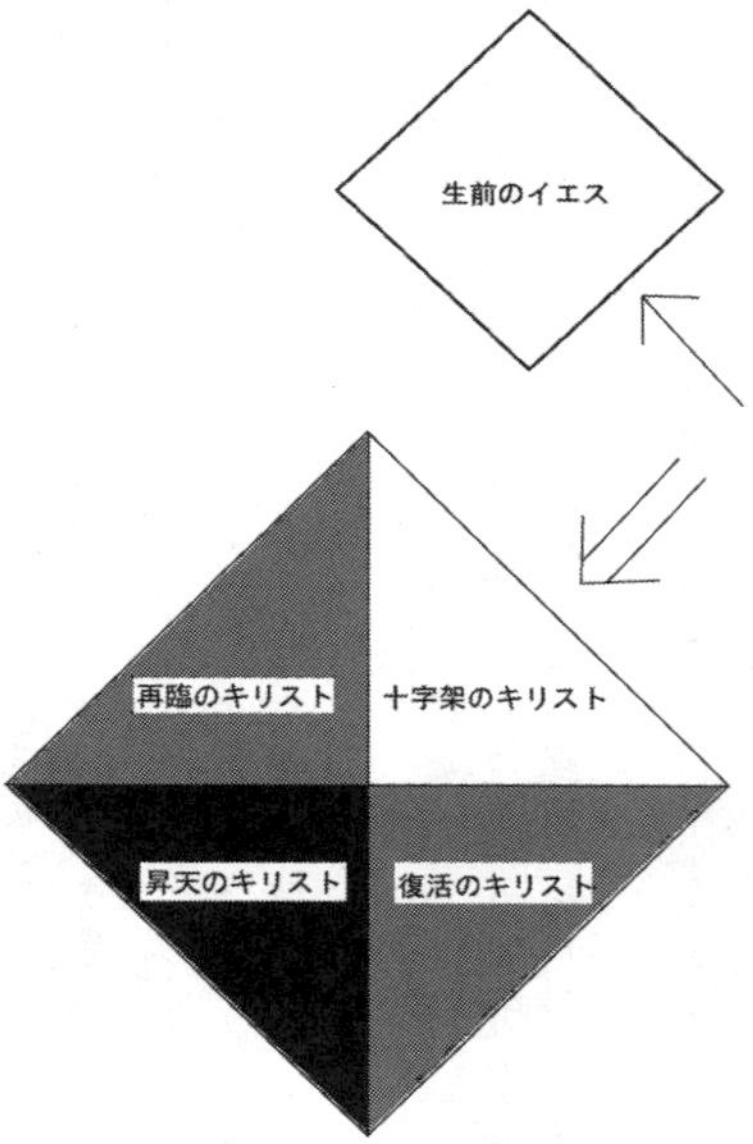

マルコによる福音書のキリスト像　～生前 - 十字架のキリスト

マルコ福音書において特筆すべきところは、生前のイエス（イエスの人間性）の側面をはっきりと言語化した点です。一人の歴史的人物であるナザレのイエスの言葉と振る舞いとを生き生きと描き出しているところにマルコの特質があります。

他の三つの福音書と比較してみても、マルコ福音書が生前のイエスの側面を最も強調して描いています。[60]福音書記者マルコ[61]は、歴史的人物としてのイエスの言葉と振る舞いを自らの神学的立場に基づいて再構成し[62]、これま

59　マルコ固有のイエス像（キリスト像）として挙げられることが多いのは第二イザヤの「苦難のしもべ」あるいは詩編の「苦難の義人」としてのイエス像でありましょう。《マルコの意図は「苦難のしもべ」として神にも見捨てられたイエスこそが終わりの時のメシアであったとの観点からイエス像を描き出し、読者をして、この百卒長の告白に参与せしめるところにあると言ってよい》（マルコ15章34、39節について。松永希久夫「福音書のイエス像──黙示文学的終末論克服の諸相」、『松永希久夫著作集　第三巻　教会を生かす力──その他の論文』所収、一麦出版社、2011年、60頁）。もちろん、マルコがイエスを旧約の「苦難のしもべ」「苦難の義人」と意図的に重ね合わせて描いているのは確かなことであり、マルコ固有のイエス像のひとつであると言えるでしょう。本論としては、その「苦難のしもべ」あるいは「苦難の義人」としてのイエス像は「生前－十字架のキリスト像」に内包されるもの──その「内実」であり、その「働き」のひとつ──として位置付けています。

60　マタイ、ルカはその方針を受け継ぎながらも、マルコと比較すると生前のイエスの側面は幾分背後に退いています。

61　マルコ福音書の著者が誰であるかについては諸説あります。伝統的には、マルコ福音書の著者は使徒ペトロの通訳のマルコであるとされてきました（たとえば、エイレナイオス『異端反駁』第3巻10・6《それゆえ、ペトロの通訳であり、門弟であったマルコも、福音書を書きつけるにあたって、その初めを次のようにしている。……》。小林稔訳、前掲書、36頁）。この伝承のもととなっているのは、紀元130年頃に書かれたパピアスの書物です（マルコ福音書の成立に関する最古の伝承。パピアスの書物は現存せず。エウセビオスの『教会史』の中に記載。参照：川島貞雄『福音書のイエス・キリスト2　マルコによる福音書──十字架への道イエス』、日本基督教団出版局、1996年、13、14頁）。このパピアスの証言がどれほど信憑性のあるものとみなすかは、学者によって相違があります。また、使徒言行録に登場するパウロの若き同労者ヨハネ・マルコがマルコ福音書の著者とする伝統的な見解もあります（参照：川島貞雄、前掲書、27−29頁）。この伝統的な見解がどれほど史実性のあるものなのか、また、ペトロの通訳であったマルコとこのパウロの同労者であったマルコが伝承の通り同

でにはなかった福音書という新しい文学形式を生み出しました。[63] ここに、マルコの極めて大きな功績があります。

このように、生前のイエスの側面を描き出している――それがマルコ福音書の「土台」を形成しています――のがマルコ福音書の大きな特徴ですが、神学的に最も重点が置かれているのは、受難と十字架の死の場面です。[64] マ

一人物であるかもはっきりとは分かりません。

福音書記者マルコが異邦人キリスト者であると考えるか、ユダヤ人キリスト者であると考えるかも学者によって相違があります。川島貞雄氏はマルコはアラム語を母国語とするユダヤ人であった可能性を示唆しています（川島貞雄、前掲書、32頁）。本論も、福音書記者マルコはユダヤ人キリスト者であったと考えています。マルコの属する共同体には、異邦人キリスト者も数多くいたことでありましょう。マルコ福音書には、異邦人キリスト者への共感と、ユダヤ人キリスト者への批判（自己批判）とを見出すことができます。

書かれた場所は、大きく、東方（ガリラヤ近辺、デカポリス、シリアなど）説とローマ説があります。田川建三氏はマルコ福音書が成立したのはガリラヤであるとし（田川建三『原始キリスト教史の一断面』、32頁）、川島貞雄氏はガリラヤに近い地方（川島貞雄、前掲書、32、33頁）、G・タイセンはシリアであるとほぼ断定しています（G・タイセン、前掲書、144頁）。一方で、古代教会の時代から継承されてきたローマ説を支持する学者もいます。たとえば、メアリー・ヒーリーはマルコ福音書はローマにいるキリスト者に向けて書かれたものであるとし、伝統的なローマ説を支持しています。ヒーリーは《福音書の内容と強調点は、60年代終わりのネロ皇帝の迫害下にあったキリスト者たちの歴史的状況とよく符合して》いる（メアリー・ヒーリー『カトリック聖書注解　マルコによる福音書』、サンパウロ、２０１４年、12、13頁）とし、執筆年代も60年代の終わりを想定しています。ヒーリーの想定は本論とは異なりますが、マルコ福音書が何らかの緊迫した状態に置かれたキリスト者に向けて書かれたということは、その通りであるでしょう。当時のキリスト者たちが直面していた苦難が福音書の背景にあると考えるからです。そしてそれは、マルコ固有のキリスト像の内実ともつながっています。マルコによる福音書のキリスト像「生前－十字架のキリスト像」の内実は、「共苦・連帯のキリスト像」であるというのが本論の考えです。

62　マルコ福音書が素材とした口承伝承は主に「小黙示録」「受難物語」「奇跡物語」の三つの内容に区分することができます（これらの伝承の中には、すでに文書化されているものもあったと考えられます）。これらの伝承を組み合わせることによって、マルコはマルコ固有のキリスト像を創り出しました。ただし、それはマルコが創作したものではなく、マルコ自身が出

63　会い、経験しているキリスト像を指し示そうとする試みであったと本論は受け止めています。奇跡物語伝承は主に「生前のイエス」の側面を描くことに用いられ、受難物語伝承は主に「十字架のキリスト」の側面を描くことの素材となりました。マルコ13章の素材となっている小黙示録伝承については「再臨のキリスト像」の章（本論第一部第6章）で詳述します。
マルコ福音書の執筆動機については、様々な推論をすることができます。加藤隆氏はマルコ福音書は《エルサレム教会主流に反対する立場から、特に口承の情報を重要視する権威のあり方を批判するために書かれた》とし（『『新約聖書』の誕生』、206頁）、それに伴いマルコの執筆年代を早くて40年代後半、遅くて50年代−60年代初め頃と想定しています。マルコ福音書の中には確かにエルサレム教会への批判とも受け止められる言説が見出されますが、本論としては、その批判精神は生前のイエス本人に由来するものも大きいと受け止めています。すなわち、イエスの生前の言動（いわゆる『史的イエス』証言）を最も色濃く、かつ生々しくとどめているのがマルコ福音書であるのだと考えます（『生前のイエス』の側面の内実については本論第二部第2章第6項を参照ください）。

G・タイセンはマルコ福音書を始めとする福音書文学が成立した要因として、(1)第一世代の死滅、(2)地域教会の強化、(3)70年のエルサレム神殿の破壊、(4)異教徒出身のキリスト教徒の増大の四つを挙げています（『新約聖書 —— 歴史・文学・宗教』、大貫隆訳、136−142頁）。(1)の第一世代の死滅に関して言えば、それに伴って教会の内部に「権威の空隙」が生じたことが背景にあることをタイセンは指摘しています。権威の空隙を埋めるため、死去した使徒たちの名を冠した手紙と福音書とが執筆されたというのです（文書を通した間接的な使徒の権威とイエスの権威の発動）。

佐藤研氏は、エルサレム神殿が崩壊した紀元70年以降、キリスト教が自己のアイデンティティを確立することが急務となった結果、新生キリスト教の内部で(1)「福音書」の成立、(2)パウロ書簡の蒐集と編纂の動きが生じたと分析しています（『聖書時代史　新約篇』、144頁）。

64　マルコによる福音書が受難物語（14−15章）に重点を置いているということはよく指摘されることです。「福音書は長い序論つきの受難物語である」とのM・ケーラーの認識は、特にマルコ福音書に当てはまるものとして現在も受け容れられているものです（《われわれは、やや挑戦的な言い方をすれば、福音書を詳細な序論つきの受難史と呼ぶこともできるであろう》。ケーラー「いわゆる史的イエスと歴史的＝聖書的キリスト」、森田雄三郎訳、『現代キリスト教思想叢書２』所収、白水社、１９７４年、204頁注１）。たとえば川島貞雄氏は、マルコの註解の副題を《十字架への道イエス》とし、受難物語をマルコ福音書において最重要ものとして位置付けています（川島貞雄『福音書のイエス・キリスト２　マルコによる福音書 —— 十字架への道イエス』）。

ルコ福音書の核心部は、十字架のキリストにあります（図を見ていただくと、特に太い矢印が十字架のイエスの側面を指し示しているのがお分かりいただけると思います）。

◎マルコによる福音書のキリスト像
……生前－十字架のキリスト（特に十字架の側面を強調）

マルコは歴史的人物であるイエスにおいて神が現されたことを語っています。それはより詳しく言うと、歴史的人物であるイエスが経験した「十字架の出来事において」神が現されたという理解なのです。そのことを最もよく示しているイエスの十字架の死の場面（マルコ福音書15章33～41節、私訳）を見てみましょう。

1　十字架の死の場面

15：33　そして、昼の第六時（正午頃）になると全地が闇になり、第九時（午後三時頃）に至った。
15：34　そして第九時にイエスは大声で叫んだ。「エロイ、エロイ、レマ、サバクタニ」。これは訳すと「私の神、私の神、どうして私をお見捨てになったのか」という意味である。
15：35　するとそばに立っている人々の何人かがこれを聞いて、「見よ、エリヤを呼んでいる」と言った。
15：36　そこである人が走って、海綿を酢で満たし、葦《あし》に付けて彼に飲ませようとして、「エリヤが彼を降ろしに来るかどうか、私たちに見させろ」と言った。
15：37　しかし、イエスは大声を発して息絶えた。
15：38　すると、神殿の幕が真っ二つに上から下まで裂けた。

15：39　彼のそばに向かい合って立っていた百人隊長は、彼がこのように息絶えたのを見て、言った、「まことにこの人間は神の子であった」。
15：40　さて、そこには婦人たちが遠くから見つめていた。その中にはマグダラのマリア、小ヤコブとヨセの母マリア、サロメがいた。
15：41　彼女たちは彼がガリラヤにいたときに彼に従って来て、彼に仕えていた者たちである。また、彼と共にエルサレムに上ってきた他の多くの者たちも。

イエスが十字架上で息絶えると、神殿の至聖所《しせいじょ》を覆う垂れ幕が真っ二つに上から下まで裂けたことをマルコは

一方で、受難物語を附録的なものとして位置付ける立場もあります。よく知られているのは、トロクメによる仮説です。トロクメは元来のマルコ福音書は13章までであり（＝『原マルコ福音書』）、14—16章は別の編集者による附加（＝『正典マルコ福音書』）であると主張しています（Trocmé, *The Formation of the Gospel according to Mark*, London,1975. 筆者未読。E・トロクメ『受難物語の起源』、加藤隆訳、教文館、１９９８年、23—31頁を参照）。田川建三氏はこの「トロクメ仮説」を受け継ぎ、受難物語はマルコ自身の編集によるものであるとの修正は加えながらも、やはり13章37節をマルコ本体の結びの句とし、14章以下は附録的なものであるとしています（田川建三、『原始キリスト教史の一断面』、338—352頁）。《マルコは受難物語という附録をもった生けるイエス・キリストの記録である。彼の頭の中にはじめに構成されたのは、生きかつ活動するイエスをえがくことであり、受難物語は名実共にそれに対する附加でしかない》（349頁）。この田川氏の立場は、生前のイエスの側面に強調点を置く神学的立場から来るものであると言えるでしょう。

本論としては、受難物語はマルコにおいて附加的なものではなく、むしろ中心に位置付けられるものであると受け止めています。マルコ本来の意図を超えて、イエスの生（言葉と振る舞い）に最重要の意義を見出す「生前のイエス像」の神学的立場については後述します（第二部第2章を参照）。

川島貞雄氏もマルコ註解の中でトロクメ—田川仮説に対する反論を記しています（川島貞雄、前掲書、268—282頁）。また、荒井献氏によるトロクメ—田川仮説に対する第三の解釈も参照（荒井献『イエス・キリスト（上）』、講談社学術文庫、２００１年、88—98頁）。

記します（38節）。

神殿の垂れ幕が二つに裂けたことは、それまで隠されていた神性が人々の前に現されたこと（=神の現存）を示しています。すなわち、イエスの十字架の死を通して神が現されたことが示されているのです。マルコ福音書はこの場面で頂点を迎えます。マルコにおいて、十字架上の苦悶《くもん》と死が、《キリストの神性が収斂《しゅうれん》する一点》[65]です。

十字架上のイエスの死と神殿の垂れ幕が裂けた出来事とを見た百人隊長（ローマ軍の隊長、異邦人）は、「まことにこの人間は神の子であった」と告白します（39節）。この百人隊長の言葉は、福音書記者マルコ自身の十字架のキリストの神性への信仰告白ともなっていると受け止めることができます。[66]

○マルコ15章39節　百人隊長「まことにこの人間は神の子であった」
……十字架上のイエスの死と神殿の垂れ幕が裂けたことを見て
↓「十字架のキリスト」への信仰告白

また、百人隊長の言葉で注目したいのは、「人間（ἄνθρωπος）」という語が使われている点です。ἄνθρωπος は第一義として、生きものとしての「人間」を意味する言葉[67]です。「肉体をもった人間であるナザレのイエスが、神の子であった」とのマルコのメッセージをここに読み取ることができるでしょう。すなわち、歴史的人物であるイエスが経験した「十字架の出来事において」神が現されたとするマルコの信仰（ピスティス）[68]の根本がここに示されています。

イエスの人間性を前提（=土台）としつつ、十字架のキリストに神性（キリストの現存、最大の救いのリアリティ）を見出しているのがマルコ福音書の特徴です。

このことは、マルコにおいて復活の場面がどのように描かれているかを見ることでさらにはっきりとしてきます。

65 佐藤研氏は原始キリスト教の文書の中で最も「悲劇的」な要素をもつのはマルコであるとし（『悲劇と福音 —— 原始キリスト教における悲劇的なもの』、清水書院、２００１年、39頁）、次のシモーヌ・ヴェイユの言葉がマルコの物語構成に適切に妥当していると述べています。《十字架上での断末魔の苦悶は復活よりもいっそう神的であり、この苦悶こそがキリストの神性が収斂する一点である》（同、65頁）。

66 百人隊長の言葉が福音書記者マルコに帰されることは、一般的な見解として受け容れられていると言えるでしょう。たとえば、川島貞雄氏はこの39節の言葉はマルコに帰すべきであるとし、1章11節の神による「神の子」宣言と、15章39節の異邦人の百人隊長による「神の子」告白とは「枠」となっていることを指摘しています（川島貞雄、前掲書、217、255頁）。また、メアリー・ヒーリーは1章10節の天が裂けたことと、15章38節の神殿の垂れ幕が裂けたことが対応していることを指摘しています（メアリー・ヒーリー、前掲書、421頁）。

　廣石望氏はこのローマの百人隊長による「神の子」告白は、①信仰告白であると共に、②皇帝を「神の子」とするローマ帝国への批判が含まれていると述べています（廣石望「マルコによる福音書」、『新版　総説　新約聖書』所収、大貫隆・山内眞監修、日本キリスト教団出版局、２００３年、81頁）。

67 参照：『ギリシア語 新約聖書釈義事典』（荒井献・H・J・マルクス監修、教文館、１９９３年）、134頁。

68 マルコ福音書においては、「生前 － 十字架のキリスト」に対する信仰が前提とされています。たとえば、マルコが素材としている奇跡物語伝承も、民衆のイエスへの信仰が前提となるように編集・加筆されています。マルコは《信仰を奇跡の前提として特に強調している》（川島貞雄、前掲書、112頁。《あなたの信仰があなたを救った》、5章34節、10章52節）。すなわち、マルコ福音書における民衆（ὄχλος および πολλοί）とは、ただそこに無条件に集まっている存在ではなく、キリストへの信仰をもって集まった者たちと位置付けし直されているのです（マルコの編集以前においては、民衆は必ずしもキリストへの信仰をもって集まった人々だけを指すのではありません）。この点については、谷口真幸氏が論文「「多くの人／すべての人のために」の射程について —— マルコによる福音書の文学的アプローチからの見解」で説得的に論述しています（『不可解な結末の復活物語　マルコによる福音書16章1－8節の文学的アプローチ試論』所収、ヨベル、２０１２年、123－133頁）。

　対して、「生前のイエス像」の神学的立場である人々は、民衆（ὄχλος および πολλοί）に信仰を認める解釈を取らず、むしろキリストの招きが「無条件」であることを強調する傾向があります。

2　復活の場面

マルコによる福音書16章1－8節、私訳

16：1　そして安息日が終わり、マグダラのマリアとヤコブの母マリアとサロメは、彼に油を塗りに行くために香料を買った。

16：2　そして週の第一日の朝早く、日が昇るとともに彼女たちは墓に行く。

16：3　彼女たちは「誰が墓の入り口からその石を私たちのために転がしてくれるでしょうか」と互いに言い合っていた。

16：4　しかし目を上げると、その石が転がされているのを彼女たちは見る。それは非常に大きなものであったというのに。

16：5　そして墓の中に入ると、右側に白い衣を着た若者が座っているのが見え、彼女たちはひどく驚いた。

16：6　彼は彼女たちに言う、「あなたがたは驚くことはない。十字架につけられたナザレのイエスをあなたがたは求めている。彼はよみがえらされ、ここにはいない。見なさい、彼が納められていたところを。

16：7　だが、あなたがたは行って、彼の弟子たちとペトロに言いなさい。『彼はあなたがたに先立ってガリラヤへ行く。そこであなたがたは彼を見るであろう』と。彼が以前あなたがたに言っていた通りに」。

16：8　しかし彼女たちは墓から出て行き、逃げ去った。震えと忘我《ぼうが》が彼女たちに憑《と》りついていたからである。そして彼女たちは誰にも何も言わなかった。恐ろしかったからである。

マルコ福音書の復活の叙述の特徴は、「復活顕現」が記されていない点です（16章9節以下の『復活顕現』および

『昇天』の記事はマルコ自身によるものではなく、後の時代の人々による附記です）。イエスが葬られた墓へ向かったマリアたちは白い衣を着た若者から、イエスがよみがえらされたことを聞きます。しかし、復活したキリストと直接出会うことはありません。すなわち、復活顕現がマルコには記されてはいない。いわば、マルコ福音書においていまだ「復活のキリスト」は不在であるのです。

　イエスの復活を告げた天使は、マリアたちに伝言を託します。弟子たちとペトロに対して、「彼はあなたがたに先立ってガリラヤへ行く。そこであなたがたは彼を見るであろう」（７節）と伝えるように、と（ガリラヤでの顕現の予告）。

　しかし、神の使いの言葉を聞いたマリアたちは、震えと忘我に憑りつかれた状態で、墓から逃げ去ります。そして誰にも自分たちが見聞きしたことを言いません。恐ろしかったからです。これをもって、マルコは福音書の本文を閉じます。

　復活顕現が記されていない理由は、主に二つのことを挙げることができます。ひとつは、マルコ福音書全体の構造です。マルコ福音書は復活顕現を描かずガリラヤでの顕現を予告することによって、弟子たちを（そして私たち読者を）始まりの場所であるガリラヤへ再び招く構造になっているという点です。このことは、多くの人々によって指摘されている[69]ことであり、広く受け容《い》れられる認識となっていると言えるでしょう。

69　日本では荒井献氏、青野太潮氏、佐藤研氏、上村静氏など。その一例として、以下、上村静氏の文章を引用します。《マルコは読者に「ガリラヤ」に行って復活したイエスに会うように指示しているのである。「ガリラヤ」はイエスの主たる活動地であるが、実際にそこに行くということではなく、そこでのイエスの活動を追体験すること、とはすなわち、マルコ福音書を再読するよう促しているのである。こうして「福音書」という物語をとおして、信者は過去に存在したイエスだけでなく、復活のキリストに出会うことができるのである》（上村静『旧約聖書と新約聖書 ——「聖書」とはなにか』、新教出版社、２０１１年、272、273頁）。

もうひとつの理由として考えられるのは、マルコ固有のキリスト像が「生前－十字架のキリスト」であることです。マルコが特に重点を置いているのは十字架のキリストであることはすでに述べた通りです。マルコにおいては十字架における神の現存に最大の強調点があるのであり、だから直接的な復活顕現がない（言い換えると、復活のキリストの側面が背後に退いている）のだと推測することができます。この二つ目の点はあくまで本論の推測[70]であり、必ずしも一般的な通説となっているものではありません。

マルコにおいて復活のキリストの側面が背後に退いていることは、最終節の8節からも読み取ることが可能です。8節「しかし彼女たちは墓から出て行き、逃げ去った。震えと忘我が彼女たちに憑りついていたからである。そして彼女たちは誰にも何も言わなかった。恐ろしかったからである」。

墓の中から出て行ったマリアたちをとらえていたのは「震えと忘我（τρόμος καὶ ἔκστασις）」でした。τρόμος καὶ ἔκστασις がどのような状態を指すものであるのかについては様々な解釈がありますが、どちらかというと否定的なニュアンスが感じられる表現であると言えます（新共同訳は《震え上がり、正気を失っていた》）。

震えと忘我に憑りつかれたマリアたちはその場から逃げ去り、み使いからの伝言を誰にも伝えることはしません。[71]「恐ろしかったから（ἐφοβοῦντο γάρ）」です。神顕現に出会った人間がまず恐れや当惑にとらわれる[72]のは聖書の様々な場面に出てくるものであり、特に珍しいものではありません。ただし、その人間の恐れで物語全体が閉じられるのはやはり特異な終わり方だと言えるでしょう。

これらのマリアたちの振る舞いや表現の仕方から、復活の側面を強調して描くことへのマルコの躊躇《ためら》い、あるいは警戒心のようなものが感じられる、と述べても言い過ぎではないでしょう。もちろん、マルコが復活の側面を軽んじていたわけではないと思います。しかし、マルコの内に、復活を強調して描くことに対しての何らかの躊躇いがあった。その躊躇いとは、マルコ固有のキリスト像[73]から生じているものに他ならないと本論は考えています。マルコが描かんとするキリスト像（＝生前－十字架のキリスト）が、マルコ自身に復活の側面を強調して描くことを躊躇《ちゅうちょ》させたのではないでしょうか。

70 ただし、たとえば佐藤研氏は本論と共通することを述べています。マルコは十字架上のイエスの死をもって《神性顕現の極み》を描いており、復活を積極的に描写する必然性をもはやもたないばかりか《それを事実上放棄している》と。《そもそも、マルコは15章39節の百人隊長の告白で証しされるように、ゴルゴダの杭殺柱（本論を参照）におけるイエスの惨死でもって神性顕現の極みを描いている。つまり、イエスのいわゆる「復活体」を積極的に描写する必然性をもはや持たないばかりか、それを事実上放棄していると思うのである。その代わりに、「彼はあなたたちより先にガリラヤへ行く。そこでこそ、あなたたちは彼に出会うだろう」（16章7節）という句を編集的に導入し、「復活のイエスとの出会い」を物語の枠外へ移行させ、問題を各人の——すなわち読者一人一人の——「ガリラヤ」における主体的課題として各人に投げ返していると見られるのである》（佐藤研「異読・転釈解説集　共観福音書」、新約聖書翻訳委員会編『聖書を読む　新約篇』所収、岩波書店、２００５年、155頁）。

71 この「女性たちの沈黙」についてフェミニストの視点から捉え直した論考としては、絹川久子氏の『女性たちとイエス——相互行為的視点からマルコ福音書を読み直す』（日本キリスト教団出版局、２００６年）227—238頁を参照。

72 顕現物語の基本的な要素に《①神的存在の顕現、②人間の恐れと当惑、③告知の言葉、④否定的反応、⑤保証の言葉》があります（原口尚彰『新約聖書釈義入門』、教文館、２００６年、13頁）。

73 このマルコ固有のキリスト像（特に『十字架のキリスト』の側面）は、その後、ローマ・カトリック教会のミサ（聖餐）を通して、よりはっきりと可視化されるようになるというのが、本論の考えです（詳しい考察は今後の課題としたいと思います）。

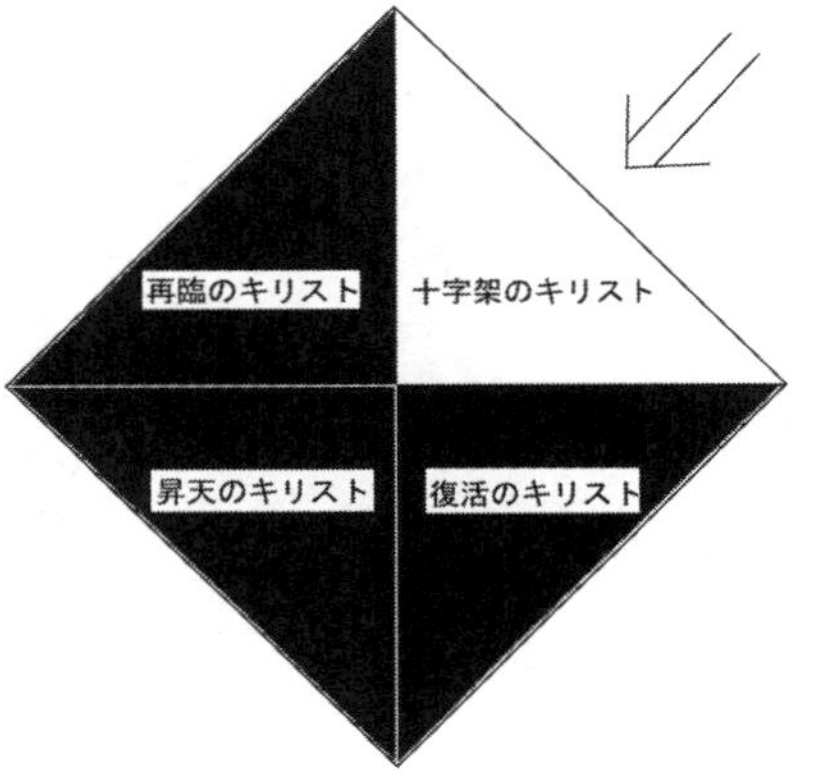

カトリックの聖餐論が指し示すキリスト像　～十字架のキリスト
（トリエント公会議当時）

第４章　マタイによる福音書のキリスト像――十字架－復活のキリスト

次に、マタイによる福音書のキリスト像[74]について述べます。

マタイによる福音書が提示する固有のキリスト像は「十字架－復活のキリスト」です。「十字架のキリスト」と「復活のキリスト」の側面に等しく（＝同時的に）重点が置かれているのがマタイの特徴です。

図の四方形を見ていただくと、マルコとの間に相違が生じていることがお分かりになるかと思います。最も顕著な相違は、復活のキリストの側面がはっきりと言語化され、重点が置かれるようになっている点です。マタイによる福音書はマルコが提示するキリスト像（＝『生前－十字架のキリスト』）を受け継ぎつつ、そこに新たに復活の側面を加えています。

マタイによる福音書には素材となっているいくつかの資料があります。最も重要な資料として挙げられるのは、マルコによる福音書です。福音書記者マタイ[75]はマルコ福音書の記事を前提としつつ、そこに独自の修正を加えています。他にマタイが参照している資料として、イエスの語録集であるいわゆるQ資料[76]、マタイ特殊資料な

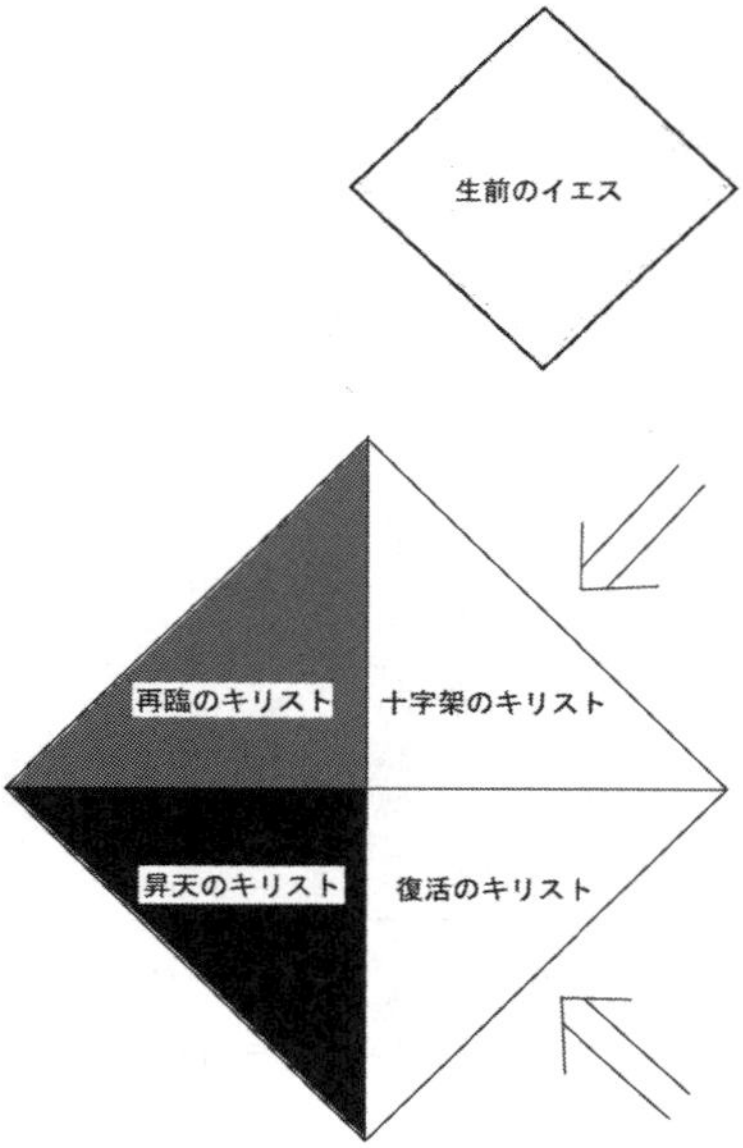

マタイによる福音書のキリスト像　～十字架 - 復活のキリスト

どの存在が考えられます。

74　マタイ固有のイエス像（キリスト像）として挙げられることが多いのは「律法の成就者」としてのイエス像でありましょう（荒井献『イエス・キリスト（上）』、講談社学術文庫、2001年、160頁）。イエスは「律法の布告者」（第二のモーセ）であり「律法の成就者」である（松永希久夫「福音書のイエス像 —— 黙示文学的終末論克服の諸相」、前掲書所収、76–78頁。小河陽氏は《旧約の完成者イエス》と形容。『福音書のイエス・キリスト1　マタイによる福音書 —— 旧約の完成者イエス』、日本基督教団出版局、1996年）。

また、G・タイセンはマタイ固有の「平和の王（新しいダビデ）」としてのイエス像について述べています。《マタイは一人のユダヤ人の王が世界を支配することを宣言する。……今や軍事的なメシアに代わって、ひたすら戒めの言葉によってだけ世界を支配するためにどこまでも平和主義に徹する一人の王が登場する》（G・タイセン『新約聖書 —— 歴史・文学・宗教』、181、182頁）。本論としては、「律法の成就者」あるいは「平和の王（新しいダビデ）」としてのイエス像は、「十字架–復活のキリスト像」に内包されるものとして位置付けています。それらは十字架–復活のキリスト像の内実であり、律法の布告・成就と平和による支配はその重要な働きのひとつであるとの理解です。

75　伝統的にマタイ福音書の著者は使徒マタイであるとされてきましたが、それはあくまで伝承であり、実際の著者が誰であるかは分かっていません。多くの研究者はマタイ福音書の著者をギリシア語を第一言語とするディアスポラのユダヤ人キリスト者だとしています（田川建三『新約聖書 訳と註1　マルコ福音書／マタイ福音書』、861、862頁。大貫隆・山内眞監修『新版　総説 新約聖書』、91頁など）。

成立場所は諸説ありますが、シリアで成立したのではないかという説が有力です（G・タイセン、前掲書、70、152頁。またウルリヒ・ルツ『EKK新約聖書註解　マタイによる福音書　I／1（1–7章）』、小河陽訳、教文館、1990年、96頁）。

マタイ福音書の執筆意図と自己理解について論じた比較的新しい研究としては、澤村雅史氏の『福音書記者マタイの正体 —— その執筆意図と自己理解』（日本キリスト教団出版局、2016年）を参照。

76　Q資料については、第二部第3章第5項を参照ください。

〜マタイによる福音書が素材としている資料〜
◎マルコによる福音書
〇Q資料（イエスの語録集）
〇マタイ特殊資料……など

マタイはマルコの記事を参照しつつ、そこにマタイ固有の神学に基づいた修正を加えています。マタイが素材としたマルコの記事をどのように修正しているかを検討することによって、マタイとマルコの神学の相違が、そしてマタイ固有のキリスト像が浮かび上がってきます。

マタイが行った根本的な修正は、キリスト像の重心を十字架と「同時的に」復活へと移すことでした。図（70頁）を見ていただきますと分かりますように、太い矢印が十字架のキリストと復活のキリストの両方を指しています。これは、マタイ福音書が十字架のキリストと復活のキリストの両方に神性（キリストの現存、救いのリアリティ）を見出していることを表しています。

マタイもマルコ同様、生前のイエスをはっきりと言語化していません。特にマルコ福音書では描かれていなかったイエスの誕生の場面（マタイ1－2章）を言語化していることは特筆すべき点です。マルコと同様、マタイにおいても生前のイエスの側面（イエスの人間性）は欠かすことのできない前提（＝共通の土台）となっているものです。図を見ていただいても、生前のイエスの側面が白色で表されているのがお分かりいただけるかと思います。

それと共に、マタイ福音書全体の志向性は、生前のイエスから、十字架‐復活のキリストへと移行しています（図においては生前のイエスを指し示す矢印は消えています）。マタイの信仰の根本は、歴史的人物であるイエスの「十字架と復活の出来事において」神が現されたと理解するところにあるからです。

◎マタイによる福音書のキリスト像
……十字架 - 復活のキリスト（十字架と復活の側面を同時に強調）

マタイが十字架のキリストと復活のキリストの側面に「同時に」神性を見出しているという見解は一般的な通説となっているものではありません。あくまで本論の推論です。ただし、マタイの本文を通して、その読解の可能性をある程度示すことはできるのではないかと考えています。特にそのことが読み取れるのは、イエスの十字架の死と復活の記事です。

まずはマタイが描くキリストの復活の場面（マタイによる福音書の28章1－10節、私訳）を見てみましょう。

1　復活の場面

28：1　さて、安息日の後、週の第一日が始まろうとしている時に、マグダラのマリアともう一人のマリアは墓を見に来た。

28：2　すると見よ、大きな地震が起こった。主の天使が天から降って、近づいて石をころがし、その上に座ったからである。

28：3　彼の様子は稲妻のようで、彼の衣は雪のように白かった。

28：4　見張りの者たちは彼に対する恐れゆえに震え、死人のようになった。

28：5　天使は女性たちに答えて言った。「あなたがたは恐れることはない。十字架につけられたイエスをあなたがたが求めていることを私は知っている。

28：6　彼はここにはいない。彼が言っていた通りに、彼はよみがえられたからだ。来て、置かれていた場所を見なさい。
28：7　そして急いで行って彼の弟子たちに言いなさい。『彼は死人たちの中からよみがえられた。そして見よ、彼はあなたがたに先立ってガリラヤへ行く。そこであなたがたは彼を見るであろう』と。見よ、私はあなたがたに言った」。
28：8　そして彼女たちは急いで墓から出て、恐れと大きな喜びをもって、彼の弟子たちに知らせるために走った。
28：9　すると見よ、イエスが彼女たちに出会って言った、「喜びなさい」。そこで彼女たちは近づいて、彼の足を抱き、彼を礼拝した。
28：10　その時、イエスは彼女たちに言う、「恐れることはない。行って、私の兄弟たちにガリラヤへ行くようにと告げなさい。そこで彼らは私を見るであろう」。

マルコ福音書と同じく、マタイの復活の記事は、安息日の後の週の第一日に、女性たち（マタイではマグダラのマリアともう一人のマリア）がイエスが葬られた墓を訪ねるところから始まります。[77] マタイはマルコから物語の枠組みを受け継ぎつつも、様々な独自の改変を施しています。

まず2節では、大きな地震が起きたことが附加されています。大きな地震が起こったのは、主の天使が近づいて石をころがし、その上に座ったからだとマタイは記します。2節「すると見よ、大きな地震が起こった。主の天使が天から降って、近づいて石をころがし、その上に座ったからである」。この地震はそれが神顕現[78]を示すものであると共に、重い石が取り除かれて「死者の墓が開かれた」ということ、すなわち「復活の出来事」を示唆しているものです。

注目したいのは、27章51節bとの関連です。「2　十字架の死の場面」で述べるように、イエスの死の直後にもマタイは地震が起きたことを附記しています。マタイは28章1－10節を念頭に置いた上で、27章51節b－53節を記していると考えられます。

天使がマリアたちにかけた第一声は「あなたがたは恐れることはない（μὴ φοβεῖσθε ὑμεῖς）」というものでした（5節。マルコでは『あなたがたは驚くことはない（μὴ ἐκθαμβεῖσθε）』）。この「恐れることはない」との第一声はマルコ福音書を意識していると考えられます。マルコ福音書の最後は「恐ろしかったからである（ἐφοβοῦντο γάρ）」の語で締めくくられます。同じ「恐れる（原語は φοβέω）」という語を用いて、むしろマタイは「恐れることはない」ことをここで強調しています。なぜなら、いまや復活の側面が示唆されるだけではなくて、目前に啓示されようとしているからです。

天使はイエスが復活されたことをマリアたちに宣言します。5－7節「あなたがたは恐れることはない。十字架につけられたイエスをあなたがたが求めていることを私は知っている。[79]／彼はここにはいない。彼が言っていた

77　マルコでは登場するのはマグダラのマリアとヤコブの母マリアとサロメ。「イエスに塗油をするために墓に行った」という理由付けがマタイの1節では削除されています。マタイではマルコに比べて生前のイエスの側面が背後に退いていることの一端をこの削除に読み取ることができるかもしれません。マタイがここでこれから強調しようとしているのは、生前のイエスではなく復活のキリストの側面であるからです。復活のキリストを強調しようとする分、生前のイエスの側面は背後に退いていく傾向があります。

78　マタイはこれが神的存在の顕現であることを強調するために、マルコが「白い衣を着た若者」と記していたところを「主の天使」とはっきり明記し、その姿もより神の力を表すよう附加が施されています（3節《彼の様子は稲妻のようで、彼の衣は雪のように白かった》）。

79　細かな変更点ではありますが、マルコが「十字架につけられたナザレのイエス」と記しているところを、マタイは「ナザレ」という語を削除し、「十字架につけられたイエス」としています。このささやかとも思える変更点からも、マタイにおいて「生前のイエス（ナザレのイエス）」の側面が背後に退いていることを読み取ることができます。

通りに、彼はよみがえられたからだ。来て、置かれていた場所を見なさい。／そして急いで行って彼の弟子たちに言いなさい。『彼は死人たちの中からよみがえられた。そして見よ、彼はあなたがたに先立ってガリラヤへ行く。そこであなたがたは彼を見るであろう』と。見よ、私はあなたがたに言った」。

天使の言葉を聞いた女性たちは、マルコでは「震えと忘我（τρόμος καὶ ἔκστασις）」をもって墓から逃げ去ります（マルコ16章8節）。そして誰にも自分たちが見聞きしたことを言いません。「恐ろしかったから（ἐφοβοῦντο γάρ）」です。

対して、マタイでは女性たちは自分たちが見聞きしたことを弟子たちに伝えるために、「恐れと大きな喜び（φόβου καὶ χαρᾶς μεγάλης）」をもって墓から走り出します（8節）。「恐れ」はありつつ、同時に「大きな喜び」が彼女たちを捉えています。マルコでははっきりと描かれることのなかった復活の側面が、啓示されようとしているからです。新しい事態[80]への予感がそこにはあり、婦人たちはその喜ばしい知らせを弟子たちに知らせるために走り出していきます。マルコによる福音書では封じられていた側面（＝復活の側面）を新たに描き出そうとするマタイの意志が伝わってくるようです。

そして9節で、マリアたちは復活のキリストと出会います。この復活のキリストの直接的な顕現は、もちろんマルコにはなかった出来事です。マルコの記事においては、女性たちは復活のキリストと直接出会うことはありませんでしたが、マタイでは女性たちは復活のキリストご自身に直接的に出会うことになります。

女性たちの行く手に立っていたイエスは、「喜びなさい（Χαίρετε）」と呼びかけます。この語はギリシア語の一般的な挨拶です。新共同訳は《おはよう》と訳していますが、[81]この語の元来の意味が「喜ぶ」であることと、「大きな喜び」（8節）を強調したマタイの意図を汲んで、私訳では「喜びなさい」と訳出しています。

この言葉を受け、女性たちは、復活のキリストに近づき、その足を抱き、そして礼拝します。該当する語は「προσκυνέω」。「拝む」「ひれ伏す」「礼拝する」[82]などの意味をもつ語です。

ひれ伏して拝む所作は、そこに今正に神が顕現している現実を指し示しています。マタイが復活のキリストに神の現存を認めていることがこの描写からも分かります。

イエスは女性たちに語りかけます、「恐れることはない。行って、私の兄弟たちにガリラヤへ行くようにと告げなさい。そこで彼らは私を見るであろう」（10節）。天使の第一声「あなたがたは恐れることはない（μὴ φοβεῖσθε ὑμεῖς）」と同じ言葉が繰り返されます。[83] ここにもやはり、マルコの「恐れ」を書き換える意図を見出すことができます。言葉の内容は天使のものと同様ですが、それを復活のキリストご自身が、直接命じているところにより重みが感じられます。

以上、マタイによる方向転換をご一緒に確認しました。ここでひとつ課題となるのは、この場面ではもはや復活が十字架を凌《りょう》駕《が》していくのか、ということです。マタイは確かにマルコの意図を改変し、強調点を復活へと移

80　ここでマタイによる福音書はもはや悲劇ではなく、喜劇としての側面を表し始めています。佐藤研氏はこれらの修正を《非悲劇化》と呼んでいます（『悲劇と福音 —— 原始キリスト教における悲劇的なもの』、159頁）。佐藤氏自身は《非悲劇化》をどちらかというと否定的なものとして捉えていますが、たとえば詩人の長田弘氏は岩波訳聖書の佐藤氏の《非悲劇化》という言葉に接し、それを《悲劇のかなしばりをほどく精神》としてむしろ肯定的に受け止めています（『すべてきみに宛てた手紙』、晶文社、2001年、99頁）。

81　口語訳《平安あれ》、聖書協会共同訳《おはよう》、新改訳2017《おはよう》、フランシスコ会訳《おはよう》、岩波訳《喜びあれ》、田川建三訳《幸あれ》。

82　《語源的にはこれは「誰それに対して接吻する」というだけの意味だが、すでに古典ギリシャ語の段階でも宗教用語となって、神的存在に対して「拝礼する」の意味に用いるのが普通となっていた》（田川建三『新約聖書 訳と註1　マルコ福音書／マタイ福音書』、訳注540頁）。

83　口語訳《拝した》、新共同訳《その前にひれ伏した》、聖書協会共同訳《その前にひれ伏した》、新改訳2017《拝した》、フランシスコ会訳《その前にひれ伏した》、岩波訳《彼を伏し拝んだ》、田川建三訳《拝礼した》。
ὑμεῖς（あなたがた）は削除されて、μὴ φοβεῖσθε。文章の意味は同じです。

行させています。それは、マタイにとって、もはや十字架の死は重要ではないことを意味しているのでしょうか。本論としては、マタイは復活が十字架を凌駕しているというようには描いていない、と理解しています。むしろ両者はマタイ福音書において、《逆接《ぎゃくせつ》・同時的な》緊張関係にあるのではないか。そのことを最もよく示しているのが次のマタイの十字架の死の記事（27章45－56節）です。

2　十字架の死の場面

マタイによる福音書27章45－56節、私訳

27：45　さて、第六時（正午頃）に地上のすべてが闇になり、第九時（午後三時頃）に至った。
27：46　第九時にイエスは大声で叫んで言った、「エリ、エリ、レマ、サバクタニ」。これは「我が神、我が神、なぜ私をお見捨てになったのか」という意味である。
27：47　そこに立っている人々の何人かがこれを聞いて、「この者はエリヤを呼んでいる」と言った。
27：48　そしてすぐに彼らの内の一人が走って、海綿を取って酢で満たし、葦に付けて彼に飲ませようとした。
27：49　しかし他の人々は「エリヤが彼を救いに来るかどうか、私たちに見させろ」と言った。
27：50　イエスは再び大声で叫んで息を引き取った。
27：51ａ　すると見よ、神殿の幕が上から下まで真っ二つに裂けた。
27：51ｂ　そして地が震え、岩が裂けた。
27：52　墓が開いて、眠っていた聖者たちの多くの体がよみがえった。
27：53　彼のよみがえりの後、彼らは墓から出て来て、聖なる町に入り、多くの人々に現れた。
27：54　百人隊長と、彼と共にイエスを見張っていた人々は、地震と生じたことを見て、非常に恐れ、言った、

「まことにこの者は神の子であった」。
27：55　さてそこには多くの婦人たちが遠くから見つめていた。彼女たちはガリラヤからイエスに従って来て、彼に仕えていた人々である。
27：56　その中にはマグダラのマリア、ヤコブとヨセフの母マリア、ゼベダイの子らの母がいた。

45－51節aまで、マタイは基本的にマルコの記述を受け継いでいます。特にマルコが記したイエスの十字架上での絶叫（マルコ15章34節）をマタイが尊重していることは重要です。46節「第九時にイエスは大声で叫んで言った、『エリ、エリ、レマ、サバクタニ』。これは『我が神、我が神、なぜ私をお見捨てになったのか』という意味である」。[84] マルコの記述を尊重していることは、マタイが十字架の死のリアリティを重んじていることの証のひとつであると言えましょう。

イエスが息を引き取ると、神殿の幕が上から下まで真っ二つに裂けます（50－51節a）。神殿の幕が上から下まで真っ二つに裂けたことは、ここに神の現存が現されたこと —— マルコにおいては特に十字架のキリストの神性が啓示されたことを意味します。マタイはこれらのマルコの意図を受け継ぎつつ、同時に、51節b－53節において新たな記述を付け加えていきます。すなわち、復活の側面です。

51節b－53節「そして地が震え、岩が裂けた」。イエスの十字架の死に続いて、マタイは独自に新しい事態を描き出していきます。まず「地が震えた」。これは28章2節と同じモチーフです。表現の仕方は違いますが、[85] 51節b

---

84　マルコの《エロイ、エロイ、レマ、サバクタニ》を《エリ、エリ、レマ、サバクタニ》と修正し（アラム語『エロイ』をヘブライ語『エリ』へ）、『エリヤ』と聞き違えるエピソードへとより自然につなげるという変更は加えられていますが、マタイはマルコの記述を尊重しています。

85　27章51節bは ἡ γῆ ἐσείσθη（地が震え）」、28章2節は「σεισμὸς ἐγένετο μέγας（大きな地震が起こった）」。

―53節と復活顕現物語28章1―10節とが密接な関係にあることが示唆されています。すでに述べましたように、マタイは28章1―10節を踏まえた上で51節b―53節を記していると考えられます。

注目すべきは、「(墓の)岩が裂けた(αἱ πέτραι ἐσχίσθησαν)」という記述です。ここでは神殿の垂れ幕が「裂けた(ἐσχίσθη)」のと同じ語[86]が使用されています。神殿の垂れ幕が「裂けた」ことに合わせ、マタイが新たに墓の岩が「裂けた」という記述を加えていることが分かります。両者とも、神による啓示が起こったことを示唆しています。神殿の垂れ幕が「裂けた」ことはマルコにおいては十字架のキリストの神性が啓示されたことを示す出来事でした（マルコ15章38節）。そして墓の岩が「裂けた」（開かれた）ことは、マタイにおいては復活のキリストの神性が啓示されたことを意味しています。マタイは十字架と「同時的に」、復活の側面を描き出しています。

○神殿の垂れ幕が「裂けた(ἐσχίσθη)」……「十字架のキリスト」の神性の啓示（マルコ、マタイ）
○墓の岩が「裂けた(ἐσχίσθησαν)」……「復活のキリスト」の神性の啓示（マタイのみ）

墓の石が「開かれた」という表現は、復活顕現の場面の28章2節「主の天使が天から降って、近づいて石をころがし、その上に座ったからである」とつながっています。[87]

52―53節の一見不可解な記述も、この観点から受け止め直すと理解がしやすくなるでしょう。52―53節「墓が開いて、眠っていた聖者たちの多くの体がよみがえった。[88]／彼のよみがえりの後、彼らは墓から出て来て、聖なる町に入り、多くの人々に現れた」。[89]

黙示《もくし》的な、いわゆる終末時における「墓の中からの死者たちの復活」が記されている部分ですが、時系列的には一見不可解なところがあります。52節では岩が「裂けた」ことに続いて、聖徒たちの身体が「よみがえった」ことが記されています。これでは、イエスの復活より先に、聖徒たちが復活したことになってしまうでしょう。イエスが復活したのは十字架の死と埋葬より三日目のことであることは、言うまでもないことです。

また、続く53節も、「彼（イエス）のよみがえり（復活）の後で（μετὰ τὴν ἔγερσιν αὐτοῦ）」という文言が入っていることによって、一層不可解なものとなっています。[90] 52節ですでに聖徒たちの復活が語られているのに、墓から出て来てエルサレムに入ったのは「イエスのよみがえりの後」ということになり、謎のタイムラグが生じているように思えます。

これらの不可解さも、マタイが十字架と復活の「同時性」を表したかったのだという意図を汲み取れば、理解がしやすくなるでしょう。マタイは神顕現を強調する以上の意味を込めて、これらのモチーフをここに追記しているのです。マタイは記述が不可解なものになることを承知の上で、これらの事柄を追記したのかもしれません。いわばマタイの苦心の跡が見える箇所であると受け止めることもできるでしょう。

改めてマタイの意図を汲み取ってみたいと思います。マタイがここで意図したかったことは、十字架と「同時的に」復活を描き出すことでした。しかしそれを直接的に描き出すのは困難なことでもあります。十字架の死の三日目にイエスが復活するという枠組みは動かしがたいものであるからです。その枠組みがある以上、十字架の

86　σχίζω のアオリスト、受動。神殿は単数で、岩は複数。

87　表現の仕方には差異があります。51節bでは「岩（πέτρα）」の複数ですが、28章2節では「石（λίθος）」の単数。また、28章2節では地震によって石が「裂ける」のではなく、転がされます。

88　52節の（聖者たちの多くの体が）「よみがえった」は28章6節のイエスが「よみがえった」と同じ動詞（ἐγείρω のアオリスト、受動。52節は三人称複数）」です。

89　これらの記述は七十人訳エゼキエル書37章12、13節に依拠している可能性があります。参照：ウルリヒ・ルツ『ＥＫＫ新約聖書註解　マタイによる福音書　Ⅰ／4（26―28章）』（小河陽訳、教文館、２００９年）、443頁。

90　ルツもこの四つの単語を満足いくように解釈できないことを率直に語っています。《μετὰ τὴν ἔγερσιν αὐτοῦ〔彼の復活の後で〕という四つの単語を、私は解釈の際にカッコに入れた。私はそれを満足いくように解釈できないことを告白する》（ウルリヒ・ルツ、前掲書、446頁）。

死の直後にイエスの復活の出来事を直截的に描くことはできません。しかし何とか十字架と「同時的に」復活の出来事を描くことはできないか。そのためにマタイが編み出した考えが、「復活を示唆する（復活のしるしとなる）事柄」を十字架の死の直後に書き加えることであったのだと考えます。

聖徒たちの身体が復活すること。彼らが聖都エルサレムに入り、人々の前に現れること。これらのイエスの復活に附随する（復活を示唆する）事柄は、時系列的にはあくまで「イエスのよみがえりの後で（μετὰ τὴν ἔγερσιν αὐτοῦ）」起こったものであることになります。マタイはそのことを53節の冒頭で明記しつつ、[91]これらの事柄を十字架の死の直後にあえて配置したのではないでしょうか。マタイの信仰において、十字架と復活が「同時的に」啓示されているということが極めて重要なことであったからです（結果的に、読者が混乱する一見不可解な箇所になってしまったことは否めないでしょう）。こうして、十字架と復活が《逆接・同時的な》緊張関係にあるというマタイ固有の神学が現出することになりました。

百人隊長たちは地震とこれらの事柄を見て、「まことにこの者は神の子であった」と告白します。54節「百人隊長と、彼と共にイエスを見張っていた人々[92]は、地震と生じたことを見て、非常に恐れ、言った、『まことにこの者は神の子であった』」。

「地震と生じたこと（τὸν σεισμὸν καὶ τὰ γενόμενα.『生じたこと』は複数）」は、特に51節b～53節を指しています。イエスの死の直後に起こった新しい事態＝「地震と生じた諸々のこと」を見て、百人隊長たちは「まことにこの者は神の子であった」と告白します。

マルコ福音書15章39節においては、「イエスがこのように息を引き取った」のを見て、百人隊長は「まことにこの人間は神の子だった」と告白しました（登場するのは百人隊長のみ）。十字架上のイエスの死と神殿の垂れ幕が裂けた出来事を見て発した言葉です。これが著者マルコ自身の十字架のキリストの神性への信仰告白でした。

対して、マタイでは、百人隊長の言葉が復活のキリストの神性への信仰告白に変更されています。百人隊長とその周りにいた人々は、「地震と生じた諸々のこと」＝復活を示唆する事柄を見て信仰を告白した[93]のです。これが、福音書記者マタイ自身の信仰（ピスティス）の告白となっています。

○マルコ15章39節　百人隊長「まことにこの人間は神の子だった」
……十字架上のイエスの死と神殿の垂れ幕が裂けたことを見て
↓「十字架のキリスト」への信仰告白

○マタイ27章54節　百人隊長たち「まことにこの者は神の子だった」
……地震と生じた諸々のこと（復活を示唆する事柄）を見て
↓「復活のキリスト」への信仰告白

また、百人隊長の言葉で注目したいのは、マルコにあった「人間（ἄνθρωπος）」という語が削除されている点で

91 《そして、「イエスの復活の後」とある、五三節の時間に関する注意書きは、何であれ誤解を防ごうとしているのである。つまり、まさにイエスこそ、最初に死人の中からよみがえるであろうということを意味するのである。すなわちマタイは、聖徒たちの出現を、救済の歴史における出来事としてではなくて、単なるしるしとして提示しているにすぎないのである》（D・R・A・ヘア『現代聖書注解　マタイによる福音書』、日本基督教団出版局、1996年、552、553頁）。

92 マタイはここに、百人隊長だけではなく、彼と共にイエスを見張っていた人々も加えています。

93 ルツも、マタイの百卒長らの信仰告白はイエスの死によってではなく、イエスの死後に起こった出来事によって引き起こされたものであることを指摘しています。《今や、異邦人百卒長のみならず、彼の指揮下にあった兵士たちも「合唱結尾」の文体で、地震とそれに引き続いて起こる出来事に反応する。それゆえ、マコ一五・三九と違って、彼らの反応はもはやイエスの死によって引き起こされたものではなくて、イエスの死後に起こった出来事による》（ウルリヒ・ルツ、前掲書、447頁）。

す。元来は「この人間は（οὗτος ὁ ἄνθρωπος）神の子だった」であったのが、マタイにおいては ἄνθρωπος が削除され「この者は（οὗτος）神の子だった」に変更[94]されています。ささやかな修正ではありますが、マルコがここで「人間（ἄνθρωπος）」という語を用いることで意識的にイエスの人間性を強調している可能性を考えると、この変更は小さなものとは言えないかもしれません。この修正からも、マタイではマルコに比べて生前のイエスの側面が幾分背後に退いていることを読み取ることができます。そしてその分、新たに前面に出てきているのが、復活のキリストの側面です。

3　マタイ福音書固有の《逆接的同一性》

以上、マタイによる福音書のイエスの十字架の死と復活の記事をご一緒に確認しました。マタイはマルコの本文に独自の修正を加えていることがお分かりいただけたかと思います。マタイは特に、マルコが言語化していなかった復活の側面をはっきりと言語化しました。これらのマタイの記述からは、十字架に対する復活の「優位性」[95]も、十字架と復活の「緊張関係[96]（同時性）」も、どちらも読み取ることが可能であると思います。これらの修正からマタイにおいてはもはや十字架の死は復活に凌駕されていると解釈することも可能ですし、十字架と復活とが緊張関係にあると解釈することも可能です。本論はすでに述べましたように、後者の解釈を取っています。

確かにマタイにおいては、「十字架から復活へ」という方向転換がなされていますが、それでいて、復活が十字架の死を凌駕しているわけではないということは、マタイがマルコの十字架の死の場面を忠実に継承していることからも分かるでしょう。また、「十字架の死」とその直後に起こった「復活を示唆する事柄」とをはっきりと区別して描いているところからも、そのことを汲み取ることができます。ウルリヒ・ルツは、マタイはイエスの無力な死とその後の力に溢れた神の介入とを明確に区別していることを指摘しています。[97]

マタイはマルコの意図を方向転換させました。ただしそれは、キリスト像の重心を十字架と「同時的に」復活へと移すという作業でした。マタイは十字架のキリスト像を強調するマルコの意図を前提とした上で、そこに「同時的に」復活という新しい要素を加えようとしているのです。マタイは十字架の死と同時に復活の出来事にキリ

---

94 語順も変更されています。マルコでは「まことに（ἀληθῶς）」の後に「この人間は（οὗτος ὁ ἄνθρωπος）」「神の子だった（υἱὸς θεοῦ ἦν）」と続きますが、マタイでは「まことに（ἀληθῶς）」の後に「神の子だった（θεοῦ υἱὸς ἦν）」が来て、「この者は（οὗτος）」と続きます。

95 キリスト教の歴史においては伝統的に、十字架の死にすでに復活の勝利を見る考え方があります。かつてアウレンが論じたいわゆる《古典的贖罪論》です（グスターフ・アウレン『勝利者キリスト —— 贖罪思想の主要な三類型の歴史的研究』、佐藤敏夫・内海革訳、教文館、オンデマンド版、２００４年、初版１９８２年、原著初版１９３０年）。東方正教会の神学には確かにその側面が見られると言えるでしょう。アウレンによれば、ルターの神学もまたその伝統を受け継いでいます。

96 一方で、右記のアウレンの解釈への批判として、たとえば、北森嘉蔵氏の言説があります（北森嘉蔵『宗教改革の神学』、新教出版社、オンデマンド版、２００４年、初版１９６０年）。北森氏はルターの神学においては復活の勝利の一元性というより、十字架の死と復活の勝利の「緊張関係」が重要な要素となっているとし、ルターの神学のその「同時的」性格に注目します。そして北森氏は両者を包むものとして、よく知られた「神の痛み」という視点を提唱しています（北森嘉蔵『神の痛みの神学』、講談社学術文庫、１９８６年、初版１９４６年）。

97 《もし、古代教会的解釈者がイエスの死を勝利と解釈し、五一—五三節で語られた奇跡を神の勝利の徴と解釈したとすると、彼らはそうすることで何か正しいものを見ていたのである。ただし、そのことはある限定付きで妥当することであるが。つまり、マタイはイエスの死をヨハネのように、単純に神の子の完成と高挙と描写しておらず、彼は少なくとも彼の磔刑物語の結尾で勝ち誇った特徴を後退させている。イエスはすべての者たちに見捨てられ、神によってさえ見捨てられて、たったひとりで死ぬ。その後に初めて、彼の死後に初めて、大きな転換が起こる。神は力に溢れてその出来事に介入する。それゆえ、マタイは明瞭に人間イエスの無力な死と、力に溢れた神の介入とを区別している。彼の場合、イエスの死は、イエスがせいぜいただ表面的にのみ苦難しただけかもしれないというような疑いは何も生じさせない》（ウルリヒ・ルツ、前掲書、449、450頁）。

ストの現存のリアリティを見出しているというのが本論の見解です。

十字架と復活の「同時性」は、そこに一種の緊張関係を生じさせます。これがマタイによる福音書固有の《逆接的同一性》です。《逆接の同一性とは、意味内容としては、対立する二つの概念が、対立しているままで、同一のものに適用されることである》。[98] 赤木善光《よしみつ》氏はルターの神学に対して《逆接的同一性》の語を用いましたが、このことはまずマタイ福音書において当てはまるものでありましょう。

そして、この《逆接的同一性》によって現出するのが、「インマヌエルなるキリスト」です。インマヌエルはヘブライ語「עִמָּנוּ אֵל」をギリシア語で音写したものです。意味は「神は私たちと共にいる」（עִמָּנוּ が私たちと共に、אֵל が神）。よく指摘されるように、マタイ福音書は「インマヌエル」（誕生）に始まり、「インマヌエル」（復活）で終わる構造となっています。

4　インマヌエルなるキリスト

マタイによる福音書1章23節、私訳

「見よ、おとめが身ごもり、男の子を産むであろう。人々は彼の名をインマヌエルと呼ぶであろう」。これは訳すと「神は私たちと共にいる」という意味である。

マタイによる福音書28章16－20節、私訳

28：16　さて、十一人の弟子たちはガリラヤへ、イエスが彼らに指示した山へ行った。

28：17　そして彼を見て、彼らは礼拝した。[99] しかしある人々は迷っていた。

28：18　イエスは近づいて、彼らに語りかけて言った、「私には天においてまた地上で、すべての権威が与えられている。

28：19 だから、行って、あなたがたはすべての民を弟子にしなさい。彼らに父と子と聖霊の名において洗礼
を授け、
28：20 私があなたがたに命じたすべてを守ることを教えるように。そして見よ、世の終わりまでのすべての
日々、私があなたがたと共にいる。

このインマヌエルなるキリストはいついかなる時と場においても教会と共にいる存在であり、言い換えると、あらゆる場所に「遍在《へんざい》できる」存在です[100]。このインマヌエルなるキリストの戒めの言葉と権威が天と地を統治する——その新しい世界がいまや創造されたことを記して、マタイは筆を置きます。

98　赤木善光『宗教改革者の聖餐論』（教文館、２００５年）、43頁。
99　《礼拝した》には28章9節《礼拝した》と同じ語「προσκυνέω」が用いられています。
100　このマタイ固有のキリスト像は、宗教改革の時代にマルティン・ルターの聖餐論（特に後期のツヴィングリとの聖餐論争。いわゆる『遍在説』）を通して、よりはっきりと可視化されることとなるというのが本論の考えです（詳しい考察は、また別の機会にいたします）。
《すなわち、キリストのからだはどこにでも存在するのである。なんとなれば、キリストは、たとえわれわれがどうしてそうなるのかを知らないとしても、遍在する神の右手におられるからである。それは、神の右手がどこにでも存在するということについて、どうしてそうあるのかをわれわれは知らないからである》（三浦義和訳「キリストの聖餐について、信仰告白　一五二八年」、『ルター著作集　第一集　第八巻』所収、聖文舎、改訂２版１９８３年、101頁）。

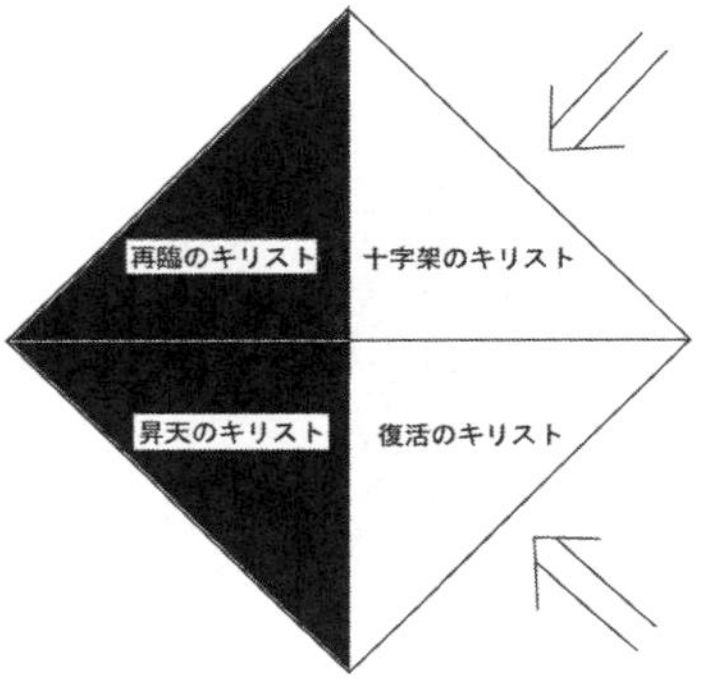

ルターの聖餐論が指し示すキリスト像　～十字架 - 復活のキリスト

第5章　ルカによる福音書のキリスト像――復活－昇天のキリスト

続いて、ルカによる福音書のキリスト像[101]について述べます。

ルカによる福音書が提示する固有のキリスト像は「復活－昇天のキリスト」です。「復活のキリスト」と「昇天のキリスト」の側面に重点が置かれているのが特徴です。

ルカ福音書の最大の特徴は、マルコ－マタイの両福音書では言語化されていなかった「昇天」の側面がはっきりと言語化されている点です。図の四方形を見ていただくと、昇天のキリストの側面が言語化されている（＝白色で表示）のがお分かりいただけるかと思います。

図においては復活のキリストと昇天のキリストの側面を矢印が指し示し、特に昇天のキリストを太い矢印が指し示しています。ルカ福音書が神性と救いのリアリティを見出しているのが、昇天の側面であるからです。

一方で、それに伴い、十字架のキリストに神性を見出す視点はマルコ－マタイと比べて背後に退いています（図では色がグレーで表示）。

ルカによる福音書が素材としている資料はマタイと

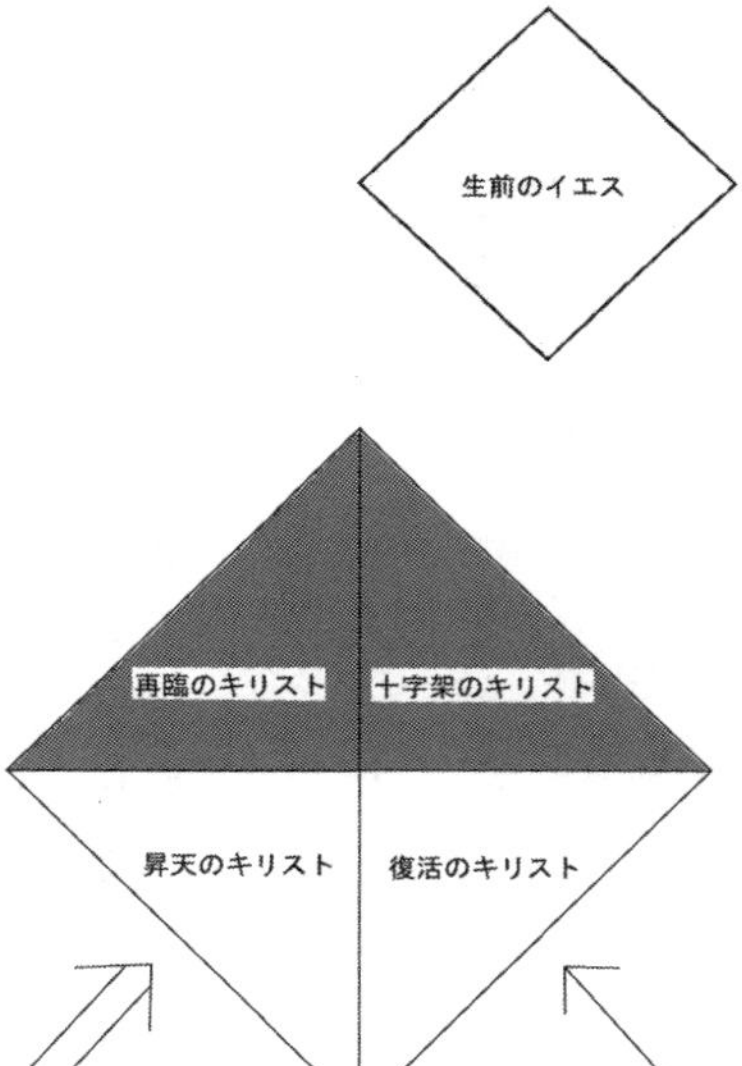

ルカによる福音書のキリスト像　～復活 - 昇天のキリスト

共通しています。マルコによる福音書とQ資料です。福音書記者ルカもマタイと同様[102]、マルコの記事を前提とし

---

101 松永希久夫氏はルカ福音書のイエス像（キリスト像）として「祈るキリスト」「執り成すキリスト」を挙げています。イエスは公の活動の始めから最後の日に至るまで、《人々の罪を贖うため、御自身の生命とひきかえに神の聖旨がなるようにとの執り成しの祈り》を祈り続け（松永希久夫「福音書のイエス像 —— 黙示文学的終末論克服の諸相」、前掲書所収、112頁）、今は昇天し神の右に座し、やはり私たちのために祈り続けて下さっているのだと松永氏は述べます（同、110頁）。

三好迪氏はルカのイエス像を《旅空に歩むイエス》と形容し、地から天へと《アフェシスの旅》（解放と自由を与えるための旅）をたどったイエスは、やはり天上から今も執り成しの《仲介行為》を継続しているのだと述べています（三好迪『福音書のイエス・キリスト3　ルカによる福音書　旅空に歩むイエス』、日本基督教団出版局、1996年、145、146頁、281頁。D・クランプ『仲介者イエス、ルカ―使徒言行録における祈りとキリスト論』を参照しつつ）。本論としては、松永氏や三好氏が指摘する「執り成し・仲介者」としてのイエス像もまた、「復活―昇天のキリスト像」の中に内包されるものとして理解しています。

102 伝統的にルカによる福音書の著者は医師であり（コロサイ4章14節）パウロの同労者である（フィレモンへの手紙24節、使徒言行録16章10―18節、20章5節―21章18節、27章1節―28章16節のいわゆる『我ら箇所』）ルカとされてきました。エイレナイオスもこの福音書の著者は《パウロの門弟ルカ》であるとしています（『異端反駁』第3巻、1・1）。ただし、著者の名はもともとの福音書本文には付されてはおらず、実際の著者が誰であるかは分かりません。もちろん、古代の伝承通り医師でありパウロの同労者であったルカが著者である可能性もあるでしょう。

多くの研究者はルカ福音書の著者は異邦人キリスト者であるとしていますが（G・タイセン『新約聖書　歴史・文学・宗教』、162頁。三好迪、前掲書、17頁）、一部の学者はルカはユダヤ人キリスト者であるとしています（参照:三好、同、18頁）。ルカが《ユダヤ教とその伝承或いは少なくともユダヤ人キリスト教に非常に近い関係にあった》（三好、同、17頁）ことは間違いないことでしょう。

執筆年代はマタイとほぼ同時期の80年代～90年代（遅くとも100年頃）であると考えられます。このことを踏まえると、ルカ福音書は第二世代もしくは第三世代に属する文書となります。本論はルカの執筆年代をマタイの少し後に位置付けています。ルカがマタイの存在を知っていた可能性があることがその理由です。

成立場所も定かではありませんが、使徒言行録本文はルカ文書がローマと関わりがあることを示唆しています（使徒言行録28章16節）。佐藤研氏はルカ福音書はユダヤ教の影響の強いヘレニズム都市（正確な場所は、ローマかシリア沿岸か、あ

つつ、そこに独自の修正を加えています。他に、ルカ特殊資料の存在も考えられますが、ヨハネ福音書と共通の何らかの特殊資料を参照している可能性[103]もあります。またそして、福音書記者ルカはマタイ福音書の存在を知っており、マタイ固有のキリスト像を念頭において――批判し乗り越える意図をもって――福音書を執筆している可能性[104]もあると本論は考えています。

～ルカによる福音書が素材としている資料～

◎マルコによる福音書

○Q資料（イエスの語録集）

○ルカ特殊資料

○ヨハネによる福音書と共通の特殊資料？　……など

～ルカによる福音書が念頭に置いている資料～

◎マタイによる福音書？

るいは他の地方か不明）において成立したとしています（佐藤研『聖書時代史　新約篇』、148頁）。G・タイセンもルカは地中海世界の大都市のひとつで書いているとしています（G・タイセン、同、166頁）。

参照：三好迪、同、52頁。ルカとヨハネの具体的な相似箇所については後述します。

103　また、ルカは二種類の受難物語を参照しているという解釈があります（E・トロクメ『受難物語の起源』、58－74頁参照）。トロクメは、ルカは受難物語においてはマルコとは別の伝承に基本的に依拠しているとしています（72、73頁）。ただし両者は全体的な骨組みは共通しており、おそらくひとつの原型から派生しているものであるとも述べています。トロクメはマルコの受難物語伝承を「附加」として位置付けており、ルカは附加であるマルコの受難物語伝承をそもそも未読であった可能性が大きく、よって別の受難物語を参照せざるを得なかったのではないかと推測しています。

そのトロクメ説を補足するかたちで、田川建三氏は、確かにルカは受難物語についてマルコ以外の資料を主資料として用いているが、マルコ14−16章も補助資料としてあわせ用いていると指摘しています。田川氏もトロクメと同様、元来のマルコ福音書は13章までであり、受難物語は半ば機械的に結合された附論であるという見解をもちますが、ルカの用いたマルコは16章まである現在の（あるいは現在に近い）版であったとしています（『原始キリスト教史の一断面 —— 福音書文学の成立』、345−348頁）。

本論も、ルカはマルコの受難物語伝承を知っており補助資料として用いているが、その神学的パラダイムの根本的な相違により、主資料としてはマルコとは異なる受難物語伝承を選び取っていると解釈しています。

《物語を書き連ねようと、多くの人々が既に手を着けています》（ルカによる福音書1章1、2節、新共同訳）。この序文で示唆されている「他の福音書」とは、マルコ福音書を指すとの見解が一般的です。ルカがマルコ福音書を素材として用い、そこに大幅な変更を加えていることは間違いないことだからです。

田川建三氏は《手をつけた》という語は否定的なニュアンスをもっていることを指摘しています。《「悪いことをやろうとする」、あるいは良いことであっても「下手にやろうとする」。従ってこの個所も、自分より前に福音書を書いた者の仕事をあまり評価できない、という意味合いが強い》（田川建三『新約聖書　訳と註　第2巻上　ルカ福音書』、作品社、２０１１年、91、92頁註）。田川氏は、ここでルカが念頭に置いているのはおそらくマルコ福音書と、マタイとの共通資料のことであろうと述べています。本論としては、ここで念頭に置かれている「他の福音書」の中に、マタイ福音書の存在も加えたいと思います。ルカ固有のキリスト像とマタイ固有のキリスト像を比較するとき、そこに明確な相互補完性を見出すことができるからです。ルカはマタイ固有のキリスト像を念頭に置きつつ、それとは異なるキリスト像を描き出したいとの意図があって、福音書を執筆した部分があったのではないかと本論は推測しています。

ただし、このことは本文を分析することから十分に論証できるものではありません。ルカはマタイの存在を知っており、それを批判的に乗り越える（別のキリスト像を示す）意図をもってルカ福音書を記した部分があったけれど、執筆にあたってマタイを素材としたわけではないと考えるからです。

ルカとマタイの文言が一致している箇所は、僅かではありますが存在しています。たとえばルカ22章62節《そして外に出て、激しく泣いた》（新共同訳）とマタイ26章75節は、原文ではまったく同じ文言です（対して、資料としているはずのマルコは異なった文言が使われています（《……いきなり泣き出した》、新共同訳）。マルコの本文を修正した際に起こった《偶然の一致》にしては一致しすぎているということで、田川建三氏はもともとこの句はルカ本文にはなかったが後世の写本家ルカもまた様々な資料を用いて新たな福音書を執筆しているわけですが、ルカが行った最も大きな修正点は、すでに述べましたように昇天の側面をはっきりと言語化し、そこに最大の重点を置いたところです。ルカの信仰（ピスティス）の根本は、歴史的人物であるイエスの「復活と昇天の出来事において」神が現されたと理解するところにあります。

よく知られているように、ルカ文書は福音書（第1巻）と使徒言行録（第2巻）の二部構成[105]となっています。右記に述べた固有の信仰はルカ福音書－使徒言行録の両書に共通するものだと言えるでしょう。

◎ルカによる福音書（＋使徒言行録）のキリスト像
……復活－昇天のキリスト（特に昇天の側面を強調）

では、ルカ福音書の固有の信仰が表されている昇天の場面（ルカによる福音書24章50－53節、私訳）を見てみましょう。ルカ文書第一部の締めくくりとなる部分です。

1　昇天の場面

24：50　そこで彼は、彼らをベタニアの方へと連れ出した。そして彼は両手を挙げて彼らを祝福した。
24：51　そして彼が彼らを祝福していると、次のことが起こった。彼が彼らから離れ、天に上げられていったのである。
24：52　彼らは彼を礼拝し、大きな喜びをもってエルサレムへと帰った。
24：53　そして彼らはいつも神殿にいて、神をほめたたえていた。

復活後、弟子たちの前に現れたイエスは弟子たちをベタニアの方まで連れ出します。そしてイエスは両手を挙げて彼らを祝福します（50節）。そうすると、イエスの体が天に上げられる昇天の出来事が起こります（51節）。この「上げられる」はギリシア語では「ἀναφέρω」という語（受動）で、字義通り《上へと運ぶ》[106]意味をもつ語です。

がマタイの文を見てここに挿入した可能性（田川、同、475、476頁註）を述べています。あるいは、ルカとマタイが現在私たちに伝わるマルコとは異なる「第二マルコ校訂」を利用していた可能性（参照：ウルリヒ・ルツ『ＥＫＫ新約聖書註解　マタイによる福音書　Ⅰ／4（26―28章）』、486頁）も考えられるでしょう。あるいは、本論が提唱しているように、ルカが執筆に際してマタイの本文を参照した可能性もゼロではないかもしれません。

いずれにせよ、結果的に、ルカはマタイが描かなかったキリストの側面（＝昇天のキリスト）を描くことに成功している、そうしてルカ福音書とマタイ福音書とは相互に補完する関係性となっているということは言えるでしょう。

105　ルカ福音書と使徒言行録は別々の作品ではなく、もとはひとつの作品であったとする、あるいは両者を纏まりあるひとつの全体として検討することを重視する研究者もいます。たとえばエチエンヌ・トロクメは、ルカ福音書と使徒言行録は元はひとつの作品であったが、福音書にだけ正典の位置を与えるために2世紀に二つに分割され、その作業を隠蔽するためルカ24章50―53節と使徒言行録1章1―5節が後から書き加えられたのかもしれない、と述べています。よって、トロクメはルカ福音書と使徒言行録を《纏まりある一つの全体》として検討しており、ルカ文書を『テオフィロへの福音書』と言い換えています（エチエンヌ・トロクメ『四つの福音書、ただ一つの信仰』、加藤隆訳、46、47頁）

106　田川建三、前掲書、508頁註。田川訳は《運ばれて行く》。田川氏は大勢の天使がイエスを運んで行ったという情景が考えられているのかもしれないと述べています。同じく昇天の場面が記されている使徒言行録1章11節では「ἀναλαμβάνω」という別の語が使われています（他に使徒言行録1章2節、22節、マルコ16章19節など）。

ただし、51節の「天に上げられていった」の部分は西方写本には欠けており、後世の編集による（ルカ文書を第一部と第二部に分けた際の？）附加であるとの解釈もあります。よって口語訳はこの部分を亀甲に入れています。

また、ここで取り上げている50―53節自体が後世の挿入であるとの説もあります。たとえば、Ｈ・コンツェルマンは24章50―53節はルカ福音書元来の部分ではないとし、元来のルカ昇天物語は使徒言行録1章に置かれているとしています（『時の中心　ルカ神学の研究（オンデマンド版）』、田川建三訳、新教出版社、２００４年、161頁。初版は１９６５年）。

こに、私たちは、「復活のキリストが人性を伴った体のまま、天へと上げられていく」ルカ固有の「復活－昇天のキリスト像」を見出すことができます。このような具体的な昇天の描写があるのは四福音書の中でルカだけです(後世の附加であるマルコ福音書16章19節は除く)。

復活－昇天のキリストを目の当たりにした弟子たちは、彼を「礼拝（προσκυνέω）」します（52節）。[107] 弟子たちがイエスを礼拝するのは、これが初めてのことです。[108] ここで遂に、昇天の出来事を通して神性が啓示された（神の現存が現された）ことが示されています。

マタイによる福音書においてはこの「礼拝する（προσκυνέω）」という語はより早い段階で使われています。女性たちおよび弟子たちが復活のキリストと出会う場面です。マタイ28章9節《すると見よ、イエスが彼女たちに出会って言った、「喜びなさい」。そこで彼女たちは近づいて、彼の足を抱き、彼を礼拝した》。28章16、17節《さて、十一人の弟子たちはガリラヤへ、イエスが彼らに指示した山へ行った。／そして彼を見て、彼らは礼拝した》。マタイでは復活のキリストの顕現においてこの語が使われ、対してルカ福音書では、昇天のキリストの顕現においてようやくこの語が使われます。

復活－昇天のキリストを礼拝した弟子たちは、「大きな喜び（χαρᾶς μεγάλης）をもって」（52節）エルサレムへと帰ります。昇天の出来事に出会い、弟子たちの心もまた大きな喜びで満たされます。ここでも、マタイ福音書と比較するのは有効なことでありましょう。マタイでは女性たちが復活のキリストと出会う場面において、同じ言葉が使われています。マタイ28章8節《そして彼女たちは急いで墓から出て、恐れと大きな喜び（χαρᾶς μεγάλης）をもって、彼の弟子たちに知らせるために走った》。9節の復活のキリストと出会う直前の記述です。マタイでは復活のキリストの顕現の直前にこの語が用いられ、対してルカでは昇天のキリストの顕現においてこの語が用いられます。

ルカ福音書がこれらの場面をマタイを念頭に置いて描いているかは定かではありませんが、興味深い対比がなされていると言うことはできるのではないでしょうか。

そうしてエルサレムに戻った弟子たちは「いつも神殿にいて、神をほめたたえていた」(53節)。そのように記して、ルカ福音書はいったん筆を置きます。これらのことからも、ルカ福音書の最大のクライマックスは昇天の出来事であることが分かります。高く挙げられたキリストの栄光が弟子たちの喜びの源泉となり、信仰(ピスティス)の対象となるのです。そして、天に昇り神の右に座したキリストとの「交わり」は、以後、天から降る聖霊を通して実現されていくことになります。続く使徒言行録においては、この昇天の出来事からすべてが始まっていき、聖霊降臨の出来事へと結実します(=ルカ福音書の救済史的視点)。[109]

---

107 確かに、ルカ文書をルカ福音書―使徒言行録でひと纏まりの作品として捉え直すと、ルカ福音書24章50―53節と使徒言行録1章6―11節とで昇天の記述が重複していることになります。その場合、後者の使徒言行録1章6―11節の方が、ルカ文書オリジナルの昇天の場面と解釈することもできるでしょう。そうである可能性があるとしても、ルカ文書における固有のキリスト像が「復活―昇天のキリスト」であること、そして特に昇天の出来事に強調点が置かれていることには変わりはないでしょう。

一方で、福音書を第1巻、使徒言行録を第2巻として区別する伝統的な捉え方もあります。その場合、やはり福音書の最後に昇天の場面が位置付けられていることには重要な意味があり、ルカ固有のキリスト像を提示するにあたって不可欠の役割を担っているのだと言えるでしょう。本論としては、24章50―53節はルカ固有のキリスト像を提示するにあたり不可欠のものとして受け止めています。

108 ただし、この「彼を礼拝し」という部分も西方写本には欠けています(参照:田川建三、前掲書、508頁註)。

《弟子たちはルカ福音書中、ここではじめてイエスを「礼拝した」のである》(三好迪、前掲書、140頁)。三好迪氏はその理由として、①復活出現者がここで自ら、彼らの目と心(ヌース)を開かせてイエスが主であることを悟らせたこと、そして、②背景にある「高挙」への信仰を挙げてます(同、140、141頁)。

109 ルカ文書の救済史的視点については、H・コンツェルマンの『時の中心 ルカ神学の研究』(原著初版1954年、第3版1960年)を参照。よく知られているように、コンツェルマンはルカ文書の記述する歴史を救済史として「イスラエルの時」と「イエスの時」と「教会の時」の三つに分け、その「時の中心」に「イエスの時」を位置付けました。同書が画期的結びの53節について、もう一点指摘をしておきたいと思います。それは、ここで弟子たちがイエスではなく「神を」ほめたたえている点です。ルカ福音書においては、最終的な目的は神賛美にあることが、この個所からも読み取ることができます。ルカ福音書において子なるキリストは父なる神の「従属的《じゅうぞく》」位置付けにあることは多くの研究者が指摘していることです（＝神の子の従属性）。[110] ルカの神学において、究極的な権威と栄光は父なる神に帰されるものです。

2　復活の場面

では、ルカによる福音書において「復活のキリスト」はどのように位置付けられているでしょうか。ルカにおいては、復活の側面も非常に重要なものとして位置付けられています。復活がなければ昇天もあり得なかったわけで、復活が極めて重要な出来事であるのはもちろんのことです。ルカ固有のキリスト像が「復活―昇天のキリスト」であることはすでに述べた通りです。

まずは女性たちが天使たちからイエスの復活を告げられる場面（ルカによる福音書23章56節b－24章12節、私訳）を見てみましょう。

23：56b　そして彼女たちは安息日には掟に従って休んだ。
24：1　さて、週の第一日の明け方早く、彼女たちは用意しておいた香料をもって墓へ行った。
24：2　だが、石は墓から転がされていた。
24：3　入ってみると、主イエスの体は見当たらなかった。
24：4　彼女たちが途方に暮れていると、次のことが起こった。見よ、輝く衣を着た二人の男が彼女たちのそばに立ったのである。
24:5　そこで彼女たちが恐ろしくなって地に顔を伏せると、彼らは彼女たちに言った。「なぜあなたがたは生きている者を死人たちの内に求めるのか。
24:6　彼はここにはいない。そうではなく、彼はよみがえらされたのだ。まだ彼がガリラヤにいたとき、あなたがたに語ったことを思い出しなさい。
24:7　彼いわく、人の子は罪ある人間たちの手に引き渡され、十字架につけられ、三日目に復活せねばならない」。

であったのは、当時新たな方法として用いられ始めていた編集史的方法を駆使して、そのことを説得的に論述したところです（参照：田川建三「解題」、H・コンツェルマン『時の中心 —— ルカ神学の研究（オンデマンド版）』所収、田川建三訳、404―407頁）。異論やさらなる修正点はあるとしても、『時の中心』は現在もルカの終末論および救済史的視点を論ずるにあたり第一に参照すべき著作であり続けていると言えるでしょう。

　ルカの救済史的視点においては、「イエスの時」と「教会の時」を区切るものとして昇天があり、その昇天の出来事から「教会の時」が始まっていくことになります。《ここで特に留意したいのは、私どもの通念を裏切って「教会の時」は復活によって始まったのでもなく、聖霊降臨から始まったのでもないという事実であります。「『教会の時』はいつ始まったのか」という問いに対して、ルカは明らかに昇天の時に始まったと考えているのであります》（松永希久夫「福音書のイエス像 —— 黙示文学的終末論克服の諸相」、100頁）、《ルカにとって「昇天」は、「イエスの時」と「教会の（はじめの）時」を画する重要な出来事であった》（荒井献『イエス・キリスト（上）』、177頁）。

110　たとえば、H・コンツェルマン『時の中心』、291―301頁。《父と子の本質的関係について……明瞭に従属関係が見られる》（同、300頁）。また、松永希久夫『福音書のイエス像 —— 黙示文学的終末論克服の諸相』、94、95頁。《しかし、ルカ文書においては、「イスラエルの時」「イエスの時」「教会の時」が相対化されているために、全経過の主役としての神御自身が、他の福音書のごとく背後に身を潜めているのではなく、舞台の前面に直接登場してきていると申せましょう。／ルカにおいてはイエスが神に対して従属的な位置を与えられていることは、種々な形で指摘され得ます》（同、95頁）。また、荒井献『イエス・キリスト（上）』、182、183頁。《ルカのイエスは神に従属する「神の子」なのである》（同、183頁）。

24：8　すると彼女たちは彼の言葉を思い出した。
24：9　そして彼女たちは墓から帰り、これらのことを皆、十一人と他のすべての者に知らせた。
24：10　彼女たちはマグダラのマリアとヨハンナとヤコブのマリアと彼女たちと共にいた他の女性たちであっ
た。彼女たちはこれらのことを使徒たちに話した
24：11　が、彼らにはこれらの言葉がたわ言《ごと》のように思えたので、彼らは彼女たちを信じなかった。
24：12　しかしペトロは立ち上がって、墓へと走った。そして彼が身をかがめると、亜麻布だけが見える。そ
こで起こったことを驚きながら自分のところへ戻った。

前提としているマルコ福音書と場面設定は共通していますが、様々な相違が生じています。ひとつ目の大きな相違は、「先立ってガリラヤへ行く」とのマルコの文言[111]が削除・変更されている点です。ルカはこの文言を削除し、替わりに《彼いわく、人の子は罪ある人間たちの手に引き渡され、十字架につけられ、三日目に復活せねばならない》（24章7節）という受難予告の言葉[112]を挿入しています。

もうひとつのマルコとの大きな相違点は、ルカにおいて女性たちが墓での出来事を弟子たちに知らせたとされているところです。マルコにおいては、女性たちは震えと忘我に憑りつかれ、墓での出来事を誰にも知らせることをしません。[113]対して、ルカでは女性たちは十一人の弟子と他のすべての者に自分たちが見聞きしたことを伝えます。

女性たちから墓での出来事を聞いた弟子たちはたわ言《ごと》のように思えて信じることをしませんが、ペトロだけが立ち上がって墓へと走ります（24章12節）。この描写はヨハネ福音書20章6－10節と似ていることが指摘されており、後世の附加ではないかとの解釈[114]もあります。

マタイ福音書との相違点は、女性たちはまだこの時点で復活のキリストと出会っていない点です。マタイにお

いては、女性たちは墓から走り出した時点で復活のキリストと出会います。[115] マタイにおいてはその場面がクライマックスのひとつとなっていますが、ルカにおいてはまだクライマックスは保留とされていることが分かります。

3 「肉体を備えた」復活の体 —— 昇天の前提となるもの

次に、ルカ福音書独自の復活の場面を見てみたいと思います。ルカ福音書には他の福音書には記されていない、独自の復活の記事があります（24章13－48節）。よく知られているのは前半の24章13－35節のいわゆるエマオでの復活顕現の記事ですが、ここでは特に後半部の36－43節に注目してみたいと思います。

ルカによる福音書24章36－43節、私訳

24：36 さて、彼らがこれらのことを語っていると、彼自身が彼らの真ん中に立った。そして彼らに言う、「あなたがたに平和があるように」。[116]

---

111 マルコ16章7節「だが、あなたがたは行って、彼の弟子たちとペトロに言いなさい。『彼はあなたがたに先立ってガリラヤへ行く。そこであなたがたは彼を見るであろう』と。彼が以前あなたがたに言っていた通りに」。

112 受難予告の一文とその想起。ルカ福音書ではこの箇所の他に9：22、44、18：31－33にこの言葉が使用されています（元となったマルコでは8：31、9：31、10：33－34で使用）。

113 マルコ16章8節「しかし彼女たちは墓から出て行き、逃げ去った。震えと忘我が彼女たちに憑りついていたからである。そして彼女たちは誰にも何も言わなかった。恐ろしかったからである」。

114 たとえば、口語訳、田川訳はこの12節を括弧の中に入れています。ヨハネと相似している他の理由として、ルカとヨハネが何らかの共通の特殊資料を用いていた可能性も考えられるかもしれません。

115 マタイ28章9節「すると見よ、イエスが彼女たちに出会って言った、『喜びなさい』。そこで彼女たちは近づいて、彼の足を抱き、彼を礼拝した」。

24：37　しかし彼らは驚き、恐れに囚われ、霊を見ているものと思っていた。
24：38　そこで彼は彼らに言った。「なぜあなたがたは戸惑っているのか。また、どうしてあなたがたの心に疑問が生じるのか。
24：39　わたしの両手と両足を見なさい、他ならぬ私自身である。私に触れ、そして見なさい。霊は肉と骨をもたない。あなたがたが私がもっているのを見るようには」。
24：40　そしてこう言って、彼らに両手と両足を示した。
24：41　しかしなお彼らが喜びのあまり信じられず、不可思議に思っているので、彼は彼らに言った。「ここに何か食べ物をもってきなさい」。
24：42　そこで彼らは彼に焼いた魚の一片を手渡した。
24：43　すると彼は取って、彼らの目の前で食べた。

この36－43節では、「復活のキリストの体がどのようなものであるか」が述べられています。ルカ福音書によれば、その体とは、手も足もあり（39、40節）、触れることができ（39節）、魚を食べて消化する機能も併せもつ（43節）体です。すなわち、復活の体は、生前のイエスおよび私たち人間とまったく同じ肉体である（＝人性を伴った体である）[117] ことが示されています。

なぜルカがここでそのことを強調する必要があるかは、昇天の出来事が関係しています。昇天の出来事ではそのキリストの体が私たちとまったく同じ肉体であることが前提とされるからです。復活の体が生前と同じ肉体であるからこそ、「上へと運ばれていく」昇天の出来事は意味をもつのです。

このことは、その対比としてマタイのキリスト像を考えてみればより理解しやすくなるでしょう。もしも復活のキリストの体が、マタイが指し示すように「インマヌエルなるキリストとして遍在する体」なのであれば、そもそも、昇天の出来事の重大性は失われてしまうことになります。

よって、この36－43節が昇天直前に配置されていることは必然であることが分かります。ここでルカは、昇天の前提となる「肉体を備えた」復活の体を提示しておく必要があったのです。その体とは、私たちとまったく同じ体、言い換えますと、マタイ福音書のようには「遍在できない」体であることが重要[118]となります。

116 36節の後半部分はヨハネ福音書20章19節と相似しています。24章12節と同様、後世の附加であるとの解釈があります（口語訳、田川訳は括弧の中に入れています）。

117 マルキオンがルカ福音書の本文の切り取り・編集を行ったことはすでに述べた通りですが、これらの《イエスが肉体を持っていることを表す箇所》の切り取りも行っていたようです（三好迪、前掲書、25頁。ただし本論筆者は一次資料未確認）。

118 このルカ固有のキリスト像は、宗教改革の時代にカルヴァンの聖餐論を通してよりはっきりと可視化されることとなります（『キリスト教綱要　改訂版』第4篇第17章を参照）。カルヴァンは綱要第4篇第17章の中でルターの聖餐論（特に『遍在説』）を批判していますが、その批判的言説を通して、カルヴァン自身が依拠している固有のキリスト像――すなわちルカ福音書固有の「復活—昇天のキリスト像」が浮き彫りにされ可視化されていくという現象が生じています。

《彼らはその大げさな不合理に従って食し飲むことの巨大な尺度を作り上げようとするあまり、キリストから肉を抜き去って幻影に変容させてしまうのである》（ルター派の『遍在説』への批判として。『キリスト教綱要　改訂版　第4篇』、渡辺信夫訳、新教出版社、２００９年、399頁）、《……なぜなら、我らの主は、御自身が触ったり見たりできる肉と骨を持っていると証しされたからである。また「去る」、「昇る」と言われたのは、昇ったり去ったりする外観を呈するという意味ではなく、言葉で言われたことが現実に行われるという意味である》（同、429頁）、《……そこで彼らは、奇怪至極な「遍在」〔ウビクイタス〕なるものを導入せざるを得なくなった。しかし堅固で明快な聖書の証しによれば、御体は人体の尺度の制限内に限られるのだし、昇天によって全ての場所にあるようになったのではなく、一つの場所へ

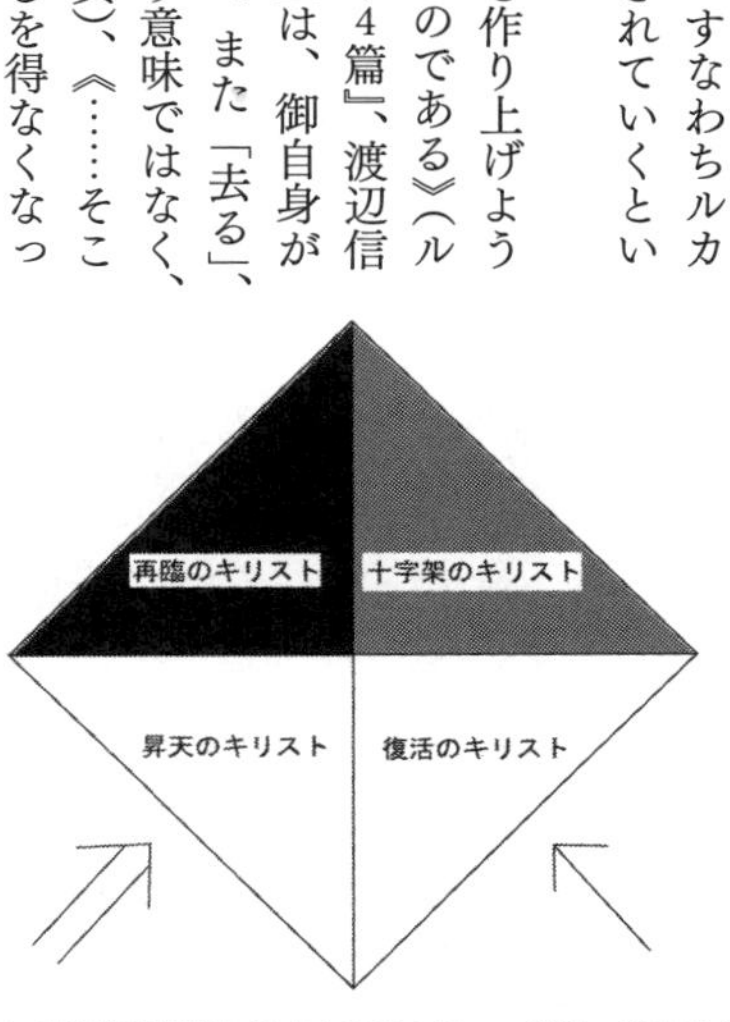

カルヴァンの聖餐論が指し示すキリスト像　～復活 - 昇天のキリスト

この章の冒頭で、福音書記者ルカはマタイ福音書の存在を知っており、マタイ固有のキリスト像を念頭に置いて――批判し乗り越える意図をもって――福音書を執筆している可能性があることを述べました。もしもルカがマタイ福音書を知っていたとすると、マタイの復活のキリストの描き方は、ルカにとって受け容れがたいものであっただろうと想像できます。マタイの描く「インマヌエルなるキリスト」においては、人性が希薄化し（ているようにも読み取れ）、そして昇天の意義が背後に退いてしまっているからです。ルカにとっては、マタイの描く復活のキリスト（遍在するキリスト）はあたかも「亡霊（幻影）」（37－39節）のようなものとして感じられるものであったかもしれません。いずれにせよ、結果的に、ルカはマタイが描かなかったキリストの側面（＝昇天のキリスト）を描くことに成功している、そしてまるで相互に補完し合うかのようにそれぞれの固有性が描き分けられている、ということは言えるでしょう。

ちなみに、40節「そしてこう言って、彼らに両手と両足を示した」はヨハネ福音書20章20節と一致しており、後世の附加ではないかとの解釈[119]があります。確かに、この一文はルカとヨハネでかなりの部分が一致しています（相違としては、ルカが『足〔τοὺς πόδας〕』としているところをヨハネは『脇腹〔τὴν πλευράν〕』としている）。[120]ここで重要なのは、すでに述べましたように復活の体が「肉体を備えた体」――手も足もあり、触れることができ、魚を食べて消化する機能も併せもつ体――であることを提示することであり、その意味で重要なのはむしろその前節の39節（および43節）です。よって、たとえ40節が後世の附加であったとしても、ルカが意図する内容に変わりはないと言えるでしょう。

4　40日間の復活顕現

ルカ文書の復活記事のもうひとつの特徴は、その復活のキリストの顕現の期間が「40日」に限定されているとところです（使徒言行録1章3節）。この限られた期間に復活のキリストと出会った（復活顕現の証人となった）人々がその後、共同体の中で権威をもつ存在となっていきます（使徒の第二義）。[121] 前項で挙げたルカによる福音書24章36―43節もその40日の間に起こった出来事のひとつです。

復活顕現の期間が限られていることは、「世の終わりまでのすべての日々、私があなたがたと共にいる」（マタイ

移動した時に最初の場所を去ったのは明白である》（『遍在説』への批判と、昇天の前提となる『肉体を備えた』復活の体の強調。同、438頁）。

　私たちはカルヴァンの聖餐論を考察することを通して、ルカ固有のキリスト像の理解を深めていくことができます。詳しい考察は今後の課題としたいと思いますが、赤木善光氏のカルヴァンの聖餐論についての論述を一部引用いたします。赤木氏は、昇天論は身体論と密接に関連しており、有限の体でなければ昇天はあり得ないことを強調しています。

《したがってルター派との相違点は、突き詰めると、キリストの体のあり方が単一であるか、それとも複数であるか、体の複数の存在様式とその「使い分け」を認めるか否か、ということであったが、その根本的相違の原因は、体とは何かを考えるとき、また体について論じるとき、カルヴァンが聖書と共に、あくまで自分自身の肉体を根拠とし、抽象的思弁を拒否したことにある。そしてこの事は前述のキリストの昇天についても妥当する。なぜなら昇天論は身体論と密接に関連しているからである。有限の体でなければ、昇天はあり得ない。無限の体が昇天することは不可能である。ルターにおいてキリストの昇天が無意味なものとなり、復活に吸収されたり、事実上、「隠天」とでも呼ぶものになったのは当然である》（『宗教改革者の聖餐論』、390頁）、《カルヴァンがキリストの体を、主として、福音書に記されている復活体のキリスト、疑うトマスに脇腹を見せ、エマオ途上で歩きながら弟子たちと語り合い、ペトロたちにパンと魚を与えた復活のキリストの体として、可視的可触的な形として捉えたことは、彼の聖餐論において決定的であった》（同、392頁）。

119 たとえば口語訳、田川訳は40節を括弧の中に入れています。

120 提示したい事柄も両者は異なっています。ルカは「手と足を示す」ことによって復活の体が「肉体を備えた体」であることを提示する意図があり、対して、ヨハネは「手と脇腹（の傷）を示す」ことによって復活の体が「十字架の傷を伴う体」であることを示す意図があります。

121 ルカ文書において、使徒は第一義として「生前のイエスによって直接召命を受けた12弟子（12使徒）」のことを指し、第二義として「復活顕現を通して召命を受けた弟子たち」のことを指します。

28章20節）と復活のキリストが宣言するマタイとは対照的です。ルカにおいて、昇天の出来事は復活顕現の期間の「終了」を意味するものであるのです。

松永希《き》久《く》夫《お》氏はこの40日の復活顕現が弟子たちにとっての《原体験》であり、この《原体験》を経験した弟子たちが「使徒」とされ、権威をもつ者とされていった[122]のだと述べています。

5　十字架の死の場面

以上、ルカ福音書における復活と昇天の記事を見てきました。ルカにおいて復活と昇天の出来事こそが決定的に重要なものとして描かれていることがお分かりいただけたかと思います。では、ルカにおいて十字架の死の場面はどのように描かれているでしょうか。

ルカによる福音書23章44―49節、私訳

23：44　そして、すでに第六時頃（正午頃）になった。全地が闇になり、第九時（午後三時頃）に至った。

23：45　太陽が光を失ったのである。また、神殿の幕が真ん中から裂けた。

23：46　そしてイエスは大声で叫んで言った、「父よ、あなたの手に私の霊を委ねます」。こう言って彼は息絶えた。

23：47　百人隊長は起こったことを見て、神を賛美して、言った、「実にこの人間は正しい人であった」。

23：48　そして、これらの光景のために集まって来た群衆は皆、起こったことを見て、胸を打ちながら帰って行った。

23：49　彼の知人たちは皆、ガリラヤから彼に従ってきた女性たちも、遠くに立って、これらのことを見ていた。

マルコ－マタイとの相違点としてまず気が付くことは、神殿の幕が裂けるタイミングが死より先であることです（45節）。ルカでは神殿の垂れ幕が裂けた後に、イエスは大声で叫んで息絶えます。

神殿の垂れ幕が二つに裂ける（ルカでは『真ん中から』裂けるに変更）ことは、マルコ－マタイにおいては、それまで隠されていた神性が人々の前に現されたこと（＝神の現存）を意味していました。ルカにおいては、そのマルコの意図はもはや失われてしまっていることが分かります。

また、その最後の言葉も「エロイ、エロイ、レマ、サバクタニ」（マルコ）から「父よ、あなたの手に私の霊を委ねます」[123]（46節）に変更されています。マタイがアラム語の「エロイ」をヘブライ語の「エリ」へ変更するなどの修正は加えつつもマルコの記述を尊重していたのに対し、ルカは大きな改変を加えています。

中でも注目すべき改変は、百人隊長の言葉です。百人隊長はこの出来事を見て、神を賛美して、「実にこの人間は正しい人であった」[124]と言います（47節）。マルコの「まことにこの人間は神の子であった」（マルコ15章39節）と

122 《……まさに「使徒」とは、復活から昇天までの四〇日間における原体験の所有者でなければならぬのであります。／そういう意味では、イエスの昇天によって原体験の期間は閉じられ、「使徒」は特定の限られた人々を指すのであります》（「福音書のイエス像——黙示文学的終末論克服の諸相」、前掲書所収、105頁）。パウロはこの定義においては「使徒」に当てはまりません。しかし、ルカは「使徒」の称号をパウロ（とバルナバ）にも適用することによって、使徒的権威・使徒的伝統の継承の可能性を認めていたのではないかと松永氏は考察しています（同、105頁）。《つまり、使徒性の条件となる原体験は一方において四十日間という期間（歴史的時間でありつつ象徴的な時間）に限られて閉鎖されているのでありますが、同時に、他方において、歴史的時間としては「四十日間」以降においても開かれている経験なのだという逆説が可能とされているのであります。そこに、使徒性の継承が依存しているのであります》（同、106頁）。

123 詩編31編6節の引用？

124 文の構造としては、ルカはマルコのものを踏襲しています。マルコ：「まことに（ἀληθῶς）」「この人間は（οὗτος ἄνθρωπος）」「神の子だった（υἱὸς θεοῦ ἦν）」。ルカ：「実に（ὄντως）」「この人間は（ὁ ἄνθρωπος οὗτος）」正しい人であった（δίκαιος ἦν）」。

いう信仰の告白の言葉が、ここでは一般的な賞賛の言葉[125]に変更されています。

マルコ：「神の子」（信仰告白の言葉）
↓
ルカ：「正しい人」（一般的な賞賛の言葉）

マルコにおいて[126]百人隊長の言葉は十字架のキリストへの信仰告白であり、マタイにおいて[127]は復活のキリストへの信仰告白でした。マルコ－マタイとは異なり、ルカにおいては百人隊長の言葉は信仰告白ではなくなっています。ルカはマルコの意図を明らかに斥ける意図をもって記していることが読み取れます。ルカにおいて十字架はあくまでイエスの「謙卑《けんぴ》・従順」を表す[128]出来事であり、マルコのようにそこに「神の現存」を見出すものではありません。ルカにおいては十字架のキリストに神性を見出す要素が背後に退いていることが分かります。

○マルコ15章39節　百人隊長「まことにこの人間は神の子だった」
……十字架上のイエスの死と神殿の垂れ幕が裂けたことを見て
↓「十字架のキリスト」への信仰告白

○マタイ27章54節　百人隊長たち「まことにこの者は神の子だった」
……地震と生じた諸々のこと（復活を示唆する事柄）を見て
↓「復活のキリスト」への信仰告白

○ルカ23章47節　百人隊長「実にこの人間は正しい人だった」

……十字架上のイエスの神への従順なる態度を見て
→「正しい人」への賞賛の言葉。重点は神賛美

そのことは、このイエスの死と使徒言行録7章55－60節のステファノの死が質的に差異のないものとして描かれていることからも分かります。[129] ルカにおいては、十字架とはあくまで「人性による十字架」[130] であるのです。ルカ固有の信仰告白は昇天の出来事まで保留されています。

また、47節の百人隊長の言葉の重点があくまで神賛美にあるところも指摘しておきたいと思います。昇天の場面の結びの24章53節と同様、[131] ルカ福音書の最終目的は神賛美にあり、イエスは従属的位置付けにあることがここ

またマタイとは異なり、ルカはマルコの「人間（ἄνθρωπος）」という語を残しています。このことには、ルカが「人性による十字架」を強調していることと関係があるのかもしれません。

125 「正しい人」という語はルカにおいてイエス以外の人物にも使用されています（1章6節、2章25節、23章50節。参照：松永希久夫、前掲書、93頁）。

126 マルコ15章39節「彼のそばに向かい合って立っていた百人隊長は、彼がこのように息絶えたのを見て、言った、『まことにこの人間は神の子であった』」。

127 マタイ27章54節「百人隊長と、彼と共にイエスを見張っていた人々は、地震と生じたことを見て、非常に恐れ、言った、『まことにこの者は神の子であった』」。

128 ルカにおいて十字架の死の記述はイエスの「謙卑・従順」を示すものであり、「贖罪」を読み取る視点は（この記事に関しては）ありません。フィリピの信徒への手紙のキリスト賛歌に通じる十字架理解であると言えるでしょう。《へりくだって、死に至るまで、それも十字架の死に至るまで従順でした》（2章8節、新共同訳）。

129 使徒言行録7章59、60節のステファノの言葉とルカ23章34節、23章46節のイエスの言葉が対応。《神の国を宣べ伝える器として、イエスもステパノも同列に並ぶ面があるわけであります（松永希久夫、前掲書、94頁）。

130 ルカ福音書はマルコ－マタイと比べ、キリストの「神性」と「人性」の区別を強調して記す傾向があります。

131 23章47節の動詞は「賛美をする（δοξάζω）」、24章53節の動詞は「ほめたたえる（εὐλογέω）」。

からも読み取れます（ルカにおける『神の子の従属性』）。

6　生前のイエスの側面

最後に、「生前のイエス」の側面について確認したいと思います。ルカもマルコ－マタイと同様に生前のイエスの側面をはっきりと言語化しています。マタイと同じく、マルコでは描かれていなかったイエスの誕生の場面（ルカ1－2章）を言語化していることも特筆すべき点です。マルコ－マタイと同様、ルカにおいても生前のイエスの側面（イエスの人間性）は欠かすことのできない前提（＝共通の土台）となっているものです。

ただし、ルカの特徴は、その生前のイエスを「復活－昇天のキリスト像」を絶えず念頭に置いたかたちで描いている点です。神性の対比として人性の側面を描いているところにルカの特徴があります。

たとえば、ルカのみに記される「飼《か》い葉桶《ばおけ》の中のキリスト」のモチーフ（2章6、7節）は、結びの「昇天のキリスト」（24章50－53節）と対をなしているものとして捉えることができます。飼い葉桶[132]は神の子の謙卑《けんぴ》（へりくだり。低みにまで降りて来たこと）・従順の象徴であり、対して、昇天は神の子の高挙《こうきょ》（高みにまで挙げられたこと）を象徴する出来事です。低さと高さのコントラストを強調している点において、フィリピの信徒への手紙のキリスト賛歌（2章6－11節）[133]に通ずるキリスト像の描き方であると言えるでしょう。

昇天の前提として人性が強調されていることは、復活の記事（24章36－43節）においても同様です。ルカが昇天の出来事の前提として、復活の体が「肉体を伴った体」であることを強調したことはすでに確認した通りです。

マタイと比較すると、ルカは全体としてある意味、イエスの人間性をより強調している部分があると言えるかもしれません（生誕、十字架、復活の記事など）。ただしそれは、昇天のキリスト像を絶えず念頭に置いたものです。歴史的人物であるイエスの「復活と昇天の出来事において」神が現されたことを語ることこそが、ルカの意図するところであるからです。

132 当時の飼い葉桶は石灰岩をくりぬいたものが使用されていました。石の飼い葉桶に横たわる赤子の姿は、石の墓（同じく石灰岩をくりぬいて作られていました）に横たわるイエスのイメージと意識的に重ね合わされている可能性があります。

133 《キリストは、神の身分でありながら、神と等しい者であることに固執しようとは思わず、かえって自分を無にして、僕の身分になり、人間と同じ者になられました。人間の姿で現れ、／へりくだって、死に至るまで、それも十字架の死に至るまで従順でした。／このため、神はキリストを高く上げ、あらゆる名にまさる名をお与えになりました。／こうして、天上のもの、地上のもの、地下のものがすべて、イエスの御名にひざまずき、／すべての舌が、「イエス・キリストは主である」と公に宣べて、父である神をほめたたえるのです》（新共同訳）。

第6章　共観福音書の小黙示録のキリスト像――再臨のキリスト

ヨハネ福音書のキリスト像について記す前に、提示しておきたいキリスト像があります。共観《きょうかん》福音書の小黙《しょうもく》示録《しろく》のキリスト像です。

共観福音書とは、「共通の視点（観点）をもつ」福音書の意味で、マルコ－マタイ－ルカをまとめてそのように呼びます。マタイとルカはマルコを基本資料として用いており、三者に類似点（並行記事）が多いのがその理由です。第四の福音書のヨハネはマルコ－マタイ－ルカとはまた別の資料に基づいているので、共観福音書には含まれません。

◎**共観福音書**（Synoptics）

「共通の視点（観点）をもつ」福音書の意味で、マルコ－マタイ－ルカをまとめてそのように呼ぶ。マタイとルカはマルコを基本資料として用いており、三者に類似点（並行記事）が多いのがその理由。

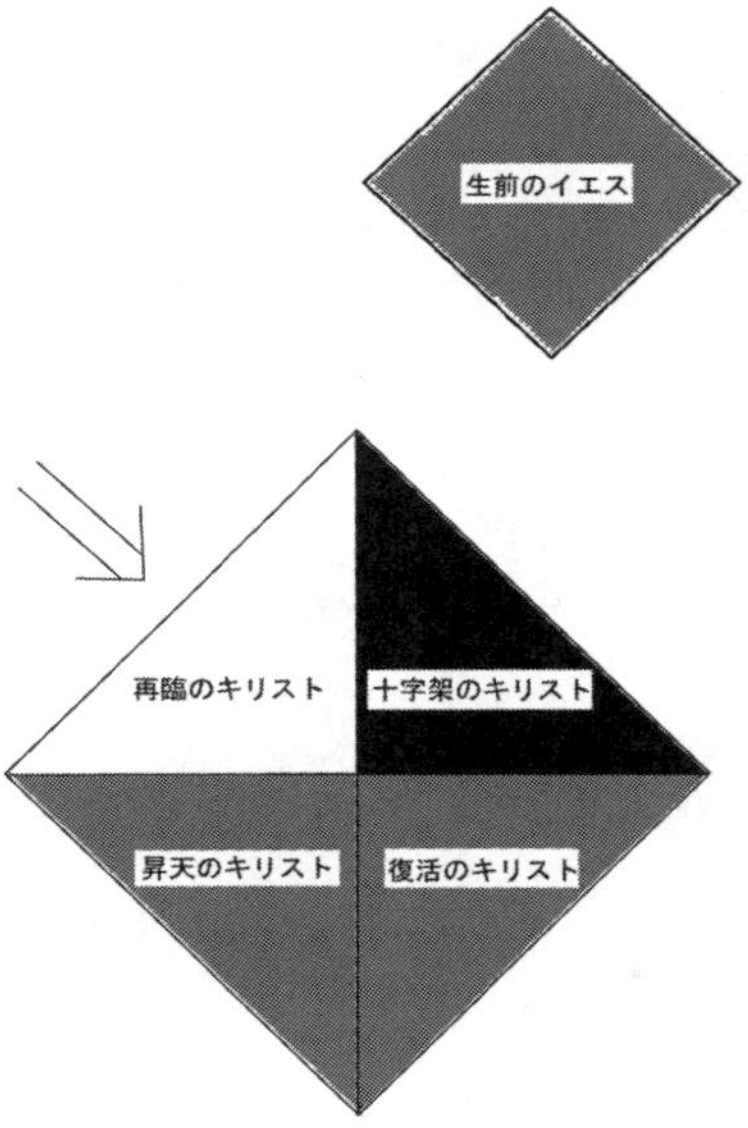

共観福音書の小黙示録のキリスト像　～再臨のキリスト

共観福音書には「小黙示録」と呼ばれる記事が含まれています。終末《しゅうまつ》（世界の終わり）についての具体的な描写、およびそれに伴う「人の子」の到来を記している記事です。具体的にはマルコ福音書13章と、マルコ13章を基にして改変を加えたマタイ福音書24－25章・ルカ福音書21章がそれに該当します。

~共観福音書の小黙示録~
マルコによる福音書13章に保存
マタイによる福音書24－25章に保存
ルカによる福音書21章に保存

この共観福音書の小黙示録には、マルコ－マタイ－ルカのキリスト像とはまた異なる、固有のキリスト像が認められます。それが「再臨《さいりん》のキリスト」であることは言うまでもありません。

◎共観福音書の小黙示録のキリスト像 ……再臨のキリスト

マルコ13章において特に重要な位置を占めている24－27節をまず引用してみましょう。

マルコによる福音書13章24－27節、私訳

13：24　しかし、このような苦難の後、それらの日々には、太陽は暗くなり、月はその光を与えず、

13：25　星は天から落ち、そして天にある諸力は揺り動かされるであろう。

13：26　そしてその時、人の子が雲を伴い大いなる力と栄光と共に到来するのを見るであろう。
13：27　そしてその時、彼は天使たちを遣わし、地の果てから天の果てに至るまで、四つの方角から選ばれた
者たちを集めるであろう。

26節に登場する「人の子」は、ユダヤ教黙示思想《もくししそう》（次項を参照）において登場する終末的メシア[134]です。その人の子が、ここでは再臨のキリストと同定されています。

24－27節の文言はマルコのオリジナルではなく、人の子を再臨のキリストと同定した原始キリスト教会（最初期のキリスト教会）[135]の伝承を受け継いだものであると考えられます。マルコは第一世代のユダヤ人キリスト者たちから小黙示録伝承を受け継ぎつつ、そこに独自の修正を施しています。よって、共観福音書に保存されている小黙示録と元来の小黙示録伝承は完全にイコールではない点に注意しておく必要があります。本項で問うているのは、元来の小黙示録伝承から抽出される固有のキリスト像（再臨のキリスト）です。

1　黙示思想

ユダヤ教世界では、紀元前2世紀頃から、後に「黙示思想」と呼ばれるようになる独特な終末論が発展を遂げてきました。黙示思想とは終末論の一形態で、終わりの日の具体的な描写（患難《かんなん》・天変地異の予告など）、「人の子」と呼ばれる終末的メシアの到来、全体として二元《にげん》論的な世界観をもつなどの特徴があります。その思想に基づいた文書作品は「黙示文学」[136]と呼ばれます。旧約正典ではダニエル書、新約正典では共観福音書の小黙示録、ヨハネの黙示録がその代表です。黙示はギリシア語ではアポカリュプシス[137]（夢や幻を通した）「啓示」を意味する言葉です。

黙示文学の特徴は多岐《たき》にわたり[138]なかなか定義するのが難しいものですが、関根清三《せいぞう》氏は黙示思想の特徴として、

「終末の日の描写やその時期の特定に具体的な関心をもつ」点、「終末の秘密を特に幻によって物語的に開示する」点、また「義人《ぎじん》の救いと罪人の滅びを決定論的に見る」点を挙げ、他の終末論の諸形態（終わりの日の思想、メシ

134　たとえばダニエル書7章13節を参照。《見よ、「人の子」のような者が天の雲に乗り……》（新共同訳）。ただしダニエル書では「人の子」ではなく《「人の子」のような者》。

135　本論では紀元30年頃～70年までを「原始キリスト教会（最初期のキリスト教会）」と呼んでいます。原始キリスト教会のはじまりに位置するのはエルサレム教会です。ただし、原始キリスト教会はエルサレム教会とイコールなのではありません。使徒言行録は、アラム語を母語とするユダヤ人キリスト者（ヘブライストたち）とギリシア語を母語とするユダヤ人キリスト者（ヘレニストたち）の間で何らかの緊張関係があったことを伝えています（6章1－7節）。ヘレニストたちはその後、エルサレム教会を離れ、エルサレム教会を母教会とするアンティオキア教会を設立します（11章19－26節）。また、エルサレム教会やアンティオキア教会の他に、当時、また別のイエス伝承を担った地域教会・集団が存在していたと考えられています（参照、G・タイセン、前掲書、42－70頁。語録資料を担った《遍歴霊能者たち》など）。

小黙示録伝承を担った人々は、アラム語を母語とするユダヤ人キリスト者（ヘブライストたち）であったと考えられます。特にエルサレム教会に属する人々、あるいはエルサレム教会に関わりの深いユダヤの地域教会に属する人々であった可能性があります（G・タイセン、同、66頁）。

136　黙示文学の概説書としては、マーサ・ヒンメルファーブ『コンパクト・ヒストリー　黙示文学の世界』（高柳俊一訳、教文館、２０１３年）を参照。

137　一般的な意味（宗教的意味ではなく）は《隠れたものを表に出す》（参照：『ギリシア語　新約聖書釈義事典Ⅰ』、166頁）。ヨハネの黙示録1章1節に由来する言葉（《イエス・キリストの黙示》、新共同訳）で、ここからさかのぼって、正典・外典・偽典において同等の内容をもつ文書が黙示文書と呼ばれるようになりました（参照：関根清三「終わり・黙示・メシア――終末論の諸態と批判的展望」、並木浩一・荒井章三編『旧約聖書を学ぶ人のために』所収、世界思想社、２０１２年、110頁）。

138　大貫隆氏はユダヤ教黙示思想文書のトポイ（『トポス』の複数。『おきまりの』形式と話題のこと）を25の項目に整理しています（大貫隆『イエスの時』、岩波書店、２００６年、29－37頁）。この書における大貫氏の区分ではメシア論もユダヤ教黙示文学のトポスの中（トポス16）に含まれるものとなります。ここでのメシアは歴史の終焉と万物の最終的な完成の間の「中間的」な存在として登場します（同、31、32頁）。

ア思想）と区別しています。[139] ちなみに、終末論はこれらの三者「終わり」「黙示」「メシア」を包括する最も広い概念です。

終末論　三つの形態

……**終わりの日の思想**（歴史の終焉における神の直接の介入。終末論の基本的な形）

……**黙示思想**（終末の日の描写やその時期の特定に焦点を当てる。終末の秘密を特に幻によって物語的に開示。義人の救いと罪人の滅びを決定論的に見る）

……**メシア思想**（神から選ばれ平和をもたらす救世主を待望）

（関根清三「終わり・黙示・メシア――終末論の諸態と批判的展望――」『旧約聖書の思想――24の断章』より）

大貫隆氏は最近の著作（『終末論の系譜――初期ユダヤ教からグノーシスまで』、2019年）において、初期ユダヤ教[140]の終末論の系譜を大きくA「メシア（救世主）待望」とB「黙示思想」の二つに区分けしています。[141] Aのメシア待望はさらにA―1《地上的・政治的メシア待望》とA―2《宇宙的メシア待望》に区分され、Bの黙示思想はさらにB―1《宇宙史全体の行方》を垣間見るタイプとB―2《天上の神殿と玉座》を幻視するタイプ[142]に区分されます。A―2《宇宙的メシア待望》とB―1《宇宙史全体の行方》は内容が重なり合っています。

A　メシア（救世主）待望

B　黙示思想

（A―1）地上的・政治的メシア待望

（A―2）宇宙的メシア待望／（B―1）宇宙史全体の行方の幻視

（B―2）天上の神殿と玉座の幻視

（大貫隆『終末論の系譜――初期ユダヤ教からグノーシスまで』より）

2 原始キリスト教会の「再臨待望」

原始キリスト教会もこのメシア（救世主）待望・黙示思想を色濃く受け継いでいます。共観福音書に保存されている小黙示録も終わりの日を具体的に描写し（患難・天変地異の予告）、神的存在でありながら人でもある「人の子」の到来を描いています。二元論的な世界観をもつ点も共通しています。

大貫隆氏の区分に基づくと、原始エルサレム教会はＡ－１《地上的・政治的メシア待望》を除いた「メシア（救世主）待望と黙示思想」（Ａ－２《宇宙的メシア待望》／Ｂ－１《宇宙史全体の行方》の幻視とＢ－２《天上の神殿と玉座》の幻視）の流れを受け継いでいると言えるでしょう。

ただし、従来のメシア（救世主）待望・黙示思想との決定的な違いがあります。それは、原始キリスト教会がナザレのイエスこそがメシア（キリスト）であり、終わりの日に到来する「人の子」だと受け止めたことです。第

139　関根清三、前掲書、103、109頁。また関根清三『旧約聖書の思想――24の断章』（講談社学術文庫、２００５年）、296―298頁も参照。

140　ここでの「初期ユダヤ教」はバビロン捕囚からの帰還（紀元前538年）後に成立したユダヤ教共同体のことを指しています（参照：大貫隆氏、『終末論の系譜――初期ユダヤ教からグノーシスまで』、筑摩書房、２０１９年、17頁）。

141　大貫隆、前掲書、13頁。

142　Ｂ―２《天上の神殿と玉座》を幻視するタイプの黙示文学は最近の研究では《上昇の黙示録》（Ｐ・シェーファー）と呼ばれ、宇宙史の終末論を示す文書から区別されています（P. Schäfer, *Die Ursprünge der jüdischen Mystik*, Berlin 2011. 参照：大貫隆、前掲書、44、45頁。本論筆者はＰ・シェーファーの論文未読）。《シェーファーの「上昇の黙示録」が言う「黙示録」とは、あくまで主人公が夢や幻（黙示）の内に天上の神殿を垣間見るという文書の構造を指すのである》（同、45頁）。

一世代のキリスト者たちはイエスこそがメシアであり、間近に迫る終わりの日において再び「人の子・審き主」としてこの世界に到来すると確信していました。[143] そして「人の子・審き主」が到来するその場所――世界の中心――こそがエルサレムであったのです。

最初期のキリスト教会の再臨待望の特徴は、その切迫性《せっぱく》にあります。E・ケーゼマンはこの態度の特徴を《復活後の熱狂主義（nachösterlicher Enthusiasmus）》と表現しています。第一世代のユダヤ人キリスト者たちは切迫した意識をもって、人の子イエスの再臨を待望していたことが伺われます。《イエスは天的人の子として再び来るというのが、最初の弟子たちが復活体験から直接引き出していた希望であり、それ自体が復活信仰の内容であった》とケーゼマンは述べています。切迫した来臨の待望が、復活信仰の内容であったというのです。《したがって復活の出来事がイエス自身に限定されたのは比較的後になってのことであり、当初は普遍的な死者の復活の始まりとして理解されたのであって、孤立した奇跡としてではなく、黙示的な出来事として意味を持っていたのである》。[144]

黙示思想においては伝統的に「終末時において死者が復活する」[145] との考え方がありました。最初期のキリスト教会はイエスの復活を黙示的な「死者の復活の始まり」[146] の文脈の中で理解していたというのは、ケーゼマンをはじめ多くの研究者が指摘するところです（＝『復活信仰の成立』）。そしてよみがえったすべての死者たちを裁き、「選ばれた者たちを集める」（マルコ13章27節）ために到来するのが「人の子＝再臨のキリスト」です。

3 「エルサレム神殿の崩壊」以前／以後

小黙示録伝承を担った第一世代（紀元30～60年）のキリスト者と、第二世代（紀元60～90年）・第三世代（紀元90～120年）の福音書記者たちの意識を分かつ、重大な出来事があります。紀元70年に起こったエルサレム神殿の崩壊です。紀元66～70年の第一次ユダヤ戦争の結果、エルサレムは陥落し、神殿は破壊されました。

戦争のさ中、第一世代のキリスト者たちは、「終わり」の時――再臨の時が近いことを切迫した意識と共に感じ取っていたことでしょう。しかし、戦争が勃発し、結果エルサレムが陥落し神殿が崩壊しても、終末は到来することはありませんでした。万物の中心であるはずのエルサレムが破壊され、そして神殿が崩壊しても、人の子なるキリストは再臨することはなかったのです。

エルサレム神殿という中心を失ったユダヤ教世界は、大きな岐路に立たされることになります。結果、ユダヤ教は神殿ではなく、律法を中心として共同体を再建していく道（ラビ的ユダヤ教の道）を選び取っ

143 この再臨のキリストへの信仰は、パウロの最初期（紀元50年頃）の書簡テサロニケの信徒への手紙一（4章13節―5章11節）などにも保存されています。

144 E・ケーゼマン『新約神学の起源』（渡辺英俊訳、日本基督教団出版局、1973年）、208頁。

145 大貫氏の25の区分においてはトポス13に相当します。《13終末時に死人が復活し、14最後の審判が行われる》（大貫隆、『イエスの時』、31頁）。原始教会の終末論については特に大貫隆『終末論の系譜――初期ユダヤ教からグノーシスまで』、180―204頁を参照。

146 あるいは、復活の「初穂」。《しかし、実際、キリストは死者の中から復活し、眠りについた人たちの初穂となられました》（コリントの信徒への手紙一15章20節、新共同訳）。主の再臨と死者の復活についてはテサロニケの信徒への手紙一4章15―18節も参照。

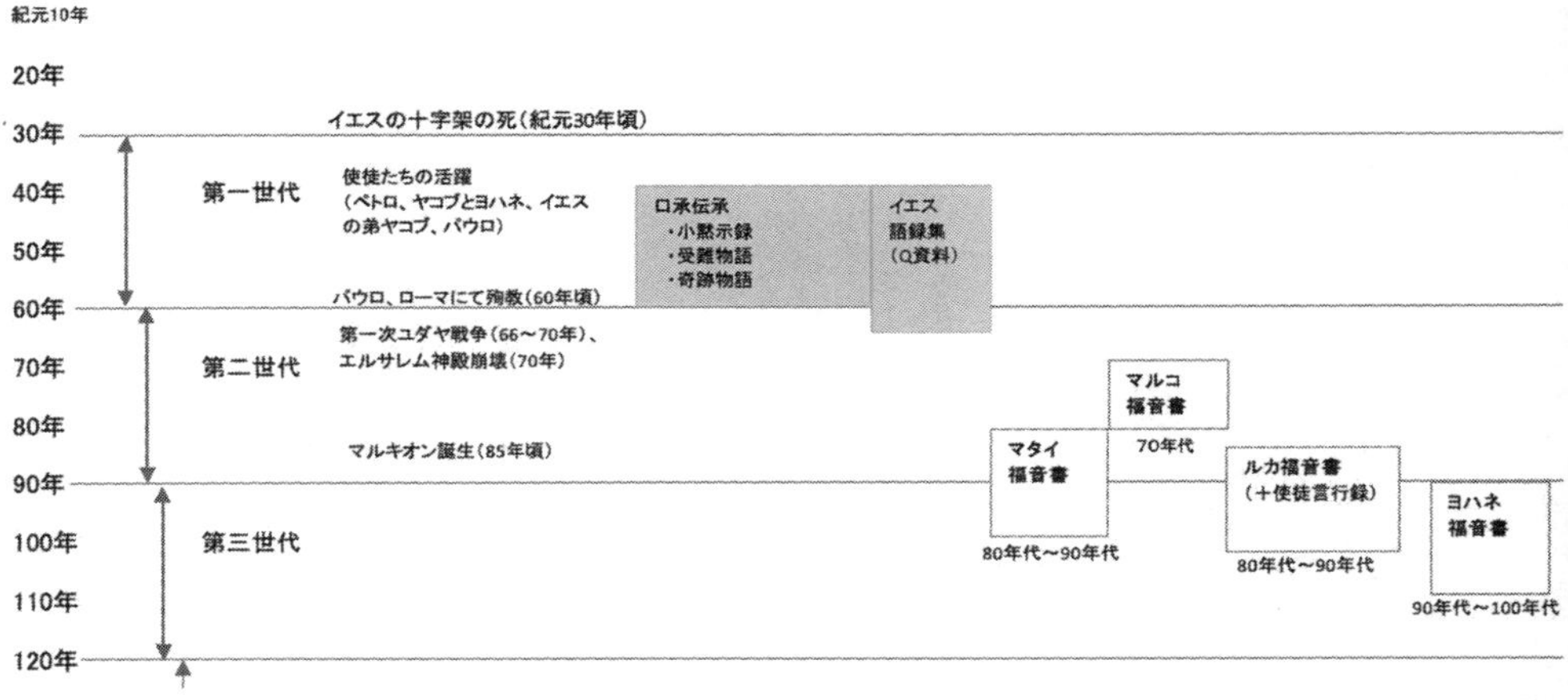

ていくこととなりました。

新たな道を歩み始めなければならなかったことは、キリスト教も同様です。それまではユダヤ教の一分派とみなされていたキリスト教も自己のアイデンティティの確立を迫られることとなります。結果、キリスト教はユダヤ教から完全に分離・独立していく道[147]を選び取っていくこととなります。その動きの中で成立していったのが、福音書という新たな文学形式でした。キリスト教もユダヤ教と同様に書物（聖典。のちに正典へ）を中心として共同体を形成していく道を選び取ったのだと言えます。

4 「終末の遅延」の問題

紀元70年以後、自己のアイデンティティを確立することが急務とされる中で、第二・第三世代のキリスト者たちにとって重要な課題となった事柄がありました。それが、「終末の遅延《ちえん》」の問題です。共観福音書の記者たちは小黙示録伝承を福音書本文に組み入れることを通して、この問題と向き合っていったのだと言えるでしょう。

パウロ書簡を読むと、終末の遅延はすでに第一世代のキリスト者の間でも問題となっていたことが分かります。たとえば、テサロニケの信徒の手紙一（紀元50年頃）4章13－14節では、キリストが再臨する前に教会のメンバーが亡くなったことにより教会内に動揺が生じていたことが記されています。テサロニケの信徒たちは自分たちが生きている間に終末が到来すると信じていたのです。再臨待望が切迫したものであるほど、その到来が遅れていることについての疑問は深くなるであろうことは理解ができることです。

それからさらに20～30年が経過し、エルサレム神殿が崩壊したにも拘わらず終末はいまだ来ないことが明らかになった紀元70年以降、次世代のキリスト者にとって改めて終末の遅延の問題は避けては通れない課題となっていたのだと言えるでしょう。第二・第三世代のキリスト者たちの黙示思想への向き合い方の特質について、松永希久夫氏は次のように述べています。それは、《黙示文学的終末論は非神話化し克服していくが、終末論自体は決して放棄しない、むしろ、終末論に固執していく》というものです。そこに、《キリスト教をキリスト教たらしめる独自性が出てくる》[148]のだと松永氏は指摘します。

5 小黙示録のキリスト像 ——「人の子」＝再臨のキリスト

改めて、人の子の到来を予告するマルコによる福音書13章[149]24－27節を取り上げたいと思います。

147 佐藤研氏は、神殿が崩壊してキリスト教が自己のアイデンティティを確立することが急務となった結果、新生キリスト教の内部で(1)「福音書」の成立、(2)パウロ書簡の蒐集と編纂の動きが生じたと述べています（『聖書時代史 新約篇』、144頁）。

148 松永希久夫「福音書のイエス像 —— 黙示文学的終末論克服の諸相」（前掲書所収、56、57頁）。松永氏はこの論文において、《黙示文学的終末論克服の諸相》という視点から四福音書のイエス像を概観しています。

149 マルコ福音書13章は来るべき終末を、大きく三つの局面に分けて記述しています。①産みの苦しみの始まり（1－13節）、②憎むべき破壊者の登場（14－23節）、そして③人の子の到来（24－37節）です。

①産みの苦しみの始まり（1－13節）

イエスは冒頭で神殿の崩壊を予告し（1、2節）、偽キリストの登場（5、6節）、戦争や地震や飢饉の発生（7、8節）、キリスト者に対する迫害（9－13節）について予告します。マルコ福音書が成立した時代において、それらはすでに起こったものであり、「事後予言」に相当します。「事後予言」はユダヤ教黙示文学の特徴のひとつです。《それはいかにも「予言」らしく語られているものの、実際の著者と同じ年代に生きている実際の読者からみれば、過去の歴史の中ですでに起きてしまっている出来事と直ちに同定できる仕組みになっているのである》（大貫隆『イエスの時』、36頁）。黙示文学の著者は「事後予言」を語った後、来るべき救済の時についての予言を加えます。注目すべきは、このようなことが起こっても「まだ世の終わりではなく」（7節）、あくまで「産みの苦しみの始まり」（8節）であることが強調されている点です（後述するように、これらの文言はマルコによる編集句であると考えられます）。

②憎むべき破壊者の登場（14－23節）

マルコによる福音書13章24―27節、私訳

13：24　しかし、このような苦難の後、それらの日々には、太陽は暗くなり、月はその光を与えず、
13：25　星は天から落ち、そして天にある諸力は揺り動かされるであろう。
13：26　そしてその時、人の子が雲を伴い大いなる力と栄光と共に到来するのを見るであろう。
13：27　そしてその時、彼は天使たちを遣わし、地の果てから天の果てに至るまで、四つの方角から選ばれた者たちを集めるであろう。

（1）人の子＝再臨のキリスト

24―27節に関しては、マルコは原始キリスト教会から受け継いだ伝承をほぼそのままのかたちで残していると考えられます。26節の「人の子」は、すでに述べましたように、ユダヤ教黙示思想において登場する終末的メシアです。その人の子が、ここでは再臨のキリストと同定されています。[150]

再臨はいまだ起こってはおらず、これから先の未来に起こる。ただしその時は切迫している。さまざまな苦難が起こった後、遂に太陽は暗くなり、天にある諸力は揺り動かされ（24、25節）、人の子が雲を伴い大いなる力と栄光と共に到来するのを人々は見る（26節）。彼は天使たちを遣わし、地の果てから天の果てに至るまで、四つの方角から選ばれた者たちを集める（27節）――。この個所から、私たちは小黙示録伝承を担った第一世代のユダヤ人キリスト者たちが現存・救いのリアリティを感じていた固有のキリスト像を伺い知ることができます。小黙示録伝承において、キリストの神性は言うまでもなく、この再臨の出来事の一点に集中しています。

（2）再臨の前提としての復活－昇天

再臨の前提となっているのは、復活‐昇天の出来事です。復活‐昇天がなければ再臨もあり得ません。ただし、その強調点は「再臨」の出来事にあります。「切迫した来臨の待望が復活信仰の内容であった」とのケーゼマンの言葉にもあった通りです。再臨に比べれば、復活と昇天の側面は副次的な位置付けにあると言えるでしょう。

続けてイエスは「憎むべき破壊者」が立ってはならない場所に立ち（14節）、これまで経験したことのないほどの大きな苦難に直面する（19節）ことを予告します。またその際、偽キリストや偽預言者が再び現れる（21、22節）ことの注意も喚起します。これも、実際にはすでに起こった「事後予言」に相当するものだと受け止めることができるでしょう。

③人の子の到来（24—37節）

そして最後に、イエスは終わりの日における「人の子」の到来（26節）と、《選ばれた人たち》の救い（27節）を予告します。これが小黙示録においての真の「終わり」の時に相当します。24節以下は事後予言ではなく、いまだ起こっていない未来＝再臨についての予言です。

締めくくりの32—37節では「いつも目を覚ましていなさい」と、終末が訪れるまでのキリスト者のあるべき姿についての指針が語られます。

150

大貫隆氏は、生前のイエス自身は「人の子」（マルコ8章38節）を三人称で表現し、自分とは別の審判者（＝集合的人格）として理解していたと解釈しています。原始キリスト教会はその人の子を、死からよみがえらされたイエス・キリスト自身に他ならないと再解釈したのだ、と（大貫隆『終末論の系譜――初期ユダヤ教からグノーシスまで』、165、166頁、195、196頁。『イエスという経験』、122—132頁も参照）。

人の子を《集合人格的表象》とするのは八木誠一氏も同様です。八木氏は生前のイエスが「人の子」と呼んでいた表象はイエスの言う「神の支配」と一致しているものであり、イエスが「神の支配」と呼んだリアリティを原始教会は「復活のキリスト」と呼んで告知したのだとしています（『キリストとイエス　聖書をどう読むか』、講談社現代新書、１９６９年、77—80頁。八木誠一『イエス』、清水書院、１９６８年、180、181頁も参照）。

田川建三氏は生前のイエスが人の子の語を好んで用いたのは、その語にアラム語の本来の「一人の人間（としての私）」の意味を込めていたからだと解釈しています（田川建三『イエスという男　第二版〔増補改訂版〕』、作品社、２００４年、387—396頁）。田川氏の解釈に基づくと、生前のイエスにおいて人の子は三人称ではなく、一人称としての表現となります。

（3）人の子＝生前のイエス

小黙示録伝承は人の子を再臨のキリストと同定していることを述べました。それに伴い、もうひとつ重要であるのは、原始キリスト教会において、生前のイエスがすでに人の子であると受け止められていたことです。イエスは再臨のときに初めて人の子になるのではなく、地上で生きていたときにすでに人の子であったとの理解です。本論の第2章で、「使徒的であること」の本質は、「ナザレのイエスという歴史的人物において神が現された」との信仰に基づいていることにあると述べました[151]。共観福音書の小黙示録もこの信仰に基づいて記されています。四福音書と同様に、「生前のイエス」の側面が小黙示録の土台を形成しています。

歴史的人物であるイエスの「再臨の出来事において」神が現される（神の国が最終的に実現する。未来形）。これが、小黙示録伝承における信仰（ピスティス）の核心部です。人の子はすでにナザレのイエスとして一度地上に到来しているので、その到来は二度目の到来、「再臨」となります。《ユダヤ教黙示文学では、「人の子」の到来は宇宙史の終末に一度限り待望される。しかし、原始教団にとって、イエスはすでに地上で人間としての生涯を歩み終わっているのだから、来るべき「人の子」としての到来は、二度目の到来、つまり「再臨」となるのである。それゆえ、彼らの確信は「再臨待望」と呼ばれる》。[152]

小黙示録伝承の枠組みにおいては、イエスは不在です。天に上げられ、いまは弟子たちと共にはいません。まるで旅に出かけた主人のように（マルコ13章34節）、到着が遅れている花婿《はなむこ》のように（マタイ25章5節）、イエスは不在です。現在は人の子は不在であるからこそ、この地上に再び来たることを教会は待ち望むのです。と同時に、再臨を重視すればするほど、現在は「イエスは不在である」ことが強調されることにもなります。小

（4）言語化されていない十字架の側面

以下、再び小黙示録のキリスト像の図を提示します。太い矢印が「再臨のキリスト」を指しているのがお分か

りいただけるかと思います。最も強調点が置かれた再臨の側面は白色で表し、再臨に比べると副次的な位置付けである復活と昇天の側面はグレーで表しています。

小黙示録のキリスト像のもうひとつの特徴は、十字架の側面が言語化されていない点です（よって図では黒色で表しています）。復活－昇天の側面よりも十字架の側面はさらに副次的な位置付けとなっています。復活－昇天の出来事に対して、十字架の出来事は必ずしも再臨の前提となるものではないからです。

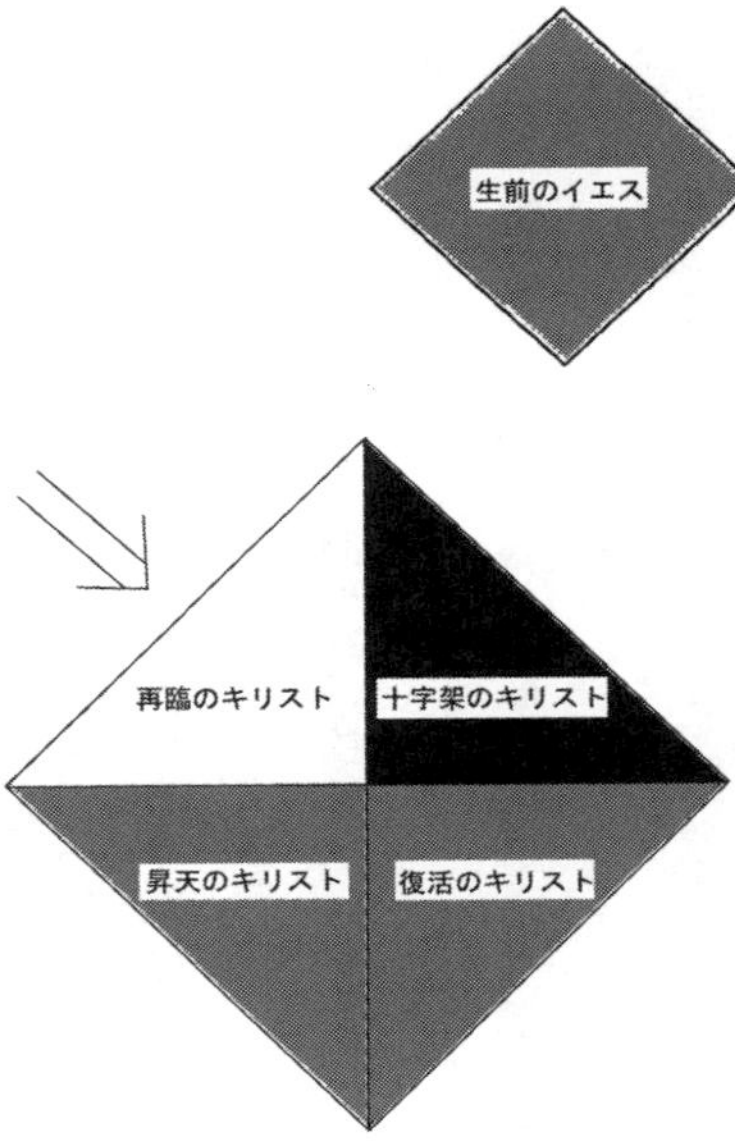

共観福音書の小黙示録のキリスト像　～再臨のキリスト

小黙示録のキリスト像の固有性は、他のキリスト像と比較することでよりはっきりとするでしょう。次頁に配置しているのは、マルコによる福音書のキリスト像の図です。マルコ福音書が「生前－十字架」の側面を強調し、特に「十字架のキリスト」に神の現存を見出していることはすでに述べた通りです。マルコが十字架のキリストを重視しているのに対し、小黙示録は十字架のキリストを言語化していません。この点において、両者は対照的です。

時系列としてはもちろんのことながら小黙示録のキリスト像の方が先で、後にそのキリスト像をマルコが福音書の中に取り入れたことになります。マルコは小黙示録伝承を受け継ぎつつ、その編集過程において自身のキリスト像（＝生前－十字架のキリスト）に合致するよう修正を行ったのだと言えるでしょう。

151　参照：大貫隆『終末論の系譜——初期ユダヤ教からグノーシスまで』、303頁。
152　大貫隆、同、196頁。

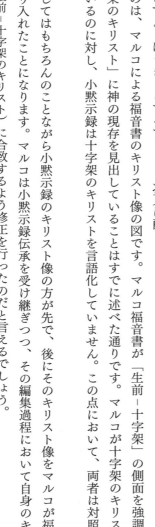

（５）マルコ福音書による修正 —— 人の子＝十字架のキリスト、パラダイムの転換

マルコ福音書が行った最大の修正とは、人の子がすなわち十字架のキリストであることを示すことでした。マルコは、小黙示録伝承が言語化していない十字架のキリストこそが人の子であるという修正を行ったのです。[153]《マルコにとって再臨の「人の子」とは、十字架の刑死を通して初めて「神の子」とされたイエスに他ならないのである》、《マルコは、生前のイエスを初めから「人の子」として描きながら、まさに地上の生涯を十字架の刑死まで歩んだことによって初めて、終末の審判者「人の子」とされたという逆説を提示するのである》。[154]

マルコは「歴史的人物であるイエスが経験した『十字架の出来事において』神が現された」との信仰を新たに打ち出したわけですが、ここに、大きな変化が生じています。小黙示録伝承の信仰の核心は「歴史的人物であるイエスの『再臨の出来事において』神が現される」というものでした。それまでの小黙示録伝承においては、まなざしは「未来（近い将来）」に向いています。しかし、マルコはむしろまなざしをすでに起こった「過去」——ナザレのイエスの十字架の出来事に向け直しています。これは神学的なパラダイムの転換に相当する、極めて大きな変化だと言えます。

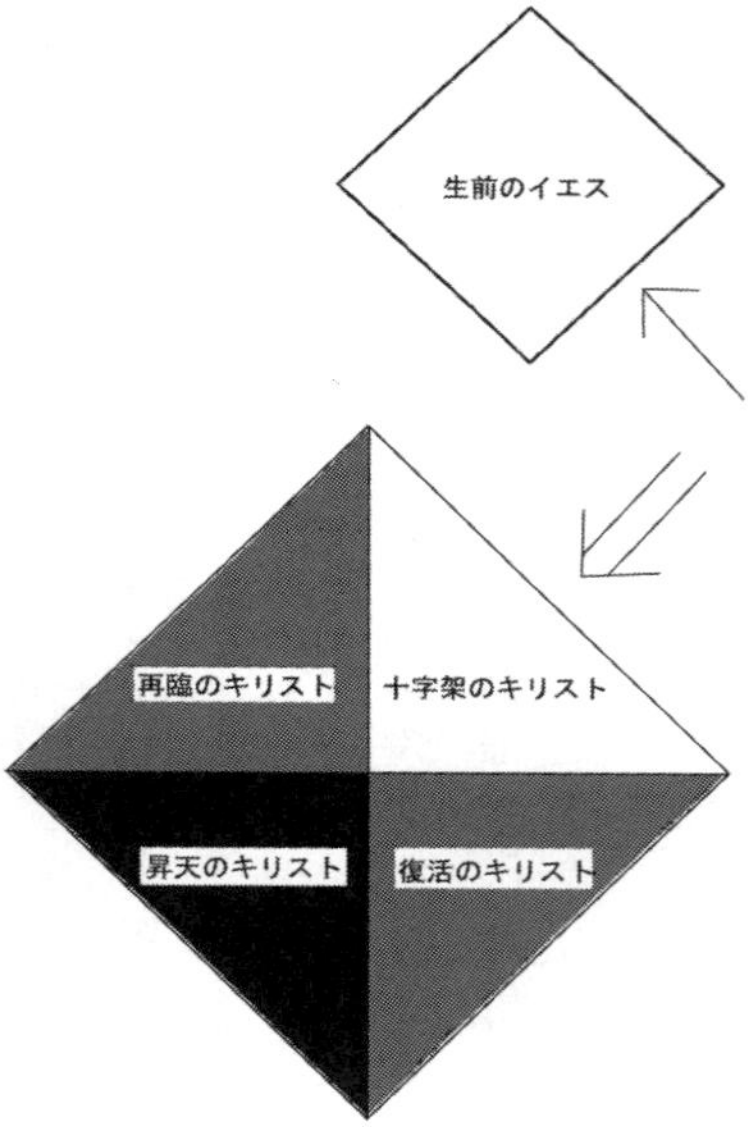

マルコによる福音書のキリスト像　～生前 - 十字架のキリスト

これ以降、キリスト教会の関心はナザレのイエス自身と、彼によって「すでに」実現された救いの出来事に向けられていくこととなります。そしてその関心が、キリスト教としてのアイデンティティの確立を迫られた紀元

70年以降、キリスト者が自分たちの信仰の固有性を確認する上で決定的な役割を果たしていくこととともなります。キリスト教信仰の固有性は、「ナザレのイエスという歴史的人物において神が現された」とする信仰にあるからです。マルコ福音書以降、キリスト教会は「歴史性」および「歴史的啓示」にはっきりと力点を置くようになっていったのだと言えるでしょう。

(6)《まだ世の終わりではない》

このパラダイムの転換に伴い、マルコ福音書において再臨待望への切迫性にも変化が生じていきます。後述するマタイ・ルカ福音書に比べれば、マルコ福音書には終末への切迫感はまだ保たれていると言えますが、やはりその認識に変化が生じているのが見て取れます。

それは端的に言うと、《まだ世の終わりではない》(13章7節)という認識への変化です。《戦争の騒ぎや戦争のうわさを聞いても、慌ててはいけない。そういうことは起こるに決まっているが、まだ世の終わりではない。/民は民に、国は国に敵対して立ち上がり、方々に地震があり、飢饉が起こる。これらは産みの苦しみの始まりである》(13章7、8節。新共同訳)。「まだ世の終わりではない」、「これらは産みの苦しみの始まりである」などの文言は、元来の小黙示録伝承にはないマルコの編集句であることは明らかです。《間にはさまる警告全体の要点は、「まだ終わりではない」(七節)ということである》。[155]

第一次ユダヤ戦争とエルサレム神殿の崩壊を経験し、終末の遅延の問題に直面していた第二・第三世代のキリ

153 このマルコの修正については、大貫隆氏が「「人の子」・殺された神の子メシアの再臨 —— マルコ福音書」において説得的に論述しています(前掲書所収、299—320頁を参照)。

154 大貫隆、同、303、304頁。

155 L・ウィリアムソン『現代聖書注解 マルコによる福音書』(山口雅弘訳、日本キリスト教団出版局、1987年)、379頁。

スト者たちの意識の変化の一端を、これらの編集句から伺い知ることができます。

(7) マタイ福音書との相違

あわせて、小黙示録のキリスト像とマタイ福音書とルカ福音書のキリスト像の相違についても確認しておきましょう。

下に提示しているのが、マタイによる福音書のキリスト像「十字架 - 復活のキリスト」です。マタイが十字架と復活の側面に「同時的に」神性を見出していることはすでに述べた通りです。

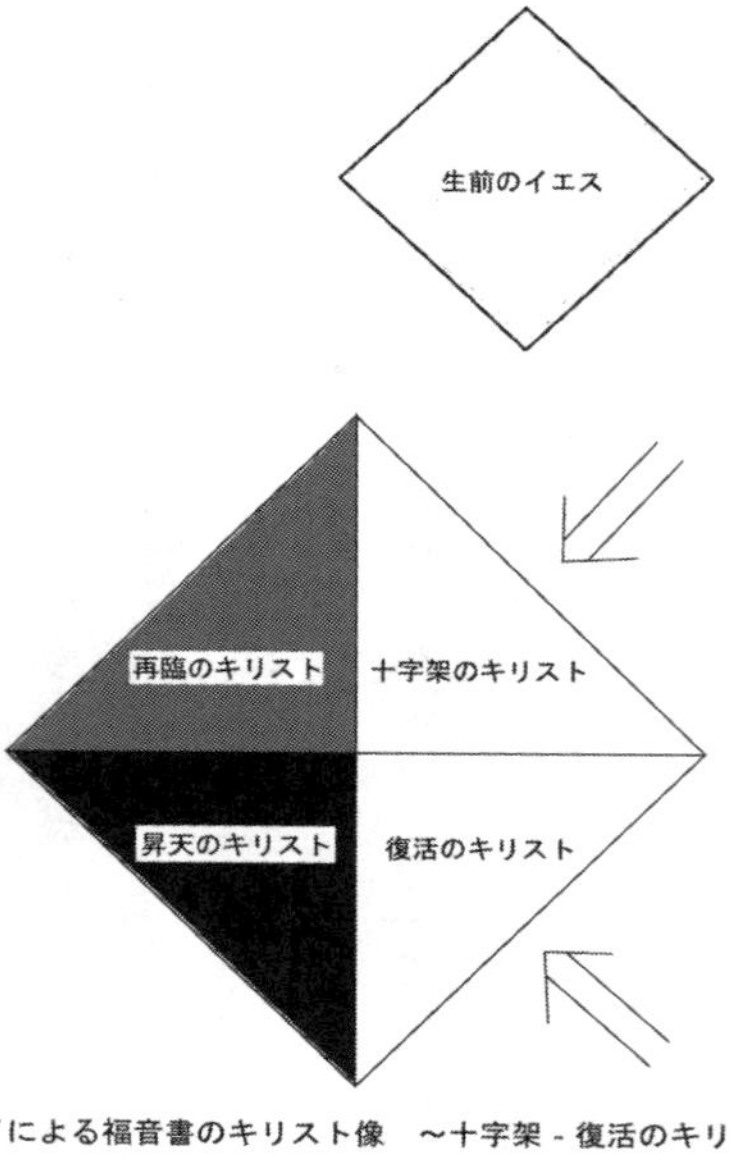

マタイによる福音書のキリスト像　〜十字架 - 復活のキリスト

「歴史的人物であるイエスが経験した『十字架と復活の出来事において』神が現された」というのが、マタイが新たに打ち出した信仰です。やはりマタイにおいても、そのまなざしは未来から過去 —— イエス自身と、彼によって実現された救いの出来事 —— へと向き直っています。

そしてその十字架と復活の出来事の《逆接的同一性》によって立ち現れるのが、「インマヌエルなるキリスト」でした。インマヌエルなるキリストはいついかなる時と場においても共にいる存在であり、あらゆる場所に「遍在できる」存在です。

このマタイ固有のキリスト像は、小黙示録のキリスト像と鋭く対立するものです。小黙示録伝承において、人の子なるイエスは「不在」です。神の右に座し、いまは地上には不在であるからこそ、教会はその再臨を待望しています。小黙示録の枠組みにおいては、人の子なるイエスは、人性においてはもはやこの地上に存在していません。

対して、マタイ福音書において、イエスは不在なのではありません。インマヌエルなるキリストとして、教会といつも共にいる存在です。この相違は重大な相違であると言えるでしょう[156]。

言い換えれば、人の子による統治は、インマヌエルなるキリストにおいて、「すでに」始まっているのだと受け止めることもできます。マタイは、人の子がすなわち「十字架－復活のキリスト」であるという修正を行った[157]と

156　この相違は後年、宗教改革の時代、ルターとツヴィングリの聖餐論争において可視化されることとなります。ツヴィングリは聖餐のパンとぶどう酒を「象徴」として捉える、いわゆる「象徴説」（あるいは『記念的象徴説』）を唱えたことで知られています。ツヴィングリの理解においてはパンとぶどう酒はあくまで象徴です。そこにキリストは現存しません。すなわち、聖餐の場においてキリストは「不在」であるのです。このツヴィングリの聖餐論は、共観福音書の小黙示録固有のキリスト像とその神学的パラダイムに基づいているというのが本論の考えです（詳しい考察はまた別の機会にいたします）。

157　たとえば、マタイ27章51－53節のイエスの十字架の死の場面における黙示的表象を参照。「27：50 イエスは再び大声で叫んで息を引き取った。／27：51 a すると見よ、神殿の幕が上から下まで真っ二つに裂けた。／27：51 b そして地が震え、岩が裂けた。／27：52 墓が開いて、眠っていた聖者たちの多くの体がよみがえった。／27：53 彼のよみがえりの後、彼らは墓から出て来て、聖なる町に入り、多くの人々に現れた」。この表象には、すでに述べたように⑴ 十字架と復活の「同時性」を提示する意図があるというのが本論の考えです。それに加えてもうひとつ、⑵ 十字架と復活の出来事において、すでに人の子の統治が始まっていることを示す意図があると推測することもできます。ただし、マルコが意識的に人の子がすなわち「十字架のキリスト」であることを示す修正を行っているのに対し、マタイがどれほど意識的に人の子が「十字架－復活のキリスト」であることを示す修正を行ったかは定かではありません。

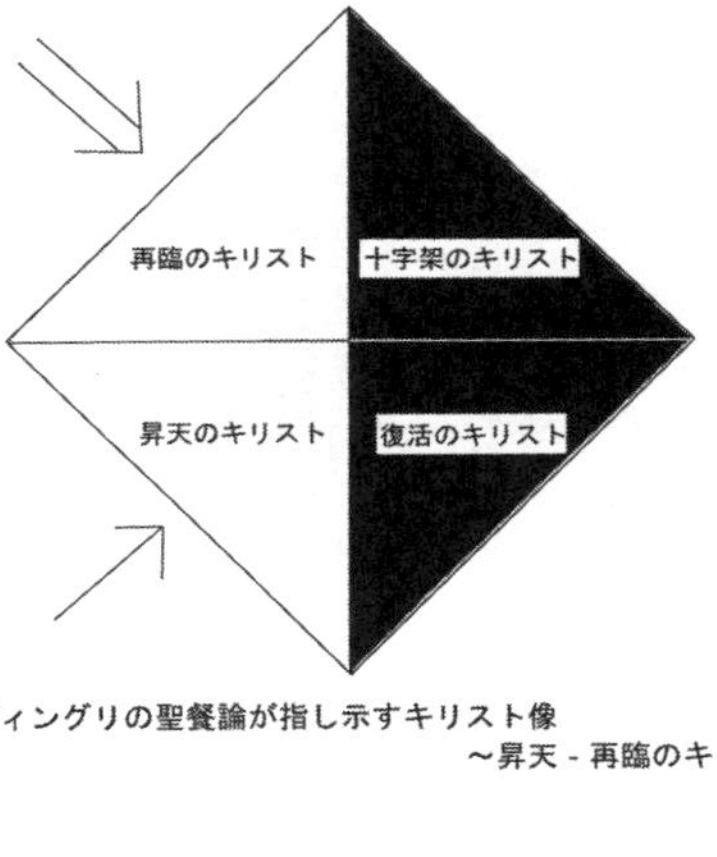

ツヴィングリの聖餐論が指し示すキリスト像
～昇天－再臨のキリスト

言えるでしょう。いまだ残されている《世の終わりまでのすべての日々》（マタイ28章20節）、インマヌエルなるキリストによる王国とその統治は続くのです。

ユダヤ教黙示文学においては、メシアは歴史の終焉と神の国の最終的な完成の間に《中間王国》を実現する存在として登場します。《メシアによる中間王国》とは、《普遍史が終末に達した後、しかし、万物が更新されて完成する前の中間段階で、メシアの支配が一定期間続くとする考え方》[158]のことを言います。この黙示的表象を踏まえると、マタイはインマヌエルなるキリストによる《中間王国》とその統治に希望を置いていると言えるでしょう。そしてその分、終わりの日（神の国の最終的な完成）への切迫感は背後に退いています。マルコと比べて、マタイにおいてはさらに終末への切迫感が薄れていると言えます。

（8）ルカ福音書との相違

続いて、ルカ福音書との相違も確認したいと思います。下の図がルカによる福音書固有のキリスト像である「復活－昇天のキリスト」です。

ルカが復活－昇天の側面を強調し、特に昇天のキリストに神の現存を見出していることはすでに述べた通りです。復活－昇天は再臨の前提となるものです。その意味において、小黙示録伝承とルカ福音書は同じ枠組みを共有[159]しています。ただし、小黙示録の枠組みにおいて復活－昇天が副次的な位置付けであるのに対し、ルカにおいては復活－昇天に強調点が置かれています。ルカにお

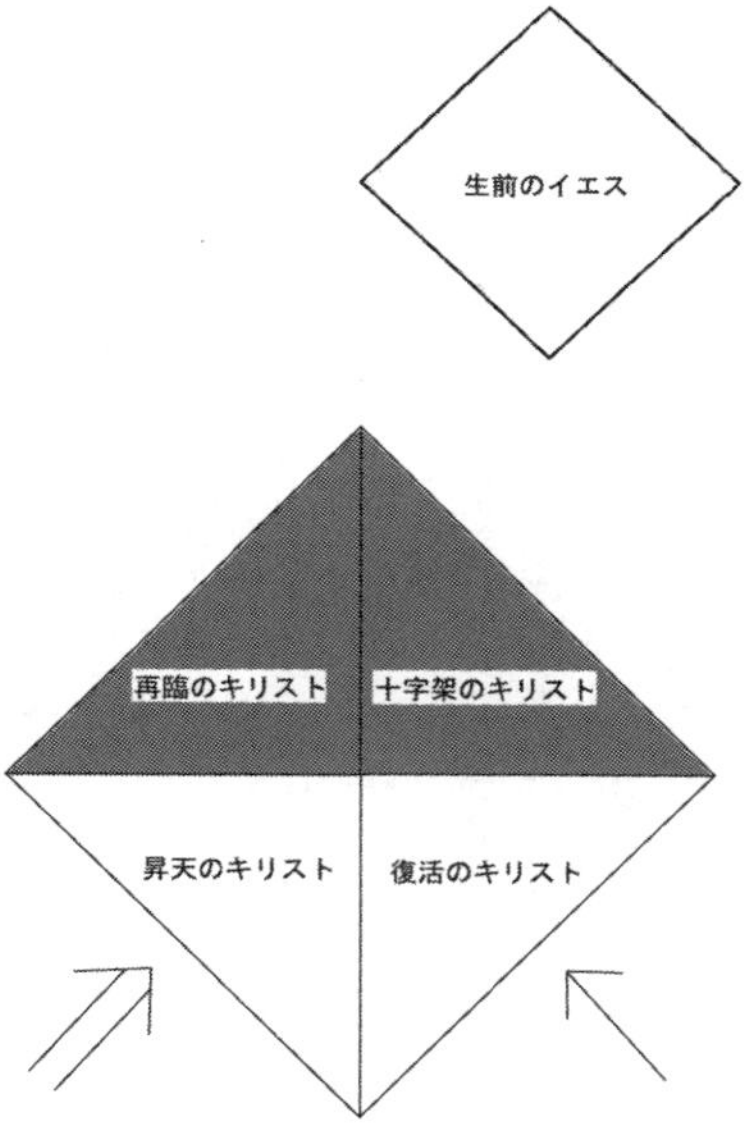

ルカによる福音書のキリスト像　～復活 - 昇天のキリスト

いて、復活－昇天は単なる前提ではありません。特に昇天はルカにおいては最も神が現存する側面であるのです。マタイほど鋭く対立はしないにせよ、やはり小黙示録のキリスト像とルカ福音書のキリスト像には相違が存在[160]しています。

「歴史的人物であるイエスが経験した『復活と昇天の出来事において』神が現された」というのが、ルカが新たに打ち出した信仰です。ルカにおいても、そのまなざしは未来から過去――イエス自身と、彼によって実現された救いの出来事――へと向き直っています。

そしてそのように復活－昇天の側面を強調すればするほど、再臨の側面は背後に退いていくことになります。マタイと同様、ルカにおいても終末への切迫感はかなり薄れていると言えるでしょう。ルカの神学的パラダイムにおいては、キリスト者は「教会の時」の「はじまり」に立ち会っているのであり、「終わり」の日はまだ先のことであるとの認識に修正[161]されています。

158　大貫隆『イエスの時』、49頁。《16メシアが登場して、歴史の終末と万物の最終的な完成の間に、「中間王国」を実現する》（大貫隆、同、31、32頁）。

159　小黙示録と同様、ルカ福音書の枠組みにおいても、人の子イエスは天に上げられ、天上にいます。ただし、ルカにおいては、聖霊の働きを通して、キリストとの交わりが与えられます。ルカにおいてキリストとの「隔たり」は強調されていますが、小黙示録のように「不在」であるわけではありません。キリスト者は天から送られる聖霊の働きと、そして聖餐（ルカ24章30、31節）を通して、神の右に座す「復活－昇天のキリスト」との活き活きとした交わりが与えられるというのがルカの神学的なパラダイムです。ルカのこの神学的なパラダイムは宗教改革の時代、カルヴァンの聖餐論を通してよりはっきりと言語化されることとなります。

160　この相違は、後年、ツヴィングリとカルヴァンの神学の相違として浮上することとなります。両者は「改革派」として同じ枠組みを共有しつつ、実際はその内実に相違があります。そしてそれは、両者が依拠するキリスト像の相違が要因として関係しているというのが本論の考えです。

161　たとえば、ルカ21章9節を参照。ルカはマルコの《そういうことは起こるに決まっているが、まだ世の終わりではない》

6 神の子の従属性、二元的な世界観

最後に、共観福音書の小黙示録の神学的パラダイムの特質を二点、指摘しておきたいと思います。

(1) 神の子の従属性

一点目は、神の子の従属性《じゅうぞく》です。ルカ福音書において子なるキリストが従属的位置付けにあることはすでに指摘しました。小黙示録もその特徴を共有していますが、小黙示録においてはその特徴がさらに顕著です。四福音書の中で、小黙示録は「神中心的」性格が最も顕著であると言えます。

その理由として、共観福音書の小黙示録がユダヤ教黙示思想の伝統を色濃く引き継いでいることが挙げられるでしょう。黙示思想において、絶対的な主権は神にあります。神中心的であることが、ユダヤ教黙示思想の特質です。《ユダヤ教黙示思想は何よりも神中心的なのである。宇宙万物の中で起きるすべての出来事は究極的には、すべて神の配剤の中にあるということなのである》[162]。メシア(人の子)が登場するとしても、それは「中間的」存在として登場します(=《メシアの中間王国》)。黙示思想においてメシアはあくまで中間的・従属的な存在であるのです。

例として、マルコによる福音書13章32―37節の本文を見てみましょう。

マルコによる福音書13章32―37節、私訳

13:32 その日、その時刻については、誰も知らない。天にいる天使たちも子も知らない、父の他には。
13:33 あなたがたは気をつけて、眠らないでいなさい。その時がいつであるのか、あなたがたは知らないの

だから。
13：34 それは、家を離れて旅に出る人が、彼の僕たちそれぞれに仕事の権限を与え、そして門番には目を覚ましているように命じるようなものである。
13：35 だから、あなたがたは目を覚ましていなさい。家の主人がいつ来るか、あなたがたは知らないのだから。夕方か、夜中か、鶏の鳴く頃か、朝か。
13：36 彼が突然来て、あなたがたが寝ているのを見出すことのないように。
13：37 しかし、あなたがたに私が言うことは、すべての人々に言うのである。あなたがたは目を覚ましていなさい。

32節には「その日、その時刻については、誰も知らない。天にいる天使たちも子も知らない、父の他には」と記されています。終末の時がいつ来るのかは、天使たちも子なるキリストも知らない。その時を知っているのは父なる神お一人であることが述べられています。この一節からも、小黙示録の枠組みにおいては、父なる神に絶対的な主権と栄光が帰されていることを読み取ることができます。

(13章7節、新共同訳) を、《こういうことがまず起こるに決まっているが、世の終わりはすぐには来ないからである》(新共同訳) と修正しています。大貫隆氏は、ルカにおいて《終末が不分明な未来へ遠のいてしまっている》ことは、《ルカの「世界史の神学」》が深く関連していることを指摘しています (「遠ざかる終末――ルカ福音書と使徒言行録」、『終末論の系譜――初期ユダヤ教からグノーシスまで』所収、352頁および350―378頁参照)。

162 大貫隆『イエスの時』、46頁。

（2）二元的な世界観 ――《二元対立・二者択一的》な思考

共観福音書の小黙示録の神学的パラダイムのもうひとつの特徴は、その二元的な世界観にあります。

小黙示録において人間は「義人」と「罪人」、「救われる者」と「救われざる者」に分けられます。人の子はその審判を下す存在です。終わりの日、到来した人の子は天使たちを遣わし、地の果てから天の果てに至るまで、四つの方角から「選ばれた者たち」を集めます（マルコ13章27節）。そうして、「羊飼いが羊と山羊を分けるように」（マタイ25章32節）、選ばれし義人たちを救いへ、その他の罪人を滅びへとより分けるのです（最後の審判）。この枠組みにおいて、自分たちが選ばれた者たちであることは前提となっています。

別の言葉で言い換えると、小黙示録の特質は《二元対立・二者択一的》な世界観にあると言えるでしょう。赤木善光氏はツヴィングリの神学に対してこの《二元対立・二者択一的》[163]の語を用いています。このことは第一に、共観福音書の小黙示録に当てはまるものであると本論は受け止めています。そしてこの《二元対立・二者択一的》な思考は、マタイの特質《逆接的同一性》と対照的なものです。

この《二元対立・二者択一的》な思考もまた、ユダヤ教黙示伝承の特質です。小黙示録はこの特質を色濃く受け継いでいると言えるでしょう。上村《うえむら》静《しずか》氏は黙示思想の特徴（あるいは根本問題）として、この二元論的世界観を挙げています。《黙示思想の特徴は、私見では二元論的世界観にある。それは自称「義人」の苦難の神義論に由来する。それゆえ、「義人」の救いだけでなく、「罪人」の滅びを求める救済論となる》[164]。

そしてこの《二元対立・二者択一的》な思考は、小黙示録固有のキリスト像にも表れています。小黙示録のキリスト像は復活‐昇天を前提とし、再臨を強調するゆえ、生前‐十字架の側面が背後に退いています。生前‐十字架の側面は、特にキリストの「人性」と深く関わっている部分です。再臨を強調するほど、十字架の意義は薄れ、そしてキリストは人性においては今や地上にはいない存在――この地には「不在」の存在となっていきます。

小黙示録のキリスト像は共観福音書の諸キリスト像の中で、最も神性と人性の区別が強調されているもの[165]と受け止めることができるでしょう。

163　赤木善光氏は《二元対立・二者択一的》な思考がツヴィングリ神学の特徴であると指摘しています。《ルターが類比の論理ではなく、同時性による逆接的同一性によって、その本質が正反対に異なるものが、異なるままで、同時に相即するという論理に立つのに対して、ツヴィングリは主として二元対立・二者択一的に思考し、たとえ両者の間に類比を認めるとしても、隠喩という最も隔たりの大きい関係しか認めないのである。たとえばキリスト論における神人交替論、霊と言葉、また霊とサクラメントの二者択一的思考に見られるとおりである》（赤木善光『宗教改革者の聖餐論』、314、315頁）、《ツヴィングリは「食されるキリスト」と「殺されたキリスト」を対立させ、後者を想起することが重要であり、またそのことが彼を信じることにほかならない、と言う。このように彼は常に二元対立的また二者択一的に思考する。彼は、ルターのような同時的思考は絶対にしないのである》（赤木善光、同、317頁）。

164　上村静『キリスト教の自己批判 —— 明日の福音のために』（新教出版社、2013年）、40、41頁。2021年に出版された『終末の起源　二つの系譜　創造論と終末論』（ぷねうま舎、2021年）では、上村氏は終末論全般の問題としてこの二元論的世界観を挙げ、批判的に論述しています。《終末論が内包する根本問題は、二元論的世界観にある。……人間は努力次第で「義人」になることができ、そうすれば「永遠の生命」を得られる、他方で「罪人」は裁かれるという思想、ここに終末論の前提とする二元論的世界観の根本問題がある》（同、7、8頁）。

165　神性と人性を区別する傾向はルカ福音書にも見られるものですが、小黙示録においてその傾向が最も顕著です。

第7章　ヨハネによる福音書のキリスト像――再臨＝想起・現前のキリスト

最後に、ヨハネによる福音書のキリスト像について述べます。ヨハネ福音書が共観福音書（マルコ－マタイ－ルカ）とは別の資料に基づいて書かれていることはすでに述べた通りです[166]。マルコ福音書の記事を前提としないことによって、ヨハネは共観福音書とはまた異なるキリストの側面を描き出すこととなりました[167]（共観福音書とは異なった特色をもつ福音書として『第四福音書（the Fourth Gospel）』と呼ばれます）。ヨハネの福音書の成立年代は90年代～100年代頃[168]であると考えられます。

本論が考えるヨハネ福音書の固有のキリスト像は「再臨＝想起《そうき》・現前《げんぜん》のキリスト」です。特に重点が置かれているのは「再臨」の側面です。ただしその再臨は「想起としての再臨」であるというのがヨハネ福音書の特質です。パラクレートスなる聖霊（次項参照）によってキリストの各側面の全体が「想起」されられ（行為）、いまここに「現

166　福音書記者ヨハネは福音書を執筆するにあたって、いわゆる「しるし資料」や「受難・復活物語資料」などのある程度まとまった文書資料を用いていたと考えられます。研究者の中には福音書記者の手元にすでに「前・ヨハネ福音書」（《しるしの福音書》）とも言えるまとまった文書があったと想定する立場もあります（R. T. Fortna, *The Gospel of Sings: A reconstruction of theNarrative Source Underlying the Fourth Gospel*, Cambridge: Cambridge University Press,1970. 筆者未読）。

福音書記者ヨハネは伝統的に使徒ヨハネとされてきましたが（エイレナイオス『異端反駁』第三巻1・1《主の弟子で、またその胸によりかかったヨハネもアジアのエフェソにいた時、福音書を公にした》、小林稔訳、前掲書、6、7頁）、はっきりとしたことは分かりません。長老ヨハネが著者であるとの説もありますが、そのことにも確証はありません。この福音書を書いたとされる「イエスが愛した弟子」（21章20節、24節）が誰であるのか、そもそも実在した人物であるかについても

諸説あります。また、ヨハネ福音書の著者が男性であったか女性であったかも定かではありません（ヨハネ福音書の著者が女性であった可能性を論じた文章については、R・カイザー「補論B　ヨハネ福音書の女性たち」、『ヨハネ福音書入門　その象徴と孤高の思想』所収、前川裕訳、教文館、2018年、320－335頁を参照）。

この福音書を書いた著者がヨハネ共同体（教団）の主たる指導者の一人であったこと、アラム語を母語とするユダヤ人キリスト者であったことは、少なくとも確かなことでありましょう。

167 ただし、福音書記者ヨハネはマルコ福音書の存在は知っていた可能性があります。G・タイセンはヨハネはマルコ福音書を文献資料としては用いていないが、全体的な内容は知っていたとしています。《洗礼者ヨハネの話で始まり、受難物語で終わる》ヨハネ福音書の基本構造はマルコに似ているし、《同一の文学ジャンルが互いに無関係な形で二回も新たに「発明」されたなどということはあり得ない》というのがその理由です（G・タイセン『新約聖書 —— 歴史・文学・宗教』、220頁）。田川建三氏はさらに積極的に、福音書記者ヨハネがマルコ福音書を読んでよく知っているとの立場を取っています（田川建三『新約聖書　訳と註　第五巻　ヨハネ福音書』、作品社、2013年、776－779頁参照）。たとえば2章13－22節、6章1－13節、16－21節、12章1－8節は《マルコ福音書の一つの物語全体を主たる資料として書いていると考えないと、とても説明できない段落》だと指摘しています。

少なくとも、ヨハネはマタイやルカのようにマルコの本文を改訂するというかたちでは用いなかったが、「福音書」という新たな文学形式とその基本構造を執筆に際して参考にしたとみなすことができるのではないでしょうか。

また、ルカ福音書の存在についても福音書記者ヨハネが知っていた可能性が指摘されています（《エーゲ海の周辺地域で読まれていたルカ福音書を第四福音書の著者たちがエフェソで知っていたということは、一般に認められている》。E・トロクメ『四つの福音書、ただ一つの信仰』、114、115頁）。

168 ヨハネ福音書は一度に執筆されたのではなく、段階的に成立していったものです。どのように増補改訂をされたかについては諸説ありますが、少なくとも2回にわたって刊行されたことは間違いないでしょう（20章30、31節と21章24、25節の二つの結びの存在、13章31節—14章31節と15章1節—16章33節の二つの告別説教の存在、など）。田川建三氏はブルトマンらと同様、原著者を《福音書著者》、増補改訂者を《教会的編集者》と呼んで区別しています（田川建三、前掲書、761頁。ここでの《教会的編集者》とは15—16章の第二告別説教、17章のイエスの最後の祈り、20章30、31節の第二の結びなどを附加した人物。ただし、田川氏は21章はもっと後の時代による附加であるとしています）。

本論としてはヨハネ福音書の最終編集版の成立年代を90年代～100年代頃と想定しています。

前」する（出来事）。ヨハネにおいてはそれがすなわち再臨の出来事となります。図を見ていただくと、再臨の側面を太い矢印が指しているのがお分かりいただけるかと思います。

マルコ－マタイ－ルカと比較して、「生前のイエス」「十字架のキリスト」「復活のキリスト」のそれぞれの側面がまんべんなく言語化されているのもヨハネ福音書の特徴です。と同時に、各側面がいまだ未分化である特徴もあります（よって、下の図では各側面を区分する線を点線で表しています）。

後述しますように、ヨハネ福音書の最大の特徴のひとつとして、「先在《せんざい》のキリスト」を言語化していることがあります。これは共観福音書ではいまだ言語化はされていなかったものです。ヨハネにおいては昇天のキリストの側面がルカのように明確に言語化されていない代わりに、先在のキリストが強調して描かれています。

また、四福音書共通の土台である生前のイエスの側面に関して、「受肉《じゅにく》」の出来事をはっきりと言語化しているのも特筆すべき点であるでしょう。受肉の神学も共

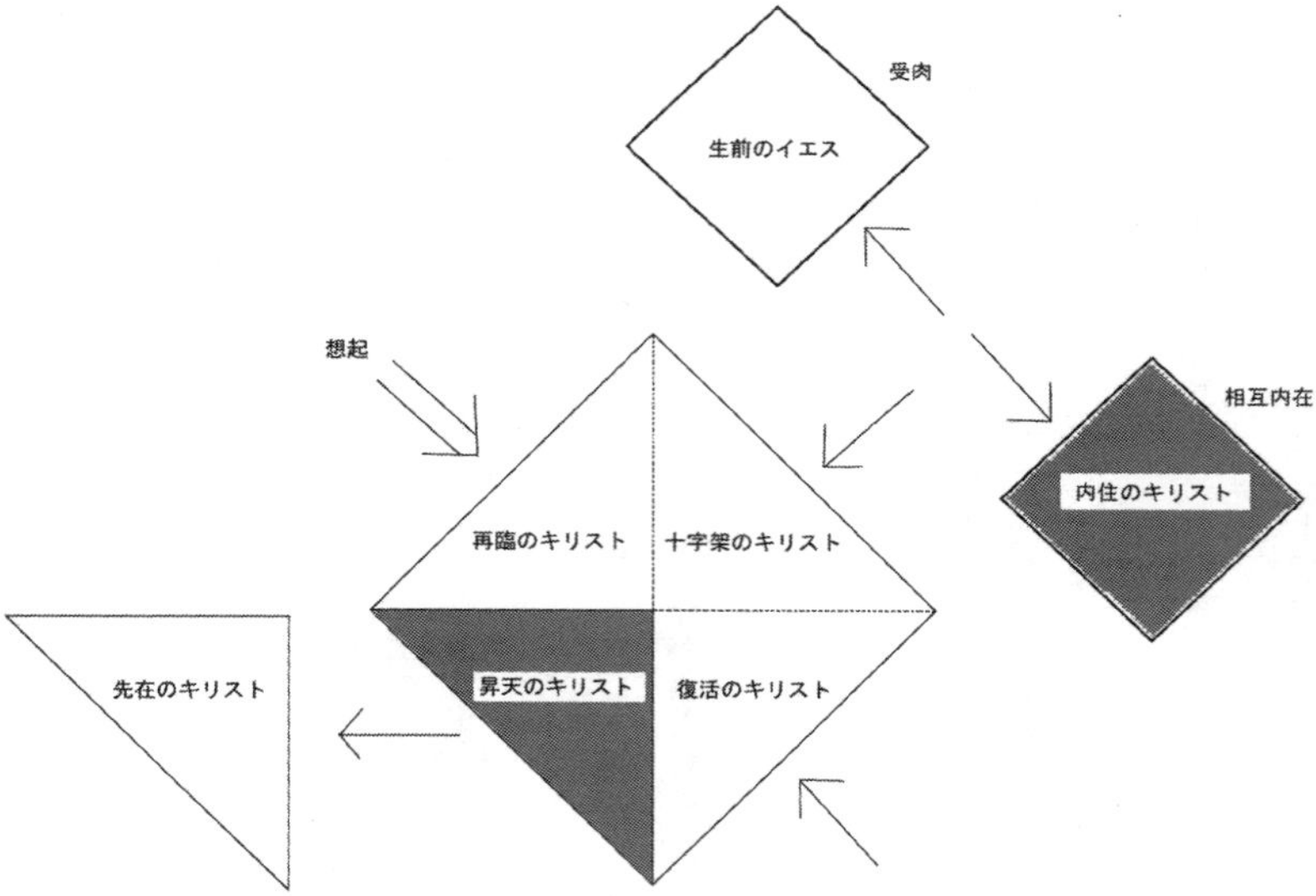

ヨハネによる福音書のキリスト像　～再臨＝想起・現前のキリスト
（ただし各側面がいまだ未分化）

観福音書にはいまだ見られなかったものです。

またそして、四福音書の中でヨハネだけが（一部分）言語化している新しいキリスト像として、「内住《ないじゅう》のキリスト」があります。

以下、本論がヨハネ固有のキリスト像[169]を「再臨＝想起・現前のキリスト」とすることの根拠を述べていきます。ただし、それらはあくまで本論の仮説であり、いまだ定説となっているものではないことをあらかじめご了承ください。

1　パラクレートスなる聖霊

ヨハネ福音書のキリスト像を考える上で欠かすことができないもの、それは、「パラクレートスなる聖霊」[170]の働きです。神学的なカテゴリーとしては聖霊論に属するものですが、パラクレートスなる聖霊はヨハネ固有のキリ

169　ヨハネ福音書の特徴は、語る内容の関心が常にキリスト論にあることです。《ヨハネ福音書は始めから終わりまで、イエスが何であり、どういう方であり、世と人間にとって何を意味する存在であるかという問い —— いわゆるキリスト論 —— に、ほとんどすべての関心を集中していることが明らかである》（大貫隆『福音書のイエス・キリスト４　世の光イエス　ヨハネによる福音書』、講談社、１９８４年、４頁。改訂版『福音書のイエス・キリスト４　ヨハネによる福音書　世の光イエス』、日本基督教団出版局、１９９６年、14頁）。ヨハネ福音書は《イメージ豊かな象徴を駆使して》独自のキリスト論を表現しています（同、４頁。改訂版14頁）。大貫隆氏は《わたしは世の光である》（８章12節）の言葉に基づき、ヨハネのイエス像（キリスト像）を《世の光イエス》と形容しています。ヨハネ固有のキリスト論として挙げられるものの代表は「ロゴス・キリスト論」および「受肉・キリスト論」でありましょう。

170　パラクレートス（παράκλητος）は直訳すると「呼びかけられた者」。口語訳は《助け主》、新共同訳は《弁護者》、岩波訳は《弁護者》、フランシスコ会訳は《弁護者》、田川訳は《助け手》、新改訳２０１７は《助け主》、聖書協会共同訳は《弁護者》と訳しています。本論では原語の「パラクレートス」をそのまま用いて「パラクレートスなる聖霊」と表記しています。

スト像と密接に関係しています。
以下、少し長くなりますが、ヨハネ福音書のパラクレートス句（筆者による私訳）をすべて引用します。

ヨハネによる福音書14章15－17節（第一パラクレートス句）[171]

14：15　もしあなたがたが私を愛しているのならば、私の掟を守るであろう。
14：16　すると私は父に願おう。そうすればあなたがたに別のパラクレートスを与えるであろう。あなたがたと永遠に共にいるために。
14：17　それは真理の霊である。世はそれを見ず、知ってもいないので、受けることができない。あなたがたはそれを知っている。なぜならそれはあなたがたにとどまっており、あなたがたの内にいるようになるからである。

ヨハネによる福音書14章25－26節（第二パラクレートス句）

14：25　これらのことを、私はあなたがたのもとにとどまっている間に話した。
14：26　だがパラクレートス、〔すなわち〕父が私の名において遣わすであろう聖霊、その方があなたがたにすべてのことを教え、私があなたがたに言ったすべてのことをあなたがたに想起させるであろう。

ヨハネによる福音書15章26－27節（第三パラクレートス句）

15：26　私が父のもとからあなたがたに遣わすであろうパラクレートス、〔すなわち〕父のもとから出る真理の霊が来るとき、その方が私について証しをするであろう。
15：27　そしてあなたがたも証しをする。はじめからあなたがたは私と共にいるのだから。

ヨハネによる福音書16章4b－11節（第四パラクレートス句）

16：4b　これらのことをあなたがたにはじめから言わなかったのは、わたしがあなたがたと共にいたからである。

16：5　だが今、私は私を遣わした方のもとへ行く。そしてあなたがたの中の誰も私に尋ねない、「あなたはどこに行くのか」と。

16：6　しかしこれらのことを私があなたがたに話したので、あなたがたの心を悲しみが満たしてしまっている。

16：7　しかし私はあなたがたに真理を言う。私が去ることはあなたがたの益である。私が去らなければ、パラクレートスがあなたがたのもとへ来ないであろうからである。だが私が行けば、私は彼をあなたがたのもとへ遣わすであろう。

16：8　そしてその方が来たら、罪について、義について、また裁きについて、世を暴くであろう。

16：9　まず罪についてとは、彼らが私を信じないこと、

16：10　また義についてとは、私が父のもとに行き、もはやあなたがたが私を見ないこと、

16：11　また裁きについてとは、この世の支配者が裁かれてしまっていること〔である〕。[172]

ヨハネによる福音書16章12－15節（第五パラクレートス句）

16：12　私にはあなたがたに言うことはまだたくさんある。しかし今、あなたがたは耐えることができない。

171　パラクレートス句を第一から第五に分ける区分の仕方は、後述の伊吹雄氏の『ヨハネ福音書注解』に拠っています。

172　あるいは「より分けられて」。

16：13　だがその方、〔すなわち〕真理の霊が来た時、あなたがたをすべての真理の内に導くであろう。なぜならそれは自分から語るのではなく、それが聞くことを語り、そして来るべきことをあなたがたに告げ知らせるであろうから。
16：14　その方は私に栄光を与えるであろう。私のものを受け、そしてあなたがたに告げ知らせるであろうから。
16：15　父がもつものはすべて私のものである。これゆえに私は言った、「私のものを受ける、そしてあなたがたに告げ知らせるであろう」と。

2　アナムネーシス（想起・《現前》）

このパラクレートスなる聖霊の根本的な働きは、イエス・キリストを「想起させる」ことです。第二パラクレートス句の14章26節に次のように記されている通りです。《だがパラクレートス、〔すなわち〕父が私の名において遣わすであろう聖霊、その方があなたがたにすべてのことを教え、私があなたがたに言ったすべてのことをあなたがたに想起させる[173]るであろう》。続く第三・第四・第五パラクレートス句ではさらに幾つかの働きが述べられますが、[174]それらの働きはこの第二パラクレートス句の想起を中核とし、そこから派生しているもの[175]だと受け止めることができるでしょう。

ギリシア語で想起は「アナムネーシス（ἀνάμνησις）」[176]と言います。伊吹雄《いぶきゆう》氏は、パラクレートスなる聖霊によるアナムネーシスの立場からヨハネ福音書全体を捉え直すことを提唱しています。[177]この伊吹氏の読み方は、時に難解に思えるヨハネ福音書を理解する新たな扉となり得るものです。本論のパラクレートスの解釈は多くの部分を伊吹氏の解釈に拠っています。

伊吹氏が述べるアナムネーシスとは、単に「過去を想い起こす」意味での想起ではありません。伊吹氏はそれと区別するため、《現前》[178]という語を用いています。《「現前」とは聖霊の働きによって、過去ないし未来が（それらが消去された形で）、現在のこととして顕れてくることを言うのである。従ってそれは厳密には、単なる想起（回顧）とか予見ということとは違う。どう違うのかと

173　大貫隆氏はここに《イエスの言葉として伝えられてきたことを「ことごとく思い起こした」（一四26）》というヨハネ共同体の独特な聖霊体験が反映されているとしています。ここでの「思い起こした」とは、大貫氏によれば、《伝承に含まれる意味を新たに発見したというに等しい》ものであり、一般的な用語で言い直せば《伝承の根源的な読み直し経験のこと》です。大貫氏によるとこの経験が《ヨハネ福音書を書かしめた原動力としてあった》（『終末論の系譜』、393、394頁）。ヨハネ福音書の著者が読者に求める《解釈学的視座》（『ヨハネ福音書解釈の根本問題――ブルトマン学派とガダマーを読む』、ヨベル、２０２２年、84、85頁）に着目する点において、大貫氏はボルンカム（後述）と共通の理解を持っています。

伊吹雄氏（後述）が大貫氏と相違する点は、「想起」を共同体における《伝承の根源的な読み直し経験》としてではなく、《現前》＝《現にリアリティ（現実）として現れていること》（伊吹雄『ヨハネ福音書注解Ⅱ』、知泉書館、２００７年、10頁）として解釈するところにあります。

174　15–17章はヨハネ福音書が増補改訂される際に追記されたものです。そこに含まれる第三～第五パラクレートス句は、第一～第二パラクレートス句ですでに提示されているパラクレートスの働きをさらに補足・発展させる意図をもって記されたのかもしれません。第三パラクレートス句ではイエスについて証しする働き、第四パラクレートス句では真理を啓示する働き、第五パラクレートス句では弟子たちを真理に導く働きと、そしてイエスに栄光を付与する働きについて述べられています。第三～第五パラクレートス句では、特に第五の「イエスを栄光化する」働きが重要であると言えるでしょう。

175　参照：伊吹雄『ヨハネ福音書注解Ⅲ』（知泉書館、２００９年）、138頁。《この第二のパラクレートス句で、第一パラクレートス句がパラクレートスの存在を説明したのに対して、ここではその最も根本的な働きが述べられている。それに対し第三、第四、第五パラクレートス句はそれをさらに個々の働きとして述べていると考えてよいのではないであろうか》。

176　ヨハネ福音書本文では「アナムネーシス（ἀνάμνησις）」という語は使われていません。14章26節で使われている動詞は「ὑπομιμνήσκω」（想起させる、思い出させる）の未来形。

177　伊吹雄『ヨハネ福音書注解Ⅰ～Ⅲ』（知泉書館、２００４年～２００９年）。

いうと、それは前後関係という時間の座標軸を前提とせず、また人間の働きとして解することはできないのである。この点が決定的に重要である》。[179]

人間による想起（回顧）ではなく、聖霊の働きによってイエス・キリスト自身が《現在の者として立ち現れる》[180]、それが、伊吹氏が述べるアナムネーシスなる事態です。まず、行為主体者としての聖霊による「想起」があり、それにより、イエス・キリストが「現前」するという出来事が引き起こされる。このアナムネーシスなる事態は、共観福音書においては明確に言語化されることのなかった[181]ものです。

3　再臨＝想起・現前のキリスト

パラクレートスなる聖霊の到来は、カテゴリーとしては、「再臨」の枠組みの中に位置付けられるものでしょう。パラクレートスの到来がすなわちイエス自身の再臨の出来事であるとの解釈は、ブルトマン[182]を始め、これまで多くの学者によってなされていることです。たとえばそれは、第一パラクレートス句（14章15─17節）の直後にキリストの再来の約束（14章18─21節）が述べられていることからも分かります。ヨハネにおいて、パラクレートスの到来とイエスの再臨は同一の出来事であるのです。

ヨハネによる福音書14章18─21節、私訳

14：18　私はあなたがたを孤児として置き去りにしない。私はあなたがたのもとへ来る。

178　ドイツ語で「Anwesen」。伊吹氏はこの語はハイデッガーに由来するもので、彼の講演から思考のヒントを得たことを述べています（伊吹雄『ヨハネ福音書注解Ⅱ』、9、10頁）。

179　伊吹雄、同、11頁。

180　伊吹雄、同、15頁。
　ヨハネ福音書の読解においてパラクレートスによる「想起」が重要であることは多くの研究者が指摘しているところです（たとえばボルンカムの論文。G.Bornkamm, *Zur Interpretation des Johannes-Evangeliums*, EnTh 28 (1968), pp.8-25, Abdr.: Ders., *Geschichte und Glaube I*, München 1968, pp.104-121. ケーゼマンへの反論として書かれた論文。邦訳はなし、筆者未読。当論文についての解説は大貫隆「第三講　ボルンカム講読」、『ヨハネ福音書解釈の根本問題——ブルトマン学派とガダマーを読む』所収、81−102頁を参照）。伊吹雄氏の解釈の新しさは、その「想起」を「回顧」やイエス伝承の「再解釈」ではなく、キリストの「現前」＝《現にリアリティ（現実）として現れていること》として捉えているところにあります。《「現前」は現にリアリティ（現実）として現れていることを言うのであって、これは私が想起ないし追憶しつつ現在化すること（原注：ボルンカム）でもなく、また聖霊の助けによって過去を想起しつつ現在化することでもない》、《現前は振り返って見ること（原注：ボルンカム）、あるいは将来を予見することでもない》（伊吹雄『ヨハネ福音書注解Ⅱ』、10、11頁）。

181　ルカ福音書では主の晩餐（聖餐）の場面において「想起（アナムネーシス）」という語が用いられています（四福音書で使用されているのはこの箇所のみ）。22章19節「これはあなたがたのために与えられる私の体である。私を想起（ἀνάμνησιν）するためにこれを行いなさい」（新共同訳《わたしの記念としてこのように行いなさい》）。ヨハネにおいて「想起」は聖霊の到来（＝再臨）と結び付けられているのに対して、ルカにおいて「想起」は聖餐と結び付けられています。
　ルカ福音書において、キリストが天に上げられて以降、弟子たちは聖餐を通して神の右に座すキリストの交わりを得ます（ルカ24章30−35節のエマオの物語を参照）。すなわち、ルカにおいて聖餐による想起は「復活−昇天のキリスト」の現存と不可分のものであり、ヨハネのように「再臨のキリスト」の側面と結び付くものではありません。またそして、ルカにおいて聖霊はあくまで「神の力」であり、ヨハネのように「想起」をその働きの中心とするものではありません。ルカにおいて聖霊は神の力とその権威を弟子たちに贈与する役割を果たしています（ルカ24章49節《高い所からの力》、使徒言行録1章8節《あなたがたの上に聖霊が降ると、あなたがたは力を受ける》、新共同訳）。弟子たちはこの聖霊の働きを通して、「復活−昇天のキリスト」との交わりが与えられます。すなわち、ルカにおいては聖霊と聖餐とを通して、神の右に座す「復活−昇天のキリスト」との活き活きとした交わりが与えられるのです（この神学的パラダイムは後年、カルヴァンの聖餐論を通してはっきりと言語化されます）。

182　R・ブルトマン『ヨハネの福音書』（杉原助訳、大貫隆解説、日本キリスト教団出版局、２００５年）、488−492頁。第二パラクレートス句14章15−17節に続く14章18−21節の《イエスの再来の約束》についての論述を参照。

14:19　間もなく、世は私を見なくなるが、あなたがたは私を見る。なぜなら私は生きており、あなたがたは生きるようになるからである。

14:20　その日には、あなたがたは知るであろう。私が私の父の内に〔おり〕、あなたがたが私の内に〔おり〕、そして私はあなたがたの内に〔いる〕ことを。

14:21　私の掟をもち、それらを守る者、その人は私を愛する者である。そして私を愛する者は私の父に愛されるであろう。そして私も彼を愛し、彼に私自身を現すであろう。

伊吹雄氏が指摘するように、①パラクレートスなる聖霊の根本の働きはイエス・キリストの「想起」とそれによって引き起こされる「現前」であること、そしてブルトマンを始め多くの学者が指摘するように、②パラクレートスなる聖霊の到来は「再臨」の枠組みに位置付けられること。この二つのことを踏まえ、本論は聖霊による想起を再臨と同じ枠組みに位置付けています。ヨハネにおける再臨とは、「聖霊による想起を通して、イエス・キリスト自身が現前する出来事」を指すものであるのです。ヨハネ福音書が提示しているのはこの「再臨＝想起・現前のキリスト」であり、そして「現前のキリスト」こそがヨハネ福音書の固有のキリスト像であるというのが本論の考えです（本論の新しい要素は、他の三つの福音書との関係性の中で、再臨＝想起・現前のキリストをヨハネ福音書固有のキリスト像としているところです）。

パラクレートスなる聖霊が到来するとき、イエス・キリストの各側面の全体――「先在のキリスト」「生前のイエス」（あるいは『内住のキリスト』）「十字架のキリスト」「復活のキリスト」が一斉に（＝共時的に）[183]想起させられ、そしてその聖霊の働きによって、イエス・キリスト自身が現前する。それがヨハネにおけるアナムネーシスなる事態であり、再臨の出来事であるのです。

パラクレートスなる聖霊の到来
＝「先在のキリスト」「生前のイエス」（あるいは『内住のキリスト』）
「十字架のキリスト」「復活のキリスト」の共時的「想起（アナムネーシス）」
＝イエス・キリスト自身の「現前」＝再臨

よって、ヨハネにおける再臨は、前章で述べた共観福音書の小黙示録における再臨とは内実が異なっていることが分かります。カテゴリーとしては同じ再臨の側面に位置付けられるものであっても、その内実はまったく異なっています。

4　終末の現在化 —— その時は今である

パラクレートスなる聖霊の到来は、ヨハネにおいて未来に属する出来事ではありません。ヨハネの終末論が「現在的」であることは、ブルトマンを始め多くの聖書学者が指摘していることです[184]。福音書記者ヨハネにとって、パラクレートスの到来は「今」「現在」起こっている出来事です。例として、ヨハネ5章24－29節を参照してみましょう。

183　「先在のキリスト」→「生前のイエス」→「十字架のキリスト」→「復活のキリスト」と時系列（通時的）に想起されるのみならず、それらが「共時的」に想起されている点がヨハネの特徴です。

184　たとえば、G・タイセンは次のように述べています。《ヨハネ福音書はキリスト教信仰に対する新しい解釈の一つであるが、そこには伝統的なキリスト教に対する不満足が見て取れる。それは終末論において最も明瞭になる。最初のキリスト教徒は神の支配、再臨、死人の復活と審判を未来の出来事として待望していた。しかし、もうすでに今、これらの出来事からの光

ヨハネによる福音書5章24－29節、私訳

5：24　アーメン、アーメン、私はあなたがたに言う。私の言葉を聞き、そして私を遣わした方を信じる者は永遠の命をもつ。そして裁きへと来ることがなく、死から命へと移ってしまっている。
5：25　アーメン、アーメン、私はあなたがたに言う。時が来る――そして〔その時は〕今である。死人たちは神の子の声を聞くであろう。そして聞く者たちは生きるであろう。
5：26　なぜなら父が自身の内に命をもっているように、子にも自身の内に命をもつことを与えた。
5：27　また、裁きを行う権能を彼に与えた。彼は人の子だからである。
5：28[185]　あなたがたはこのことを驚いてはならない。時が来る。墓の内にいるすべての者たちが彼の声を聞くであろう。
5：29　そして彼らは出て来るであろう。善を行った者たちは命の復活へと、しかし悪を行った者たちは裁きの〔ための〕復活へと。

24節の「死から命へと移ってしまっている」は原文では現在完了形で、信じる者が死から命へと「すでに移ってしまっている」ことが述べられています。そして続く25節では、死人たちが神の声を「聞き」（未来形）、聞く者たちが「生きるであろう」（未来形）終末の時が「来る」（現在形）こと、「そして〔その時は〕今である（καὶ νῦν ἐστιν）」ことが強調されています。

未来に起こる終末の出来事が現在化される――このヨハネの終末理解の特異性は、マルコ福音書のそれと比較するとよりはっきりとするでしょう。ヨハネが「〔その時〕は今である」（5章25節）と記したのに対し、マルコは《まだ世の終わりではない》（13章7節）と記しました。《まだ世の終わりではない》との編集句を挿入することで

マルコは終末の遅延の問題に彼なりの指針を示しました。一方、ヨハネにおいてその終わりの時は「今」であり、終末の遅延はもはや問題となっていないことが分かります。終末理解が「いまだ」ではなく「今」へと修正されているのがヨハネの特徴です。

○マルコによる福音書　……「まだ世の終わりではない」
○ヨハネによる福音書　……「〔その終わりの時は〕今である」

そして、ヨハネにおける「その時」とは、すなわち、パラクレートスなる聖霊によってイエス・キリストの全

が現在へ差し込んできていた。イエスも含めてヨハネ黙示録までの原始キリスト教の信仰に特徴的なのは、それらの出来事がすでに今実現の緒に就いたという確信である。ヨハネ福音書はこの現在的な言い表わしを信仰の基礎とし、未来的なそれを欄外へ押し退ける》（G・タイセン『新約聖書　歴史・文学・宗教』、221頁）。

185 「聞くであろう」と29節の「出て来るであろう」は未来形。内容として、28、29節では典型的な黙示的表象（ダニエル書12章2節を参照）が語られています。伝統的な未来終末論の形式であることから、この2節は教会編集者による附加であるとの解釈もあります。《28—29節は、24—25節の危険な発言を伝統的な終末論と調和させようとする、ある編集者の附加物である》（R・ブルトマン『ヨハネの福音書』、杉原助訳、213、214頁）。また、田川建三『新約聖書　訳と註　第五巻　ヨハネ福音書』、277、278頁の訳注も参照。もちろん、その解釈に対する多くの反論も提出されています。たとえば、伊吹雄氏は28、29節は必ずしも附加として理解する必要はなく、伝統的未来終末論とヨハネ的現在終末論（24、25節）が整合的に組み合わされているとの解釈を提示しています（伊吹雄『ヨハネ福音書注解Ⅱ』、59—62頁）。また、土戸清氏は28、29節にはヨハネ福音書記者とその教会が置かれている史的状況（シナゴーグの勢力との深刻な抗争、イエスの目撃証人の逝去、終末の遅延の問題など）が反映されており、《未来の終末にも言及する必要を福音書記者をして余儀なくさせていると見做すべき》であるとしています。ただし、《強調はあくまで現在的終末論にある》のであり、《5章28—29節の終末論はヨハネ福音書記者の思想の一部分であると見做す方が蓋然性が高い》としています（土戸清『ヨハネ福音書研究』、創文社、1994年、51、52頁）。

体が想起させられる「今」に他なりません。《今がその時なのである。決定的なのは現前する今なのである》。[186]

5　イエス・キリストの救いの出来事の現在化——「すでに」が「今」に

ヨハネにおいて、信じる者たちに永遠の命が与えられる根拠は、すべてのことがイエス・キリストの十字架の出来事を終点として「すでに成し遂げられている」ことにあります。ヨハネにおける十字架上の最後の言葉が「成し遂げられた」（19章30節）[187]であることは、重要な意味をもつものでありましょう。

ヨハネによる福音書19章28―30節、私訳

19：28　この後、イエスは今やすべてが成し遂げられたのを知り、聖書が完成されるために、「私は渇く」と言った。

19：29　酸いぶどう酒を満たした器が置いてあった。そこでこの酸いぶどう酒で満たした海綿をヒソプに巻きつけ、彼らは彼の口に差し出した。

19：30　そこでイエスは酸いぶどう酒を受け取ると、「成し遂げられた」と言った。そして頭を垂れて霊を引き渡した。

前章で、マルコ福音書以降、キリスト教会の関心はナザレのイエス自身と、彼によって「すでに」実現された救いの出来事に向けられていったことを述べました。マルコ福音書以降、キリスト教会は「歴史性」「歴史的啓示」に重きを置くようになったわけですが、ヨハネ福音書においては「すでに」[188]の側面が共観福音書よりもさらに強調されていると言えるでしょう。すべてのことは、十字架の出来事を終点として「すでに成し遂げられている」

（19章30節）からです。

歴史的人物であるナザレのイエスの「受肉－十字架の出来事」において神が現されたというのがヨハネの信仰（ピスティス）です。そして、その救いの出来事を想起させる役割を果たすのがパラクレートスなる聖霊です。大貫隆氏もヨハネにおいて《イエスの啓示のわざはすでに十字架をもって完成している》[189]のであり、パラクレートスは《すでに完成しているそのわざを、そのつど現在化する》ことで、この世に残された弟子たちが個々の未決の問題を解決していくよう導くのだと述べています。

パラクレートスは「いまだ」（終末の出来事）を「今」に変えると共に、「すでに」（イエス・キリストによって成し遂げられた救いの出来事）を「今」に変える働きを担う存在であることが分かります。

186　伊吹雄、前掲書（『ヨハネ福音書注解Ⅱ』）、56頁。

187　レイモンド・E・ブラウンはこの《支配者としての主張》はマルコ福音書が記す十字架上の《イエスの叫び》とは程遠いものであると述べています。《十字架上で、イエスはすでに、教会の始まりである最初の弟子のグループによって（19・25－27）囲まれている。彼は、そうした支配力をもっているので、「成し遂げられた」と言った時、初めて頭を垂れて自分の霊を引き渡したのである（19・30）。この支配者としての主張は、マルコの「わが神、わが神、なぜ私をお見捨てになったのですか」（15・34）というイエスの叫びとは程遠いものである》（レイモンド・E・ブラウン『ヨハネ共同体の神学とその史的変遷 —— イエスに愛された弟子の共同体の軌跡』、139頁）。

188　たとえばヨハネ3章18、19節を参照。《御子を信じる者は裁かれない。信じない者はすでに裁かれている。神の独り子の名を信じていないからである。／光が世に来たのに、人々はその行いが悪いので、光よりも闇の方を好んだ。それが、もう裁きになっている》（新共同訳）。第四パラクレートス句の16章11節でも、裁きがすでに起こっているものとして述べられています。「また裁きについてとは、この世の支配者が裁かれてしまっていること［である］」（『裁かれてしまっている（受動）』は現在完了形）。

189　大貫隆『福音書のイエス・キリスト　4　世の光イエス　ヨハネによる福音書』、211、212頁（改訂版226、227頁）。

6　ヨハネ特有の叙述の仕方

（1）物語の中へ《ヨハネ共同体の現在》がもち込まれている

ここで、ヨハネ福音書特有の叙述の仕方について述べておきたいと思います。ヨハネ福音書は時に読む者にとって難解であることはよく指摘されることです。ヨハネ福音書が難解である一因は、ヨハネ特有の叙述の仕方にあると言えるでしょう。

ヨハネ特有の叙述の仕方とは、物語の中へ《ヨハネ共同体の現在》がもち込まれていることです。《すなわち、物語の現在の中へ、突然著者と読者、つまりヨハネ共同体の現在が持ち込まれているのである。「わたしたち」とはヨハネ共同体に他ならない。彼らから見れば、「人の子」イエスの昇天はすでに既成事実なのである》（大貫隆）[190]

たとえば、十字架の死の「前に」語られた告別説教の《わたしは既に世に勝っている》（16章33節、新共同訳）という言葉を例にすると分かりやすいでしょう。物語においては、この言葉が語られた時点ではイエスはまだ十字架の死は遂げていません。よって、「すでに世に勝っている」という言葉は時系列としてはおかしなものです。しかし、《ヨハネ共同体の現在》からすると、イエスが「すでに」世に勝っている（すでにすべての救いの業が成し遂げられている、19章30節）のは自明のことであり、その前提でこれらの言葉が記されています。物語においては未来に属する事柄が、ヨハネ共同体における現在の事柄として記されているのです。私たち後世の読者もイエス・キリストによる救いの出来事の全体を知った上でヨハネ福音書を読んでいるのでこのような叙述の仕方に違和感を覚えることは少ないですが、物語上は不自然な言葉だと言えるでしょう。

そしてもうひとつ、ヨハネの叙述の仕方の特徴は、すでに述べた通り、終末に関する事柄も福音書の著者およびその共同体にとって現在のこととして述べられている点です。元来は未来に属する出来事が、ヨハネ共同体においては「今」「現在」の出来事となっています。

第4項で引用した5章24－29節で言うと、25節の「死人たちが神の声を聞き、聞く者たちが生きるようになる」ことや28、29節の「墓の内から善を行った者たちは命の復活へ、悪を行った者たちは裁きの〔ための〕復活へと至るために出てくる」ことは伝統的な黙示的言説であり、終末に関する事柄です（未来終末論。よって動詞は未来形で表記）。しかし、ヨハネ共同体にとっては、もはやそれは現在のこととなっています。パラクレートスなる聖霊の到来は、ヨハネ共同体にとって現在のこと――その時は今――であるからです。[191]《過去のイエスの時において未来であったものが、ヨハネの教会の時において現在となっており、同時に、未来の歴史の終わりの時のこととして語られていた事柄もまたヨハネの教会の時において現在となっているのであります》（松永希久夫）。[192]ヨハネ福音書が時に読む者に難解である一因は、このように物語の中へ《ヨハネ共同体の現在》がもち込まれている点にあると言えるでしょう。[193]

190 大貫隆『終末論の系譜』、390頁。

191 マタイ福音書はイエス・キリストの死の場面において、伝統的な黙示的表象が描かれます（黙示的な『墓の中からの死者たちの復活』、27章50－53節）。「イエスは再び大声で叫んで息を引き取った。／すると見よ、神殿の幕が上から下まで真っ二つに裂けた。そして地が震え、岩が裂けた。／墓が開いて、眠っていた聖者たちの多くの体がよみがえった。／彼のよみがえりの後、彼らは墓から出て来て、聖なる町に入り、多くの人々に現れた」。これらの記述には、すでにマタイの章で述べた通り、十字架と復活の「同時性」を示す意図があるというのが本論の考えです。そこにはヨハネのようなパラクレートスによる想起および終末の現在化の視点はありません。マタイにおいてはインマヌエルなるキリストによる《中間王国》の統治が「すでに」始まっていますが、最終的な終末（神の国の完成）はいまだ将来のこととして保留されています。

192 松永希久夫「福音書のイエス像――黙示文学的終末論克服の諸相」（前掲書所収）、122頁。

193 物語の現在に《ヨハネ共同体の現在》がもち込まれていることは、叙述の仕方においてだけではなく、物語の中で描かれる事象においても同様である可能性があります。ヨハネ福音書の物語の中に福音書が記された当時のユダヤ教の指導者たちとの対立関係が反映されているとするマーティン仮説などでよく知られている通りです（J・L・マーティン『ヨハネ福音

（2）ヨハネ福音書のイエスは、パラクレートスによって「想起させられ」、「現前しているイエス」でもある

またそして、ヨハネ福音書が読む者に難解である最大の理由のひとつは、物語においてイエス・キリストが常にパラクレートスなる聖霊によって想起させられる存在として立ち現れてくる点にあります。ヨハネ福音書において描かれるイエスは歴史的人物としてのナザレのイエスであると同時に、パラクレートスによって「今」、ヨハネ共同体の目前に「想起させられ」、「現前しているイエス」でもあるのです。いわば、物語上のイエスの中へ、ヨハネ共同体の目前に「今、現前しているイエス」がもち込まれているのです。後述するようにヨハネ福音書が「仮現論的」であると指摘されることがあるのは、福音書記者がイエスをパラクレートスなる聖霊によってただ今「現前している存在」として絶えず意識していることが関係しているでしょう。

パラクレートスによって想起させられ、現前しているイエス・キリストは、すべての側面を含んでいます。「先在のキリスト」「生前のイエス」（あるいは『内住のキリスト』）「十字架のキリスト」「復活のキリスト」の側面のすべてを含んでいます。パラクレートスはこれ

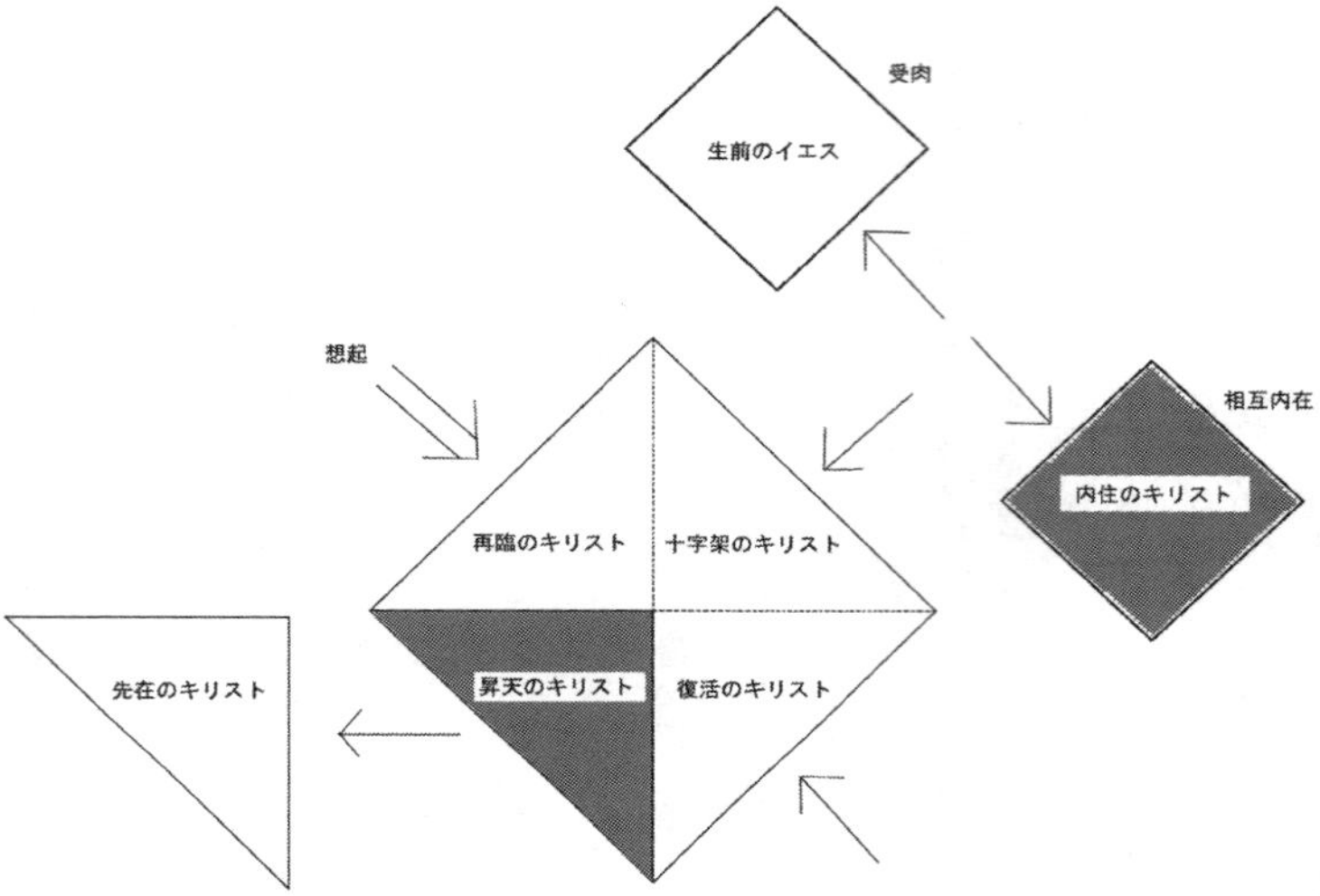

パラクレートスなる聖霊によって、
これらの各側面が一斉に（＝共時的に）想起

書の歴史と神学』、原義雄・川島貞雄訳、日本基督教団出版局、１９８４年、原著の初版発行は１９６８年、改訂増補版の発行は１９７９年。日本語訳は改訂増補版に基づく）。

『ヨハネ福音書の歴史と神学』におけるマーティンの仮説は主に以下の二つの命題から成り立っています（参照：松永希久夫「ひとり子なる神イエス」、『松永希久夫著作集　第二巻　ヨハネの世界』所収、302、303頁）。ひとつ目の命題は、ヨハネ福音書の物語に1世紀末のヨハネ福音書記者の「編集の場」が反映されているというものです。マーティンはヨハネ9章22節の《会堂から排斥された（ἀποσυνάγωγος）》を鍵語とし、当時ヨハネ共同体が直面していたユダヤ教の会堂（シナゴーグ）との対立（＝《会堂からの排斥》）が福音書の本文に反映されているとしました（J・L・マーティン『ヨハネ福音書の歴史と神学』、原義雄・川島貞雄訳、47―52頁）。

二つ目の命題は、その直接の要因がユダヤ教の伝統的な祈りである「十八の祈願（シェモネー・エスレー）」の第十二祈願の改訂にあるというものです。紀元85―115年の間に開かれたヤムニヤでの会議において十八の祈願の改訂が行われ、その際、第十二祈願にキリスト教徒（ナザレ人）と他の異端者たちへの「異端呪詛」が書き加えられた。そのことにより、キリスト教徒に対する《会堂からの排斥》が正式に行われたというのがマーティンの第二の仮説です（同、67―75頁。ただし、《ヨハネ福音書第九章に描かれているような念入りな尋問の後》、238頁注）。《ヨハネ福音書第九章の二つのレベルのドラマにおいて、生まれながらの盲人は、ナザレのイエスによって癒されたエルサレムの一ユダヤ人の役を演じているだけではなく、自分たちのメシア信仰のゆえに、また、恐ろしいあの祈願のゆえに、分離された教会の会員になった、ヨハネの知っているユダヤ人たちの役をも演じているのである》（同、75頁）。

ただし、この第二命題については異論も提出されており、現在は定説にまでは至っていないと言えるでしょう（例として、田川建三氏の訳注を参照。『新約聖書　訳と註　第五巻　ヨハネ福音書』、449―463頁）。

松永希久夫氏はマーティン仮説の第一の命題をさらに福音書全体（1―20章）に拡張させた「二陣営仮説」を提唱しています（松永希久夫「ひとり子なる神イエス」、前掲書所収、302、303頁）。二陣営とは、《イエスの陣営》と《ὁ κόσμος（この世）の陣営》のことを指しています。松永氏はこの二つの陣営の対立が《福音書記者のおかれた歴史的状況での彼の教会とユダヤ教の会堂（シナゴーグ）との対立を反映している》としました（「ヨハネ福音書におけるイスカリオテのユダに関する一考察」、同所収、58頁）。松永氏の二陣営仮説はマーティン仮説の第二命題が証明されなくても成り立つものですが、松永氏はマーティン仮説の第二命題も積極的に評価しています（303頁）。二陣営仮説についての詳細は同著作集所収の論文「ヨハネ福音書におけるイスカリオテのユダに関する一考察」（１９７２年）「ヨハネ福音書における「神」キリスト論」（１９７５年）「ヨハネの世界 ―― 第四福音書におけるイエスの敵対者像」（１９７５年）「キリスト教の自己確認 ―― 十八祝禱第一二

らの各側面とその栄光を一斉に（＝共時的に）[194] 想起せしめるゆえ、物語として時系列に叙述する際、時に難解なものとなるのだと考えられます。

このように、イエス・キリストの「人格（Person）」の内に「先在」「受肉」「十字架」「昇天」などの救いの業とその道のりが内包されている事態を、大貫隆氏は《人格的内包《じんかくてきないほう》》（あるいは《キリスト論的内包》）と呼んでいます。《それは言わば、ヨハネ福音書の著者の頭（思考）の中に収まっている基本文法である。彼はこの基本文法を携えて、今や敢えてイエス・キリストの出来事を時間的な前後関係に沿って物語ろうと試みる。その結果、彼らの語りは多くの箇所で、過去の話の中に現在が、部分の中に全体が顔を覗かせるような語りとなる》。[195]

ヨハネ福音書のキリスト論を特徴付けるこの《人格的内包（キリスト論的内包）》については、第二部第3章第5項「十全のイエス・キリスト像の内実」で改めて取り上げます。

禱とヨハネ福音書との関係についての一考察」（１９９２年）を参照。

大貫隆氏はマーティンが第二の命題で主張するように《ヨハネ教会とユダヤ教の会堂共同体の間の抗争の背後に、第十二禱の異端呪詛の改訂がユダヤ教徒全体を拘束するような法的指令として想定可能かどうかは、目下のところ未決》だとしつつ、地域的な広がりに関しては《「ごく限られた地域における限定されたユダヤ教徒とユダヤ人キリスト教徒の間の抗争であった」という、土戸清『ヨハネ福音書研究』（創文社、一九九四年、二二七頁）の見解が妥当かも知れない》と述べています（大貫隆「ヨハネによる福音書」、『新版 総説 新約聖書』所収、148頁）。

土戸清氏は前掲『ヨハネ福音書研究』所収の「補論　ヨハネ福音書の神学と編集の座をめぐる問題」において、ヨハネ福音書における「ユダヤ人たち（οἱ Ἰουδαῖοι）」は民族としての「ユダヤ人」ではなく、特定の「ユダヤ人共同体」あるいはユダヤ人社会の権力を行使する「当局者」を意味するものであることを明らかにしています。《したがって、ヨハネ福音書に表出しているヨハネ福音書記者による「ユダヤ人 οἱ Ἰουδαῖοι 批判」を一般的に「ユダヤ民族批判」に置き換えるのは、聖書解釈上的確な判断とは言えない》（同、226頁）。アンティ・セミティズム（反セム主義）の問題を考えるにあたって、重要な指摘であると言えるでしょう。ヨハネ福音書におけるアンティ・セミティズム（反セム主義）の問題についての土戸清氏の詳しい見解は「一世紀のユダヤ教とキリスト教――ヨハネ福音書におけるアンティ・セミティズムの問題」（１９９５年）「一世紀のユダヤ人共同体とキリスト教徒――ヨハネ神学と編集の座の問題をめぐって」（１９９３年）「一世紀のユダヤ教

徒とキリスト教徒 —— パウロとヨハネの宣教の史的状況との関連から」（1991年）を参照ください（土戸清『初期キリスト教とユダヤ教 —— ヨハネ福音書研究の諸問題』所収、教文館、1998年）。

194 大貫氏の表現を借りると、《全時的》。大貫隆氏はヨハネ固有のキリスト像を《全時的人の子》と形容しています（大貫隆『ヨハネ福音書解釈の根本問題 —— ブルトマン学派とガダマーを読む』、77頁）。ただし、本論はヨハネのキリスト像に対しては「共時的」と表記することにし、第二部で提示する「十全のイエス・キリスト像」においてこの《全時的》という語を使用しています。

松永希久夫氏も「福音書のイエス像 —— 黙示文学的終末論克服の諸相」（1984–1986年）においてすでにヨハネの時間理解の「同時性」に注目しています。《つまり、ルカは彼の救済史的理解に従って「十字架の時」「復活の時」「昇天の時」「聖霊降臨の時」「再臨（パルーシア）の時」を、直線的な時間の流れの上の、別々な「時」として点的（プンクト）に把えたのですが、ヨハネはルカとは違って、十字架の「時」も、復活の「時」も、昇天の「時」も、聖霊降臨の「時」も、再臨の「時」も、一つの「時」として把え、これを「栄光の時」「イエス（あるいは「私の」）時」と呼んでいるのであります。つまり、イエスが何ものであるかが知られる時ということであります》。《ヨハネにおいては、イエスの「時」は、むしろ、生前の時間帯というよりは、十字架・復活・昇天・聖霊降臨の「時」と同時化されるという点に強調がある点が重大であります。ヨハネ福音書が近年、グノーシス的であるといわれる理由が、こういうところにもみられるのであります。

今、特に、指摘しておきたいのは、「教会の時」だけではなく、再臨の時までもが同時化されているという点であります。そうであるからこそ、永遠の生命が現在の所与としてはっきり位置づけられているのであります》（同、『松永希久夫著作集第三巻　教会を生かす力 —— その他の論文』所収、127、128頁）。

195 大貫隆「ロゴスの受肉とソフィアの過失」（『ロゴスとソフィア —— ヨハネ福音書からグノーシスと初期教父への道』所収）、18頁。

ヨハネのキリスト論における《人格的内包》については大貫隆「エイレナイオスにおける「再統合」と救済史」（同所収271–282頁、『福音書のイエス・キリスト　4　世の光イエス　ヨハネによる福音書』170–172頁（改訂版187–189頁）、『イエスという経験』241–244頁（岩波現代文庫版285–288頁）等も参照。

《人格的内包》という概念は元来、J.Blank, *Krisis. Untersuchungen zur johanneischen Christologie und Eschatologie*, Freiburg i. Br.1964（筆者未読）がヨハネ福音書のキリスト論について用いたもので、大貫氏は早い時期から（『エイレナイオスにおける「再統合」と救済史』の初出は1980年）この概念を用いています。

7　ヨハネ福音書による修正――人の子＝「再臨＝想起・現前のキリスト」

ヨハネ福音書の特質は、このヨハネ固有の「再臨＝想起・現前のキリスト」を「人の子」と形容している点です。

5章24－29節ではイエスは「神の子」（25節）であり、そして「人の子」であることがはっきりと述べられています。27節《また、裁きを行う権能を彼に与えた。彼は人の子だからである》。

人の子は前章で述べましたように、黙示思想における終末的メシアのことを言います。共観福音書の小黙示録伝承は人の子を再臨のキリストと同定しました。また、マルコ福音書が十字架のキリストこそが人の子であるとの修正を行ったことはすでに述べた通りです。

ヨハネ福音書も共観福音書と同様に従来の黙示的伝承を受け継ぎつつ、[196] それをヨハネ固有のキリスト像と合致するように修正をしています。伊吹雄氏は共観福音書の「人の子」論が《未来終末論》であるのに対して、ヨハネのそれは《現在終末論》であると述べています。そして、ヨハネにおいて人の子の到来は、《霊におけるアナムネーシスとしてのイエスの到来》と等置されているのだとしています。[197] ヨハネ福音書は、パラクレートスなる聖霊を通して「今」[198] 到来する「再臨＝想起・現前のキリスト」こそが人の子であるとの修正を行っているのであり、そこにヨハネの特質があるのだと言えるでしょう。[199]

～ヨハネ福音書による修正～
人の子＝「再臨＝想起・現前のキリスト」

さて、次項からは、パラクレートスなる聖霊によって想起させられ、現前するイエス・キリストの各側面について、ヨハネ固有のものを見ていきたいと思います。

---

196 たとえば、5章27節ではダニエル書（七十訳）が引用されています。《本節における「人の子」句は、無冠詞であること、および文体から推定して、ヨハネ福音書記者が何らかの資料を援用している、おそらくダニエル書を初めとするユダヤ教黙示文学を援用している、と推定するのが自然であろう。しかし、初期キリスト教の解釈の光のもとで理解されていると見做し得る》（土戸清『ヨハネ福音書研究』、46、47頁。参照元の論文は S. Schulz, *Untersuchungen zur Menschensohn-Christologie im Johannesevangelium*, Gottingen 1957, pp.111ff. および J.L. Martyn, op. cit., p.139)。

197 伊吹雄『ヨハネ福音書注解I』、165、166頁。

198 ヨハネ共同体にとっての「今」。

199 大貫隆氏はヨハネ福音書のキリスト論において最も重要なキーワードが「人の子」であるとしています。それが《ヨハネ福音書の描くイエス・キリストの道のりの全体を包括するタイトル》だからです。この「人の子」の呼称は、《先在の天から始まって、受肉、地上での活動（父なる神を表すこと）、受難と復活、そして昇天までのすべての道のり、すべての時を自分の中に内包している》。注194でも述べた通り、大貫氏はこのイエスを《全時的人の子》と形容しています（大貫隆『ヨハネ福音書解釈の根本問題 —— ブルトマン学派とガダマーを読む』、194—196頁）。

《全時的人の子》については大貫隆氏「現在化される終末 —— ヨハネ福音書」（『終末論の系譜』所収）379—403頁も参照。《こうした事態が生じる理由は、語り手のヨハネにとっては、「人の子」イエスは、時間的・歴史的な意味での過去、現在、未来に分割できない存在だからである。生前のイエスは過去へ、復活して今父のもとにいるイエスは現在へ、という具合に時系列に分割はできないのである。「人の子」イエスはその両方を自分の中に内包している。それどころか、先在の天にいた時から始まって、「受肉」、地上の活動、受難と復活、そして昇天まで、すべての「道のり」全体を自分の中に内包しているのである。「人の子」イエスは自分の人格の中にあらゆる時を内包している。それゆえ、「人の子」イエスの「今」は、時系列上の過去、現在、未来に分割できない言わば「全時的今」となる》（同、391頁）。

ヨハネ福音書における「人の子」については、前掲の土戸清氏の学位論文『ヨハネ福音書研究』も参照。土戸氏は同論文においてヨハネ福音書に使用される13の「人の子」句を含むすべての記事（1章43—51節、2章23節—3章21節、5章1—47節、6章1—71節、8章12—30節、9章1—41節、11章55節—12章11節、12章12—19節、12章20—24節、12章25—36節、12章37—50節、13章1—38節）の検討を試みています。

8　先在のキリスト

ヨハネ福音書の最大の特徴のひとつとして、「先在《せんざい》のキリスト」を言語化していることがあります。

先在とは、神の子キリストがこの地上に肉体をもって誕生するより先に存在していたとする理解のことを言います。レイモンド・E・ブラウンは《神の子の先在を信じることが、真の信仰者が神ご自身の命をもつというヨハネの主張の鍵》[200]であり、そして《第四福音書は、まさにその点についてヨハネのキリスト者の信仰を支えるために書かれたのである（20・31）》と述べています。

神の子の先在を謳《うた》うヨハネ福音書のプロローグはあまりにも有名です。以下、私訳を記します。

ヨハネによる福音書1章1－5節、私訳

1：1　はじめに言葉（ロゴス）があった。[201]言葉（ロゴス）は神のもとにあった。言葉（ロゴス）は神であった。
1：2　これは、はじめに神のもとにあった。
1：3a　すべてはそれによって成った。
1：3b[202]　そしてそれなしには何ひとつ成らなかった。成ったものは、
1：4　それ（ロゴス）の内に〔あって〕、命があった。[203]そして命は人間たちの光であった。
1：5　光は闇の内で輝いている。[204]そして闇はそれを掌握はしなかった。

ロゴス（λόγος）を賛美するいわゆる「ロゴス賛歌」を資料として用いて、ヨハネは創造のはじめから「ロゴス＝キリスト」が神のもとに存在していた（1節）ことを記します。この神の子の先在を言語化しているのは四福音

書の中でもヨハネだけです。神の子の先在は次の言葉からも読み取ることができます。

200 レイモンド・E・ブラウン、前掲書、128頁。

201 小林稔氏はヨハネ1章1―5節は《宇宙の創造に先立つロゴスの先在》のことではなく《具体的なナザレのイエスとの最初の出会い》のことを語っていると理解し、《はじめに、ことばがいた》と訳すことを提案しています（小林稔、前掲書、26―38頁）。

202 この3節b―4節（3b καὶ χωρὶς αὐτοῦ ἐγένετο οὐδὲ ἓν ὃ γέγονεν / ἐν αὐτῷ ζωὴ ἦν ...）をどう訳すかについては多くの議論があります。読み方としては大きく、（a）3節bの末尾の「ὃ γέγονεν」を4節に続ける読みと、（b）「καὶ χωρὶς αὐτοῦ ἐγένετο οὐδὲ ἓν ὃ γέγονεν」で区切り（『ὃ γέγονεν』は修飾語とする）、次の文を「ἐν αὐτῷ ζωὴ ἦν」で始める読み方の二つがあります（参照：土戸清「ヨハネ福音書の研究の方法と翻訳の問題」、『初期キリスト教とユダヤ教　ヨハネ福音書研究の諸問題』所収、174―185頁）。土戸清氏は（a）の読みが本文により忠実であるとして、《かれなしには、ひとつもできなかった（3b）。／かれによりできたものは、命であった（4a）》の訳を提案しています（同、175、179頁。ネストレ-アーランドも26版以降、この読みを採用しています）。また、（a）の読みを採用する場合でも、《（c）「できたものは、かれにおいて生命であった」という読みも可能》（土戸清、前掲書、184頁注）です。本論としては（c）の読みを採用しています（伊吹雄氏も同様の解釈。《成ったものについて、彼のうちに命があった》。伊吹雄『ヨハネ福音書注解』、4頁）。

ちなみに、新共同訳は（b）の読みを採用し、《3節b：成ったもので、言によらずに成ったものは何一つなかった。／4節：言の内に命があった。……》と訳していましたが、聖書協会共同訳は3節bの末尾の「「ὃ γέγονεν」を4節に続ける（a）の読みを新たに採用しています。《3―4節：……言によらずに成ったものは何一つなかった。言の内に成ったものは命であった。……》。またその解釈も、《新共同訳で採っていた言が創造の業に参与していた」とする「創造論的解釈」から、「言の内に何か歴史的なことが起こった」と捉える「歴史的解釈」にシフト》させています（浅野淳博・伊藤寿泰・須藤伊知郎・辻学・中野実・廣石望『ここが変わった！「聖書協会共同訳」新約編』、日本キリスト教団出版局、2021年、36―38頁）。このヨハネ3節b―4節の翻訳に関しては、大貫隆氏の詳細な議論も参照（「終止符と全時的「今」――ヨハネ福音書一章3―4節の翻訳によせて」、新約聖書翻訳委員会編『聖書を読む　新約篇』所収、23―51頁）。

203 あるいは、「成ったものの／内にそれ（ロゴス）の命があった」。キリストとキリスト者の「相互内在」の関係性において、どちらを主語に捉えるかで翻訳にも相違が生じます。

204 「輝いている（φαίνει）」は現在形。パラクレートスによる「先在のキリスト」の想起・現在化。

ヨハネによる福音書1章29－30節、私訳

1：29　翌日、彼（筆者注：洗礼者ヨハネ）はイエスが彼のもとへ来るのを見る。そして言う、「見よ、世の罪を取り除く神の小羊だ。

1：30　私が言ったのは彼のことである。『私の後から一人の人が来る。その人は私より優れている。私より先にあった（πρῶτός μου ἦν）からである』。

ヨハネによる福音書8章58節、私訳

イエスは彼らに言った。「アーメン、アーメン、私はあなたがたに言う。アブラハムが存在する前から、私はいる（ἐγὼ εἰμι）」。

次頁の図でも示していますように、ヨハネは昇天のキリストではなく、先在のキリストの方に強調点を置いています。

ヨハネはルカのように昇天の出来事をはっきりと言語化はしていません。ルカのように、ある時点でキリストが昇天したという区切りがあるわけでもありません（40日間の復活顕現と昇天）。その代わりに、一貫して言語化されているのは先在のキリストです。

枠組みとしては、本論は先在のキリストと昇天のキリスト（神の右に座すキリスト）を同じものとして位置付けています。両者は根本的には同じ側面に属する事柄を、それぞれ異なった仕方で神学的に言語化していると理解しているからです。両者の共通点として、高きにいます神の子の強調、超越性の強調などが挙げられます。

（1）「挙げる（ὑψόω）」という語

では、ヨハネにおいて「昇天（高挙）」を思わせる表現については、どのように受け止めればよいでしょうか。

ヨハネでは「挙《あ》げる（ὑψόω）」という語が計5回用いられています（3章14節で2回、8章28節、12章32、34節）。「高くする、高める、大いなるものとする、強大にする、引き上げる」[205]の意味をもつ動詞です。この「挙げる（ὑψόω）」は、ヨハネにおいては第一義として、「十字架に挙げられる」ことを意味しています。たとえば、ヨハネ3章14節「そしてモーセが荒れ野で蛇を挙げたように、そのように人の子は挙げられなければならない」は、十字架に挙げられることを示しています[206]（他の8章28節、12章32、34節も同様）。

ヨハネによる福音書3章13―15節、私訳

3：13　天から下った者、人の子の他には誰も天に上らなかった。

3：14　そしてモーセが荒れ野で蛇を挙げた[207]ように、そのように人の子は挙げられ[208]なければならない。

3：15　すべての信じる者が、彼の内に〔あって〕、永遠の命をもつためである。

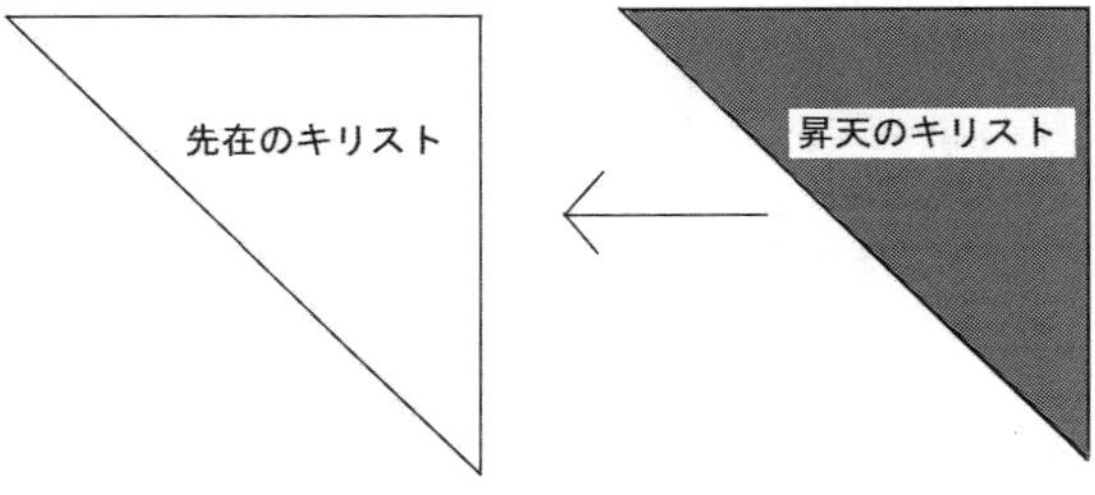

205　『ギリシア語聖書釈義事典Ⅲ』、457頁。

206　《すなわち人の子は十字架に挙げられている者として到来するのである》（伊吹雄『ヨハネ福音書注解』、166頁）。

207　ὑψόω のアオリスト3人称単数。

208　ὑψόω のアオリスト不定・受動。

ヨハネによる福音書8章28節、私訳

8：28　そこでイエスは（彼らに）言った。「あなたがたが人の子を挙げた[209]時、その時、あなたがたは『わたしはいる』[210]ことを知るであろう。そして私は自分自身からは何も行わない。父が私に教えた通りにこれらを語る。……」

同時に、8章28節については前後の文脈を踏まえると、「挙げる（ὑψόω）」が「十字架に挙げられる」ことのみを示しているのではないことが汲み取れます（『この世』から父のものへと『去る』『行く』ことの示唆）。松永希久夫氏はこの句は置かれている脈絡の中で見てみると、「十字架に挙げられる」ことを意味するのみならず、「(復活して）死人のなかから上げられる」こと、あるいは「天に上げられる」ことの意も併せもっていると述べています。《つまり ὑψοῦν は十字架に上げられることと死人のなかから上げられること、あるいは天に上げられることと二重の意味をもっているといわなければならない（ヨハネでは復活と昇天との時の区別が明確でない）。十字架即復活が ὑψοῦν という一語で意味されている》。[211]

第7項（156頁）で、ヨハネにおいては「再臨＝想起・現前のキリスト」が人の子であることを述べました。パラクレートスによって現前するイエス・キリストは、「先在のキリスト」「生前のイエス」（あるいは『内住のキリスト』）「十字架のキリスト」「復活のキリスト」の側面のすべてを内包する存在です。「挙げる（ὑψόω）」が使用されている箇所においていずれも「人の子」の呼称が用いられていることも偶然のことではないでしょう。この「挙げる（ὑψόω）」は、大貫隆氏の表現を借りれば《全時的人の子》を象徴する語であると言えます。

ただし、「挙げる（ὑψόω）」という語においてルカ福音書のような意味での昇天の出来事が明確に意識されているかというと、それは検討の余地があるでしょう。すでに述べたように、ヨハネにおいて強調点が置かれているのは昇天のキリストではなく、先在のキリストであるからです。

（2）「上る（ἀναβαίνω）」という語

右記のことと関連して、もうひとつ、「上《のぼ》る（ἀναβαίνω）」という語について確認しておきたいと思います。ἀναβαίνω は「上る、乗る」[212]などの意味をもつ動詞です。ヨハネでは計16回使用[213]されています。代表的な使用例としては、ヨハネによる福音書20章17節があります。復活したイエスとマグダラのマリアが再会する場面（ラテン語で『ノーリー・メ・タンゲレ（我に触れるな）』と呼ばれる場面）で、「昇天」の出来事を示唆していると受け止めることもできる箇所です。

ヨハネによる福音書20章17節、私訳

イエスは彼女に言う、「私に触れてはならない。まだ私は父のもとに上っていない[214]のだから。私の兄弟たちのも

209　ὑψόω のアオリスト2人称複数の接続法。
210　あるいは、「わたしである」。
211　松永希久夫「ヨハネにおける「キリストの死」の理解」（『松永希久夫著作集　第二巻　ヨハネの世界』所収）、27、28頁。松永希久夫「福音書のイエス像」（『松永希久夫著作集　第三巻　教会を生かす力 —— その他の論文』所収）、126頁も参照。松永希久夫氏はヨハネにおいて動詞「挙げる（ὑψόω）」は極めて特色ある用い方をされており、《イエスが十字架に上げられること》のみならず、《死人の裡より上げられることと、天に上げられることとが一語で意味されている》と指摘しています（同、126頁）。
212　『ギリシア語聖書釈義事典Ⅰ』、108頁）。福音書では「神殿に上る」（7章14節）「エルサレムに上る」（2章13節、5章1節、11章55節、12章20節）「祭りに上る」（7章8節、10節）意味でも使用されます。
213　1章51節、2章13節、3章13節、5章1節、6章62節、7章8節で2回、7章10節で2回、7章14節、10章1節、11章55節、12章20節、20章17節で2回、21章11節。

とに行き、そして彼らに言いなさい。私は私の父のもとに上る。[215] あなたがたの父〔であり〕、私の神〔であり〕、あなたがたの神〔である父のもとに〕」。

教会編集者による加筆であるとする説もあり、他の箇所との整合性の点においても解釈が難しい箇所[216]です。この箇所に限って見てみますと、ヨハネは明確に昇天の出来事を示唆しているようにも思えます。

ἀναβαίνω が使用されている他の箇所も確認してみましょう。すでに引用した3章13－15節においてもこの語が使用されていました。

ヨハネによる福音書3章13節、私訳

天から下った者、人の子の他には誰も天に上らなかった。[217]

ヨハネによる福音書6章62節、私訳

それではもしも、人の子が以前あったところに上るの[218]をあなたがたが見るならば……。

3章13節では、天に「上る」ことの前段として、天から「下った」[219]ことが語られています。天から「下った」ことと天へ「上る」ことはセットのことであり、先在のキリストが前提とされていることが分かります。それは6章62節でも同様です。人の子が[220]「上る」のは、「以前あったところ」であると語られています。ヨハネにおいて、「上る」ことは「以前あったところ」に「戻る」ことと等しいと言えます。ヨハネにおいては「上る」こと自体に何か神的な啓示が示されているわけではありません。神的な啓示があるものとして提示されているのは、「先在」という事柄です。

ここに、ルカによる福音書との相違があります。ルカにおいては先在のキリストは前提とされてはいません。先在の視点自体がまだはっきりと言語化されていないからです。よって、ルカにおいて昇天はまったく新しい出来事として語られることになります。ルカにおいて昇天はまったく新しい出来事であり、そしてそこにこそ神の救いの業が啓示されています。ルカ固有のキリスト像が「復活－昇天のキリスト」であることはすでに述べた通りです。

松永希久夫氏はヨハネにおいては《復活と昇天との時の区別が明確でない》[221]ことを指摘していますが、むしろヨハネはそもそもルカのような意味での昇天ははっきりと言語化していないと解釈した方がより正確ではないかと思います。ルカのような「昇天のキリスト像」はそもそも、ヨハネには認められません。そうではなく、ヨハネにおいて一貫して言語化され、強調されているのは「先在のキリスト像」です。

214　ἀναβαίνω の現在完了1人称単数＋否定。

215　ἀναβαίνω の現在1人称単数。ちなみに、ルカ24章51節で使われている動詞は「ἀναφέρω」の受動、使徒言行録1章2節、11節、22節、マルコ16章19節などで使われている動詞は「ἀναλαμβάνω」の受動です。使徒言行録2章34節、ローマの信徒への手紙10章6節、エフェソの信徒への手紙4章8－10節などには ἀναβαίνω が使用されています。土戸清氏は、ἀναβαίνω は《初代教会における非常に古いモティーフのひとつであり初期の教会の宣教の根本的要素のひとつであった》と述べると共に、新約聖書の中で《「人の子」の「降下」についてはヨハネ福音書だけに言及されている》ことを指摘しています（土戸清『ヨハネ福音書研究』、24頁）。

216　伊吹雄氏はこれを《復活したイエスの地上のイエスとしての現前》として解釈しています（『ヨハネ福音書注解Ⅲ』、412頁）。

217　ἀναβαίνω の現在完了3人称単数＋否定。

218　ἀναβαίνω の現在分詞、男性単数、対格。

219　καταβαίνω の第二アオリスト分詞、男性単数、主格。καταβαίνω の意味は「降りて行く、下って来る」（『ギリシア語聖書釈義事典Ⅱ』、307頁）。

220　引用した3章13節、6章62節のいずれも「人の子」という呼称が用いられています。「ὑψόω」「ἀναβαίνω」と「人の子」の結びつきは明らかに意図的なものであるでしょう。

221　松永希久夫「ヨハネにおける「キリストの死」の理解」（『松永希久夫著作集　第二巻　ヨハネの世界』所収）、27頁。

以上、簡単にではありますが、ヨハネがルカのような意味での昇天の出来事は言語化していないことの根拠を提示しました。次に、もうひとつ、ヨハネ福音書だけが言語化している事柄について述べておきたいと思います。

9 受肉の出来事

四福音書の中でヨハネ福音書だけが言語化していること、それは、「受肉《じゅにく》（Incarnation）」の出来事です。受肉とは、「神が肉をとって人と成った」とする信仰理解のことを言います。歴史的人物であるナザレのイエスは「神が人と成った」存在であるとする理解です。

キリスト教の歴史において特に重要視されてきたのはヨハネ1章14節です。

ヨハネによる福音書1章14節、私訳

言葉（ロゴス）は肉と成った。そして私たちの内に宿り住んだ。[222] 私たちは見た、彼の栄光を。父の独り子としての栄光、恵みと真理に満ちている〔様〕を。

14節の前半では、「ロゴスが肉と成った（ὁ λόγος σὰρξ ἐγένετο）」こと、そして「私たちの内に宿り住んだ（ἐσκήνωσεν ἐν ἡμῖν）」ことが語られています。このように明確に受肉の出来事を言語化しているの[223]は四福音書中、ヨハネ福音書だけです。

受肉の出来事において前提となっているのは、前項でも述べた「先在」です。先在のキリストを前提とした上で、その神の子が肉体をもって人と成り、私たちの歴史に介入したことを語るのが受肉論です。

この1章14節については、前半部「言葉（ロゴス）は肉と成った。そして私たちの内に宿り住んだ」に強調点を置くか、後半部「私たちは見た、彼の栄光を。父の独り子としての栄光、恵みと真理に満ちている〔様〕を」に強調点を置くかでまた受け止め方が変わってきます。このことと関連して、次に、ヨハネ福音書と仮現論の問題について述べておきたいと思います。

10　ヨハネ福音書と仮現論

仮現論とは、キリストが「仮の姿でこの世界に現れた」とする考え方のことを言います（第2章を参照）。仮現論の立場である人々は、キリストが人間としての身体をもってこの世界に来たことを否定しました。前項で述べた受肉論と鋭く対立するものが、この仮現論であると言えるでしょう。

仮現論的言説は、第三世代のキリスト者が共同体の中心となった紀元90年代頃から次第にその勢いを増していったものと考えられます。世代が替わるに従って、どうしてもイエスの人間性へのリアリティは薄れてしまうものだからです。ヨハネ福音書が成立したのは、ちょうどこの時期――90年代～100年代頃――であったと考えられます。

仮現論が台頭していった要因には、この「第三世代への移行」と共に、もうひとつ、「高度なキリスト論の確立」が挙げられます。ヨハネ福音書で提示されている《高いキリスト論》（レイモンド・E・ブラウン）[224]です。ヨハネ福

222　あるいは、「そして私たちの内に幕屋を張った」。《ことばは肉〔なる人〕となって、われわれの間に幕屋を張った》（岩波訳）。

223　新約正典の一部と重なる時期（110年頃）に記されたイグナティオスの手紙にも《肉となってあらわれた神》との文言があります（八木誠一訳、荒井献編『使徒教父文書』所収、161頁）。

224　レイモンド・E・ブラウン、前掲書、51、52頁。

音書の先在のキリスト像に代表される高度なキリスト論（あるいは像）が確立したことにより、キリスト理解が新たな局面に入ったと受け止めることができます。別の表現をすると、高度なキリスト論が確立したことにより、仮現論的言説の扉もまた開かれたと言えるのです。

イエスの人間性のリアリティが薄れただけでは、仮現論的な言説は発生し得ません。そこに、高度なキリスト論――言い換えると、キリストの神性の強調――が加わって初めて、仮現論的な言説が発生し得るものとなります。

仮現論が台頭した背景
・第三世代への移行
・高度なキリスト論の確立

ヨハネ福音書の成立と仮現論の台頭がどのような関係にあるかについては、多くの議論があります。かつて（1966年のイェール大学神学部での講演で）E・ケーゼマンがヨハネ福音書には《素朴な仮現論》が認められるとし、正典としての正統性に疑問を投げかけたことはよく知られている通りです。《つまり、われわれはヨハネ的栄光のキリスト論の危険性を見逃すことはできない。それはまだ素朴なかたちで現れているので、まだ危険としては認められていないような仮現論（ドケティスムス）である。後続する世代のキリスト教徒は、まさにこのヨハネ的栄光のキリスト論に魅了されてしまった》。[225]

ケーゼマンの解釈においては、ヨハネ的キリストは一貫して《地上を歩む神》[226]であり、受肉と十字架の死においても、彼は自身を変えているのではなく《その折々の居場所を変えているだけ》[227]に過ぎません。

このケーゼマンの問題提起以降、ヨハネ福音書と仮現論の問題については多くの議論がなされてきましたが、いまだ共通認識へは至っていないと言えるでしょう。

本論がここで問うべきは、ヨハネにおける「生前のイエス」の側面でありましょう。マルコ－マタイ－ルカと同じく、ヨハネにおいても生前のイエスの側面が共通の土台となり得ているのかを問う必要があります。

第2章において、使徒性の本質にあるものは「ナザレのイエスという歴史的人物において神が現された」とする信仰（ピスティス）であることを述べました。マタイ－マルコ－ルカ－ヨハネの四福音書はこの認識に基づいて書かれており、生前のイエスの側面が共通の土台であることを述べました。

結論から述べますと、第2章で述べたように、やはりヨハネ福音書において「ナザレのイエスという歴史的人物において神が現された」とする信仰は前提とされており、生前のイエスの側面がヨハネのキリスト像の土台を形成しているのだと受け止めることができます。

> 四福音書共通の土台
> ……「生前のイエス」の側面
> 「使徒的であること」の本質
> ……「ナザレのイエスという歴史的人物において神が現された」とする信仰（ピスティス）に基づいていること

225　E・ケーゼマン『イエスの最後の意志――ヨハネ福音書とグノーシス主義』（善野碩之助・大貫隆訳、ヨルダン社、1978年）、75頁。原著の第1版は1966年に出版。日本語訳は1971年に出版された第3版に基づく。
226　E・ケーゼマン、同、善野碩之助・大貫隆訳、36頁。
227　E・ケーゼマン、同、44頁。
228　E・ケーゼマン、同、38頁。

ケーゼマンが指摘するように、確かに、ヨハネにおけるキリストは《地上を歩む神》のような存在として描かれており、この世への受肉も十字架の死も、《欠かすことのできない最小限度の舞台演出〔身支度〕》以上のものは示していない[228]とする解釈も説得力があるものです。本論としても、ヨハネ福音書は共観福音書（特にマルコ福音書）と比較すると、生前のイエスの側面が幾分背後に退いていると受け止めています。キリストの神性、特に先在のキリストを強調する神学をもっているからです。

そして、ヨハネの神学が仮現論的なものとして解釈され得るもうひとつの根本要因として、ヨハネ固有のキリスト像が「再臨＝想起・現前のキリスト」であることが挙げられるでしょう。このヨハネ独自の人の子理解[229]は受け取りようによっては、確かに仮現論的と捉えることもできるものです。

しかし、そのような傾向があったとしても、やはりヨハネにおいて「ナザレのイエスという歴史的人物において神が現された」とする信仰は前提にあるものであり、それを否定するような要素は本文中にまったく認められないのは確かなことです。生前のイエスの側面が共観福音書に比べて幾分背後に退いている部分はあったとしても、生前のイエスがヨハネ福音書全体を支える土台であることに変わりはありません。その意味において、やはりヨハネ福音書は「使徒性（使徒的であること）」の基準を確かに満たしている文書だと言えるでしょう。

改めて、1章14節に戻りましょう。前半部「言葉（ロゴス）は肉と成った。そして私たちの内に宿り住んだ」に強調点を置くか、後半部「私たちは見た、彼の栄光を。父の独り子としての栄光、恵みと真理に満ちている〔様〕を」に強調点を置くかで、受け止め方は変わってきます。[230]前者に強調点を置いて読む場合、「受肉」および「生前のイエス（キリストの人性）」の側面がより強調され、後者に強調点を置いて読む場合、「先在のキリスト」および「神の子キリスト（キリストの神性）」の側面がより強調されることになるでしょう。

しかし、どちらがヨハネ福音書において優位であるかという観点では、ヨハネのキリスト像の全貌は正確には捉えられないでしょう。前半部はいわばヨハネ福音書の「土台」を形成している部分であり、後半部は「柱」となっている場面です。両者を二者択一的に捉える場合 —— たとえば後者を優位に捉える場合、それは確かに「仮現的」なキリスト像にもなり得るでしょうが、それはヨハネ福音書記者の意図に沿うものではないと考えます。ヨハネにおいて、両者は本来対立する関係にはなく、むしろ相互に補完する関係にあるというのが本論の考えです。と同時に、本来は相互に補完し合う関係にある両者を一度切り離して、後者の特質を浮き彫りにさせたところにケーゼマンの論文の貢献があります。キリスト教信仰において曖昧なままにされている事柄の本質を明らかにするためには、時に、いったんそれまでのつながり —— 伝統的な教理や教義とのつながり —— を断ち切り、それらと鋭く対峙する決断を下すことが要請されることもあると考えるからです。

229　大貫隆氏は、ケーゼマンの言説においてヨハネの《全時性》がまったく視野に入っていないことを指摘しています（大貫隆「第二講　ケーゼマン講読」、『ヨハネ福音書解釈の根本問題 —— ブルトマン学派とガダマーを読む』所収、79頁）。

230　ブルトマンはそのヨハネ福音書注解において1章14節の前半部に強調点を置き、弟子であるケーゼマンは後半部に強調点を置いたと言えるでしょう。ケーゼマンは1957年発表の論文『ヨハネ福音書序文の構成と意図』においてすでに、ヨハネの序文1章1—18節の中での強調点は《ブルトマンが言うように、一章14節a（「ことばは肉となった」）ではなく、一章14節c（「わたしたちはその栄光を見た」）にこそ**強調点**がある》ことを述べています（大貫隆、前掲書、64頁）。《つまり、『**イエスの最後の意志**』はケーゼマンが師ブルトマンの『**ヨハネの福音書**』の公刊直後から表明してきた根本的な反対論の集大成に他ならない。注意したいのは、このテーゼが、ケーゼマンの主たる研究対象がパウロ神学であり、それを主軸とした固有な新約正典論と連動していることである。そこには、ブルトマンがヨハネ神学を新約聖書の中心におくことへの根源的な批判が横たわっている》（同、64、65頁）。

11　相互内在、内住のキリスト

(1) 相互内在

次に、ヨハネ福音書が言語化している「相互内在《そうごないざい》」と、そこで（一部）言語化されている新たなキリスト像について述べておきたいと思います。

ここでの相互内在は、「子が父の内におり、父が子の内にいる」関係性のことを言います（『内に』と訳している語は原文のギリシア語では『ἐν』）。ヨハネ福音書は複数の箇所[231]において、この子なるキリストと父なる神の相互内在について語っています。この相互内在は、ヨハネ福音書だけが言語化しているものです。

ヨハネによる福音書14章11節、私訳

あなたがたは私を信じなさい。私が父の内に〔おり〕、そして父が私の内に〔いる〕ことを。それができなければ、あなたがたは業そのものによって信じなさい。

17章では、イエスと弟子たちの間の相互内在についても語られています（17章21節）。子なるキリストを通して、人間たちも父と子の相互内在に参与することができるようになるのだ、と。ただし、それはあくまで子なるキリストを介してです。「私（イエス）」が「彼ら（弟子たち）」の内に（ἐν）いる（23、26節）ことによって、「彼ら（弟子たち）」は父と子の相互内在に参与することができるようになることをヨハネは語っています。

ヨハネによる福音書17章20－26節、私訳

17：20 私はこれらの者のためだけではなく、彼らの言葉によって私を信じる者たちのためにも願います。
17：21 皆がひとつでありますように。父よ、あなたが私の内に〔おり〕、そして私があなたの内に〔いる〕ように、彼らも私たちの内にありますように。世があなたが私を遣わしたことを信じますように。
17：22 また私はあなたが私に与えてくださった栄光を彼らに与えました。私たちがひとつ〔である〕ように彼らがひとつでありますように。
17：23 私は彼らの内に〔おり〕、そしてあなたは私の内に〔おられます〕。彼らがひとつへと完成される者でありますように。あなたが私を遣わしたこと、そしてあなたが私を愛したように彼らを愛したことを世が知りますように。
17：24 父よ、あなたが私に与えてくださったもの、私は望みます、私がいるところに、その人々も私と共にいますように。世の始まりの前にあなたが私を愛し、それゆえに私に与えてくださった栄光を彼らが見ますように。
17：25 義なる父よ、世はあなたを知りませんでしたが、私はあなたを知っていました。そしてこの者たちはあなたが私を遣わしたことを知りました。
17：26 そして私はあなたの名を彼らに知らせました。また〔これからも〕私は知らせます。あなたが私を愛してくださったその愛が彼らの内にあり、そして私が彼らの内に〔いる〕ために。

（2）内住のキリスト

前述の相互内在の箇所において、また新たなキリスト像が提示されていると本論は考えています。そのキリス

231 6章56節、10章38節、14章10、11節、20節、17章21節、23節など。

ト像とは、「内住《ないじゅう》のキリスト」です。

内住のキリストは、その言葉が意味している通り、私たちの「内に住む」キリストを指し示しています。「私は彼らの内に〔おり〕(ἐγὼ ἐν αὐτοῖς)……」(23節)「……私が彼らの内に〔いる〕ために(κἀγὼ ἐν αὐτοῖς)」(26節)。この内住のキリストは四福音書の中でヨハネ福音書のみが一部言語化しているもの[232]であり、極めて重要な意義をもつものです。

これまでのキリスト教の歴史においては、内住のキリストは「十字架のキリスト」「復活のキリスト」「昇天のキリスト」「再臨のキリスト」と比べると言語化されることが少なかったものです。いわゆる「神秘主義的」なキリスト理解として、傍流的な位置付けにされ続けてきたと言えるでしょう。内住のキリスト像とその枠組みは、これまでは神秘主義(mysticism)や霊感主義(spiritualism)と呼ばれた一部の人々によって担われてきました。傍流的な位置付けではありましたが、地下水脈のように途絶えることなく流れ続け、確かに受け継がれてきたイエス・キリストの一側面です。

これから先、この内住のキリストはキリスト像の新たな「定数《ていすう》」に加えられていくものと考えています(内住のキリストについては、第二部の最後に改めて論述します)。

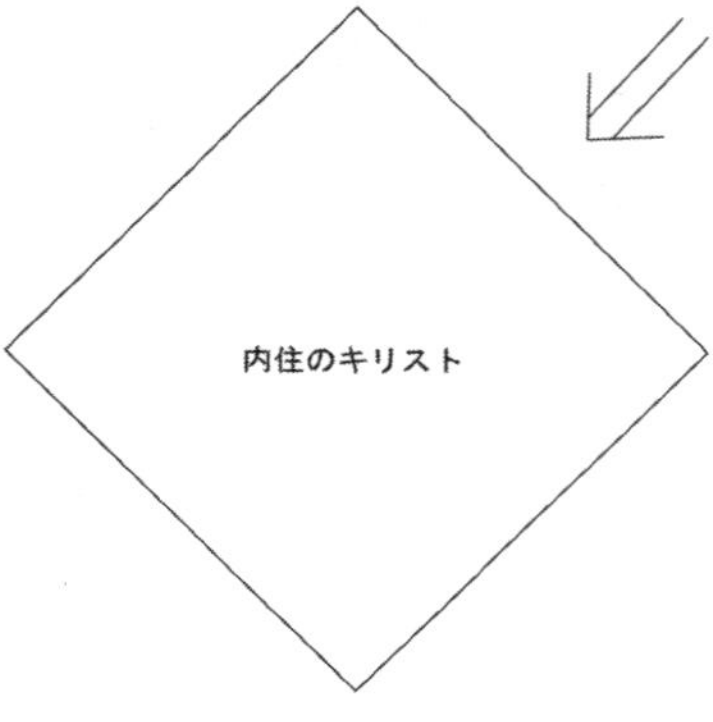

12　ヨハネ共同体のその後

ヨハネ福音書が記された後のヨハネ共同体についても触れておきたいと思います。

ヨハネ福音書が記された後、ヨハネ共同体の内部には深刻な対立が生じます。そうして共同体が二つに分裂していってしまったことは、福音書の後に書かれたヨハネの手紙一（100〜110年頃）[233]からも伺い知ることができることです。ヨハネの手紙一の著者は、共同体から出て行った人々を《反キリスト》（2章18節）《悪魔の子》（3章10節）と呼んで厳しく断罪しています。《イエス・キリストが肉となって来られたということを公に言い表す霊は、すべて神から出たものです。このことによって、あなたがたは神の霊が分かります。／イエスのことを公に言い表さない霊はすべて、神から出ていません。これは、反キリストの霊です》（4章2、3節、新共同訳）。このヨハネの手紙一の文面から推測できることは、ヨハネの手紙の著者たちと対立し共同体から離れて行った人々は、仮現論的な考えをもっていたのではないかということです。

ただし、レイモンド・E・ブラウンは、ヨハネの手紙から再構成される論敵の思想は、後代の証言から私たちが知るような仮現論者の思想には正確に当てはまらないことを強調[234]しています。むしろ、共同体の分裂後に、彼・彼女らがはっきりとした仮現論へ向かい、グノーシス主義運動の中に吸収されていったのだとしています。以下、ブラウンの『ヨハネ共同体の神学とその史的変遷 —— イエスに愛された弟子の共同体の軌跡』の論述を参照しつつ、ヨハネの手紙の著者と論敵たちのキリスト論（像）の相違について、本論なりの考えを述べておきます。

（1）ヨハネの手紙の著者と論敵のキリスト論（像）の相違

ヨハネの手紙一の著者が誰であるかははっきりとは分かりません。ヨハネの手紙二、三では《長老》という呼称

232 新約正典で他に内住のキリストを示唆している箇所としては、ガラテヤの信徒への手紙2章20節《生きているのは、もはやわたしではありません。キリストがわたしの内に生きておられるのです》（新共同訳）、エフェソの信徒への手紙3章17節《信仰によってあなたがたの心の内にキリストを住まわせ……》（新共同訳）など。

233 レイモンド・E・ブラウンはヨハネ福音書の成立時期を90年頃、ヨハネの手紙の成立時期を100年頃に設定しています（レイモンド・E・ブラウン、前掲書、湯浅俊治監訳、田中昇訳、114頁）。

234 同、123頁。

が用いられています（いわゆる『長老ヨハネ』）。ブラウンはヨハネの手紙の一～三のすべてが同じ一人の人物によって書かれたと想定しています。また、ヨハネ福音書の記者とヨハネの手紙の著者は別の人物であるとしています[235]。著者問題については諸説あり、はっきりと断定することはできませんが、本論もヨハネの手紙一の著者は福音書記者ヨハネとは別の人物であると考えています。手紙の著者は、福音書記者ヨハネの神学を継承する（継承していると自認する）、指導的な立場にあるメンバーの一人であったと想定することができるでしょう。

では、手紙の著者の論敵であった人々は、どのような人々であったか。注意しておきたいのは、ヨハネの手紙の著者が《反キリスト》と呼んだ彼・彼女たちもまた、「自分たちは福音書記者ヨハネの神学を正統に継承している」と自認していたであろうという点です。ブラウンは、ヨハネの手紙の著者と分離主義者の両方の立場を最もよく説明する仮説は、《両派は、私たちも知っているキリスト教の信仰告白を第四福音書を通して知っていたが、しかし彼らはその解釈を異にしていた》[236]というものであるとしています。論敵たちの主張もまた《ヨハネ思想そのものの所産》なのであり、論争している両者は《それぞれのヨハネ福音書の解釈が正しいと主張していた》のです。

では、その新たな論点[237]とは何であったのでしょうか。ブラウンは、それは《神の子がイエスのように生きて死んだということが重要なのかどうか》[238]ということであると述べています。ここでは、キリストの神性――特に神の子の先在――は前提のこととされています。問われているのは、キリストの人性（イエスの人間性）の重要性です。

対して、ヨハネ福音書においては《その生と死を私たちが知っているイエスは、果たして（先在する）神の子であるのだろうか》[239]が重要な論点であったとブラウンは述べます。手紙より以前に書かれたヨハネ福音書ではむしろキリストの人性（イエスの人間性）が自明のことであり、キリストの神性――特に神の子の先在――を提示することが福音書の主要な目的のひとつであったのだと言えるでしょう。

ヨハネの手紙の著者も論敵たちも、「神の子の先在」については共通の認識をもっていたことが分かります。ヨハネ福音書固有の高度なキリスト論 —— 特に先在のキリスト論 —— を両者は共有していたのです。その点において、両者とも、ヨハネ福音書の神学を「正統」に受け継いでいたと言えます。異なっていたのは、キリストの人性（イエスの人間性）に対する認識でした。ブラウンは、分離主義者たちは《イエスの人間としての存在は、確かに実在しているものの、救いの上では重要ではない》[240]と信じていたと断言しています。イエスの人間性の軽視は、イエスの十字架の死の出来事の軽視にもつながっているものです。だから、ヨハネの手紙の著者は彼らを危険視したのだと言えます。

ヨハネの手紙の著者は、イエスの十字架の死にこそ《救済的重要性がある》[241]と認識していました。ヨハネの手紙の著者にとって、キリストの人性（イエスの人間性）は決して軽視されてはならないものであったのです。

ヨハネの手紙の著者と論敵の共通の前提
……キリストの神性、特に神の子の先在

235 同、111頁。
236 同、124頁。
237 ブラウンはキリスト論、倫理観、終末論、聖霊論の領域が主な論点であったとしていますが、ここではキリスト論を取り上げます。
238 同、130頁。
239 同、130頁。
240 同、133頁。
241 同、143頁。

ヨハネの手紙の著者と論敵の相違
……キリストの人性（イエスの人間性）の重要性
ヨハネの手紙の著者はこれを重視、
論敵はこれを軽視（キリストの神性に強調点を置くため）

《初めからあったもの、わたしたちが聞いたもの、目で見たもの、よく見て、手で触れたものを伝えます。すなわち、命の言について》（ヨハネの手紙一1章1節、新共同訳）――。ブラウンは、ヨハネ福音書1章1節の「初めに」は《創造以前のこと》であるのに対して、ヨハネの手紙一1章1節の「初めからあったもの」は《私たちが聞いたもの、目で見たもの、よく見て、手で触れたもの》と同意であり、言い換えれば《イエスが、彼の弟子たちと初めて関係を打ち立てた宣教活動の始まり》[242]を意味するものであるとしています。《ヨハネの手紙の著者にとって、「命の言」とは、人々の間にあって命を与え続けたイエスの生涯というヨハネ福音書のメッセージそのものなのである》[243]。

（2）ヨハネの手紙一の功績

分裂に至ったヨハネ共同体がその後どうなったかは、はっきりとしたことは分かりません。ブラウンは、ヨハネの手紙の著者たちのグループは「大教会（使徒的教会。のちに初期カトリック教会へ）」に、論敵たちのグループは「グノーシス運動」に飲み込まれていった可能性が高い[244]と述べています。

共同体の分裂後、ヨハネの手紙の著者のグループも分離主義者たちのグループも、それぞれヨハネ福音書を携えていった。[245]結果、ヨハネの手紙の著者のグループは、《先在を唱えるヨハネの「高いキリスト論」》を大教会にもたらした（同時に、ヨハネの手紙の著者のグループの信者たちはヨハネの伝承においては異質なものであった『大教会』

の長老－監督制度を受け容れるに至った)。他方、分離主義者たちのグループは、グノーシス運動に《神学を構築するための新たな根拠》を提供し、《キリスト教グノーシス思想が成長するための触媒としての役割》を果たした。後者を理由に、「大教会」は当初はヨハネ福音書には慎重な姿勢を固持していたが、ヨハネの手紙がその解釈の手引きとして加えられることによって、ヨハネ福音書は正典としての位置を確保するに至った[246]というのがブラウンの主張です。

このブラウンの仮説が正しいとするならば、ヨハネの手紙一はヨハネ福音書の「使徒的」な解釈の仕方を提供する役割を果たしたのだと言えます。ここでの使徒的解釈とは、キリストの神性――特に神の子の先在――を前提のこととしながら、キリストの人性(イエスの人間性)を重視する解釈のことを言います。「使徒的である」とは、「ナザレのイエスという歴史的人物において神が現された」とする信仰に基づいていることであることはすでに述べた通りです。

「四福音書をひとつの正典とする道」を切り開いたエイレナイオスも、《用心深くヨハネの第一の手紙という鏡を通して》[247]ヨハネ福音書を読んでいたとブラウンは指摘しています。《それゆえ、ヨハネの歴史に対するヨハネの第一の手紙の著者の究極的な貢献とは、教会のために第四福音書を救ったことだったのかもしれない》、このブラウンの指摘は重要なものでありましょう。右記のブラウンの仮説が妥当であるとするならば、ヨハネの手紙一の最大の功績は「ヨハネ福音書の正典化への寄与」にあると言えます。ヨハネの手紙一が最良の手引書として添え

242　同、141、142頁。
243　同、143頁。
244　同、175頁。
245　同、180頁。
246　同、176、177頁。
247　同、180頁。『異端反駁』第3巻16・5b～8(小林稔訳、前掲書、82、83頁を参照。エイレナイオスはヨハネ福音書もヨハ

られることによって、第四福音書はその後のキリスト教の歴史において正典として不動の地位を確立するに至ったのです。

~ヨハネの手紙一の功績~
・ヨハネ福音書の「使徒的」な解釈の提示
・ヨハネ福音書が正典化されるにあたっての正統性の提示

(3) 重大な分岐点——「生前のイエス」に向かうか、「内住のキリスト」に向かうか

最後に、ヨハネの手紙一の著者と論敵たちのキリスト論(像)の相違について、本論の考えを述べておきます。すでに述べましたように、両者においてキリストの神性——特に神の子の先在は共通の前提です。相違が生まれるのは、その次です。志向性が「生前のイエス」に向かうか、それとも「内住のキリスト」に向かうかで、そのキリスト論(像)と神学的パラダイムに相違が生じていきます。

パラクレートスなる聖霊による想起は共時的なものですが、あえて通時的に番号を振ると、次頁のようになります(この項で述べることはあくまで本論の考えであり、定説になっているものではありません)。

① パラクレートスなる聖霊の到来により、② 先在のキリストが想起される。これはヨハネの手紙一の著者にとっても、論敵たちにとっても共通の前提です。相違が生じるのは③ の地点です。ヨハネの手紙一の著者はその志向性が生前のイエスへ向かいます。他方、論敵たちはその志向性が内住のキリストへ向かいます。ここに、重大な分岐点《ぶんき》があります。

ヨハネの手紙一の著者が強調するのは生前のイエスおよび受肉の出来事です。対して、論敵たちが強調点を置くのは、内住のキリストです。この内住のキリストの側面においては、イエスの人間性はもはや重要なものでは

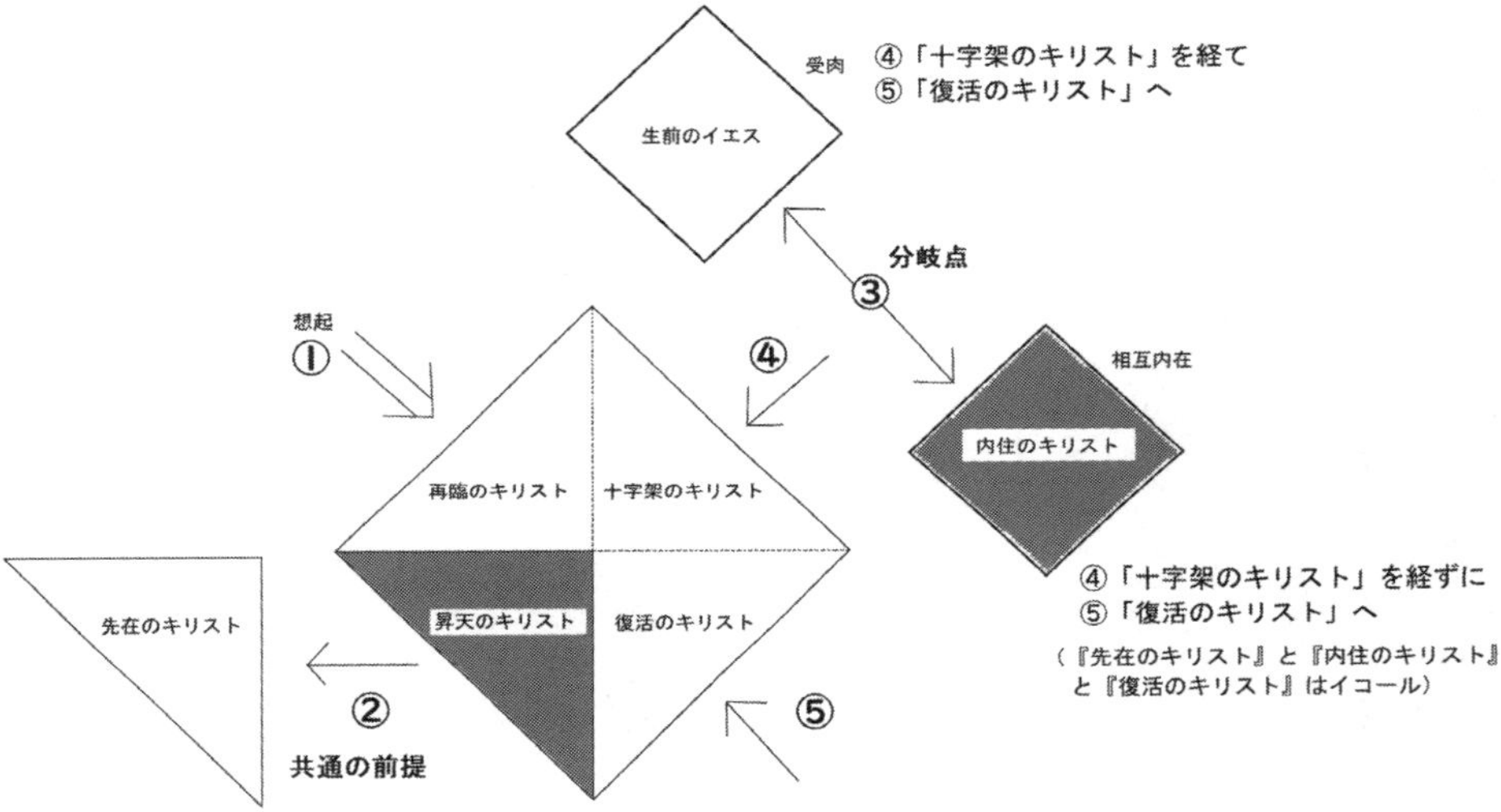

なくなります。

このように、③でどちらの方向に分岐するかによって、キリスト論（像）と神学的パラダイムに極めて大きな違いが生じ得ることが分かります。前者はいわゆる「使徒的」「正統的」な信仰理解に至り、後者はいわゆる「仮現論的」「異端的」な信仰理解に至ることになります。

まずヨハネの手紙一の道筋を見てみましょう。③で生前のイエスが想起させられた後、志向性は④十字架のキリストへ向かいます。地上の生の終点としての十字架、そして神の救済の出来事としての十字架です。この十字架のキリストを経て、⑤復活のキリストが想起されます。この復活の出来事も、十字架の死がなければそもそも起こり得ないものです。これがヨハネの手紙一の志向性のルートであり、それは同時に、使徒的教会の志向性を表しているものです。このヨハネの手紙一の神学的枠組みは初期カトリック教会の神学的枠組みに統合されていきます。

対して、論敵たちのルートはそれとは異なります。③で内住のキリストが想起させられた後、④の十字架のキリストは経ずに、⑤の復活のキリストに至ります。イエスの人間性に重きを置かない場合、十字架の死ももはや重要なものではなくなるからです[248]。この枠組みにおいては、先在のキリストと内住のキリストと復活のキリストはイコールのものです。この論敵たちの神学的枠組みは、その後合流することになるキリスト教的グノーシス主義において、キリスト論（像）の基盤を提供するものとなったと本論は考えます。

ここで改めてグノーシス主義について説明をしておきたいと思います。「グノーシス（γνῶσις）」はギリシア語で「知識」「認識」を意味する言葉です。ここで示されている「認識」とは、自己に内在する「霊的本質（本来的自己）」の認識を意味すると言われます。このパラダイムにおいては自己の内に閉じ込められている「光（霊的本質）」を認識し、自らの内に統合していくことが救済となります。

《それでは、グノーシス主義とは何か。それは、端的にいえば、人間の本来的自己と、宇宙を否定的に超えた究極的存在（至高者）とが、本質的に同一であるという「認識」（ギリシア語の「グノーシス」）を救済とみなす宗教思想のことである[249]》。

荒井献氏はキリスト教的グノーシス主義文書のひとつである『トマスによる福音書』の解説において、トマスは《「父」と「子」に「単独者」として「自己」を同一化させることの中に救いを見出そうとした[250]》と述べています。ここでの「父」とは「至高者」、「子」はその「父」から遣わされたイエスのことを指しています。この「父」と「子」と「自己」とが《本質的に同一なることの「認識」（「グノーシス」）》が、トマス福音書およびキリスト教的グノーシス主義における救済となります。《「この世」を超えた究極的存在としての「父」と、「父」から遣わされた「子」（イエス）とが、本来的「自己」と本質的に同一なることの「認識」（「グノーシス」）が、トマスにとって人間の救済なのである[251]》。

このグノーシスの思想とヨハネ福音書のキリスト論（像）が統合されたと仮定すると、③で想起させられる「内住のキリスト」は「自己の霊的本質」と関わりが深いものとして位置付けることができます（この点については第二部の最後に改めて論述します）。

このキリスト教的グノーシス主義の枠組みにおいて重要であるのは、「父」と「子」と「自己」の三者が《本質的に同一》である（と認識する）ことです。この枠組みにおいて、パラクレートスなる聖霊は「先在のキリスト」「復活のキリスト」「内住のキリスト」の三者を共時的に想起させ、これらの三者が本質的にひとつなる関係であることの認識に導く働きをなすと言えるでしょう。

以上、ヨハネの手紙一の著者と論敵たちのキリスト論（像）の相違について、本論なりの考えを述べました。両者の相違の要因は、ヨハネ福音書に内在するキリスト像の解釈の相違に由来しているものです。ヨハネ福音書が成立した後、ヨハネ共同体内でその解釈を巡って対立が生じたことも必然的なことであったと言えるかもしれません。

「10　ヨハネ福音書と仮現論」の項でも述べたように、ヨハネ福音書は「ナザレのイエスという歴史的人物において神が現された」とする信仰を前提にして記されています。ヨハネ福音書の土台を形成しているのは生前のイエス（イエスの人間性）の側面です。その意味において、ヨハネの手紙一の解釈はヨハネ福音書記者の元来の意にネの手紙一も主の弟子のヨハネが書いたとみなしています）。

248　マルキオンはイエスの人間性に重きを置きませんでしたが、キリストの受難と十字架の死（贖罪）を重視している点で、他のグノーシス主義における仮現論と相違があります（参照：津田謙治、前掲書、89、90頁）。マルキオンの神学的枠組みは、③の「内住のキリスト」から、↓④「十字架のキリスト」へ向かうものであったと言えるかもしれません。その意味で、初期キリスト教会・初期カトリック教会の信仰理解とキリスト教的グノーシス主義の信仰理解の中間に位置するものであるとも言え、興味深いものです。

249　荒井献『トマスによる福音書』、102、103頁。

250　同、85頁。

251　同、85頁。荒井氏はこのようなグノーシス主義的傾向がヨハネ福音書にもあると述べながらも、ヨハネ福音書そのものはグノーシス文書ではないとしています。トマス福音書とヨハネ福音書の共通性と相違については同書の83－87頁を参照。

沿うものであり、使徒的教会においてヨハネの手紙一がヨハネ福音書の最良の手引書とされたことは妥当なことであったと言えるでしょう。一方で、論敵たちの解釈もヨハネ福音書を忠実に解釈しようとした結果のものであり、「間違っている」と簡単に否定できるものではありません。その相違とは、生前のイエスと内住のキリストのどちらに強調点を置くかの相違であり、そのどちらのキリスト像もヨハネ福音書が確かに提示してるキリスト像[252]の一側面に他ならないからです。

252 このヨハネ福音書固有のキリスト像「再臨＝想起・現前のキリスト」は、その後、ギリシア正教会の聖餐（ユーカリスト、機密）を通してよりはっきりと可視化されるようになります（特に『記憶（アナムネーシス）の機密』において）。

第8章　違いがありつつ、ひとつ —— 四福音書の相違と相互補完性

1　仮説②　四福音書のキリスト像の相互補完性①——十字架‐復活‐昇天‐再臨のキリスト

以上、本論の仮説①「四福音書の固有のキリスト像」について述べました。マルコ‐マタイ‐ルカ‐ヨハネの四つの福音書がそれぞれ固有のキリスト像を提示していることがお分かりいただけたかと思います。

マルコによる福音書は「生前‐十字架のキリスト」を提示し、マタイによる福音書は「十字架‐復活のキリスト」を提示し、ルカによる福音書は「復活‐昇天のキリスト」を提示し、共観福音書の小黙示録は「再臨のキリスト」を提示し、ヨハネによる福音書は「再臨＝想起・現前のキリスト」を提示しています。

四福音書のキリスト像は互いに違いがありつつ、同時に、ひとつに結び合わされています。その相違を通して、相互に補完し合っているのです。それが、本論が提示したい二つ目の仮説「四福音書のキリスト像の相互補完性①」です。

~提示したい仮説~
仮説①　四福音書の核にはそれぞれ、固有のキリスト像がある。
仮説②　そして、それらのキリスト像は相互に補完し合う関係にある。

図1

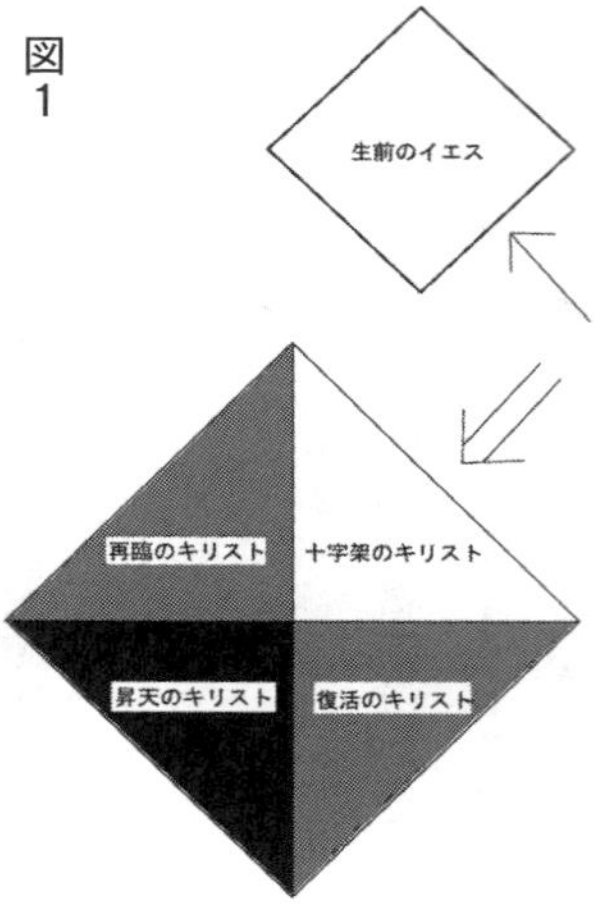

図2

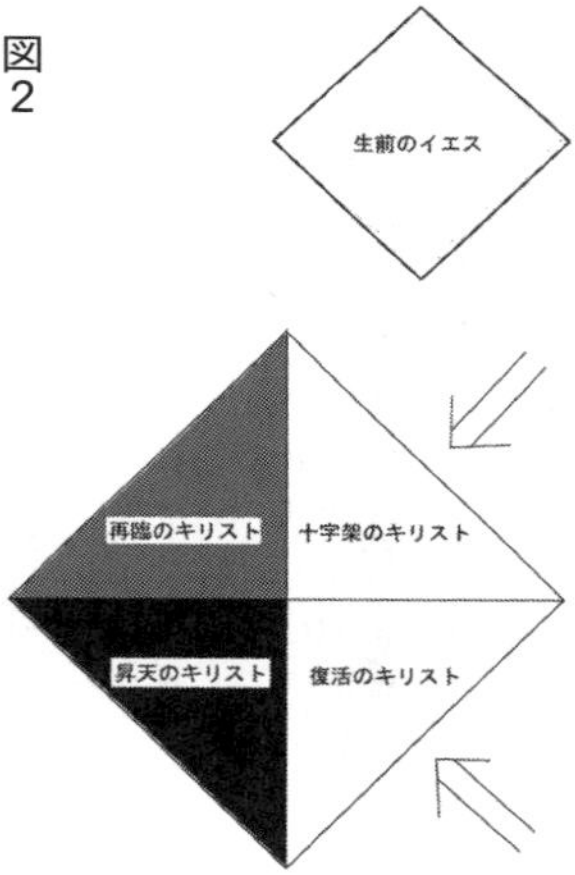

図1　マルコによる福音書のキリスト像――生前－十字架のキリスト
図2　マタイによる福音書のキリスト像――十字架－復活のキリスト
図3　ルカによる福音書のキリスト像――復活－昇天のキリスト
図4　共観福音書の小黙示録のキリスト像――再臨のキリスト
図5　ヨハネによる福音書のキリスト像――再臨＝想起・現前のキリスト

図4

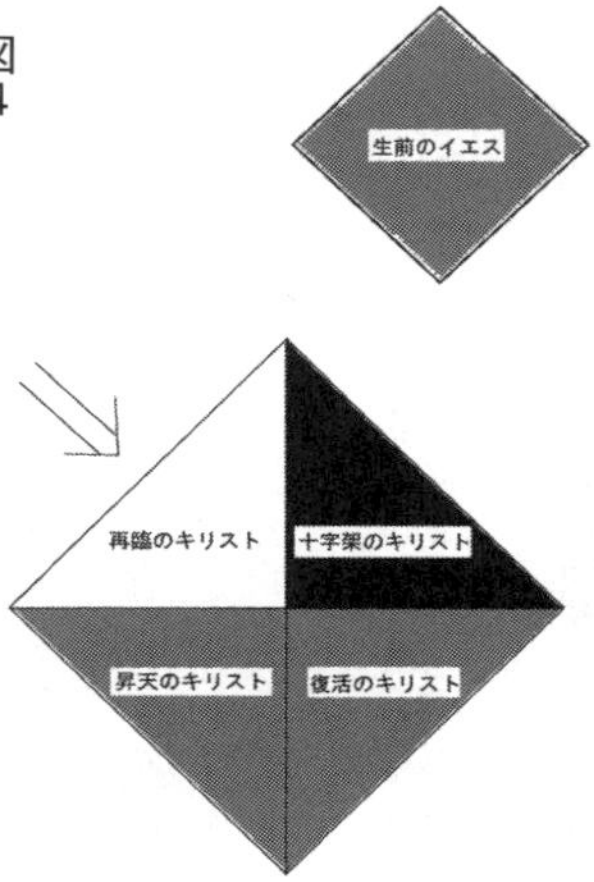

図3

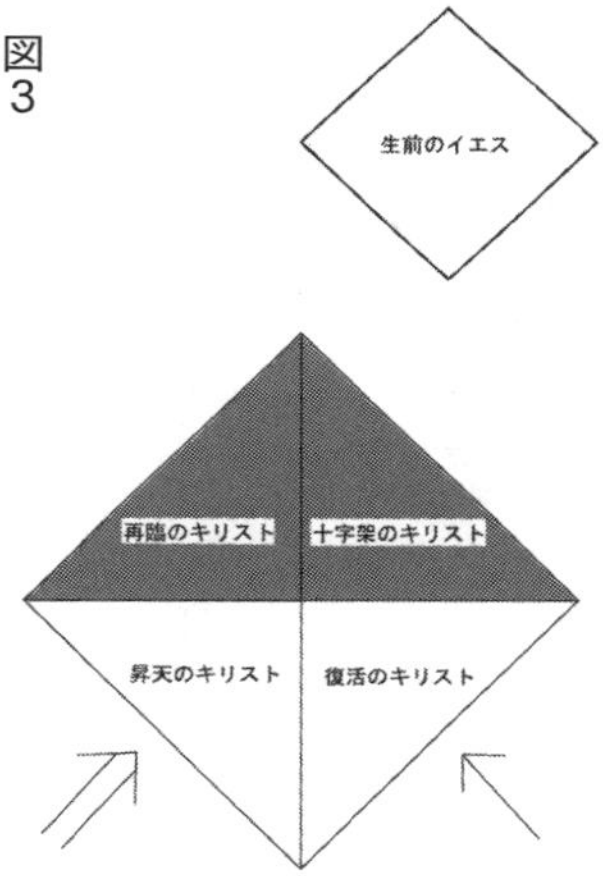

図5

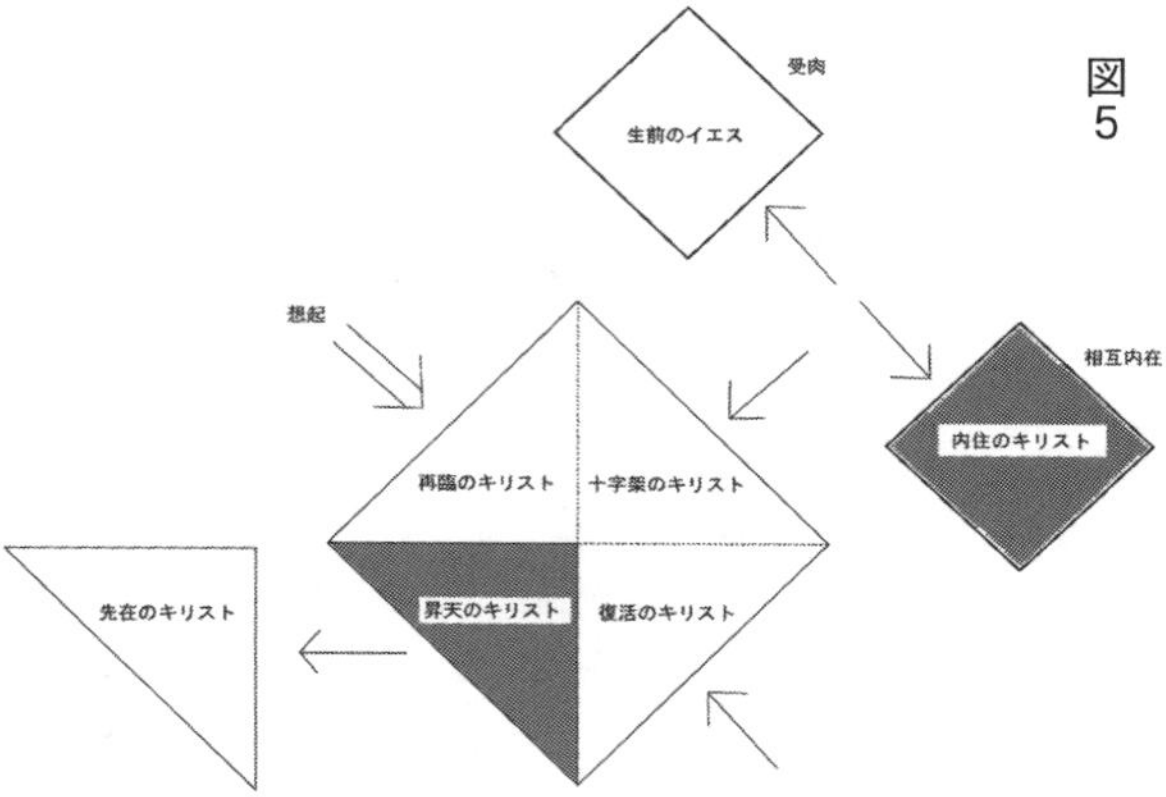

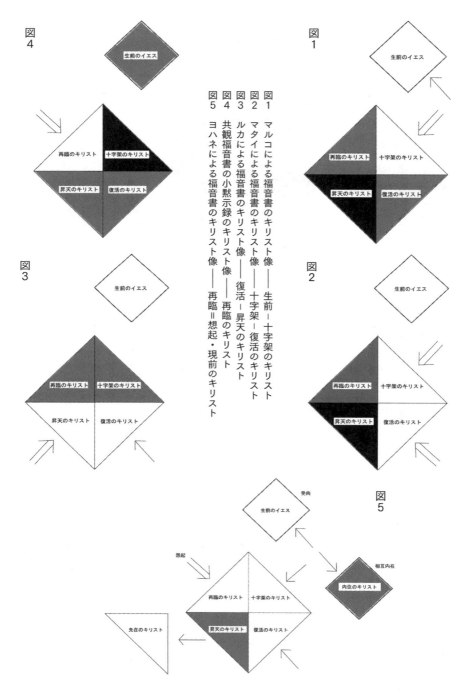

前頁の図の一覧を見ていただくと、四福音書は「生前のイエス」を共通の土台としつつ、それぞれが、「十字架のキリスト」「復活のキリスト」「昇天のキリスト」「再臨のキリスト」の各側面をバランスよく担っていることがお分かりいただけるかと思います。

エイレナイオスはかつて、四福音書についてこのように語りました。

《福音書はあの［四つの］ものだけが真のもの、堅固なものであって、上述したものより多くもなければ少なくもない。このことは、これほど沢山のことによって示した。すべては神が集め、調和させたのであるから、福音書の形は当然うまく集められ、上手に結び合わされたもののはずである》（『異端反駁』第3巻11・9）[253]

すべては神が集め、調和させたのであるから、四つの福音書の間には統一的な秩序が存在しているはずである——。本論の仮説は、この統一性の内実を論証することを目指すものでもあります。四福音書の内には法則性、言い換えると、はっきりとした相互補完性があるというのが本論の考えです。

仮説②
四福音書のキリスト像の相互補完性①
……十字架－復活－昇天－再臨のキリスト

そしてこれらの側面（十字架－復活－昇天－再臨）を組み合わせると、「信仰告白のキリスト」が立ち現れます。初期カトリック教会（古代教会）の時代より信条で言語化されてきたキリスト像です。

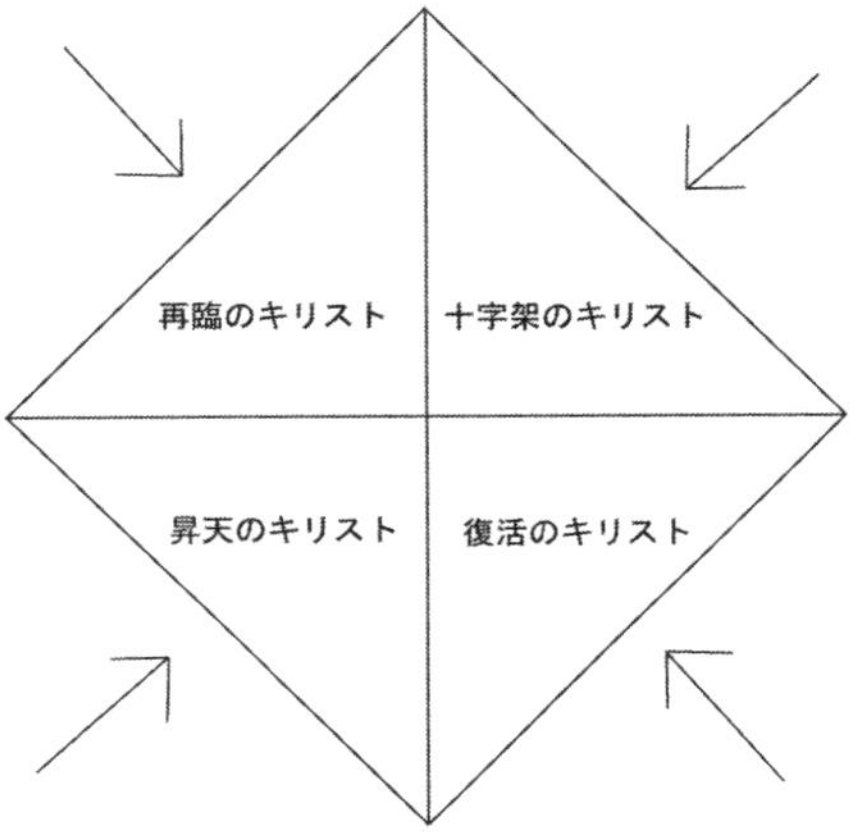

信仰告白のキリスト

十字架－復活－昇天－再臨のキリスト ……信仰告白のキリスト

例として、代表的な古代信条である「使徒信条《しとしんじょう》」[254]を見てみましょう。使徒信条は伝統的に、《新約聖書の教えの簡潔で適切な要約》[255]であると言われます。主に西方教会で受け容れられてきたものですが、伝統的なキリスト教信仰の枠組みを提供しているものだと言えるでしょう。

次頁に引用しているのは使徒信条の第二項の「子なる神（＝キリスト）」に関する部分[256]です。この部分は簡潔な文言で、「信仰告白のキリスト像」の大枠（十字架－復活－昇天－再臨のキリスト像）を提示しています。

《十字架につけられ、死にて葬られ》は十字架のキリストを指し示し、《三日目に死人のうちよりよみがへり》は復活のキリストを指し示し、《天に昇り、全能の父なる神の右に座したまへり》は昇天のキリストを指し示し、《かしこより来たりて、生ける者と死ぬる者を審きたまはん》は再臨のキリストを指し示しています。これらの諸キリスト像が組み合わさると、信仰告白のキリスト像とその大枠が立ち現れます。

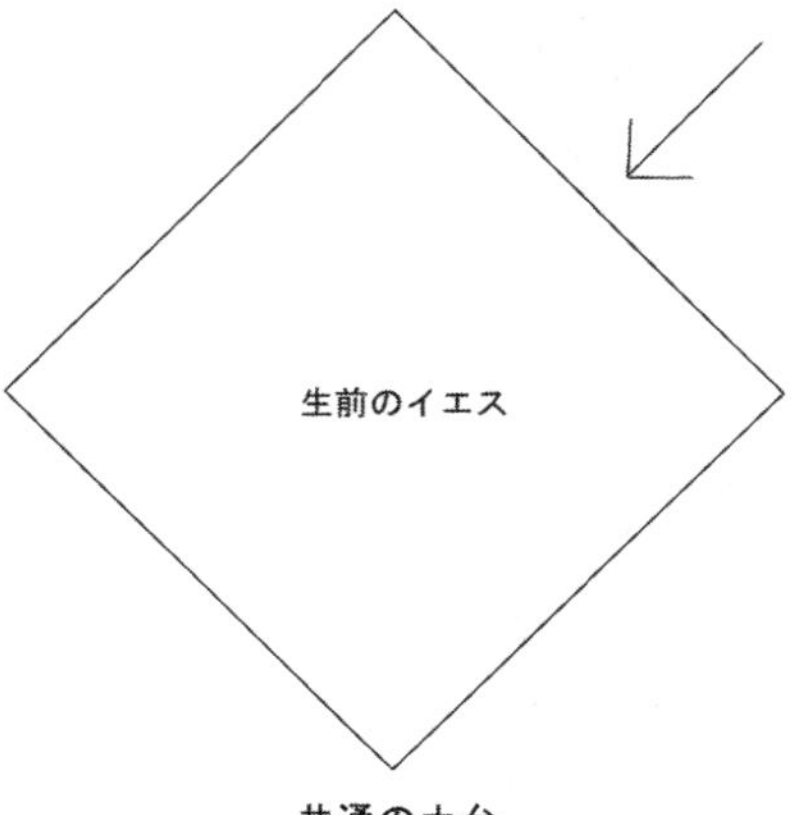

共通の土台

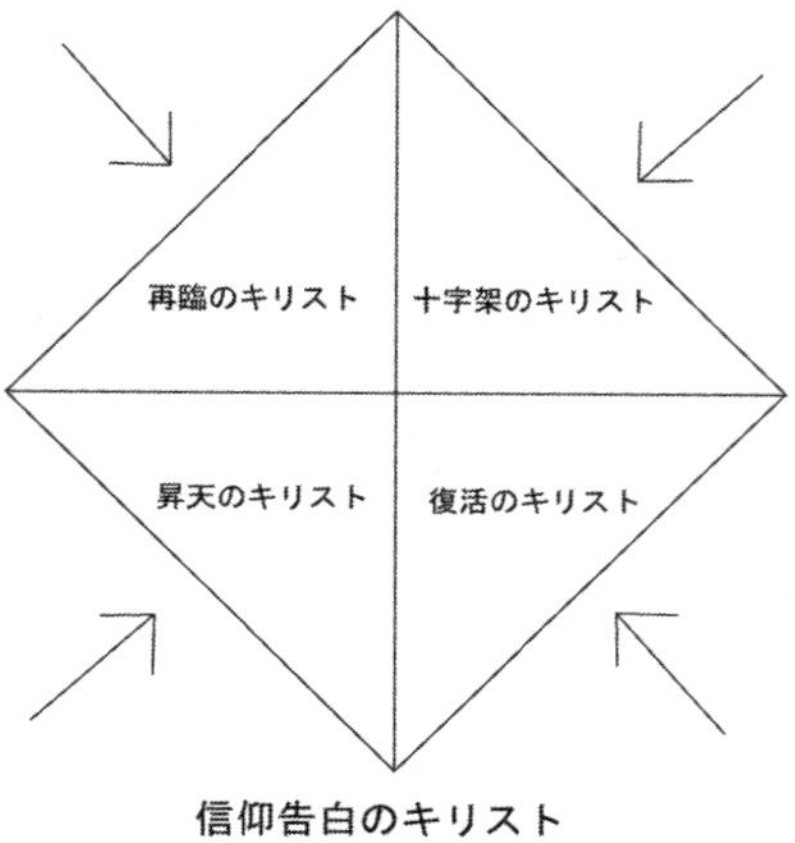

信仰告白のキリスト

また、冒頭の《処女《おとめ》マリヤより生れ》は受肉の出来事および生前のイエスを指し示しています。これは信仰告白のキリストの枠組みの土台の部分に相当します。

この使徒信条に代表される信仰告白のキリスト像の大枠を形成せしめた主要な動力のひとつ[257]が、四福音書であると本論は考えています。四福音書に内在する固有のキリスト像とその相互補完性が、キリスト教信仰の最も基本的な枠組みの形成を促していったと[258]言えるのではないでしょうか。

使徒信条（第二項）
《…処女マリヤより生れ（＝**受肉**）、ポンテオ・ピラトのもとに苦しみを受け、十字架につけられ、死にて葬られ（＝**十字架**）、陰府にくだり、三日目に死人のうちよりよみがへり（＝**復活**）、天に昇り、全能の父なる神の右に座したまへり（＝**昇天**）、かしこより来たりて、生ける者と死ねる者とを審きたまはん（＝**再臨**）。…》。（カッコ内の太字は筆者による）

253　小林稔訳、前掲書、46、47頁。
254　ラテン語で「symbolum apostolorum（使徒たちの信条）」。使徒信条が現在のかたちになったのは8世紀です（ピルミニウスの信条）。その原型は古代ローマの地域信条であった「古ローマ信条」（遅くとも4世紀には成立）に遡ると言われます。使徒信条の成立史および受容史については、本城仰太氏の『使徒信条の歴史』（教文館、２０２３年）を参照。同書は最新の使徒信条成立史を踏まえつつ、平易な文章で、使徒信条がどう成立し受容されていったかを概説しています。古ローマ信条の本文については『原典　古代キリスト教思想史３　ラテン教父』（小高毅編、教文館、２００１年）182―187頁も参照。
255　C・E・B・クランフィールド『使徒信条講解』（関川泰寛訳、新教出版社、１９９５年）、9頁。
256　使徒信条の本文は、日本基督教団讃美歌委員会編『讃美歌21』（日本基督教団出版局、１９９７年）146頁より引用。
257　ただし、四福音書以外の新約文書が信仰告白のキリスト像の枠組みの形成にどのように関与しているかについては本論は取り上げていません。特にパウロ書簡のキリスト像について言及していないのは、大きな不足点であると受け止めています。その他の新約文書（特にパウロ書簡）のキリスト像についての考察は今後の課題としたいと思います。
258　エイレナイオスの『異端反駁』にもすでに同様の（キリスト教信仰の基本的な）枠組みが示されています。使徒信条と文言は違えど、その基本的な枠組み（信仰告白のキリスト像の大枠）は共通していることが分かります。このことからもエイレナイオスが福音書をマルコ－マタイ－ルカ－ヨハネの四つに限ったことには必然性があったことが分かります。

使徒信条のキリスト告白は、御子の誕生からすぐに受難へと飛びます。その間のイエスの生涯については言語化されていません。使徒信条はあくまで信仰告白のキリストを指し示す告白であるからです。

この点に関して、北森嘉蔵《かぞう》氏は次のように述べています。《使徒信条におけるキリスト告白は、イエスの誕生から直ちに「受難」へと飛びます。「ポンテオ・ピラトのもとに苦しみを受け、十字架につけられ、死にて葬られ、陰府にくだり」。この飛躍はいささか乱暴のように見えるかもしれませんが、キリスト告白が救いに必要なことだけにしぼられるとすれば、このような形になるでありましょう》[259]。

北森氏によると、イエスの生の部分が飛ばされていたとしても、使徒信条において救いに必要なこと――十字架と復活と昇天と再臨の出来事――は抽出され、はっきりと語られているということになります。北森氏は伝統的な「信仰告白のキリスト像」の枠組みに依拠してこの文章を書いているということが分かります。キリスト教は古代より伝統的に、十字架－復活－昇天－再臨の側面に神性（キリストの現存と救いのリアリティ）を見出してきました。

2 キリストの神性と人性
――伝統的なキリスト教信仰の基本構造

「信仰告白のキリスト（十字架－復活－昇天－再臨のキリスト）」と「生前のイエス」の関係を図で表すと以下の通りになります。

下の図形において、十字架－復活－昇天－再臨は「四本の柱（四側面）」[260]を形成しています。生前のイエスの側面はそれらの柱を支える

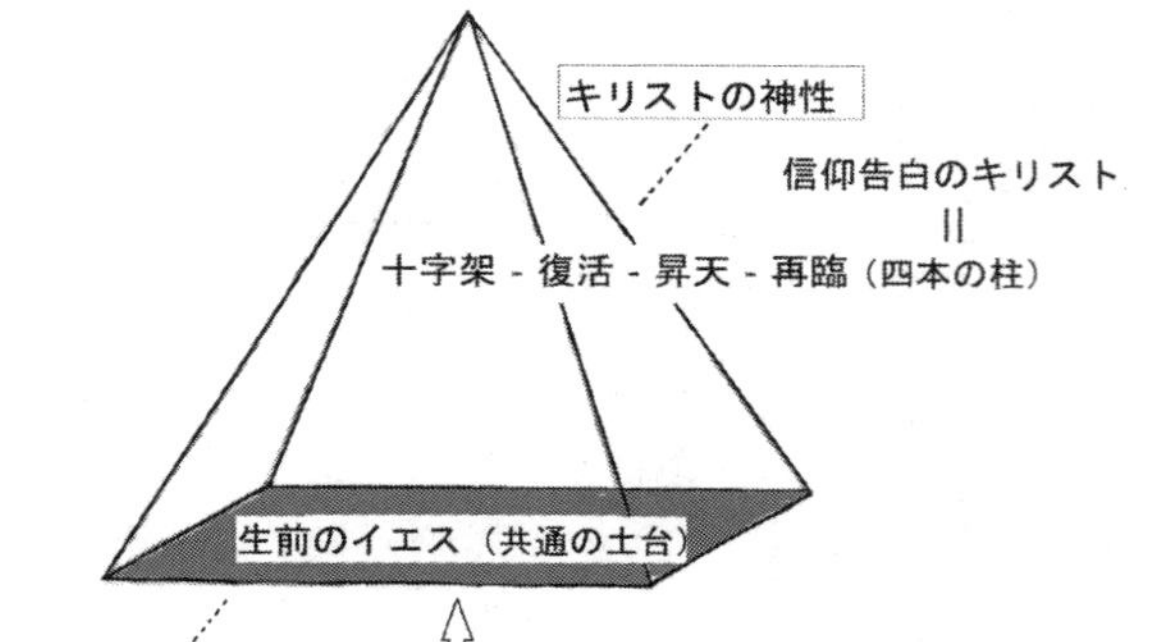

～伝統的なキリスト教信仰の基本構造～

「共通の土台（底面）」です。四本の柱はキリストの神性を指し示し、土台の部分はキリストの人性（イエスの人間性）を指し示しています。

生前のイエス（キリストの人性）を土台とし、十字架‐復活‐昇天‐再臨のキリスト（＝信仰告白のキリスト。キリストの神性）を柱とする正《せい》四《し》角錐《かくすい》——これが伝統的なキリスト教信仰の基本構造です（前頁の図は本論が独自に作成したものです。通説として、このような図が存在するわけではありません）。

この基本的枠組みにおいて、キリストの神性と人性はそれぞれに固有性を保っています。イエス・キリストは「まことの神であり、まことの人である」[261]。と同時に、互いに切り離しがたく結び付いています。すなわち、両者

『異端反駁』第3巻4・2《天と地とそこにあるものすべての創造主なるひとりの神［と］神の子キリスト・イエス、すなわち自分が形成したものへの溢れる程の愛の故に処女からの誕生に身を服し（＝**受肉**）、自らを通して人を神と一致させ［た方］、ポンティウス・ピラトゥスのもとで苦難を受け（＝**十字架**）、復活して（＝**復活**）栄光のうちに挙げられ［た方］（＝**昇天**）、救われる人々の救い主・裁かれる人々の裁き主として栄光のうちに来る（＝**再臨**）こととなっており、真理を変える人々や、その父［を軽んじ、］また彼の再臨を軽んじる人々を永劫の火に送る方［を］》（小林稔訳、前掲書、13頁。カッコ内の太字は筆者による）。

259 北森嘉蔵『日本基督教団　信仰告白解説　増補改訂版』（日本基督教団出版局、1968年）、70頁。

260 エイレナイオスは四福音書を《信仰の基礎・柱》（『異端反駁』第3巻1・1、小林稔訳、前掲書、6頁）、《教会の柱であり、支えである》（『異端反駁』第3巻11・8、同、43、44頁）と形容しています。《彼らは［福音］をまず［口頭で］宣べ伝え、その後、私たちの信仰の基礎・柱となるはずのものとして、神の意思により、書物で私たちに伝えたのである》（『異端反駁』第3巻1・1）。

261 カルケドン信条より。カルケドン公会議（451年）において採択。5世紀になると、イエスは《真の神であり、同時に……真の人間である》とはっきりと信条で定式化されるようになります。《われわれの主イエズス・キリストは唯一の同じ子である。彼は神性を完全に所有し、同時に人間性を完全に所有する。真の神であり、同時に理性的霊魂と肉体とから成る真の人間である。神性において父と同質であるとともに、人間性においてわれわれと同質である》（デンツィンガー・シェーンメッツァー『カトリック教会　文書資料集　信経および信仰と道徳に関する定義集』、A・ジンマーマン監修、浜寛五郎訳、

は「混合はされず、分離もされない」[262]関係にあります。

3　2世紀後半〜5世紀のキリスト教会――信仰告白のキリストとその枠組みの形成

（1）「違いがありつつ、ひとつ」である在り方

これまで述べてきた事柄から汲み取ることができるのは、「違いがありつつ、ひとつ」である在り方です。違いを排してひとつになるのではなく、違いを通してひとつに結び合わされている関係性を四福音書の中に見出すことができます。

四福音書における「違いがありつつ、ひとつ」である在り方を改めて提示していくことは、キリスト教会においてのみならず、私たちが生きる社会においても重要な使信となり得るのではないかと考えています。

ただし、ここで実現されているのはあくまで生前のイエスを共通の土台（前提）とする、信仰告白のキリストの枠組みの内における一致です。限定された枠の中での一致であり、この枠組みから外れるものは認められない（＝『異端』とされる）性質があります。現代の私たちが用いている意味での多様性の認識は、当時の人々はまだもっていなかったと言えるでしょう。枠の内側においては「違いがありつつ、ひとつ」なる在り方が実現されている一方で、枠の外側に向けては一転、異なる思想信条を排する強い力が働いています。

これはまさに、新約正典の結集が行われた時代のキリスト教会において起こっていた事象であったと言えるでしょう。「信仰告白の

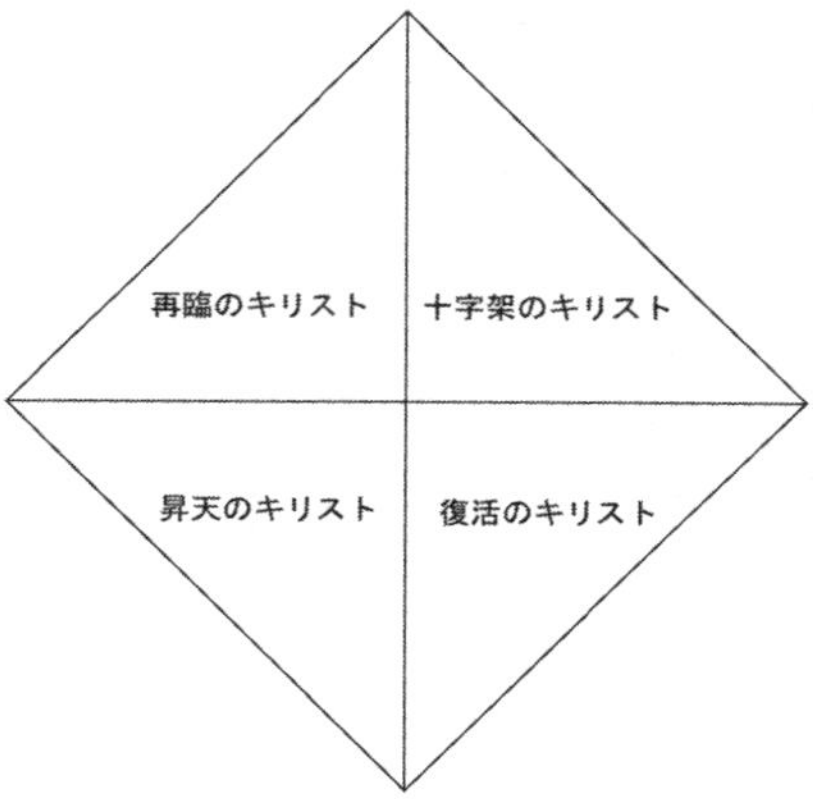

信仰告白のキリスト
〜違いがありつつ、ひとつ〜

キリスト」の枠組みの形成に参与した人々（後の正統教会となっていった人々）は互いに協働し合う一方で、その枠からはみ出す考えをもつとみなした人々には「異端」のレッテルを貼っていきました。教会を破壊する危険な考えであるとして厳しく断罪していったのです。

（2）生まれ出ようとするものを守るための厳しさ

異なる教えを「異端」として断罪していったという負の歴史を踏まえた上で、今を生きる私たちは、なぜ当時の人々がそこまで排他的な姿勢を取っていたのかを考える必要があるでしょう。主流派となっていった人々のその厳しさは、一体どこから生じるものであったのか。本論が考えていることは、それは、「生まれ出ようとするものを守るための厳しさ」であったのではないかということです。

エンデルレ書店、1974年、69頁）。

262 古代教会においては、キリストの神性と人性の関係性をどのように説明するかを巡って様々な立場がありました（＝キリスト論論争）。両性（神性と人性）の結合の理解を巡り、431年に開かれたエフェソス公会議ではいわゆる「ネストリオス派」が異端とされ、前述のカルケドン公会議では「非カルケドン派」が異端として排斥されました（参照：三代川寛子編著『東方キリスト教諸教会　研究案内と基礎データ』、明石書店、2017年、4－7頁）。多数派となった「カルケドン派」はその後分裂し（1054年）、ローマ・カトリックとギリシア正教に分かれていくこととなります。

しかし現在の視点から振り返ると、「ネストリオス派」と「非カルケドン派」が「異端」とみなされたことは不適切であったと受け止めることができます。両者は両性の結合に関する理解や説明の仕方（どこに強調点を置くか）が異なっていたのであって、190頁の図で示したキリスト教信仰の基本構造は共有していたと考えるからです。

カルケドン信条より。《同じ唯一のキリストなる子、主なるひとり子であり、二つの本性において、混合、変化、分割、分離せずに存在する。この結合によって二つの本性の差が取去られるのではなく、むしろ各々の本性の特質は保存され、（両方の本性は）唯一のペルソナ（位格）と唯一のヒュポスタシス（自存者）にともに含まれている。また存在するのは二つのペルソナに分離し分割されたものではなく、唯一の同じひとり子、神のみことば、イエズス・キリストだけである》（『カトリック教会　文書資料集　信経および信仰と道徳に関する定義集』、A・ジンマーマン監修、浜寛五郎訳、69、70頁）。

2世紀後半から5世紀にかけて、四福音書に内在する相互補完性が動力のひとつとなって、新しいキリスト像――信仰告白のキリスト像が生み出されていきました。正統教会に属する人々は、その信仰告白のキリスト像を「守り育む」ことに、己の実存を懸けていたのだと言えます。

この時代、膨大なるエネルギーが注がれたのが、信仰告白のキリスト像を現出させ、はっきりと可視化させることでした。多くの人がこの一点に向かって――意識する、しないを超えて――衝き動かされていたのだと受け止めています。(いわば最小の範囲における)キリスト教の枠組みを創ることに集中していた時代であったのです。現代の私たちの視点からすると、正統教会に属する人々が四福音書にいち早く使徒的権威を認めたことも必然性があったのだと受け止めることができます。四福音書のそれぞれがもつ固有のキリスト像とその相互補完性を主な動力のひとつとして、まずは信仰告白のキリストとその枠組みが生み出されなければならなかったからです。

(3) 枠組みの堅持に意識が向いていた時代

キリスト教信仰の基本的枠組みが確立される過程において、特に重要な役割を果たしたのが信条です。使徒信条をはじめとする古代信条の形成を通して、信仰告白のキリスト像とその枠組みがはっきりと言語化されていきました。

そしてひとたびそれが信条として言語化され確立されると、今度はその枠組みを「堅持する」方向へと人々の意識は向いていくこととなります。枠の内側において、実は異なるキリスト像とその信仰理解が共存していることについては、長らく人々の意識が向くことはありませんでした。それぞれの福音書がもつ固有性は、いわば「あいまいなまま」認識され続けていったのです。

4　宗教改革時の聖餐論――その相違と相互補完性について

（1）枠の内側の相違に意識が向いた時代 ―― 宗教改革の時代

これまでのキリスト教の歴史において、枠の内側の相違に最も鋭く意識が向いた時代がありました。それが、宗教改革の時代です。この時代、信仰告白のキリストの枠組みの内部において、大きな意識の変化が起こったのだと本論は考えています。

ジャン・カンヴァン

フルドリッヒ・ツヴィングリ

マルティン・ルター

ルター（Martin Luther, 1483 - 1546）、ツヴィングリ（Huldrych Zwingli, 1484 - 1531）、カルヴァン（Jean Calvin, 1509 - 1564）ら（上記写真）をはじめとする宗教改革者たちは、伝統的なキリスト教信仰の基本構造を共有している点においては完全に一致していました。しかし、キリスト教信仰の四本の柱 ―― 十字架－復活－昇天－再臨のどの側面を重視しているかについては違いがありました。宗教改革者たちは、意識する・しないに関わらず、自身の資質や経験によって、これらの四つの側面の内のいずれかひとつに特に重きを置いていたというのが本論の考えです。基本的な枠組みを共有していても、そこに内在する各側面のいずれを強調するかによって、その信仰理解や神学的パラダイムには相違が生じてきます。

興味深いのは、彼らのそれぞれが、異なるキリスト像に重きを置いていたという点です。ルター、ツヴィングリ、カルヴァンら代表的な神学者たちはそれぞれ、その資質や経験により、異なったキリスト像に重きを置き、自身の神学の土台に据えていったのです。そしてそのことに互いに思い至らぬまま、激しい論争に突入していきました。

(2) 宗教改革時の聖餐論——その相違と相互補完性について

宗教改革者たちの間にある相違が最もはっきりと浮上したのは、聖餐《せいさん》論争を通してでした。

◎**聖餐**

キリスト教の礼拝の中心に位置付けられてきた共同の食事のこと。式の中で提供されるのは、パンとぶどう酒。「交わりの食事(Communion)」「主の晩餐(the Lord's Supper)」「聖なる晩餐(the Holy Supper)」「ミサ(the Mass)」とも呼ばれる。プロテスタント教会は洗礼とこの聖餐の二つを聖礼典《せいれいてん》(サクラメント)と呼ぶ。

宗教改革者たちは聖餐論争において、自己の主張のみ「正しい」ものとして絶対化し、相手の主張を全否定しようとしました。自己の神学を絶対化し、自分とは異なる神学的主張をする相手を一方的に断罪していったのです。

その罪責を踏まえた上で、今を生きる私たちは、聖餐を巡る論争に重要な意味も見出すことができます。それは、そのように激しく対決することによって、それぞれが拠《よ》って立つキリスト像がより明確に——混同されることなく、一方に同化されることもなく——言語化されていったことです。

宗教改革時の聖餐論争の重要な貢献のひとつに、「四福音書に内在する諸『キリスト像』の可視化」があります。論争を通してイエス・キリストの各側面(十字架－復活－昇天－再臨)の言語化が進み、福音書に内在するキリスト像がより尖鋭に可視化されることが起こったのです。宗教改革者たちは自らが拠って立つ聖餐論を言語化していくことを通して、福音書に内在するキリスト像とその神学的パラダイムの内実をより詳細に言語化していく作業を——おそらく意識せずに——行っていきました。

～宗教改革時の聖餐論争の重要な寄与～
四福音書に内在する諸「キリスト像」（十字架 - 復活 - 昇天 - 再臨）の可視化

現代に生きる私たちは宗教改革者たちの聖餐論を概観することを通して、福音書に内在するキリスト像とその神学的パラダイムをより深く理解していくことができます。彼らの聖餐論を通して、福音書に内在するキリスト像をさらにはっきりと可視化することができるからです。ここに、宗教改革時の聖餐論争の重要な寄与[263]があります。

前述しましたように、ルター、ツヴィングリ、カルヴァンら代表的な神学者たちはそれぞれ異なるキリスト像に重きを置き、自身の神学の土台としていきました。よって各人の聖餐論が異なったものとなるのも必然的なことでしたが、後世の私たちから見ると、そこに、ある「相互補完性」[264]を見出すことができます。すなわち、「違い

263　宗教改革時の聖餐論争の重要な寄与としてもうひとつ、「多様なプロテスタント諸『教派』の誕生」が挙げられるでしょう。聖餐論争を通して教会は分裂しましたが、そのことは同時に、多様なプロテスタント諸「教派」の誕生へとつながっていきました。聖餐論の相違で —— 特にその土台となっているキリスト論の相違で —— 一致できなかったからこそ、結果、様々な教派が生まれ出ることができたとも言えるのです。互いに頑なな態度で挑み合ったことにより、混合されたり、どちらか一方に同化されることなしに、それぞれの固有の信仰が保たれることとなりました。

その誕生の過程においては大きな痛みが伴い、深い傷がもたらされました。その傷はいまだに癒えていない部分もあるかもしれません。これらの痛みには意味があったのだということは、当時から500年経った今だからこそ言えることなのかもしれません。また、そのことによって、互いに断罪し合ったことの過ちが免責されることにはならないというのはもちろんのことです。

264　宗教改革当時は、この相互補完性は意識されてはいませんでした。むしろ論争の結果、生じたのは教会の分裂であり、人々の分断でした。当時は意識されることのなかったこの相互補完性を明らかにしていくことは、分断によって生じた傷、痛みを癒すことにもつながっていくのではないでしょうか。

がありつつ、ひとつ」である関係性です。宗教改革時の聖餐論は本来、対立し合う関係にはなく、互いに補完し合う関係にあったというのが、本論の考え（仮説）です。宗教改革時の聖餐論についての詳しい考察は、今後の課題としたいと思います。

5　近現代――生前のイエスの側面の言語化

（1）枠の外側に意識が向いた時代――近現代

信仰告白のキリストの枠の内側の相違に意識が向いたのが宗教改革の時代であることを述べました。その後、近現代になると、信仰告白のキリストの枠の外に人々の意識が向いていくこととなります。信仰告白のキリストの枠組みと切り離しがたく結び付いていながらも（隣接していながらも）、それまでの伝統的な理解では信仰の枠の外とみなされていた領域です。それが、「生前のイエス」の内実の領域です。

（2）聖書学の発展――「歴史的なイエス（史的イエス）」の復元

近現代以降、生前のイエスの側面がはっきりと言語化されるようになりました。重要な役割を果したのは、聖書学です。聖書学の発展により、福音書の中から原始キリスト教会の伝承部分や福音書記者による編集部分を取り除き「歴史的なイエスの復元」を試みることが可能となっていきました。

原始キリスト教会の伝承や福音書記者の編集を通して提示されているキリスト像は「ケリュグマ（宣教）のキリスト」と呼ばれ、それらの編集を取り除いて復元された（復元を試みられた）イエス像は「史的イエス」と呼ばれます。「生前のイエス像」は言うまでもなく、「史的イエス」と密接な関係をもっています。

聖書学の視点からすると、福音書そのものの中に、ケリュグマのキリストと史的イエスという相違したキリスト像が内在していることになります。20世紀になると、神学の領域においては両者の相違が緊張関係をもって意識されるようになりました。

日本で早い時期からこの問題を論じて来た一人に新約学者の八木誠一氏がいます。八木氏は1969年に出版された『キリストとイエス』において、《新約聖書自身の中にひとつの対立があること、「歴史のイエスか信仰のキリストか」という、信仰の対象ないし根拠そのものについての見解の相違がある事が示される。新約思想を全体として理解しようとする限り、この対立を無視することはできない》[265]と述べています。

〜福音書に内在する異なるキリスト像〜

ケリュグマのキリスト……原始キリスト教会の伝承や福音書記者の編集を通して提示されている信仰的なキリスト像

史的イエス……原始キリスト教会の伝承や福音書記者の編集を取り除いて復元された歴史的なイエス像

近代以前は、ケリュグマのキリストと史的イエスの緊張関係は意識されることはありませんでした。信仰的なキリスト像も歴史的なイエス像も切り離されることなく、一体であったからです。人々は新約聖書が提示するキリスト像が歴史的なイエス像であると素朴に受け止めて来ました。

しかし近現代（特に20世紀）以降、聖書学の発達（様式史、編集史などの研究方法の発展）により、ケリュグマのキリストと史的イエスの緊張関係が意識されるようになり、様々な人々によって史的イエスの復元が試みられる

265　八木誠一『キリストとイエス　聖書をどう読むか』（1969年）、18頁。

ようになりました。こうして、生前のイエス像の枠組みとそれに基づく神学的なパラダイムが新たに言語化される準備が整えられていったのです（ケリュグマのキリストと史的イエスの問題に関しては、第二部で改めて詳述します）。

（3）「生前のイエス」の内実の言語化

このように、いわゆる「史的イエス」の探求が始まるに伴い、歴史的人物であるイエスの言葉と振る舞いに焦点が当てられ、四福音書共通の土台である「生前のイエス」の内実がはっきりと言語化されるようになっていきました。古代教会においては生前のイエスの内実ではなく、キリストの人性および受肉論が問題とされていました。生前のイエスの内実が問題とされるようになったのは近現代以降のことです。そうしてその結果、「一人の人間としてのイエスがどう生きたか」に最重要の意義を置く神学的パラダイムが誕生することとなります。

このパラダイムにおいては、福音書に内在するイエスの生涯に神の現存と救いのリアリティが見出されます。言い換えますと、歴史的人物であるイエスの「生（言葉と振る舞い）において」神が現されたとみなされるのです。ここに、このパラダイムの固有性および新しさがあり、これまで述べてきた信仰告白のキリストの神学的パラダイムとの相違があります。

「生前のイエス像」の枠組みの理解
……歴史的人物であるイエスの「生（言葉と振る舞い）において」神が現された

信仰告白のキリストの枠組みは生前のイエスを共通の土台としながらも、決定的な救いのリアリティは十字架―復活―昇天―再臨の四側面に見出していました。対して、この新しい生前のイエスの枠組みは、イエスの生（言葉と振る舞い）に最重要の意義を見出します。[266] いわば福音書記者の元来の意図[267]を超えて、生前のイエスの生（言葉と振る舞い）に最重要の意義を見出すのが「生前のイエス像」の神学的パラダイムです（このパラダイムは特に20世紀後半に確立）。

例として、森野善右衛門《ぜんえもん》氏の文章を引用します。森野氏は北森嘉蔵氏とは対照的に、使徒信条においてイエスの生涯が語られていないのは今日の告白としては不十分だとしています。

《しかしさらに重大な問題は、使徒信条ではキリストの生涯について、「おとめマリアより生まれ」からすぐに「ポンテオ・ピラトのもとに苦しみを受け　十字架につけられ　死にて葬られ」と続き、その間のイエスがどのような人々と共にすごし、地上の生涯をどのように歩まれたかについての言い表わしが欠けていることである。いわばイエスはベツレヘムからゴルゴダに直行して、その間の中間項が欠けているのである。

一九二〇年代に若き日のボンヘッファーは、すでにこの問題について「使徒信条第二項（子なる神に関する部分）にイエスの地上の生涯を十分に示すものがない」（E・ベートゲ『ボンヘッファー伝』I 一七七頁）。そこで「たとえば使徒信条は今日の告白としては十分ではない」（『教会の本質』六一頁）と見ていたのである》。[268]

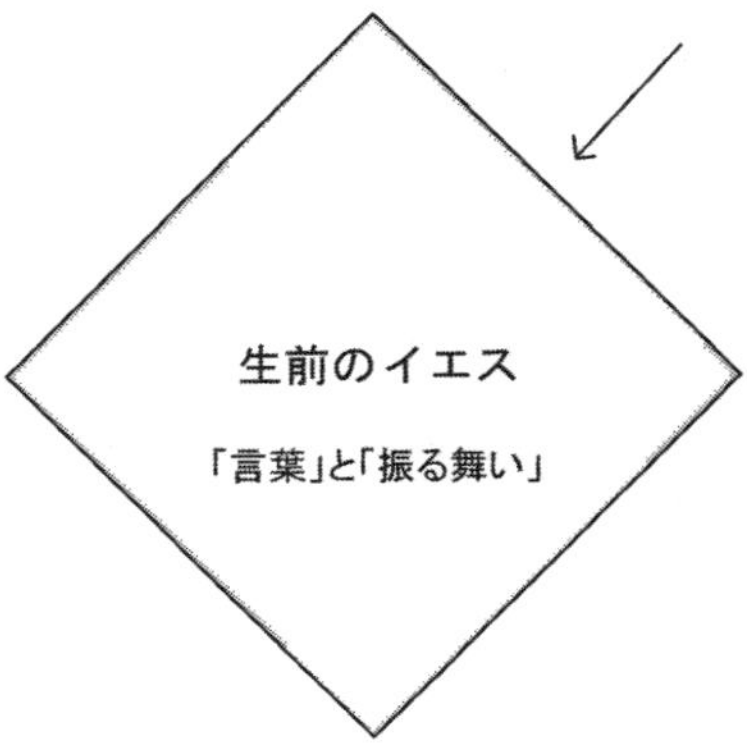

266 信仰告白のキリスト像は四福音書が意識的に提示する「キリスト像」に基づいており、生前のイエス像は四福音書が素材としている「史的イエス証言」に基づいていると受け止めることができます。

267 たとえば、マルコによる福音書においては、十字架のキリスト（の神性）が生前のイエス（人性）を規定しています。マルコがキリストの現存と救いのリアリティを見出しているのは十字架のキリストの側面であるからです。対して、「生前のイエス」を最重要視する枠組みにおいては、生前のイエスが信仰告白のキリストを規定していると受け止めることができます。キリストの神性は必ずしも前提とはせずに、一人の人間としてのイエスの生に最重要の意義を見出そうとするものであるからです。

森野氏は信仰告白のキリストだけではなく、生前のイエスにも強調点を置く立場であることが分かります。より具体的に言うと、人間イエスが《地上の生涯をどのように歩まれたか》にも重きを置く立場だと言えるでしょう。

古代教会において議論となったのは、たとえば、「キリストはまことの人間であったか」という問いでした。あくまでキリストの人性（および受肉論）が議論の争点であり、歴史的人物であるイエスの言葉と振る舞いにスポットが当てられることはなかったのです。使徒信条のキリスト告白が御子の誕生からすぐに受難へと飛ぶことも、古代教会においてはそもそも「一人の人間としてのイエスがどう生きたか」を問う視点がいまだ存在していなかった（少なくとも神学論争の次元においては）ことが要因として関係しているでしょう。

◎「信仰告白のキリスト」

「十字架のキリスト」「復活のキリスト」「昇天のキリスト」「再臨のキリスト」で構成。

これら四つの側面が合わさって、古代より受け継がれた伝統的な信仰の枠組みを形成。

◎「生前のイエス」

近代以降、聖書学の発展によりその内実が言語化。人間イエスの言葉と振る舞いを重視する傾向。

古代教会においては「生前のイエス」の内実ではなく、「キリストの人性」および「受肉論」が問題となった。

6　仮説③　四福音書のキリスト像の相互補完性 ②
――信仰告白のキリストと生前のイエス

（1）四福音書のキリスト像の相互補完性 ②――信仰告白のキリストと生前のイエス

改めて、信仰告白のキリストと生前のイエスの関係性を図で示します。

四福音書は生前のイエスを共通の土台としつつ、十字架－復活－昇天－再臨の側面を相互に補完し合っているというのが本論の仮説②でした。この相互補完性は、生前のイエスと信仰告白のキリストの間にも見出すことができます。「信仰告白のキリストの側面と生前のイエスの側面には相互補完性がある」というのが、次の第二部で提示したい三つ目の仮説です。

仮説③
四福音書のキリスト像の相互補完性②
……信仰告白のキリストの側面と生前のイエスの側面には
相互補完性がある

信仰告白のキリストと生前のイエスは互いに固有性を保ちつつ、同時にひとつに結び合わされています。両者は「混合はされず、分離もされない」。それは、第2項で述べたキリストの神性と人性の関係性とまったく同じです。ここにも私たちは「違いがありつつ、ひとつ」である関係性を見出すことができます。両者は本来、対立し合う関係にあるのではなく、支え合う関係にあるのだと本論は考えています。

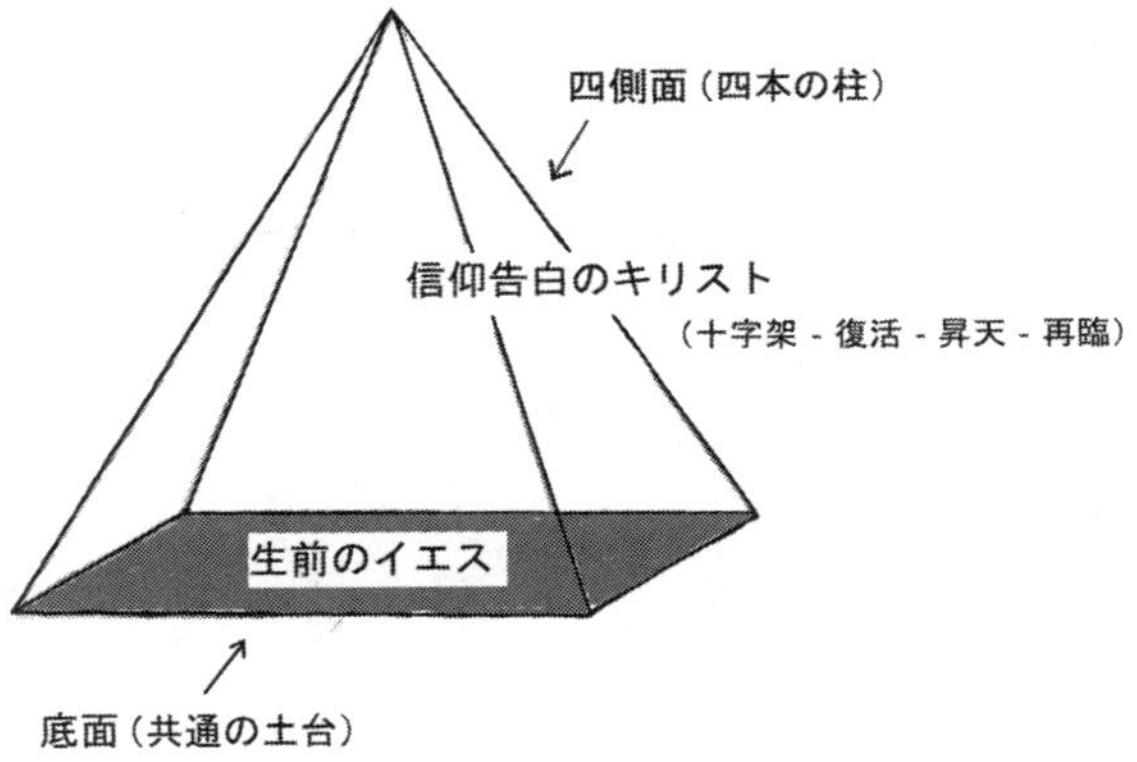

268　森野善右衛門「教団の教会論を問う」（『時の徴　第142号』所収、2015年）、8頁。

（2）伝統的な聖餐論と開かれた聖餐論――その相違と相互補完性について

このことを論ずるにあたって、次の第二部で取り上げたいのが、「伝統的な聖餐論」と「開かれた聖餐論」です。ここでの伝統的な聖餐論とは、古代教会以来の伝統的な信仰の枠組みに依拠する聖餐理解のことを言っています。この伝統的な聖餐理解の特質は、「イエス・キリストへの信仰を前提としている」点です。

キリスト教会は、5世紀のカルケドン派と非カルケドン派の分離、11世紀のカルケドン派のローマ・カトリックとギリシア正教の分離、16世紀のカトリックとプロテスタント諸教派の分離など、様々な分裂を繰り返してきました。しかし、どの教派においても、聖餐の受領にあたってキリストへの信仰を前提としている点においては変わりはありませんでした。宗教改革時代の聖餐論に教派によりかなりの相違があることはすでに述べた通りです。そのように相違はありつつ、「聖餐の受領において求められるのは信仰である」との理解においてははっきりと一致していました。宗教改革者たちの聖餐論争とは、あくまでこの大枠の中で繰り広げられたものでした（そのイエス・キリストへの信仰の内実に多様性があったことはすでに述べ通りです）。伝統的な聖餐論は「洗礼を受けた者のみが聖餐に与《あずか》ることができる」（未受洗者《みじゅせんしゃ》には聖餐は『閉ざされている』）点を共通の理解としています。

> **◎伝統的な聖餐論**
> 古代教会以来の伝統的な枠組みに依拠する聖餐理解。イエス・キリストへの信仰を前提としている点で一致。「洗礼を受けた者のみが聖餐に与ることができる」（未受洗者には聖餐は『閉ざされている』）という共通の理解をもつ。

対して、20世紀の後半から言語化され始めた比較的新しい聖餐論が「開かれた聖餐論」です。開かれた聖餐論は、狭義においては「未受洗者にも聖餐は『開かれている』」と考える立場のことを言います。この新しい聖餐理解では「イエス・キリストへの信仰は必ずしも前提とされない」ことが特質です。「開かれた聖餐＝オープン・コミュニオン」は元々は、教派間の相互陪餐《そうごばいさん》（異なる教派間で聖餐を『開いていく』こと）を指す言葉でした。また、幼児洗礼を受けているが堅信礼《けんしんれい》（信仰告白式）をしていない人に聖餐を開くかどうかの議論もそこには含まれています。この議論においては「受洗」は前提とされています。しかしその後、礼拝に集うすべての人に対して聖餐は「開かれている（オープンである）」べきであるとの理解が生じるようになりました。これが、本論で取り上げる「開かれた聖餐論」です。

元来のオープン・コミュニオンの議論では「洗礼を受けた人が聖餐に与る」というのは共通の理解となっていました。オープン・コミュニオンの議論はあくまで伝統的な聖餐論の枠組みの中でなされているものであったのです。対して、開かれた聖餐論においては、すでに述べた通り、イエス・キリストへの信仰は必ずしも前提とはされません。よって聖餐に与るに際しても、洗礼の有無は問題とはならないのです。元来のオープン・コミュニオンと開かれた聖餐論とでは、もはや前提としている枠組みが異なっていることがお分かりいただけるかと思います。

前提としている枠組み自体が異なるものであったので、当然、伝統的な聖餐理解と新しい聖餐理解との間には緊張と対立が生じることになりました。

◎**開かれた聖餐論**
20世紀になってから言語化されるようになった比較的新しい聖餐理解。イエス・キリストへの信仰は必ずしも前提とされない。「未受洗者にも聖餐は『開かれている』」（洗礼は陪餐の条件とはならない）という新しい理解をもつ。

私の属する日本基督《キリスト》教団では現在、伝統的な聖餐論の立場の人々と開かれた聖餐論の立場の人々との間で対立が生じています。対立が生じ続けていることは悲しむべきことですが、この論争自体には、非常に重要な意義があるものです。この伝統的な聖餐論と開かれた聖餐論の論義を通して、四福音書に内在する「生前のイエス像」がより尖鋭に可視化されることが起こったと考えるからです。

〜宗教改革時の聖餐論争の重要な寄与〜
四福音書に内在する諸「キリスト像」（＝信仰告白のキリスト像）の可視化
〜今日の聖餐論義の重要な寄与〜
四福音書に内在する「生前のイエス像」の可視化

よって、次の第二部では、今日の日本基督教団における聖餐問題を取り上げ、そこに内在する相違と相互補完性について論じていきたいと思います。そしてその相違と相互補完性を考察することを通して、四福音書に内在する信仰告白のキリスト像と生前のイエス像の相互補完性について改めて論じていきたいと思っています。

伝統的な聖餐論と開かれた聖餐論、またそして信仰告白のキリスト像と生前のイエス像は本来、対立し合う関係にはなく、互いに補完し合う関係にあるというのが、第二部で提示したい仮説です。

7 「十全のイエス・キリスト」へ

（1）新たに提示したい視点――「十全のイエス・キリスト」

そしてそのために新たに提示したい視点が、第二部で述べる「十全のイエス・キリスト」という視点です。これは、信仰告白のキリストと生前のイエスが結び合わされることによって立ち現れる（可視化される）、キリスト像です。

「十全」はひとつの欠けもなく、完全であることを意味する言葉です。ここで完全や全体ではなく十全という言葉を用いているのは、「ひとつの欠けもないこと」と「多様性がありつつひとつであること」を強調したいからです。この十全性においては、信仰告白のキリスト像も生前のイエス像もなくてはならないイエス・キリストの側面として確保されます。

十全のイエス・キリスト像を図にすると、下のようになります。

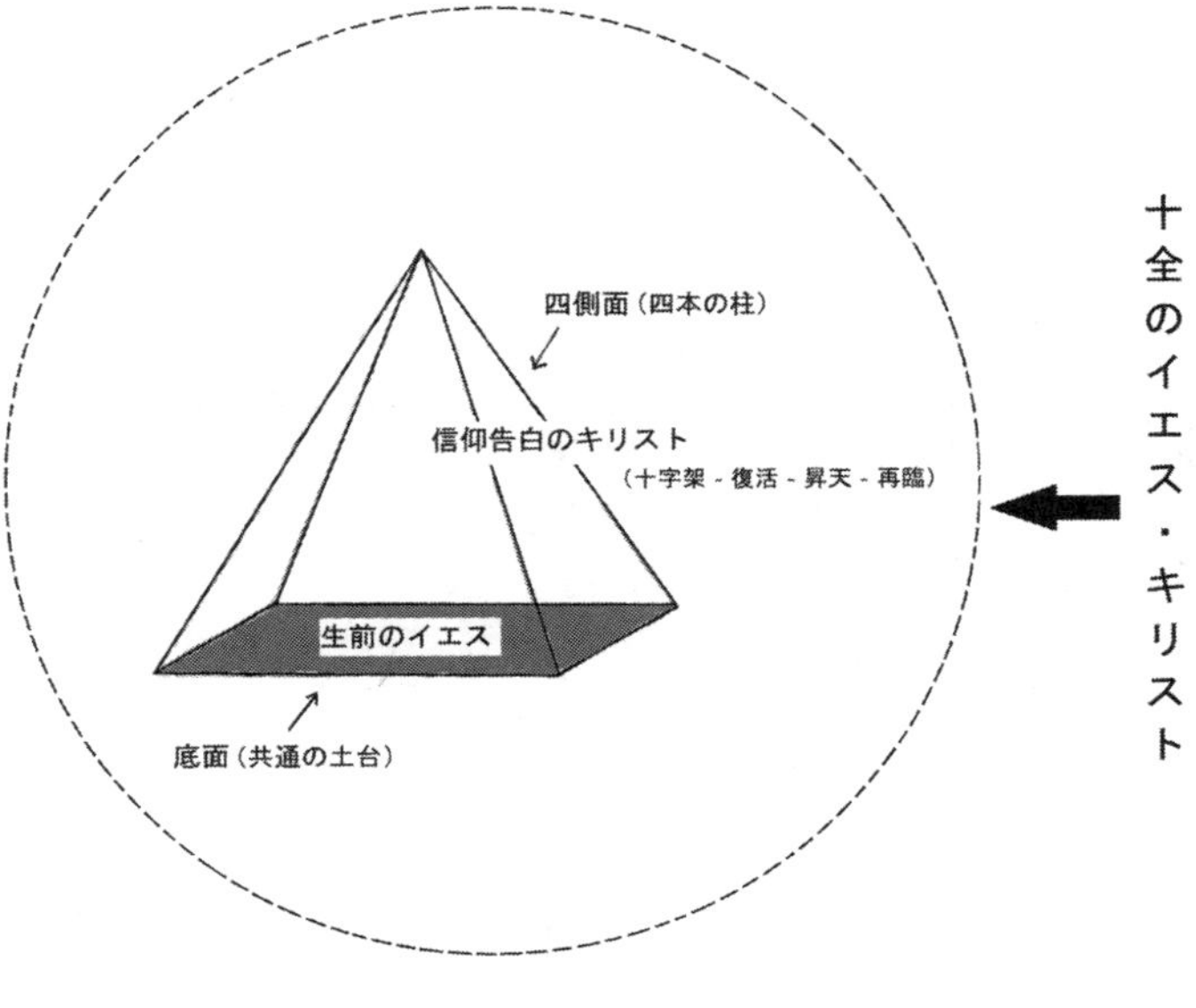

この図において、信仰告白のキリスト像（十字架－復活－昇天－再臨）は十全のイエス・キリスト像の四つの側面（四本の柱）に相当します。この四本の柱は、神の子キリストへの信仰がないと可視化できないものです。信仰という眼鏡を通して見ることができるイエス・キリストの四側面です。

この四側面は、特に、神の栄光について私たちに教えるものだと言えるでしょう。この四側面は、神の栄光についての感覚を私たちの内に育みます。

対して、図において生前のイエス像は十全のイエス・キリスト像の底面（共通の土台）に相当しています。この土台部分はキリストへの信仰がなくても可視化できるものです。そこに現存しているのは一人の人間なるイエスであるからです。信仰という眼鏡がなくても見ることができるイエス・キリストの底面です。

　この底面は、特に、人間の尊厳について私たちに教えるものです。この側面は、人間の尊厳についての感覚を私たちの内に育むものだと言えるでしょう。

　生前のイエス像は土台として信仰告白のキリスト像を支え、信仰告白のキリスト像は柱として生前のイエス像を支えている――これが、信仰告白のキリスト像と生前のイエス像の本来的な関係性であると考えます。両者は互いに否定し合うものではなく、元来、相互補完的な関係にある[269]というのが、すでに述べました通り、本論が提示したい視点です。

（2）自己を絶えず相対化する原理を内にもつこと、新しいパラダイム――神に栄光、人間に尊厳

　元来切り離し得ない両者が切り離されてしまう時、それぞれの枠組みが極端化していく危険性が生じます。それぞれの枠組みにおいて、自己絶対化が生じていってしまうのです。信仰告白のキリスト像と生前のイエス像を「違いがありつつ、ひとつである」ものとして受け止めるとき、私たちは自己を絶えず相対化する原理を内にもつことになるでしょう。

　またそして、信仰告白のキリスト像と生前のイエス像を切り離し得ないものとして受け止めるとき、新たな神学的なパラダイムが生じていく可能性があるでしょう。

　信仰告白のキリスト像は私たちに神の栄光について教え、生前のイエス像は人間の尊厳について教えるものであると述べました。両者が相互補完する関係であると受け止め直す時、従来の（宗教改革時の）「ただ神にのみ栄光」というパラダイムから、「神に栄光、人間に尊厳」という新しいパラダイムへと移行していく、というのが本

論の考えです。

神に栄光を帰することも、人間に尊厳を確保することも、どちらも等しく重要なことです。現代を生きる私たちはもはや、どちらか一方のみを重視することはできません。イエス・キリストが最も重要な掟として「神を愛する」ことを、そしてそれに等しく重要な掟として「隣人を愛する」ことを挙げた通りです（マタイによる福音書22章34―40節）。

礼拝をささげ伝道をすることはもちろん、教会の大切な役割です。と同時に、社会と関わり、私たちの生きる社会をより良い方向へと変えていくことも、教会に与えられた大切な役割です。この二つの役割が等しく大切なものとして協働し合うとき、キリスト教会の働きはより豊かなものとなっていくでしょう。

269 このことを論じるにあたって避けては通れない問題として、第二部では日本のキリスト教会（特に日本基督教団）の戦争責任の問題を取り上げます。

第二部　「十全のイエス・キリスト」へ

——伝統的な聖餐論と開かれた聖餐論の相違と相互補完性

主の食卓を囲み、いのちのパンをいただき、
救いのさかずきを飲み、主にあってわれらはひとつ。
（新垣壬敏　作詞・作曲「主の食卓を囲み」、『讃美歌21』81番、日本基督教団出版局）

第1章　聖餐とは何か

1　聖餐 —— パンとぶどう酒を通して「イエス・キリスト自身を可視化しようとする」もの

聖餐《せいさん》論を取り上げるにあたって、はじめに、「聖餐とは何か」を確認しておきたいと思います。

聖餐とは、キリスト教の礼拝の中心に位置付けられてきた共同の食事のことを言います。「交わりの食事(Communion)」「主の晩餐 (the Lord's Supper)」「聖なる晩餐 (the Holy Supper)」「ミサ (the Mass)」とも呼ばれます。[270] 式の中で提供されるのは、パンとぶどう酒です。プロテスタント教会は洗礼とこの聖餐の二つを聖礼典《せいれいてん》(サクラメント)[271]と呼んでいます。伝統的に、洗礼と聖餐の聖礼典は神によって定められた「恵みの手段」とされてきました。

聖礼典である洗礼と聖餐の特徴は、目に見える物質を用いる点です。洗礼式は水を用い、聖餐式ではパンとぶどう酒[272]を用います。

270　参照：J・ゴンサレス『キリスト教神学基本用語集』(鈴木浩訳、教文館、２０１０年)、149頁。

271　カトリック教会は「洗礼、献身、聖餐、告解 (ゆるしの秘跡)、終油 (病者の塗油)、婚姻、叙階」の7つをサクラメントにしていましたが、宗教改革の時代、ルターはサクラメントを最終的に「洗礼と聖餐」の二つに限定しました。

272　カトリック教会は会衆が与ることができるのはパンのみであるという一種陪餐を行っていましたが (ぶどう酒は祭司が与ります)、ルターはこの一種陪餐を批判し、会衆はパンとぶどう酒のどちらにも与るべきとする二種陪餐を主張しました (『教

◎聖餐
キリスト教の礼拝の中心に位置付けられてきた共同の食事のこと。式の中で提供されるのは、パンとぶどう酒。「交わりの食事（Communion）」「主の晩餐（the Lord's Supper）」「聖なる晩餐（the Holy Supper）」「ミサ（the Mass）」とも呼ばれる。プロテスタント教会は洗礼とこの聖餐の二つを聖礼典（サクラメント）と呼ぶ。

一般に、宗教的な儀式の特徴のひとつとして、「目には見えないものを、目に見えるものにする」ことが挙げられるでしょう。神仏の働きというものは人の目には見えないものです。耳で聴くこともできないし、触れることもできない。そのように本来人間の五感で捉えることはできないものを、具体的な物質を通して可視化しようとする（体験し得るものにしようとする）ものが宗教的儀式です。

洗礼式も聖餐式もその点については同様です。洗礼と聖餐は、目には見えない神の恩寵《おんちょう》を、目に見える水またはパンとぶどう酒という物素《ぶっそ》を通して可視化しようとする儀式であると言えます。

宗教的儀式というものは本来「体験する」ものであり、必ずしも「言語化する」必要はないものです。聖礼典である洗礼と聖餐も第一に、礼拝において会衆が「体験する」ものであり、必ずしも「論じる」対象ではありません。しかしその重要性によって、古来より洗礼と聖餐は神学的な考察の対象でもあり続けてきました。それぞれを神学的に言語化したものが、洗礼論と聖餐論です。

聖礼典は目に見える物質を用いるのが特徴であると述べました。目に見える物質を用いる儀式であるからこそ、それを論じることの難しさがあります。いざ論じるとなると、目に見える物質と目には見えない神の恩寵がどういう関係にあるのかを「具体的に」説明することが求められるからです。洗礼論で言うと、水がどういう位置付けにあり、神の恩寵とどういう関係にあるのか。聖餐論で言うと、パンとぶどう酒がどういう位置付けにあり、神の恩寵とどういう関係にあるのかが具体的に論じられなければなりません。

洗礼式では水を通して、[273]「キリストと共に死に、キリストと共に新しい命に生きる」（ローマの信徒への手紙６章４節）というイエス・キリストの救いの業《わざ》が可視化されます。聖餐式では、パンとぶどう酒を通して、イエス・キリストの肉と血――すなわち、イエス・キリストの人格と身体が可視化されます。「イエス・キリスト自身を可視化しようとする」ものが聖餐式です。言い方を換えますと、会衆一人ひとりが五感を総動員して――目で見、耳で聴き、手で触れ、香りを嗅ぎ、口で味わい――「キリストの現存（現臨）のリアリティを体験的に知覚[274]しよう

会のバビロン虜囚について　マルティン・ルターの序曲』）。以降、プロテスタント教会は聖餐を二種陪餐で行っています。

また、現代の日本のプロテスタント教会においては、アルコール依存症の方への配慮などから、ぶどう酒ではなくぶどう液を用いることが多くなっています。

273　洗礼には、洗礼盤の水を頭に三度振りかける滴礼と、洗礼槽の水に頭まで浸かる浸礼のやり方があります。

274　たとえば、赤木善光氏は、聖餐においては「キリストの身体の現存（現臨）」が最大の問題であり、「キリストのリアリティを如何に把握するか」が聖餐論の中心問題であると述べています。《聖餐においては、キリストの身体とその実在が最大の問題である。キリストは受肉し、十字架上で死し、体をもって復活し昇天した、真の神にして人である。そのキリストの体の実在が聖餐論の問題である。聖餐論争は主としてこの問題をめぐって行われた。……また聖餐の問題はキリストのリアリティの問題でもある。救い主として真に我々とともに実在するキリストを、如何にリアルに把握するか。これが聖餐論の中心問題である》（赤木善光『宗教改革者の聖餐論』、教文館、２００５年、９頁）。

また赤木善光氏は、聖餐における「体験」の重要性を強調しています。関川泰寛氏は論文「赤木善光の神学（上）」において《キリストは生命体であるから、これに触れ、『よく見て手でさわ』り、これによって体験的に知るほかないからである》との赤木氏の言葉（赤木善光『教会的キリスト教』、自由が丘教会文庫、１９７１年、再版、東京神学大学パンフレット、１９９６１年、29頁）を引用し、《赤木の問題意識では日本の教会には、聖餐における「体験」が決定的に欠落していると考えられている》と指摘しています。

《体験は、体験する人々とともに体験することがなければ、知ることがなかなかできない。これが、21世紀の諸教会にお

とする儀式」が聖餐式だと言えるでしょう。

これらの儀式をいざ論理的に体系付けようとすると、とたんに困難が伴います。とりわけ聖餐は論理的に叙述するのが難しい対象です。すでに述べましたように、聖餐とは「イエス・キリスト自身を可視化しようとする」[275]ものであるからです。聖餐とは何かを考えるにあたって、まずはこの点を、最も重要な特質として指摘しておきたいと思います。

聖餐
……パンとぶどう酒を通して「キリストの現存（現臨）のリアリティを体験的に知覚しようとする」もの
……パンとぶどう酒を通して「イエス・キリスト自身を可視化しようとする」もの

2　聖餐論——キリスト論を土台としているもの

「イエス・キリストはどういう存在であるか」を論じる神学の一分野として、キリスト論があります。「イエス・キリストとは誰であるのか（私たちにとってどういう存在であるのか）」を取り扱う分野です。これは各自の信仰の根幹に関わる事柄ですが、聖餐のパンとぶどう酒との関わりで「具体的に」論じることが求められるのは、このキリスト論の領域であると言えるでしょう。

聖餐論においてはもちろん教会論も関わっています。聖霊論も関わっているでしょう。また、宣教論との関連で論じることも必要でしょう。しかし聖餐論において第一に汲み取っていくべきは、キリスト論です。赤木善光《よしみつ》氏は《すべての聖餐論はキリスト論を前提としている》とし、聖餐論はキリスト論によって決定されるのであって、聖餐論がキリスト論を決定するのではないと述べています。[276]

◎**キリスト論**（Christology）
「イエス・キリストは誰であるのか（私たちにとってどういう存在であるのか）」を問う、古代から議論され続けて来た神学分野のこと。古代教会においては特にキリストの神性と人性の関係性が議論の焦点となった（＝両性論）。


ける聖餐理解の貧しさとともに、礼拝理解の浅薄さを招いているのではないか》（関川泰寛「赤木善光の神学（上）」、歴史神学研究会『歴史神学研究　第6号　赤木善光先生追悼号』所収、2022年、12頁）。

なお、右記の赤木氏の聖餐理解は逢坂元吉郎の聖餐理解を踏まえたものであり、逢坂が用いた《経験の身体》という言葉を赤木氏も継承しています。《赤木神学のもっとも重要な特徴は、キリストを体としてとらえ、その体を経験するように招く主体と見ている点である》（同、14頁）。

275 例として、宗教改革者マルティン・ルターの『小教理問答』（1531年）を参照してみます。
《洗礼とは何か。

答。／洗礼とは、単なる水だけではなく、神の命令に含まれ、神の御言と結びついた水である。（略）

聖壇の礼典とは何であるか。

答。／それは、私たちの主イエス・キリストの、まことの肉、まことの血であって、私たちキリスト者が、パンとぶどう酒とともに食し、飲むようにと、キリストご自身、設定したもうたものである》（「手引き書　小教理問答書　一般の牧師、説教者のために」、『ルター著作集　第一集　8』所収、内海李秋訳、聖文舎、1983年改訂2版、589、596頁）。

引用したのは、洗礼と聖餐に関する問答のはじめの部分です。洗礼の水は《神の御言と結びついた水》、聖餐のパンとぶどう酒は《主イエス・キリストの、まことの肉、まことの血》であると述べられています。洗礼の水はイエス・キリストの救いの業を可視化するものであり、聖餐のパンとぶどう酒はイエス・キリストの人格と身体 —— すなわちイエス・キリスト自身を可視化するものであると理解されていることが分かります。

276 赤木善光『宗教改革者の聖餐論』、120頁。

キリスト論では伝統的に、「イエス・キリストは誰であるのか」という人格（位格）の問題と、「イエス・キリストはどのようにして私たちを救うのか」という救いの業の問題とが争点になってきました。後者の問題は贖罪論《しょくざいろん》・救済論となって展開していきました。[277] この区分を踏まえると、洗礼論はキリスト論の中の後者の救いの業の問題に関わるもの、聖餐論は前者の人格の問題に関わるものだと言えるでしょう。

聖餐論においては、パンとぶどう酒との関わりを通して、具体的にキリスト論（特に、イエス・キリストの人格）を論じなければなりません。抽象的なままで語ることはできず、だからこそ聖餐論は難しいと赤木善光氏は述べています。《ビツァーは、「キリスト論の問題は聖餐論において鋭角化する」と言った。この事は単にキリスト論のみでなく、他の問題についてもある程度言うことができるが、特にキリスト論において顕著である。それは聖餐論がパンとぶどう酒という物質とのかかわりにおいてキリストを論じなければならないからである。キリスト論もそれなりに難しい。しかし聖餐論においては、それをパンとぶどう酒という具体的な物質とのかかわりで論じなければならない。抽象的な議論だけでは済まないのである。目の前に存在しているパンとぶどう酒とのかかわりにおいて、キリストが現在どのように存在しているか、が問われるのである》。[278]

聖餐論はキリスト論を土台としているものであるということもここで強調しておきたいと思います。

3　聖餐は一致をもたらすもの……？——教会の分離の要因となってきた聖餐論

キリスト教会において、聖餐は元来、教会に一致をもたらすものであるとされてきました。日本基督教団の聖餐式の式文には《この恵みのしるしは、わたしたちすべてを主において一つにします》（日本基督教団　口語式文『聖餐式』改訂版）[279] との一文があります。また、『讃美歌21』「主の食卓を囲み」では《主の食卓を囲み、いのちのパンをいただき、救いのさかずきを飲み、主にあってわれらはひとつ》と謳われています（新垣壬敏作詞・作曲）。[280]

しかしこれまでのキリスト教の歴史において、聖餐は一致をもたらすのではなく、むしろ分離を引き起こす要因となってきました。パンとぶどう酒との関わりの中で言語化される聖餐論の内実に、かなりの相違が生じてしまったからです。

赤木善光氏は、聖餐論は《神学のリトマス試験紙》であると述べています。神学上の相違が聖餐論において《歴然として顕在化するから》です。[281] よく知られているように、宗教改革の時代、聖餐の理解を巡って激しい論争が繰り広げられました（本論では『宗教改革の時代』という言葉を、ルターが『95か条の提題』を発表した1517年から、1555年のアウグスブルク宗教和議までを指す言葉として――狭義の意味で――用いています）。

同じ聖礼典でも、洗礼論を巡っては、そこまでの対立は生じませんでした。洗礼で用いられる水の位置付けについても、もちろん教派によって考え方に相違はあります、しかし、それが分離に至るほどの深刻な対立を引き起こすことはありませんでした。たとえば、洗礼論のみを見てみると、ルター派と改革派との間の相違点は明確ではないことを赤木善光氏は述べています。それが聖餐論になると、両者の相違がはっきりと顕在化することとなりました。[282]

聖餐論がそれほどの緊張と対立を引き起こしたのは、先に述べましたように、パンとぶどう酒との関わりの中

277 参照：J・ゴンザレス『キリスト教神学基本用語集』、73頁。
278 赤木善光、前掲書、621頁。
279 日本基督教団信仰職制委員会編『日本基督教団式文（試用版）主日礼拝式・結婚式・葬儀諸式』（日本キリスト教団出版局、2006年）、82頁。
280 日本基督教団讃美歌委員会編『讃美歌21』、（日本基督教団出版局、1997年）81番。
281 赤木善光『なぜ未受洗者の陪餐は許されないのか――神の恵みの手段としての洗礼と聖餐』（教文館、2008年）、71頁。51頁も参照。
282 同、71頁。

で、「具体的に」キリスト論を言語化しなければならなかったことが要因のひとつとして挙げられるでしょう。その言語化の過程においてあいまいなものは捨象《しゃしょう》され、各人が己の実存を懸《か》けて信じているキリストの現存のリアリティがはっきりと浮き彫りにされることとなりました。そしてその分、互いの間にある相違もまた明確に示されることになったのです。

赤木善光氏は《キリスト論は聖餐論争において中心的とも言えるほど重要な争点となった》[283]ことを指摘しています。聖餐論争を通して、ルター、ツヴィングリ、カルヴァンら宗教改革者たちがそれぞれ相違したキリスト論[284]をもっていることが明らかになりました。そして、明らかになった相違を、互いに受け容れることができず、宗教改革者同士が対立し合う事態が生じていきました。自身の信仰の根幹に関わる事柄であるからこそ、互いに譲ることができなかったのだとも言えるでしょう。当時、聖餐論を巡る相違は、「決して容認することのできない相違」として彼らの目に映っていたのです。

その対立はやがて教会の分裂へと発展していきます。カトリックから分離したプロテスタント教会は、さらに多様な教派へと分裂していくこととなりました。またそれらの分裂は同時に、政治を巻き込む対立へと発展していくことになります。その意味で、聖餐論争には光と影の両面の部分があります。教会への重要な寄与もあれば、同時に、大きな罪責もあるのです。

4　宗教改革時の聖餐論争の問題点

宗教改革時の聖餐論争における問題点として、次の二つを述べておきたいと思います。ひとつ目は、互いが前提とするものがすれ違ったまま議論がなされていた点、二つ目は、自己を相対化する姿勢が欠如していた点です。

（1）互いが前提とするものがすれ違ったまま議論がなされていた点

宗教改革者たちは互いが前提としているものがすれ違っていることに気付かぬまま、論争を続けていました。赤木善光氏の表現を借りると、宗教改革者たちは互いに異なった「思考のパラダイム」をもっていました。しかしその相違に互いに気が付かぬまま、聖餐論争に入っていったのです。これが宗教改革時の聖餐論争におけるひとつ目の問題点です。

思考のパラダイムとは、その人のもつ世界観や人生観、基本的な思考の枠組みのことなどを指しています。普段どのような思考パターンで物事を考えているのか、どのような事柄に重点を置いているのか、その基本的な枠組みです。思考のパラダイムはその人の資質やそれまでの経験とも密接に関わっているものであるでしょう。以下、赤木氏の文章を引用します。カルヴァンの聖餐論を論じる中での一文です。

《物事を考えるにあたって、基本的にどのような仕組みで考えるかは非常に重要なことであるが、それが異なる場合、理解は困難となり、話し合いは食い違ってくる。そしてその相違が意識されないことさえしばしばである。ルター派と改革派との聖餐論争においては、個々の概念や言葉と共に、否、それ以上に、考え方の基本的構造、思考のパラダイム、信仰と神学との根本的設問が異なるのであるが、その当時は、それを乗り越えることはおろか、その存在すらも明確に自覚されなかったのである》。[285]

赤木氏は、ルター派と改革派の聖餐論争において、両者の間に神学的な思考のパラダイムの相違があること自

283　赤木善光『宗教改革者の聖餐論』、120頁。
284　多様なキリスト論が生じることが可能となった背景には、「聖書のみ」というプロテスタント教会の姿勢が関わっています。権威がローマ教皇から聖書に移り、聖書本文を自由に解釈することができるようになったことにより、多様なキリスト論の言語化が可能となっていきました。
285　赤木善光『宗教改革者の聖餐論』、400頁。

体が明確に自覚されていなかったことを述べています。
現代に生きる私たちにおいても、議論をする際に、思考のパラダイムを互いに知っておくことは重要でしょう。それらを互いに配慮し合うことなく、前提となるものがすれ違ったままで議論を続けていった場合、せっかくの議論が不毛な結果に終わってしまうことも起こり得るでしょう。
宗教改革時の聖餐論争においては、まさにそのすれ違いが起こっていました。互いが前提とするものが相違したまま議論が続けられ、最後まで論点がかみ合わないまま終わってしまったのです。
宗教改革者たちは同じプロテスタントであっても、前提とする神学的な思考のパラダイムにはかなりの相違がありました。ルターとツヴィングリの神学は思考のパラダイムが異なるし、ルターとカルヴァンの神学も思考のパラダイムが異なっています。ツヴィングリとカルヴァンの神学は思考のパラダイムが重なり合うところがありますが、やはりまったく異なる部分もあります。[286]
よって、赤木善光氏は宗教改革者の聖餐論を論ずるにあたって、まずそれぞれの神学の基礎構造を正確に理解することが重要であることを指摘しています。
《聖餐論における相違を克服するとなると、問題は聖餐論だけではなく、信仰の基本的なあり方から、考え直さなければなりません。他の教会の場合も同様です。聖餐論の一致をカトリックや正教会を含めて考えるとなると、前途遼遠という気がします。しかしそうだとしても、相互理解の歩みを少しずつ続けるほかないのです。そのためには、異なる教派の信仰を、その基礎構造から正しく認識することから始めねばなりません》。[287]
宗教改革時の聖餐論争において互いに歩み寄ることができなかったことの要因のひとつとして、この点への認識が抜け落ちていたことが挙げられるでしょう。500年前の当時は、そこに思い至るのは難しいことであったのかもしれません。しかし後世の私たちは、赤木氏が指摘する通りに、まずそれぞれの聖餐論が前提としている神学の基礎構造、思考のパラダイムを出来る限り正確に知ろうとする必要があります。互いの相違を明確にした上で、議論に臨む必要があるのです。

(2) 自己を相対化する姿勢が欠如していた点

そして、宗教改革時の聖餐論争のもうひとつの問題点として、自己を相対化する姿勢が欠如していたことが挙げられます。この二点目については議論以前の問題だと言えるかもしれませんが、この問題が、対話を困難なものにしてしまっていたと言えます。

宗教改革者たちは、自分の信仰こそが「正しい」のだという確信のもと、論争に臨んでいました。そこには、対話を通して自己を相対化する視点はありませんでした。対話を通して自らの考えを修正したり、改めたりする姿勢がそもそも存在していませんでした。そのような姿勢でいる限り、前項で述べたような、相手の神学的な思考のパラダイムを理解しようとする態度が生まれることは困難であったでしょう。互いの主張に違いがあるのならば、「なぜ違いが生じているのか」を理解しようとすることが対話において重要ですが、それぞれが自らの主張を絶対化するゆえ、そのような態度に到ることはなかったのです。

宗教改革時の聖餐論争において力が注がれたのは、対話をすることではなく、相手をいかに論破し、自分の正しさを証明するかということでした。互いに心を閉ざし、頑《かたく》なな態度でぶつかり合った結果、聖餐論争は教会に深刻な分断をもたらしていくこととなりました。

---

286 赤木善光氏は『宗教改革者の聖餐論』において、ルター、ツヴィングリ、カルヴァンの「思考のパラダイム」の相違を詳細に論じることを試みています。宗教改革時の聖餐論を理解するにあたって、筆者は多くのものをこの書に負っています。

287 赤木善光『なぜ未受洗者の陪餐は許されないのか —— 神の恵みの手段としての洗礼と聖餐』、71頁。

5　宗教改革時の聖餐論争の罪責

宗教改革の歴史とは、別の見方をすれば、教会分裂の歴史でもあります。カトリック教会とプロテスタント教会の分裂に始まり、教会は数多くの分裂を経験していきました。プロテスタント教会内でも多くの分裂が生じています。それらの歴史には、教会が引き裂かれていったことの痛みが伴っています。

パウロの書簡の中に、「教会はキリストの体である」との言葉があります（コリントの信徒への手紙一12章27節参照）。このパウロの言葉を踏まえますと、教会の分裂は、そのひとつなるキリストの体が引き裂かれることを意味します。宗教改革の時代、キリスト者同士が互いに対立し合うことによって、キリストの体はバラバラに引き裂かれていきました。

聖餐論で問われていたのはキリスト論であると述べました。キリスト論は自身の信仰の根幹と関わっているものです。自らの信仰が懸かっているからこそ、互いに頑なな態度になってしまった部分があったでしょう。自分と異なる信仰をもつ相手を認められないということがあったでしょう。しかしそうであるとしても、これらの過去の過ちを免責することはできません。

そもそも、前項で述べたように、宗教改革者たちは論敵の言っていることを正確に把握することができていませんでした。相手の言説が十分に理解できていないのにもかかわらず、相手の言説を否定（場合によっては全否定）し攻撃しようとした、ここに大きな問題があります。そうすると当然、攻撃された相手も反撃をしてくることでしょう。そうして互いにいつまでも相手を理解し得ないまま、憎悪や敵対感情だけが増幅していきます。

やがてその憎悪と対立は周囲を巻き込み、内外の政治的な利害関係とも結び付き、大きな惨禍をもたらしていくこととなりました。それらの対立は遂には悲惨な戦争をも呼び寄せ、無数の人々の命が奪われることともなりました。たとえば1618年から1648年まで行われた30年戦争の結果、ドイツ国内の人口は四分の一、もしくは三分の一にまで減少したと言われます。宗教改革によってもたらされた意義はキリスト教史のみならず世界史においても非常に大きいものですが、同時に、それによってもたらされた惨禍も極めて大きなものであったのです。宗教改革時の聖餐論を論じるにあたって、私たちはまずこの罪責を受け止める必要があります。自らを絶対化した過ち、そしてそのことを要因のひとつとして多くの人々の生命と尊厳を傷つけてしまったことの罪責です。

2013年に『争いから交わりへ――2017年に宗教改革を共同で記念するルーテル教会とカトリック教会』という文書が発表されました。宗教改革500年となる2017年に向けて、ローマ・カトリック教会とルーテル教会（宗教改革者ルターに由来する教会）が共同で作成した文書です。長い間、互いに背を向け続けてきたカトリック教会とルーテル教会が、「争い」ではなく「交わり」を目指して共同で執筆した歴史的な文書です。実に50年近い年月をかけてこの文書は記されました。

この文書の中で、カトリック教会とルーテル教会はそれぞれが過去に犯した罪責を率直に告白しています。2017年を共同で記念するにあたり、まず自分たちの過去の過ちを告白しなければならないとの姿勢のもとにこの文書は執筆されています。《二〇一七年の記念は、喜びと感謝を表明すると共に、ルーテル教会にとってもカトリック教会にとっても、想起されようとしている人物や出来事にある失敗や過ち、罪責と罪に対する痛みを感じる機会ともしなければならない》。[288]

過去の過ちを互いに謝罪してはじめて、共に評価すべきところは評価し、喜ぶべきところは喜ぶことができる

288　一致に関するルーテル＝ローマ・カトリック委員会『争いから交わりへ――2017年に宗教改革を共同で記念するルーテル教会とカトリック教会』（ルーテル／ローマ・カトリック共同委員会訳、教文館、2015年）、153頁。

のだという姿勢です。たとえば同書第5章においては、「一致に反してカトリック教会が犯した罪の告白」、「一致に反してルーテル教会が犯した罪の告白」が記されています。《ここでは、それぞれの教会が過去に犯した罪深い行為が改めて想起され、率直な懺悔が行われている。犯されたすべての過失が具体的に列挙されているわけではないが、過去の罪過に対する真剣な悔い改めと懺悔がなければ、二〇一七年を共同で記念することはできない、という両教会の決意が表明されている》。[289]

この文書にあるように、聖餐論争を論じるにあたり、私たちは教会の過去の罪責をはっきりと受け止める必要があります。その上で、評価すべきところ[290]は評価していくことが求められているでしょう。

付論 一致を目指すための二つのアプローチ

２０１７年10月31日、ルターたちによって端を発した宗教改革から500年の節目を迎えました。宗教改革500年を記念してルーテル教会とカトリック教会が共同で出した『争いから交わりへ――２０１７年に宗教改革を共同で記念するルーテル教会とカトリック教会』の解説において、上智大学神学部教授の光延《みつのぶ》一郎氏は次のように述べています。

《宗教改革の真の成就とは、今の分裂を克服してこそ実現されるはずだ。それゆえ、教会の一致を再び取り戻すことは、同時に宗教改革を完成させることである。それが二〇一七年に共に宗教改革を記念することの地平であろう》。[291]

289 鈴木浩「解説 二〇一七年を共同で記念するために」(同所収)、207頁。

290 宗教改革時の聖餐論争がもたらした肯定的な側面については、様々な事柄が挙げられると思います。本論としては特に次の二つの事柄を重要なものとして考えています。それは、(1) 多様なプロテスタント諸「教派」の誕生と、(2) 四福音書に内在する諸「キリスト像」の可視化です。

～宗教改革時の聖餐論争の重要な寄与～

・多様なプロテスタント諸「教派」の誕生

・四福音書に内在する諸「キリスト像」の可視化

互いに頑なな態度で挑み合ったことによって、混合されたり、どちらか一方に同化されることなしに、それぞれの固有の信仰が保たれることとなりました。宗教改革時の聖餐論についての詳しい考察は今後の課題としたいと思います。

291 「解説 『争いから交わりへ』とローマ・カトリック教会」(前掲書所収)、192頁。

光延氏が述べるように、宗教改革は今の分裂状態を克服し、教会が一致を再び取り戻すことで、真に成就していくものであるでしょう。宗教改革から500年が過ぎた現在、キリスト教会は再び一致を目指していくことが求められています。

1　一致を目指すための二つのアプローチ――《コンセンサス・モデル》と《相違・モデル》

教会間に一致を取り戻す運動のことを「エキュメニズム」[292]と言います。《「エキュメニカル運動」とは、本来教会とは一つであり、多数の教派・教会に分かれて存在しているという現実を克服し再び一つの教会として世界に対するその使命を果たしていこうとする理念・運動のことである》（佐藤司郎氏）。[293] エキュメニズムの土台には、教会は本来、「一人なるイエス・キリスト」を頭《かしら》とする「ひとつの体」[294]であるとする信仰があります。対立や分断の現実を克服し、教会間[295]に再び一致を取り戻していこうとする営み、そしてその営みを通して、教会に与えられている使命・役割を果たすことを目的とする運動がエキュメニズムです。《エキュメニズム運動の目的は、キリストの教会が一つになり、すべてのキリスト教徒が一致して、多くの危険と対立に悩まされている世界に平和をもたらすことができるようになることなのです》（W・カスパー）。[296]

エキュメニカルな組織として、たとえば、様々な教派で構成された世界キリスト教協議会（WCC）があります（日本においては日本キリスト教協議会。略称NCC）。諸教会（各個教会および諸教派）が協力して再び一致を目指していくことは、この地上に建てられた多くの教会の共通の願いであることでしょう。

◎エキュメニズム（キリスト教協力一致運動）
教会間に再び一致を取り戻そうとする理念・運動のこと。教会は本来、一人なるイエス・キリストを頭とするひとつの体であるとする信仰を土台とする。

ここで前提として確認しておきたいことは、教会の「多数性」です。各個教会あるいは諸教派の間には相違があります。多種多様であることがキリスト教の最大の特質のひとつであると言えるでしょう。それらの多数性・多様性を尊重しつつ、同時に一致を目指すことがエキュメニカル運動において欠かせない要素だと言えるでしょう。スローガン的に用いられている言葉を使えば、「多様性における一致（unity in diversity）」です。

では、多数性・多様性を排除しないかたちで教会間に一致を取り戻していくには、どのような方法が考えられるでしょうか。

ここでは大きく、二つのアプローチを考えることができます。ひとつは、「共通項を通して」一致を目指す方法です。互いの相違にはあえて触れず、根本的な条項[297]において一致できれば良いとするやり方です。

292　「人の住んでいる土地」や「(全)世界」を意味するギリシア語の「οἰκουμένη（オイクメネー）」に由来（動詞『οἰκέω（オイケオー）』の受動態現在分詞）。動詞「οἰκέω（オイケオー）」は「住む」、名詞「οἶκος（オイコス）」は「家」という意味をもつ。

293　佐藤司郎『カール・バルトとエキュメニズム——一つなる教会への途』（新教出版社、2019年）、14頁。

294　コリントの信徒への手紙一12章12–27節、ローマの信徒への手紙12章4、5節、エフェソの信徒への手紙1章22、23節、4章1–16節など。

295　江口再起氏は、エキュメニズム《教会間再一致運動》の視座をより拡大し、《教会間協力一致》から《宗教間協調対話》へ、さらには《人類間共生平和》へと普遍化していくべきことを提言しています（江口再起「三つのE——来るべきエキュメニズムのプログラム」、『ルター研究　別冊3号　宗教改革500周年とわたしたち　3』所収、ルター研究所、2015年、11頁）。

296　W・カスパー『マルティン・ルター——エキュメニズムの視点から』（高柳俊一訳、教文館、2017年）、5頁。

297　キリスト教においてその根本条項は、聖書に由来する「使徒性」「公同性」「統一性」につながっています。「使徒性（使徒的であること）」の内実については、本書第一部を参照。

もう一つは、「相違を通して」一致を目指す方法です。前者とは異なり、むしろ相違を明確化することによって一致を目指すやり方です。ここでは相違は意義あるものとして重視されることになります。

この二つのアプローチにおいては、相違を尊重している点は共通しています。異なるのは、その相違の扱い方です。相違にあえて「触れるか、触れないか」、そのアプローチの仕方において、両者は対照的です。

佐藤司郎氏は論文「相違における一致——福音主義キリスト教の革新とは何か」の中で、前者を《コンセンサス・モデル》、後者を《相違・モデル（相違における一致モデル）》[298]と形容しています。本論でも以降、この語を用いていきたいと思います。

この二つのアプローチの仕方は、必ずしも対立するものではありません。それは私たちの日常生活における人間関係を鑑みてもそうであると思います。私たちの人間関係においては、共通項を見出すことで互いの関係性が保たれていくこともあれば、相違を理解し合うことでより関係が深まっていくこともあります。

エキュメニカル運動が私たちの日常生活における人間関係と異なるのは、常にその背後に「一人なるキリスト」の存在が意識されていることです。教会とは本来、一人なるイエス・キリストを頭とする「ひとつの体」であるとする信仰が、エキュメニカル運動を成り立たせている根拠です。

～一致を取り戻すための二つのアプローチ～
《コンセンサス・モデル》……共通項を通して一致を目指す
《相違・モデル》　　……相違を通して一致を目指す

キリスト教の歴史においてはこれまで、第一のアプローチである《コンセンサス・モデル》が主流となってきたと言えるでしょう。相違点についてはあえて言及せず、根本的なところで一致できる点を見出すことを通して協働していこうとする姿勢です。20世紀にキリスト教会の大きな潮流のひとつとなったエキュメニズムも、基本的には前者の《コンセンサス・モデル》を土台にしているものであったと言えます。言い換えれば、違いを通して一致を目指す《相違・モデル》はこれまで主流とはなってこなかったということでもあります。

キリスト教会が《コンセンサス・モデル》によって一致を目指そうとしたことは理解できることです。《相違・モデル》は場合によっては収拾がつかなくなり、新たな対立を生むことにつながる可能性があるからです。

2 《コンセンサス・モデル》の成果とその限界

《コンセンサス・モデル》の例として、宗教改革の時代に成立した代表的な信仰告白のひとつである『アウグスブルク信仰告白』(1530年)を参照してみましょう。『アウグスブルク信仰告白』はルターの同労者であるフィリップ・メランヒトン (Philipp Melanchthon, 1497–1560) を中心に執筆されたもので、宗教改革時に公表された信仰告白の中で最初のものです。1530年にアウグスブルクに招集された国会で、ルターを支持する諸侯や都市によって、神聖ローマ帝国皇帝のカール5世に提出[299]されました(『アウグスブルク信仰告白』の扉を参照)。以来、

298 佐藤司郎「相違における一致 —— 福音主義キリスト教の革新とは何か」(佐藤司郎・吉田新編『福音とは何か —— 聖書の福音から福音主義へ』所収、教文館、2018年)、324頁。《相違・モデル(相違における一致モデル)》の参照先として、Körtner, U., *Wohin steuert die Ökumene : vom Konsens – zum Differenzmodell*, G öttingen, 2005 が挙げられています(同、326頁注10、本論筆者未読)。佐藤司郎氏はこの論文では主にカール・バルトの言説を参照し、バルトの対話モデルを通して、今日の福音主義キリスト教が進むべき改革の道はいかなるものかを考察しています。

299 『アウグスブルク信仰告白』にはドイツ語版とラテン語版が存在し、版によって一部表現が異なります。国会で読み上げられたのはドイツ語版です。またその後、メランヒトンはそれぞれの版にしばしば変更を加えており、1533年にはドイツ語版の改訂版が、1540年と1542年にはラテン語版の改訂版が出されています(参照:立山忠浩『『アウグスブルク

《ルター派の信仰表明の根本的地位を占め、ルター派教会のアイデンティティーを規定》[300]するものとなっています。

この信仰告白が提出された背景には、宗教改革の進展による、神聖ローマ帝国の《宗教的・政治的分裂の危険》[301]がありました。そのような実際的な分裂の危機の中、《教会の一致を回復しようという意図》[302]をもって記されたのがこの『アウグスブルク信仰告白』です。

◎『アウグスブルク信仰告白』

1530年にアウグスブルクに招集された国会で、ルターを支持する諸侯や都市によって、神聖ローマ帝国皇帝のカール5世に提出された信仰告白文書。ルターの同労者であるメランヒトンを中心に執筆された。《ルター派の信仰表明の根本的地位を占め、ルター派教会のアイデンティティーを規定》(鈴木浩)している文書。

例として、よく知られた第七条「教会とその一致について」を参照してみましょう。

《第七条　教会とその一致について

また、次のように教える。唯一の聖なるキリスト教会は、常に存在し、存続するべきである。それは、全信徒の集まりであって、その中で福音が純粋に説教され、サクラメントが福音に従って与えられる。

また、キリスト教会の真の一致のためには、福音がそこで純粋な理解に従って一致して説教され、サクラメントが神のみことばに従って与えられるということで十分である。人間によって定められた同じ形式の儀式が、どこでても守られるということは、キリスト教会の真の一致にとって必須ではない。それは、パウロがエフェソの信徒への手紙4章(5、6節)に「体は一つ、霊は一つです。それは、あなたがたが、一つの希望にあずかるようにと招かれているのと同様です。主は一人、信仰は一つ、洗礼は一つ」と言っているとおりである》（ドイツ語版）。[303]

この第七条では、「教会が教会であるためのしるし」が、「福音が純粋に説教されること」と「サクラメントが福音に従って与えられること」の二点に絞って記されています。相違点についてはあえて言及せず、根本的に重要なこの二点において一致しようという姿勢が見られます。また、「教会の一致」のためには、《福音がそこで純粋な理解に従って一致して説教され、サクラメントが神のみことばに従って与えられるということで十分である》。鈴木浩《ひろし》氏は、『アウグスブルク信仰告白』は全体として見れば、《最小限綱領《こうりょう》》であると述べています。

《『アウグスブルク信仰告白』は全体として見れば、第七条の教会論に見られるように「最小限綱領」である。つまり、本質的に重要な点だけに絞り込んだ記述がなされている、ということである。教会について言えば、どうしても制度や組織についても語らねばならない。しかし、第七条で語られていることは、教会の本質的機能だけであって、組織や制度については、あえて語っていない。多様な制度や組織が生じうる余地を残すためである》。[304]

信仰告白』と『和協信条』の聖餐論 —— エキュメニカル的対話の促進と課題について」、『ルター研究　別冊3号　宗教改革500周年とわたしたち　3』所収、116、125頁）。

300　鈴木浩「解説」（ルター研究所訳『アウグスブルク信仰告白』所収、LITHON、２０１５年）、109頁。

301　同、108頁。

302　同、110頁。《『アウグスブルク信仰告白』は、教会分裂の「可能性」が「蓋然性」にまで高まろうとしていたときに、教会の一致を回復しようという意図が込められている。メランヒトンの言葉遣いも、ルターとは対照的に穏やかである》。

303　ルター研究所訳『アウグスブルク信仰告白』、26、27頁。同書は『一致信条集』（聖文舎、１９８２年、復刻版、教文館、２００６年）収録の『アウグスブルク信仰告白』（ドイツ語本文、石居正己訳）を鈴木浩氏が改訂したもの。

304　鈴木浩「解説」（同所収）、111頁。《『アウグスブルク信仰告白』は教会論を本質的機能に絞り込んだ結果、それまでの「制度的教会論」から「機能的教会論」へと移行している》。

『アウグスブルク信仰告白』における《最小限綱領》の特質は、《使徒以来の伝統的な信仰》を常に意識し、それに忠実であろうとしている点です。《『アウグスブルク信仰告白』は、宗教改革に賛同する人々の信仰告白であるが、一貫して主張されているのは、新奇な教えを唱えているのではなく、使徒以来の伝統的な信仰に堅く立っているという点である》。[305] より具体的に言えば、初期カトリック教会（古代教会）以来受け継がれてきた《一つの・聖なる・公同的・使徒的教会、ニカイア・コンスタンティノポリス信条、三八一年》[306]の信仰を堅持しようという姿勢が見られます。石居基夫《もとお》氏は『アウグスブルク信仰告白』について、《その内容は、基本的には古典信条に基づく三一論や原罪理解、そしてラテン的贖罪論と西方教会の信仰的伝統に位置付く自らの信仰的立場を主張することで、一致を保つことを目的として書かれている。伝統的な教会の異端に対する判断にも言及し、そう判断した教会との一致の姿勢を示すこともその目的に沿った叙述になっている。だから、この信仰告白文書は基本的に教会一致のためのエキュメニカルな内容となっていて、ルター派の神学的主張を全面に出した論争的文書ではない》[307]と述べています。

以上のような姿勢で記された『アウグスブルク信仰告白』は、20世紀後半のエキュメニズムの流れの中で、ルター派の信仰告白にとどまらず、エキュメニカルな信仰告白として再評価されるようになりました。宗教改革500年を記念してルーテル教会とカトリック教会が共同で出した『争いから交わりへ』[308]の中でも、『アウグスブルク信仰告白』は今日のエキュメニカルの観点から高く評価されています。

《例えば、カトリックの研究者たちも、「アウグスブルク信仰告白の意図は、根本的な改革的関心事を表明することだけでなく、教会の一致を保とうとすることだ」と、その意義を明らかにしている。また、「相違は小さなものでしかないと明言する『アウグスブルク信仰告白』は、今日、我々が「相違を含む合意」と呼んでいる事態に似ている」と述べ、アウグスブルク信仰告白の性格が、今日のエキュメニカルな交わりに通じるものであると高く評価されるのである。五百年経って、メランヒトンの本来の意図と努力が正当に実ったというべきだろう》（石居基夫氏)。[309]

一方で、石居基夫氏は『アウグスブルク信仰告白』について、《それゆえに、この信仰告白によって、ルター派の神学が余すことなく充分に展開され、その主張が説得力をもって述べられているかということには疑問の余地が残る》[310]とも述べています。互いに一致できる点を見出そうとした分、ルター派神学の固有性が見えにくくなってしまった部分があったと言えるかもしれません。《このアウグスブルク信仰告白は、単にそれがルターによって書かれたものではないということによるのではなく、その成立の歴史的過程と執筆の目的によって、ルター派神学をいわば薄めたものとしての性格を持つのではないかとさえ疑われるかもしれない》。[311]

にもかかわらず、この『アウグスブルク信仰告白』は《巧妙にその論争的性格を退けながら、ルター派神学の基本的に立場に立ち、「信仰義認」の教理的理解を揺るがさずに表明している》[312]と石居氏は述べます。

『アウグスブルク信仰告白』において「義認」の項目は第四条に記されており、内容は極めて簡潔[313]です。そのよ

305 同、129頁。
306 鈴木浩「『アウグスブルク信仰告白』(CA)のギリシャ語訳――翻訳に至った事情とその後の経緯」(『ルター研究 別冊3号 宗教改革500周年とわたしたち 3』所収)、39頁。
307 石居基夫「『アウグスブルク信仰告白』に見る信仰義認とエキュメニズム」(同所収)、92頁。
308 参照:石居基夫、同、102頁。
309 同、105、106頁。
310 同、92頁。
311 同、93頁。
312 同、93頁。
313 《**第四条　義認**について
　更に次のように教える。われわれは、自らの功績やわざ、償いによって罪の赦しと神のみ前における義を獲得するのではない。むしろ恵みにより、キリストのゆえに、信仰を通して罪の赦しを得、神の前に義となる。すなわち、キリストがわれ

うに論争的性格を抑えながらも、この信仰告白文書の中心は「義認」にあり、文書全体が《「義認論」の徹底的主張を穏やかな叙述のなかに展開している》[314]というのが石居氏の分析です。『アウグスブルク信仰告白』は《その神学的主張である「信仰義認」をしっかりと提示しながらも、同時にこの主張が一つの、聖なる、公同の使徒的教会のなかにあるものとして確認を求めた文書である》[315]と石居氏は結論付けています。

以上のように、「義認」については、論争的性格は慎重に退けられながらも、文書全体を通してその基本線がしっかりと提示されていることが分かります。では、『アウグスブルク信仰告白』において、ルター派神学のその固有性が見えなくされてしまったのは、どの部分なのでしょうか。それは、聖餐論です。

立山忠浩《たてやまただひろ》氏は、メランヒトンとルターは神学的理解は一致していたが、例外であったのが聖餐理解においてであると述べています。[316]聖餐理解を巡っては、両者の間には相違——立山氏の表現を引用すれば《齟齬《そご》》——があったのです。

立山氏の論文から、『アウグスブルク信仰告白』の第十条「聖晩餐について」のドイツ語版とラテン語版をそれぞれ引用してみます。

《〔ドイツ語版〕**聖晩餐について**

主の晩餐については、こう教える。すなわち、キリストの真実のからだと血とは、晩餐におけるパンとぶどう酒の形態のもとに真に現在し、またそこで分与され、受けとられる。したがってまた、これに反する教えを斥ける》[317]

《〔ラテン語版〕**主の晩餐について**

主の晩餐について、われわれの諸教会はこう教える。キリストのからだと血とは、主の晩餐において、真に現存し、それを食する人々に分与される。そして、われわれの諸教会は、これと異なることを教える人々

を是認しない》[318]

簡潔に、聖餐についての理解が述べられています。ここでもやはり論争的性格は注意深く退けられていると言えるでしょう。前記のドイツ語版とラテン語版とでは、一部表現が異なります。たとえば、ドイツ語版では《真実の》という修飾語が置かれています。また、《キリストの真実のからだと血》は晩餐における《パンとぶどう酒の形態のもとに真に現在し》と記され、「物素であるパンとぶどう酒のもとにキリストが現在する」こと（＝ルター派神学固有の『現在説』）が明記されています。一方、ラテン語版ではこの文言は削除され[319]、《主の晩餐において（聖餐全体において）となっています。これは重大な相違であると言えます。特に『アウグスブルク信仰告白』ラテン語版において、ルター派固有の聖餐理解が背後に退いていることが分かります。

立山氏は、メランヒトン直筆の他の文書も検証した上で、メランヒトンの真意は後者のラテン語版の方にある

われのために苦しみを受けたこと、また彼のゆえにわれわれの罪が赦され、義と永遠の生命が与えられることを信じる信仰を通してである。義となるというのは、このような信仰を神はみ前に義と認め、義と見なされるということである。それは、聖パウロがローマの信徒への手紙の三章と四章に述べているとおりである》（ドイツ語版、ルター研究所訳『アウグスブルク信仰告白』、24頁）

314　石居基夫「『アウグスブルク信仰告白』に見る信仰義認とエキュメニズム」（前掲書所収）、95頁。
315　同、111頁。
316　立山忠浩「『アウグスブルク信仰告白』と『和協信条』の聖餐論――エキュメニカル的対話の促進と課題について」（同所収）、116頁。
317　同、117頁。
318　同、118頁。
319　立山忠浩氏は、このラテン語版には前年にツヴィングリ派と交わされた合意文書『マールブルク条項』の聖餐理解（第十五項）が継承されているとしています（同、119頁）。

と述べています。《より多様な聖餐理解を許容する》表現をすることがメランヒトンの意向であったというのです。聖餐論争を通して他教派との相違を尖鋭化《せんえいか》させていったルターと、メランヒトンはまた異なった考え、姿勢をもっていたのです。ルターは聖餐論争を通して、他教会との相違を明確にしていきました。そのことによって教会間に緊張と対立が生じ、一致は遠ざかっていきました。対して、メランヒトンは一致を再び取り戻すため、ルターとは反対に、相違を明確化することを避ける道を選び取ったのだと言えます。

聖餐論に関して「共通項を通して」一致していこうという傾向は、その後、メランヒトンの聖餐理解を継承するフィリップ派の人々においてより顕著となっていきます。フィリップ派の人々によって記された『ハイデルベルク信仰問答』（1563年）[320]について、立山氏はこう述べています。（『ハイデルベルク信仰問答』問78・問79の）《この解説は、『アウグスブルク信仰告白』ラテン語版の「キリストのからだと血とは……真に現在し」という現在理解からも距離を置き、「キリストの現在」についての厳密化を避け、むしろ曖昧な表現を選んだように見える。終わることのない聖餐論に区切りをつけるために、より多様な理解を許容するための賢明な表現だったのかも知れない》。[321]

このようなメランヒトンの姿勢に不満をもつ人々もルター派の中には存在していました。それらの人々はその後『和協信条』（1577年）を作成し、自分たちの聖餐理解の固有性をはっきりと主張するようになります。そこで目指されたのは《聖餐理解の厳密化》であり、その分、《他教会や他教派との区別化》[322]が推し進められていくことともなりました。《『和協信条』はメランヒトン的聖餐理解への決別を意味していた》。[323]

以上、《コンセンサス・モデル》の例として『アウグスブルク信仰告白』を取り上げました。私たちはここに《コンセンサス・モデル》の成果とその限界の両面を見ることができるのではないでしょうか。

前述したように、『アウグスブルク信仰告白』はルター派の信仰告白にとどまらず、エキュメニカルな信仰告白として今日高く評価されています。と同時に、聖餐論に関して言えば、教会間に一致を取り戻すために機能することはできませんでした。

このことは、1983年にWCC第6回大会で採択された『リマ文書（洗礼・聖餐・教会の職務）』[324]についても言えるでしょう。『リマ文書』において聖餐論は主要な要素となっていますが、各教派の聖餐を巡る教理の相違は問題とはされず、《宣教的な課題と目的》における一致が目指されています。[325]立山忠浩氏はこのような国際的な一致に向けての活動と成果を評価しつつ、同時に、《ルター派の遺産である聖餐理解の厳密化と区別化をどう生かすの

320 伝統的に作者とされてきたのは、メランヒトンの弟子であったウルジヌス（1534-1586年）とオレヴィアーヌス（1536-1587年）。参照：吉田隆訳『新教新書　ハイデルベルク信仰問答』（新教出版社、1997年）「解説」注8、132頁。

321 立山忠浩「『アウグスブルク信仰告白』と『和協信条』の聖餐論――エキュメニカル的対話の促進と課題について」（前掲書所収）、128頁。

322 同、133頁。《聖餐論争を巡る『アウグスブルク信仰告白』から『和協信条』までの半世紀足らずの歩みと帰結は、聖餐理解の厳密化であり、他教会や他教派との区別化を目指すものであった》。

棚村重行氏は、合同教会の形成において、最初各個人・各ミッションにおいて放棄されたはずの《教派的歴史性》が、信条、規則、式文制定の段階において再び噴出してくることを《「教派的歴史性の逆襲」現象》と形容しています（ここでは日本のプロテスタント史最初期のエキュメニカル運動とその頓挫に関して。棚村重行氏の講演記録「二つの福音は波濤を超えて――改革派・ピューリタン系諸教会の系譜とエキュメニズム」、日本エキュメニカル協会『エキュメニカル情報30』所収、2012年、16頁）。

323 立山忠浩「『アウグスブルク信仰告白』と『和協信条』の聖餐論――エキュメニカル的対話の促進と課題について」（前掲書所収）、129頁。

324 参照：日本キリスト教協議会信仰と職制委員会・日本カトリック教会エキュメニズム委員会編訳『洗礼・聖餐・職務　教会の見える一致を目指して』（日本基督教団出版局、1985年）。

『リマ文書』の成立と批判的受容の過程、『リマ文書』の聖餐論に関しては、神田健司氏の『現代の聖餐論――エキュメニカル運動の軌跡から』（日本基督教団出版局、1997年）、202―222頁を参照。

325 立山忠浩『『アウグスブルク信仰告白』と『和協信条』の聖餐論――エキュメニカル的対話の促進と課題について』（前掲書所収）、134頁。

か、この課題がWCCの一致に向けた運動では取り上げられていないことがどうしても認識されなければならないと思う》[326]と付言しています。[327]

これらの事例を鑑みて分かることは、《コンセンサス・モデル》が十分に（十全に）機能しない場合もあるということです。特にそれは、聖餐論においてです。《コンセンサス・モデル》が大きな成果を生み出すケースももちろんありますが、聖餐論に限って言えば、このモデルで教会間の一致を目指すことには限界があると言わざるを得ないでしょう。なぜなら、「相違」として背後に退けられた事柄の中に、その教会・教派にとって「根本的なもの」が存在していることがあるからです。

《コンセンサス・モデル》は互いの相違には触れず、「根本的なところ」で一致できればよいという考え方のものですが、背後に退けられたその相違の中に該当教派・教会の「根本的なもの」が存在していることがあるでしょう。その場合、該当教派・教会においてはその相違は決して「些細なもの」として脇に置いておくことはできないものとなります。根本的なものを脇に置いたまま、一致をすることができないと考える人がいるのも理解のできることです。聖餐論とはまさに、その「根本的な相違」が明らかになった領域であり、だからこそこれまで聖餐論は教会の分裂の要因のひとつとなってきたのです。そして本論が述べるところにおいてはその根本的な相違とはすなわち、それぞれの神学的なパラダイムの土台となっている「キリスト像の相違」ということになります（次の第2章を参照）。

3 《相違・モデル》

ここで、可能性があるものとして浮上してくるのが、第二のアプローチの仕方である《相違・モデル》です。聖餐論においては、この第二のアプローチが一致を目指していく上で有効であると考えます。相違を脇に置いておくのではなく、むしろその「相違を通して」一致していくアプローチの仕方です。違いに積極的な意義を見出し、その違いを通して一致していくあり方です。本論はこれを、「違いがありつつ、ひとつ」なる在り方と形容しています。

宗教改革時は、確かにこの《相違・モデル》によって一致を実現していくことは難しかったでしょう。当時はまずそれぞれの固有性を言語化し、その相違を明瞭にしていく時期であったからです。違いが明らかになり、互いに区別がなされていくことに重要な意義があった時代であったと言えるのではないでしょうか。そのことによって事実、(1) 多様なプロテスタント諸「教派」が誕生し、(2) 四福音書に内在する諸「キリスト像」が可視化されていきました。

それから500年経った今、いよいよ一致に向けて動き出す機が熟しているのだと受け止めることができます。他ならぬ、教会分裂の要因となった聖餐論を通して、再び一致を取り戻していくことが求められているのです。佐藤司郎氏はカール・バルトの神学が提示している対話モデルは《相違・モデル（相違における一致モデル）》であると述べています。そしてユンゲルの言葉も引用しながら、今日の福音主義キリスト教が進むべき改革の道はバルトやユンゲルが示す《終末論的な対話モデル》であるとしています。

《われわれがここまで見てきたバルトの対話モデルは、こうした『共同宣言』の「コンセンサス・モデル」だけが教会革新の道ではないことを示しているように思われる。バルトが示した対話モデルは「相違・モデル」、すなわち

326　同、134頁。立山氏が総会議長を務める日本福音ルーテル教会はWCCには加盟していません。

327　立山氏自身は、基本的には《コンセンサス・モデル》の立場を取っています。《今日重要なことは、エキュメニカルな対話で得られた成果を評価し、諸項目での相違を認めつつも、核心において、本意において、基本的な理解において両者に違いがないことを確認することであろう》（同、138頁。ここでは、ルター派と改革派について）。

わち相違における一致モデルである。『共同宣言』に批判的な代表的人物であるユンゲルも次のように述べている。「時代遅れになった教義上の断罪からさっさと立ち去ろう。福音の真理に栄光を与える教会共同体へ前進するのだ。そのときには、教会共同体のカラーは単調な一色ではあり得ず、様々な神の恵みを多彩に反映させているだろう」（Ⅰペトロ四・一〇）。一致は終末論的な出来事である。われわれも一致を求める。その途上にあってのわれわれの在り方は多様な賜物における一致、または相違における一致であるほかはない。このバルトやユンゲルの終末論的な対話モデルこそ、今日「宗教改革の福音主義キリスト教」の進むべき革新の道なのではないだろうか》[328]

本論もまた、《相違における一致》を目指す立場をとっています。ユンゲルおよび佐藤司郎氏が記す通り、終末における一致への途上においては、《多様な賜物における一致》《相違における一致》が不可欠な要素であると考えるからです。これからの時代、《相違における一致モデル（相違・モデル）》はより重要な意義をもってくると受け止めています。

もちろん、「共通項を見出す」ことで一致を目指すこれまでのエキュメニカルな取り組みにも重要な意義はあったことでしょう。この取り組みを通して、それまでは疎遠あるいは互いに無関心であったキリスト教の諸教派が一堂に会し、対話を始めていくことが可能となったからです（もちろん、この潮流に加わっていない・加わることができていない教派・教会もいまだ数多くあります）。これからはその第二ステップとして、「相違を明確化する」ことが重要な課題となってくるでしょう。

それぞれが固有性を保ちつつ、一致していく――これが、これから私たちが目指していく一致のあり方であると考えます。「違いがありつつ、ひとつ」である在り方を、私たちは求めていくよう招かれています。それぞれが拠って立つキリスト像と神学的な思考のパラダイムの固有性が最大限に守られる在りかたを模索していくこと。それは、先人たちの懸命なる祈りと働きを尊重し、受け継いでいくことも意味しています。

使徒パウロは教会を「キリストの体」にたとえ、《あなたがたはキリストの体であり、また、一人一人はその部分です》と記しました（コリントの信徒への手紙一 12章27節、新共同訳）。体には多くの部分があり、それぞれに違いがある。目、鼻、手、足……など、異なるひとつひとつの部分が固有の役割を果たしている。そうして互いに足りない部分を補い合っている。体がそのように「違いがありつつ、ひとつ」であるように、私たちもまた「違いがありつつ、ひとつ」であることをパウロは述べています（同12章12―27節）。

宗教改革の時代、この視点が見失われ、それぞれが自己を絶対化してしまったところに過ちがありました。それぞれが部分であることを忘れ、自分たちこそが全体だと勘違いしてしまったのです。そうして互いの違いを受け容れることができず、それゆえ相手を無理やり自分に同化させようとしたり、相手の存在を否定したりすることを繰り返していきました。

今を生きる私たちがなすべき作業は、先人たちが言語化したキリスト像の各側面にかけがえのない意義を認め、それらをふさわしい場所に位置付け、再び結び合わせていくことにあるのではないかと考えます。それが、分裂によって生じた傷、痛みを癒すことにもつながっていくのではないでしょうか。またそして、その営みが、裂かれたキリストの御体を再びひとつに結び合わすことにもつながっていくのではないでしょうか。

328　佐藤司郎「相違における一致――福音主義キリスト教の革新とは何か」（前掲書所収）、324頁（ユンゲルの言葉は、ユンゲル「枢要な問題」、『神学ダイジェスト』88号、２０００年夏季号所収、上智大学神学会、17頁からの引用。傍点は佐藤氏。筆者未読）。

カール・バルトとエキュメニズムについては佐藤司郎氏の『カール・バルトとエキュメニズム――一つなる教会への途』を参照。

4 「違いがありつつ、ひとつ」である在り方

これまでのエキュメニカル運動においては《コンセンサス・モデル》が主流であったと述べました。けれども、これまでのキリスト教の歴史を振り返る時、教会内で最も大きな影響力をもっていたのはこの《コンセンサス・モデル》でもなかったことを思わされます。キリスト教の歴史において、長きに渡り力を振るっていたのは、(本論なりに表現すると)「同化・モデル」だったのではないでしょうか。多数派が少数派を強制的に自分たちに「同化」させようとするモデルです。もちろん、このような仕方で「一致」がなされたとしても、それは真の一致とは呼ぶことの出来ないものです。

また、同化させることができないのであれば、自分たちと異なる存在を「排除」することも数多く行われてきたことでしょう。(本論なりに表現すると)「排除・モデル」です。このような排他的かつ不寛容なモデルが大きな潮流となってきてしまっていたのが、キリスト教の歴史であると言えます。

あるいは、元来は《コンセンサス・モデル》であったはずのものが、いつしかその内実を変え、「同化・モデル」や「排除・モデル」にすり替わってしまうことも繰り返し起こってきたことでしょう(たとえば、多数派が一方的に『共通項』を提示し、それを少数派に無理やり押し付けようとする。それが受け容れられないのであれば排斥しようとする、など)。

《コンセンサス・モデル》も《相違・モデル》も元来、多数性・多様性を尊重しつつ、一致を目指そうとする点で共通しています(=多様性における一致)。その欠くことのできない要素が見失われるとき、その内実は容易に「同化・モデル」や「排除・モデル」にすり替わってしまうと言えるでしょう。

宗教改革者たちにも同様の側面があったと言わざるを得ません。自分たちが「正しい」と確信するあまり、時に、一致や調和とは正反対の、不寛容で頑な姿勢を取ってしまっていたのです。そのような中にあって、メラ

ンヒトンらが内実の伴った《コンセンサス・モデル》による一致を目指そうとしたのは、確かに貴重な試みであったと言えます。

もちろん、「同化・モデル」が大きな力を有してしまうのは、キリスト教会においてだけではありません。「同化・モデル」や「排除・モデル」は形を変えて、私たち人間の歴史において繰り返し生じています。

少数を多数に同化させようとする「同化・モデル」も、違いを排除しようとする「排除・モデル」も、自分たちと異なる他者を軽んじ、その存在の固有性（かけがえのなさ）を否定しようとする点では同じです。このような状況の中にあって、教会が従来の《コンセンサス・モデル》のみならず、《相違・モデル》＝「違いがありつつ、ひとつ」である在り方を新たに提示していくことは、キリスト教会のみならず、私たちが生きる社会においても重要な指針となり得るものと考えています。

第2章　現代の聖餐論議——伝統的な聖餐論と開かれた聖餐論

1　伝統的な聖餐論と開かれた聖餐論

第1章で、聖餐は元来一致をもたらすものとされていたにも関わらず、分裂をもたらす要因となってきたことを述べました。現代においても、やはり聖餐論は教会の分裂の要因のひとつとなっています。

現代における聖餐論議の主たるもののひとつは、「伝統的な聖餐論」と「開かれた聖餐論」の対立です。筆者が属するプロテスタント合同教会である日本基督教団においても、聖餐理解の相違によって教団内に対立と分断が生じている現状があります。

この第二部の目的は、伝統的な聖餐論と開かれた聖餐論の相違と相互補完性について考察することです。そしてその相違と相互補完性を考察することを通して、四福音書に内在する信仰告白のキリスト像と生前のイエス像の相互補完性について改めて論じていきたいと思っています。

またその作業を通して、開かれた聖餐論がもつ固有性とその神学的重要性についても述べていきたいと思います。

(1) 伝統的な聖餐論

まずは伝統的な聖餐論と開かれた聖餐論という語について確認をしておきましょう。

ここでの伝統的な聖餐論とは、古代教会以来の伝統的な枠組みに依拠する聖餐理解のことを言っています。この伝統的な聖餐理解の特質は、「イエス・キリストへの信仰を前提としている」点です。「洗礼を受けた者のみが聖餐に与ることができる」（未受洗者には聖餐は『閉ざされている』）[329]という点がその共通の理解となっています。キリスト教会はこれまでの歴史において、5世紀のカルケドン派と非カルケドン派の分離、11世紀のローマ・カトリックとギリシア正教の分離、16世紀のカトリックとプロテスタント諸教派の分離など、様々な分裂を繰り返してきました。しかし、どの教派においても、聖餐の受領にあたってキリストへの信仰を前提としている点においては変わりはありませんでした。宗教改革時の聖餐論に教派によりかなりの相違があることはすでに述べた通りです。そのように相違はありつつ、「聖餐の受領において求められるのは信仰である」との理解においてははっきりと一致していました。

329　幼児洗礼が当たり前ではなかった初期のキリスト教においては、洗礼が聖餐の参加条件とされていました。少なくとも2世紀の初めにはそのような理解が生じていたようです。たとえば2世紀の初めに記された『ディダケー』には「主の名をもって洗礼を授けられた人たち以外は、誰もあなたがたの聖餐から食べたり飲んだりしてはならない」との文言が残されています。
《ディダケーには、「主の名をもって洗礼を授けられた人たち以外は、誰もあなたがたの聖餐から食べたり飲んだりしてはならない」と記されています。この言葉は教会共同体そのものに、排除の論理を適用しようとしたものではありません。聖餐に信仰者以外の者があずかれないというのは、聖餐の物素の意味が信仰なくては、何一つ明らかにならないからです。それを明らかにするために、古代教会は、洗礼志願者のための教育とそのための制度を整えたのです》（関川泰寛「古代教会における聖餐」、日本基督教団改革長老教会協議会『聖餐　なぜ受洗者の陪餐か』所収、1994年、73頁）。
一方で、高柳富夫氏は「主の名をもって洗礼を授けられた人たち以外」という文言は《非受洗者ばかりではなく、機密性保持のために除外されるべき異教徒や共同体内部の異分子を指している可能性も否定することはできない》と述べています（「開放的・包含的聖餐論」、北村慈郎牧師の処分撤回を求め、ひらかれた合同教会をつくる会編『新教コイノーニア31　戒規か対話か　聖餐をめぐる日本基督教団への問いかけ』所収、新教出版社、2016年、55頁）。

◎伝統的な聖餐論
古代教会以来の伝統的な枠組みに依拠する聖餐理解。イエス・キリストへの信仰を前提としている点で一致。「洗礼を受けた者のみが聖餐に与ることができる」（未受洗者には聖餐は『閉ざされている』）という共通の理解をもつ。

（2）開かれた聖餐論

対して、20世紀の後半から言語化され始めた比較的新しい聖餐論が「開かれた聖餐論」です。開かれた聖餐論は、狭義においては「未受洗者にも聖餐は『開かれている』」と考える立場のことを言います。より広義においては、聖餐はすべての人に――とりわけこの世で最も小さくされた者（最も弱い立場に置かれた隣人[330]）に対して「開かれている」とする理解のことを指しています。この新しい聖餐理解では「イエス・キリストへの信仰は必ずしも前提とされない」ことが特質です。

「開かれた聖餐＝オープン・コミュニオン」は元々は、教派間の相互陪餐《そうごばいさん》（異なる教派間で聖餐を『開いていく』こと）を指す言葉でした。また、幼児洗礼を受けているが堅信礼《けんしんれい》（信仰告白式）をしていない人に聖餐を開くかどうかの議論もそこには含まれています（小児陪餐についての議論）。この議論においては「受洗」は前提とされています。しかしその後、礼拝に集うすべての人に対して聖餐は「開かれている（オープンである）」べきであるとの理解が生じるようになりました。これが、本論で取り上げる「開かれた聖餐論」です。よって、本論では「オープン・コミュニオン」と「開かれた聖餐論」の語を区別して用いています。

元来のオープン・コミュニオンの議論では「洗礼を受けた人が聖餐に与る」というのは共通の理解となっていました。オープン・コミュニオンの議論はあくまで伝統的な聖餐論の枠組みの中でなされているものであったのです。対して、開かれた聖餐論においては、すでに述べた通り、イエス・キリストへの信仰は必ずしも前提とはされません。よって聖餐に与るに際しても、洗礼の有無は問題とはならないのです（洗礼を受けていない人が聖餐に与ることを『未受洗者陪餐』[331]と言います）。元来のオープン・コミュニオンと開かれた聖餐論とでは、もはや前提としている枠組みが異なっていることがお分かりいただけるかと思います。

土台としている枠組み自体が異なるものであったので、当然、伝統的な聖餐理解と新しい聖餐理解との間には緊張と対立が生じることになりました。

◎**開かれた聖餐論**
20世紀になってから言語化されるようになった比較的新しい聖餐理解。イエス・キリストへの信仰は必ずしも前提とされない。「未受洗者にも聖餐は『開かれている』」（洗礼は陪餐の条件とはならない）という新しい理解をもつ。

ちなみに、開かれた聖餐に対して「フリー聖餐」[332]という呼称が使われることがありますが、この呼称は伝統的な聖餐論の立場である人々が否定的な意味合いで使用している言葉であるので本論では用いていません。

330　たとえば北村慈郎氏が述べる開かれた聖餐論においては寿町の日雇い労働者や野宿労働者の方々のことが念頭に置かれています。《真実の交わりは、最も弱い立場に置かれた隣人の解放に呼応する、差別者・抑圧者の解放である》（北村慈郎『自立と共生の場としての教会』、新教出版社、２００９年、99頁）。
331　「未受洗者陪餐」という発想自体、宗教改革時の聖餐理解にはありませんでした。
332　開かれた聖餐の立場である山口雅弘氏は、自分たちは「オープン（すべての人に開かれた、包含的な）」という言葉を用いており、「フリー」という言葉は用いていないと述べています。《フリーという言葉に、少なくとも私は、本来の「解放・開放的な」「自由で自発的な」という意味よりも、「無節操な」「節度のない」など否定的なニュアンスが込められて使われる

（3）根拠とする聖書箇所の相違

（a）主の晩餐

伝統的な聖餐論と開かれた聖餐論の相違は、根拠とする聖書箇所にも表れています。

伝統的な聖餐論が根拠としている聖書箇所は「主の晩餐《ばんさん》（最後の晩餐）」（マルコによる福音書14章22―26節、マタイによる福音書26章26―30節、ルカによる福音書22章15―20節、コリントの信徒への手紙一11章17―34節）です。

イエス・キリストは逮捕される直前、弟子たちと最後の食事を共にしました。その主の晩餐におけるキリストの言葉と振る舞いが伝統的な聖餐論の根拠となってきました。

例として、マタイによる福音書の「主の晩餐」の記事を引用します。《一同が食事をしているとき、イエスはパンを取り、賛美の祈りを唱えて、それを裂き、弟子たちに与えながら言われた。「取って食べなさい。これはわたしの体である。」[333]／また、杯を取り、感謝の祈りを唱え、彼らに渡して言われた。「皆、この杯から飲みなさい。／これは、罪が赦されるように、多くの人のために流されるわたしの血、契約の血である。……」》（マタイによる福音書26章26―28節、新共同訳）。この文言はイエス・キリスト自身による制定の言葉として、聖餐式の式文において伝統的に取り入れられてきたものです。

（b）イエスの食卓

対して、開かれた聖餐論においては根拠とする聖書箇所が異なります。開かれた聖餐論ももちろん主の晩餐の記事を聖餐式の根拠のひとつとしますが、それ以上に重視するのが、イエスが日常的に行っていた会食（愛餐《あいさん》）の記事です。

福音書は、イエスが当時の社会において「罪人」とされ差別されていた人々と食卓を共にしていたことを記しています。開かれた聖餐論に立つ人々が第一の根拠としているのが、この会食の記事です。これらの会食の記事を以後、「イエスの食卓」と総称したいと思います。

開かれた聖餐論の立場である高柳富夫《たかやなぎとみお》氏は次のように述べています。《つまり、聖餐式の根拠は最後の晩餐のみに求めるわけにはいかないということです。イエスの生においてイエスが実践したイエスの食卓を想起することが、聖餐式の意義を考える重要な根拠になるということです。イエスが実践した「イエスの食卓」は、端的に包含的で開放的な食卓でした。そこには、ユダヤ教正統派の清浄規定を厳格に守る食卓から分離され排除されていた人々が、積極的に招かれていたのです》。[334]

引用文にありますように、高柳氏はイエスの食卓を想起することこそが、聖餐式の意義を考える重要な根拠になると述べています。

同じく開かれた聖餐が望ましいと考える立場である山口里子《さとこ》氏も、イエスの食事のとり方が《「罪人」の仲間・友達と見なされる行動》であったことを強調しています。《食事を共にするのは身分などの社会的条件の近い人という慣習が強い社会でしたから、イエスの食事の取り方は、「罪人」の仲間・友達と見なされる行動でした。ですから、イエスが共に食事をしたのは、「神の国」に入れない、「ふさわしくない」と見なされていた人々だったということです》。[335]

恐れを感じ取っていたからです》（山口雅弘「序章」、山口雅弘編著『聖餐の豊かさを求めて』所収、新教出版社、２００８年、12頁注）。

333　この『である』（原文のギリシア語ではἐστίν）の理解を巡って、宗教改革時には激しい論争が繰り広げられました。

334　高柳富夫「包含的・開放的イエスの食卓の想起として」（『聖餐の豊かさを求めて』所収）、31頁。

335　山口里子「聖餐：始まりを学び、これからを考える」（『いのちの糧の分かち合い――いま、教会の原点から学ぶ』所収、新教出版社、２０１３年）、197頁。

イエスの食卓を記した例として、マルコによる福音書の記事を引用してみましょう。《イエスがレビの家で食事の席に着いておられたときのことである。多くの徴税人や罪人もイエスや弟子たちと同席していた。実に大勢の人がいて、イエスに従っていたのである。／ファリサイ派の律法学者は、イエスが罪人や徴税人と一緒に食事をされるのを見て、弟子たちに、「どうして彼は徴税人や罪人と一緒に食事をするのか」と言った。／イエスはこれを聞いて言われた。「医者を必要とするのは、丈夫な人ではなく病人である。わたしが来たのは、正しい人を招くためではなく、罪人を招くためである。」》（マルコによる福音書2章15–17節、新共同訳）。

同じ食卓でも、主の晩餐とイエスの食卓とでは、ずいぶんとその内実に相違があることが分かります。主の晩餐の強調点は、間近に迫る十字架とその死を指し示すことにあります。対してイエスの食卓は、分け隔てなく無条件に――人々を食卓へと招いたイエスの姿を指し示すことに強調点を置いています。前者は宗教的な儀式の要素が強く、後者は日常的な愛餐の要素が強いと言えます。

山口里子氏は、イエスの食卓の背後にイエス固有の神の国理解があることを述べています。《紀元1世紀、ユダヤ人たちの間には、色々な神の国理解が共存していましたが、イエスの理解は、神の国には「ふさわしくない」とされている人々が招かれているというものでした。つまり、神の国に入るのには何か資格があるからではない、そこには何も条件は無い。人はみな「無資格者」のままで招かれている、という理解です》。[336] イエスの食卓及びイエスの神の国理解が無条件に人を招くもの――とりわけ、共同体から「ふさわしくない」ものとされ、「罪人」として排除されている人々を――であることを山口氏は強調しています。

最初期の教会の聖餐式においては、聖餐と愛餐は必ずしも二者択一的なものではなかったようです。最初期の教会においては、聖餐と並んで愛餐が行われていました。[337] 当時はいまだ聖餐と愛餐の厳密な区別はなされていなかったと言えるでしょう。[338] しかし次第に両者は切り離されるようになり、聖礼典（サクラメント）としての聖餐の側面が強調されるようになっていきました。開かれた聖餐論の立場である高柳富夫氏は、聖餐と愛餐の結びつきを再び取り戻し《聖餐の愛餐的性格を回復する》[339]べきことを訴えています。

一方で、伝統的な聖餐論に立つ人々は、そのような理解を認めてはいません。伝統的な聖餐論の立場である組織神学者の芳賀《はが》力《つとむ》氏は、高柳富夫氏の前掲（『聖餐の豊かさを求めて』、31頁）の文章を受けて、自分たちも聖餐式の根拠を最後の晩餐（主の晩餐）のみに求めてはいないと述べつつも、聖餐においては《最後の晩餐と復活者と共なる喜びの食卓が決定的な意味を持っている》[340]ことを強調しています。

すなわち、伝統的な聖餐論においては、主の晩餐（と次に述べる『復活のキリストとの食事』）が決定的な意味を

336　同、197頁。

337　新約学者のG・タイセンは、最初期の教会の文書には《二つの会食形態の共存が前提とされている》ことを述べています（G・タイセン『聖書から聖餐へ —— 言葉と儀礼をめぐって』（吉田新訳、新教出版社、2010年、173頁）。《ディダケーとマタイ福音書は、同一の共同体における二つの会食形態が併存していることを証言している。ディダケーは通常の宗教性を持つ宗教的会食、マタイは極端な宗教性を持つ宗教的会食を証言している》（同、176頁）。タイセンは、前者は愛餐へと展開し、後者は聖餐式（ミサ）へと展開していったと分析しています（同、172頁）。

「愛餐」と「聖餐」の分離については、山口里子氏の前掲書209—211頁も参照。

338　たとえば、コリントの信徒への手紙一 11章17—34節を参照。

339　《聖餐は、最初期キリスト教共同体において、愛餐の枠組みの中で行われていたことに充分に注目する必要があります。聖餐は愛餐的性格を伴っていたということです。クローズド論者が言う、愛餐は受洗、非受洗に関わらずすべての者に開かれているが、聖餐は受洗者にのみ限定されているという主張は、最初期キリスト教の愛餐的性格を伴う聖餐には妥当しません。このような最初期に行われていた聖餐の愛餐的性格を回復することが、聖餐の本質に関わる事柄としてこの上もなく重要であると考えます。

そして、聖餐の愛餐的性格を回復するとは、すなわち「イエスの食卓」の開放性と包含性を回復するということです》（高柳富夫「開放的・包含的聖餐論」、北村慈郎牧師の処分撤回を求め、ひらかれた合同教会をつくる会編『新教コイノーニア31 戒規か対話か —— 聖餐をめぐる日本基督教団への問いかけ』所収、59、60頁）。

340　芳賀力「それが「聖餐の豊かさ」なのだろうか」（『まことの聖餐を求めて』所収、教文館、2008年）、376頁。

もっているのであり、主の晩餐がイエスの食卓を規定しているのだということができるでしょう。対して、開かれた聖餐論においては、イエスの食卓が主の晩餐を規定しています。

（c）「五（四）千人の供食」、「復活のキリストとの食事」

右記の主の晩餐とイエスの食卓の他に、聖餐のルーツとされる聖書箇所として、「五（四）千人の供食」（マルコによる福音書6章30—43節、8章1—10節）と「復活のキリストとの食事」（ルカによる福音書24章28—43節）の記事があります。

~聖餐のルーツとされる4つの聖書箇所~

① イエスの食卓
② 五（四）千人の供食
③ 主の晩餐
④ 復活のキリストとの食事

芳賀力氏は、開かれた聖餐論に立つ人々が①のイエスの食卓と②の五（四）千人の供食だけを聖餐のルーツとして強調する傾向があることに対して、メシアの祝宴には四つの記事とも切り離し得ないものであること、そして③の主の晩餐と④の復活のキリストとの食事こそが前者（①イエスの食卓と②五（四）千人の供食）を意味あるものにさせるのだと述べています。《しばしば未受洗者陪餐を主張する人々は、失われた人間を御国の祝宴に招くメシアの食卓として、最初の二つだけを聖餐のルーツとして強調します。しかし、あとの二つこそ実は、罪と死の支配から人間を解き放つためになされた本当のメシアの食卓であり、最初の二つを意味あるものにさせるものなのです。つまり四つのルーツ（前二者①②と後二者③④）とも、すべて切り離し得ない、また決して二者択一にはできないメシアの祝宴です。メシアの食卓には罪の赦し（メシアの受難と死）と死の克服（メシアの復活）というきわめて重大な救いの出来事が含まれているがゆえに、後二者なしには前二者は祝えないのです》。[341]《聖近藤勝彦《かつひこ》氏も同様に、聖餐は《復活した十字架の主の死と命に参与するもの》であることを強調しています。《聖餐を通して、十字架による罪の赦しとともに、復活による新しい命に参与することができるようになった。聖餐は主イエスの十字架による贖罪と共に、主の復活による死を超えた命を運んでいる》。[342]

これらの言説から、伝統的な聖餐論においては特に十字架と復活が決定的に重要な救いの出来事とされており、それがイエスの生全体を規定していることが分かります。

2　日本基督教団における聖餐論義

すでに述べましたように、筆者の属する日本基督教団では、伝統的な聖餐論に立つ人々と開かれた聖餐論に立つ人々との間に対立が生じています。その契機となったのは後述する北村慈郎《じろう》牧師「戒規《かいき》免職」問題です。しかし聖餐についての議論自体は、それ以前にも教団の中に存在していました。この項では2000年代以前の聖餐論議と、北村慈郎牧師「戒規免職」問題の経緯について簡潔に整理をしておきたいと思います。

（1）2000年代以前の聖餐についての議論

日本基督教団宣教研究所は1960年に『礼拝における聖餐式の諸問題』という論文を発行[343]しています。この

341　芳賀力「荒れ野に備えられた主の食卓」（『まことの聖餐を求めて』所収）、214頁。
342　近藤勝彦「第4章　聖餐の再検討」（『贖罪論とその周辺――組織神学の根本問題2』所収、教文館、2014年）、287頁。

『礼拝における聖餐式の諸問題』の第4章「聖餐式の形式とその意義」の最後には「問二〇　求道者にも陪餐せしむる時があるか」の項があります（執筆担当：芳賀真俊氏）。

小海基《もとい》氏は、この『礼拝における聖餐式の諸問題』を契機とする『基督教新報』（現在の『教団新報』）紙上の一連の議論が、現在確認できる開かれた聖餐についての最古の議論であると述べています。[344]

実際の本文を引用してみましょう。《もと、ホーリネスのN牧師は、聖会席上で「洗礼をうけようと決心している人は、聖餐をうけてもよい」と云い、結局全員陪餐してしまったと伝えらる（原文ママ）。相当な大教会で現に求道者にも陪餐せしめている教会もある。

これは、ルターのいわゆる「不敬虔者への陪餐」（manducatio impiorum）を誤り解した一つの結果なのであろうか、それとも日本に特有な現象で、とり立てて問題にする必要はないのだろうか。……》。[345]

右記の文章から、当時からすでに「求道者への陪餐」を行っている教会があったことが分かります（いまだ『開かれた聖餐』という呼び方はなされていません）。ただし、同書の中で求道者への陪餐について述べられているのはここだけで、教団においていまだ重大な問題としては顕在化していなかったことが伺われます。そのことは、《それとも日本に特有な現象で、とり立てて問題にする必要はないのだろうか》との芳賀真俊氏の言葉からも伺い知ることができます。

また、翌1961年に開催された第12回教師夏期講習会（主題『礼拝と礼典――福音主義教会の課題として』）において参加者に聖餐についてアンケートを行ったところ、求道者への陪餐を行っている教職はゼロであった[346]とのことです。開かれた聖餐についての問題設定はあったけれども、実践している教職は（参加者の中では）いなかったようです。村山盛忠《もりただ》氏はこの講習会では《未信者（求道者）の陪餐問題は論議になっていない》[347]ことを指摘して

343　《この論文の目的は聖餐式を中心とした礼拝式の研究であるが、それを二人の執筆者（木下芳次、芳賀真俊）が担当し、聖餐式に関する歴史的研究並びに日本プロテスタント教会の特異性と今後の問題という観点から論述している》（村山盛忠「日

本基督教団における聖餐の問題」、日本基督教団宣教研究所編『聖餐』所収、日本基督教団出版局、１９８７年、187、188頁)。

同年12月3日発行の『基督教新報』には本書に対する小川治郎氏の書評が掲載されています。《……近頃になって一部ではあろうが、聖餐の意義を新しく考えなおし、本来の意味にふさわしく執行しようとするうごきがおこって来た。これはまことに喜ぶべきことで、おそらく聖餐が正しく恵み深く守られて来るならば、今日の教会は面目を一新すると言っても、いいすぎではないであろう》、《本書も指摘していることであるが、聖餐の問題は、一方にカトリックのことがあり、一方に無教会のことがあり、正しい執行がなされるためには、よほど深い研究と体験が必要であろう。聖書にその基礎を求めることはいうまでもない。代々の教会の歩みもていねいに学ばねばならない。日本その教会という現実の基盤のことも忘れてはならない。ただ回数を多くするとか、形式を複雑にするとか、雰囲気を濃くするとかで解決さるべき事柄ではなく、そのようなことによってかえって本質より遠ざかる危険もあるのが、聖餐である。しっかりとしたものをとらえ、深く味わってなさるべきである。そうした意味でこの本は時を得たものと思う》。

344 小海基「日本における聖餐論議の現状」(北村慈郎牧師の処分撤回を求め、ひらかれた合同教会をつくる会編『新教コイノーニア31 戒規か対話か —— 聖餐をめぐる日本基督教団への問いかけ』所収)、75頁。ただし、『基督教新報』の紙上において開かれた聖餐についての議論が交わされたのは『礼拝における聖餐式の諸問題』が出版されて3年後の１９６３年です(後述)。

１９７０年代のいわゆる「教団紛争」以前から聖餐論議は存在していたのであり、「違法聖餐論争」を無理やり仕掛けているのは１９７０年以降の「キリスト教会の解体運動」「反教団闘争」をしている一部の人々であるというのはねつ造された《謀略史観》《歴史改竄》であると小海氏は述べています(同、76頁)。

１９８７年発行の『聖餐』の中でも、村山盛忠氏が同様のことを語っています。《未受洗者(未信者、求道者)の陪餐問題が顕在化してきたのは、一九六九年以降の万博問題を契機にしてであると、とらえるむきもあるが、これは間違いである。むしろこのようなとらえ方の前提には教会秩序の崩壊者であるとの考えがあり、真の聖餐論議へと進展しない。従来からすでに宣教の実際面から、未受洗者に対する陪餐問題は提起されているのである》(村山盛忠「日本基督教団における聖餐の問題」、前掲書所収、194頁)。

345 日本基督教団宣教研究所編『礼拝における聖餐式の諸問題』(１９６０年)、78、79頁。

346 小海基「日本における聖餐論義の現状」(前掲書所収)、76頁。

347 村山盛忠「日本基督教団における聖餐の問題」(前掲書所収)、190頁。

います。
1963年9月7日発行の『基督教新報』（第3374号）では、木村栄寿氏（当時佐渡教会牧師）が「聖餐式について」という文章を投稿し、《時には求道者をも含めた全会衆の聖餐式もあってよいのではないか》と問題提起をしています。

木村氏は、会衆の一員として礼拝に出席している求道者（言い換えると『未受洗者』）たちが、《自分たちを除外視したところのこの礼典》をいったいどのように感じるであろうかと懸念を示し、教団教規は求道者のことを考えると《いろいろ気がかりの多い規則》ではあること、また、コリント一11章27―29節は《必ずしも未信者の陪餐を禁じたものとは考えられない》ことを述べた上で、《求道者をも含めた全会衆での聖餐式》の可能性を提言しています。木村氏の文章は一貫して求道者（未受洗者）の視点に立って書かれていることが分かります。以下、木村氏の文章の一部を引用します。《全会衆が信者、未信者をとわず、主の前に悔い改めと感謝をもってつどい、主のみからだと御血を受けるならば、これが主イエス・キリストの聖旨にそわないことだと、だれがいい切れるであろうか。

時には求道者をも含めた全会衆の聖餐式もあってよいのではないかと考える。クリスマスなどの特別礼拝に、これがまもられるならば、この特別な恩寵にこたえて、入信を決意する求道者が与えられるにちがいない》。

この木村氏の投稿に対して、同年10月5日発行の『基督教新報』（第3378号）において、鷲山林蔵氏（当時日本橋教会牧師）と船越三義氏（当時兵庫教会役員）が伝統的な聖餐理解の立場から批判的な応答[348]をしています（『読者のこえ』として）。鷲山氏は、木村氏の求道者を信仰にまで導きたい想いはよく分かるとしながらも、《聖餐式を伝道の道具に利用するのはどんなものでしょうか。主の御体と御血とをあまり安売りすると、それこそ教会の命取りになりはしないかとおそれます》と述べています。《（続き）「おそれおののいて自分の救いの達成に努めなさい」というパウロのすすめを見ても、私たちのために主が肉をさき、血を流された事実に対する、おそれおのののきをもつことと、自分の救いとは不可分のもので、軽々しく聖餐を食することは、当人の救いの達成のために、妨げになることと思います。(略)そこで取り扱われているのは、教会のいのちである主の肉と血なのです。(略)祈り会などで求道者が祈ることは大いに奨励したいが、聖餐を求道者に与えることはできません。教会の一番大事な配慮が、彼にゆきとどかないからです。

木村先生は求道者への配慮の上から主張なさったようですが、その配慮がいかに善意から出たものであっても、それが教会的な配慮、主の死を通しての配慮とならないかぎり、かえって重大なつまずきとなりましょう》。

船越氏も《私たち信徒が聖餐にあずかるのは、主の十字架、復活、聖霊のたまものにより信仰告白によってはじめて与えられる重大式典であることはここにしるすまでもありません》と述べ、《「求道者の方々も一日も早くこの聖餐にあずかられますよう」のひとことをつけ加えられることによって、自分たちを除外したとは感じないはずです》と木村氏の問題提起に批判的に応答しています。《私たちのいのちの泉ともいうべき聖餐式は、あくまでも信仰告白をしたものでなければならないと信じます》。

伝統的な聖餐理解に立つ鷲山氏と船越氏の言説に比べ、前者の木村氏の開かれた聖餐理解はいまだはっきりとは言語化されてはいない段階にあることが分かります。鷲山氏は木村氏が《求道者への配慮の上から》開かれた聖餐を主張していると受け取っていますが、木村氏の問題提起は神学的に重大な意義を内包しているものです。

また、同第3378号の紙面では、世界聖餐日に合わせ、大木英夫氏の論説「聖餐とキリスト者の生活――世界聖餐日にあたり」と、座談会「聖餐はどう守られているか」(出席者:木下芳次、宮内彰、山北多喜彦、湯浅与三の各氏、司会者:島村亀鶴氏)も掲載されています。後者の座談会の主題は各教会の実際的な聖餐の守り方について

348 木村栄寿氏の問題提起とそれに対する鷲山氏と船越氏の応答が、小海氏が指摘する、現在確認できる開かれた聖餐についての(公の場における)最古の議論であると言えます。

ですが、未受洗者の陪餐についても言及しています。

《**木下**　「未信者にも聖餐を行う、無差別聖餐とはどういうことだろうか」
宮内　洗礼をうけていない者にも説教は与えられる。見える言葉としての聖餐も与えてよいと考えてである」》。

ここで述べられているのは開かれた聖餐（この時は《無差別聖餐》という呼称）についての説明であり、それについての賛否までは述べられていません。もちろん、座談会の参加者たちは伝統的な聖餐理解に立つ方々であり、《聖餐は信仰において守るもの》（山北多喜彦氏）であることは前提として共有しながらも、未受洗者への陪餐についての議論も忌避《きひ》せず行っているのが印象的です。小海基氏はこの座談会における聖餐論議が、《五十年後に繰り広げられる頭ごなしの「違法聖餐」と決めつけるような扱いとはずいぶん違うことに驚かされる》と述べています。[349]２０００年代とは異なり、当時の教団内には異なる神学をもつ者同士が対話しようとする姿勢がいまだ存在していたことが伺われます。

その後の２０００年代に至るまでの議論の詳細な研究は今後の課題としたいと思いますが、日本基督教団が発行した文書としては、特に、１９８７年に出版された日本基督教団宣教研究所編『聖餐』[350]と、１９９０年に発行された同研究所編の冊子『陪餐問題に関する資料ガイド』[351]が重要なものとして挙げられるでしょう。宣教研究所編『聖餐』所収の村山盛忠氏の論考「日本基督教団における聖餐の問題」では、実際に開かれた聖餐を行う決断をした教会の事例も紹介されています。[352]

村山氏は『聖餐』所収の論考において、聖餐の課題をはじめから《秩序の乱れ》として切り捨てるのではなく、《相互批判による対話》を深めていく必要性を強調しています。《宣教の現場の闘いから出てきている聖餐の課題を、始めから秩序の乱れとして切り捨てては真の対話は生まれない。ここにこそ今日の宣教の課題が具体的に提示されているのであるから、今後相互批判による対話を深めていく必要があろう》。[353] 北村慈郎氏は、聖餐の問題において、教団はこの村山盛忠氏の提言に戻るべきであることを述べています。[354]

その他、聖餐についての様々な書物が発行され[355]、聖餐についての議論が積み重ねられてきましたが、《これらの議論の積み重ねを吹き飛ばしてしまう》のが、2007年の教団常議員会で可決された北村慈郎牧師「教師退任勧告」議案であったと小海氏は述べています。《これはのちに総会で否定されることになったが、思えば二〇〇七年という年こそが「聖餐論争」においても北村慈郎氏「免職」裁判においても大きな分岐点となった年であった》。[356] この件以降、伝統的な聖餐論に立つ一部の人々は極めて厳しい姿勢――あえて否定的な表現を用いますと、強硬

---

349 同、76頁。

350 日本基督教団出版局。執筆者は雨宮栄一、大崎節郎、尾形隆文、神田健次、村山盛忠の各氏（まえがきは宣教研究所委員長の土肥昭夫氏）。第二部は座談会が収録され、「未受洗者の陪餐について」も取り上げられています（238―242頁）。

351 1986年、第23総会期信仰職制委員会から「陪餐に関する資料と研究」の依頼を受け、宣教研究所が国内外の教会を対象に行った調査をまとめたもの（研究員は村山盛忠、神田健次、柏井創の各氏）。調査内容は《①未陪餐会員、②重い知恵おくれの人、③求道者の陪餐について》（原文ママ、同、1頁）の3項目。

352 村山盛忠、前掲書所収、195―199頁。

353 同、210、211頁。村山氏は今後の課題として以下の問題を挙げています。①サクラメントとは何かの問題、②未受洗者陪餐の問題、③礼典執行に絡む二重教職制の問題、④聖礼典に介在する国家権力の問題、⑤式文改定問題。

354 北村慈郎『自立と共生の場としての教会』、204頁。

355 たとえば、1994年には日本基督教団改革長老教会協議会が、伝統的な聖餐理解の立場から『聖餐――なぜ受洗者の陪餐か』を出版（執筆者は宍戸基男、関川泰寛、藤掛順一、芳賀力の各氏）。また、1997年には神田健次氏が、エキュメニカルな聖餐論の展開を宣教論の視点から考察した『現代の聖餐論――エキュメニカル運動の軌跡から』を出版。

356 小海基「日本における聖餐論義の現状」（前掲書所収）、81頁。

な姿勢[357]——を取るようになっていきます。

（2）北村慈郎牧師「戒規免職」問題

２００７年10月22〜22日にかけて行われた日本基督教団第35回総会期第３回常議員会において、北村慈郎氏（当時紅葉坂《もみじざか》教会牧師）に対する教師退任勧告が可決されました（議案は当時の教団議長・山北宣久《のぶひさ》氏より提案。出席者29名中16名が賛成）。北村氏が牧師を務める教会において開かれた聖餐を行っていること[358]が理由です。

さらに、２００８年７月14〜15日にかけて行われた第35回総会期第５回常議員会において「北村慈郎教師に対する戒規申立てを行う件」が可決されました。[359]このことによって、北村慈郎氏の戒規免職の手続きが始められることとなりました。これが北村慈郎牧師「戒規免職」問題の発端です。これらの決議を下した山北教団議長と常議員は、当然のことながら伝統的な聖餐論の立場の方々です。

その後、２００８年10月21〜23日の第36回教団総会において、議案44号「常議員会による戒規申し立てを無効にする件」が賛成多数で可決されました。《手続きの公正に疑義があり、また、これまでの信仰職制委員会の規定解釈にも反している》[360]というのが決議の提案理由です。

福岡大学名誉教授の浅野直人氏は、法律専門家の立場から、北村牧師の戒規処分の手続き上の不合理性を指摘しています。[361]《最高裁判例に対する多くの評釈が指摘する通り、宗教の教義、信仰の内容や解釈に関して司法が介入すべきでないことは、憲法の信教の自由保障の趣旨からも肯定されるべきことであるが、北村牧師の訴訟の事案は、宗教の教義や信仰の内容に入る以前の、手続きの不合理が問題であることは、以上の経過からも指摘できる事柄である》。[362]

また、適正手続きの問題と共に、北村氏と常議員の間で神学的な対話がこの時点でもまったくなされていないことは重大な問題です。

常議員会による戒規申し立ては教団総会において否決されましたが、その後、教師委員会の「教師の戒規適用に関する内規」が改定（２００９年7月13日）され、２０１０年1月26日に教師委員会によって北村慈郎氏の免職処分が決定されました[363]。教団総会では否決された北村氏の戒規免職が、これらの《迂《う》回《かい》的手段》[364]によって実現されました。

この決定を受け、教団内からも多くの反対の声が上がるようになります。紅葉坂教会は2月7日に教師委員会へ異議申立書を提出、2月12日に山北議長に上告書を提出、3月14日には教団へ「抗議と要望」を提出しています。北村氏と教会が提出した教団への「抗議と要望」の要点は以下の通りです。

357　この件以降、一部の人々は村山盛忠氏の提言とは逆の方向、すなわち聖餐問題を《秩序の乱れとして切り捨て》る方向へと向かっていくこととなります。

358　開かれた聖餐を行うことは北村氏一人の意志によるものではなく、教会全体の決議によるものでした。北村氏が牧師をしていた紅葉坂教会では2年数か月に渡って役員会と教会全体で聖餐についての学びと懇談を行いました。それらの準備を経た上で、１９９９年の教会総会において83名中73名の賛成、反対7票で開かれた聖餐を行うことを可決しました（北村慈郎『自立と共生の場としての教会』、196―198頁）。また、遡ると紅葉坂教会ではすでに１９８０年頃より開かれた聖餐へと至る素地があったことを北村氏は述べています（同、199頁）。

359　議案に抗議して10名の常議員が退席する中で採択されました（「第3部　北村慈郎牧師免職問題の経緯」、北村慈郎牧師の処分撤回を求め、ひらかれた合同教会をつくる会編『新教コイノーニア31　戒規か対話か　聖餐をめぐる日本基督教団への問いかけ』所収）、199頁。

360　浅野直人「北村牧師の裁判についての法律専門家の一見解」（同所収）、48頁。

361　同、46―49頁。

362　同、48頁。

363　免職処分決定に先立ち、教師委員会の運営に異議を唱えていた2名の委員が抗議、辞任を表明しました（「第3部　北村慈郎牧師免職問題の経緯」、同所収、201頁）。

364　浅野直人「北村牧師の裁判についての法律専門家の一見解」（同所収）、48頁。

《教師委員会の戒規適用の審議過程には重大な瑕疵がある
①公正・公平性が保たれていないこと
②手続きが不適正であること
③弁明の機会が保証されなかったこと
④以上は重大な人権侵害に相当する
⑤教師委員会は審議プロセスを検証し、再検討するよう要望する》。[365]

2010年9月15日、審判委員会は北村氏の上告を棄却し、教師委員会の戒規免職処分を可とする判断を下します。そして9月21日、教団は教団議長名で「上告に対する審判結果について（免職決定の通知）」を北村氏宛てに送ります。[366] こうして、北村慈郎氏の教団教師としての身分は失効することとなりました。

その後、紅葉坂教会は臨時総会において「北村慈郎教師の『地位保全処分命令申立て』を行う件」を満場一致で可決（11月14日）、2010年11月22日に北村氏は「地位保全処分命令申立て」（仮処分）を東京地方裁判所に提出します（2011年2月1日に一度『仮処分』を取り下げ、同年11月25日に改めて提訴）。

また2010年12月から北村氏の免職処分に抗議する全国署名運動が開始、2011年6月には「北村慈郎牧師を支援する会」が立ち上げられ、支援の輪が広がっていきます（現在の名称は『北村慈郎牧師の処分撤回を求め、ひらかれた合同教会をつくる会』）。[367]

東京地裁によって提訴が棄却（2013年2月25日）された後、東京高等裁判所に控訴（同年3月8日）、最高裁判所に上告（同年9月18日）しますが、いずれも棄却されました。[368] 司法に訴える道は、ここで閉ざされたことになります。《二〇一四年六月六日最高裁判所は、この事件の上告を受理しないと決定し、裁判所での審理はその道を閉ざされてしまった》。[369]

（３）象徴的な二つの書 ——『聖餐の豊かさを求めて』と『まことの聖餐を求めて』

北村慈郎氏に「教師退任勧告」が出された翌年の２００８年、二つの書が出版されました。山口雅弘編著の『聖餐の豊かさを求めて』（新教出版社）と芳賀力編著の『まことの聖餐を求めて』（教文館）です。前者は開かれた聖餐論の立場である人々によって書かれ、後者は伝統的な聖餐論の立場の人々によって書かれています。《どちらも共著で、聖餐を「開く」か「閉じる」かで、立場は真っ向から対立することとなる》。[370] この二冊は日本基督教団の聖餐論議を象徴する書だと言えるでしょう。

先に出版されたのは『聖餐の豊かさを求めて』です（２００８年1月発行。執筆者は山口雅弘、高柳富夫、禿準一、中道基夫、森野善右衛門、廣石望、山口里子、菊池恵美香、中村吉基の各氏）。伝統的な聖餐論に立つ一部の人々が極めて厳しい姿勢 —— あえて否定的な表現を用いますと、強硬な姿勢 —— を打ち出していることを念頭に置いてこの書が出版されたことは言うまでもありません。執筆者の一人である高柳富夫氏は硬直した姿勢で断罪するのではなく、意見を受け止め対話を行っていく必要

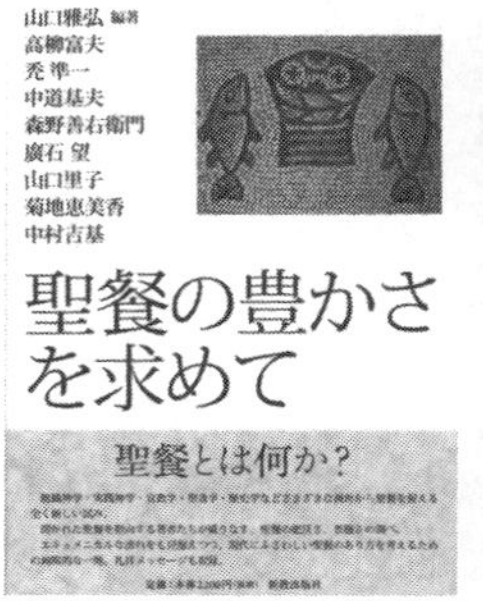

365　「第３部　北村慈郎牧師免職問題の経緯」（同所収）、201、202頁。

366　同、203頁。北村慈郎氏自身は、《この経過を見ている限りでは、何が何でも北村を戒規にかけたいという教団執行部の意志が強かったということです》と述懐しています（北村慈郎「私の「戒規免職」問題とは何か？」、同所収、13頁）。

367　同、203頁。

368　浅野直人氏は東京地方裁判所、東京高等裁判所、最高裁判所の判断の問題性を指摘しています（「北村牧師の裁判についての法律専門家の一見解」、同所収、43–46頁、49、50頁）。

369　同、49頁。

370　小海基「日本における聖餐論義の現状」（同所収）、81頁。

性を訴えています。《クローズドを主張する人たちは、教憲教規違反であるから措置をとるというような硬直した姿勢で断罪するのでなく、なにゆえオープンを選択しているのか、その意見を真摯に受けとめて、互いの学習や対話を深めていくことをなぜしないのでしょうか。
本書の出版が、裁き合いではなく落ち着いた対話と、また学習やさらなる議論に少しでも資するものとなることを願って止みません》。[371]
タイトルにもなっている「聖餐の豊かさ」とは、本書においては《多様性の豊かさ》[372]を意味しています。同書は聖餐理解の《多様性の豊かさ》を語りつつ、同時に執筆者全員が開かれた聖餐理解に立っている（または深い共感を覚えている）点において一致しています。
この書の出版を受け、それを反駁《はんばく》する意図をもって出版されたのが『まことの聖餐を求めて』です（2008年9月発行。執筆者は芳賀力、岡本知之、小高毅、小友聡、加藤常昭、楠原博行、東方敬信、徳善義和、中野実、西堀利和、朴憲郁、牧田吉和の各氏）。日本基督教団だけではなく、ローマ・カトリック教会、聖公会、ルーテル教会、改革教会からも寄稿されています。教派によって聖餐理解に相違はありつつ、執筆者全員が伝統的な聖餐理解に立っている点において同書は一致しています。それは言い換えれば、《洗礼を受けた者が聖餐にあずかるという基本線》[373]において一致しているということです。
同書の編者である芳賀力氏は次のように述べます。《聖餐の豊かさとは、聖餐が聖餐である時にだけ使うことのできる言葉です。聖餐が何か別のものにすり替わっていたら、それはもはや聖餐の豊かさとは呼べないからです》。[374]
芳賀氏は開かれた聖餐は聖餐ではないと認識していることが分かります。
確かに、伝統的な聖餐理解に拠って立てば、開かれた聖餐論は「斥《しりぞ》けねばならない」対象と映るかもしれません。伝統的なキリスト教の理解（従来の『信仰告白のキリスト』の枠組み、第一部を参照）とは枠組みそのものが異なっているからです。芳賀力氏は『まことの聖餐を求めて』の中で、開かれた聖餐論が主張していることの内実はもはやキリスト教ではなく、「イエス教」[375]であると批判しています。伝統的な聖餐論の立場からすると、開かれた聖餐論は、もはや《聖餐が何か別のものにすり替わってい》ると捉えられるのも理解はできることです。

そして芳賀力氏は《真理問題に両論併記はあり得ません》と続けます。伝統的な聖餐論を選ぶか、開かれた聖餐論を選ぶか。キリスト教を選ぶか、「イエス教」を選ぶか、二者択一しかない。当然ながら、『まことの聖餐を求めて』において、まことの真理は伝統的な聖餐にあるのだと受け止められています。

《真理問題に両論併記はあり得ません。未受洗者陪餐も聖餐の豊かさの一つに属するから、どちらでもかまわないなどと、唖然とさせられる意見を述べる方がいます。もちろん地上の教会は旅人の教会ですから、その決断が絶対に誤ることはないと無謬説を唱えることはできません。御言葉によってたえず改革される教会です。しかしだからと言って、福音理解も両論併記、どちらにも決めないまま教会的実践を続けることはできません。歴史的教会は歴史的決断をすることで歴史的身体を形成していきます。（略）義認（罪の赦し）の問題は、ルターが言ったように、教会が立ちもし倒れもする条項です。そして聖餐の理解は、まさにその条項に関わりを持っています。洗礼を施す教会であり続けるか、それとも洗礼は二の次となり、次第に教会でなくなっていくのか、それが問われています。新しい命を提供するキリスト教で行くのか、古い自分のままを肯定するイエス教で行くのかという問題です》[376]。

371　高柳富夫「包含的・開放的イエスの食卓の想起として」（『聖餐の豊かさを求めて』所収）、20頁。
372　山口雅弘「序章」（同所収）、7頁。山口雅弘「あとがき」（同所収）、228、229頁。
373　芳賀力「はじめに」（『まことの聖餐を求めて』所収）、3頁。
374　同、3頁。
375　芳賀力「荒れ野に備えられた主の食卓」（同所収）、228頁。
376　同、229頁。

右記の芳賀力氏の文章をはじめとし、『まことの聖餐を求めて』に寄稿した方々は、自身の信仰の実存を懸《か》けて文章を記していることが分かります。芳賀力氏は伝統的な聖餐論を堅持することは、ルターが義認の信仰を堅持したときと同様、《教会が立ちもし倒れもする条項》――教会の生命に関わる事柄であると捉えているのです。それらは一切の嘘偽りのない、心からの言葉であるでしょう。

しかし一方で、『聖餐の豊かさを求めて』を執筆した方々も、自身の信仰の実存を懸けて文章を記しています。開かれた聖餐論について書かれた文章も、信実なる、心からの言葉であるでしょう。だからこそ、双方の主張はすれ違ったまま、平行線をたどってしまうのです。ここに、聖餐論議の難しさがあります。

（4）聖餐論の根本にあるものとしてのキリスト像

第一部で四福音書のキリスト像について本論の考えを述べました。第一部でも述べましたように、本論はこのキリスト像という語を、「論」である以前のもの、感覚的・経験的な「像」としての意味で用いています。各人が感覚的・経験的に現存（現臨）のリアリティ・救いのリアリティを感じているキリストの一側面（像）です。

そしてそれは、聖餐論においてもやはり同様であると本論は考えています。聖餐論の根本にあるものもまた、キリスト像です。

第1章において、聖餐とは「イエス・キリスト自身を可視化しようとするもの」であり、聖餐論はキリスト論を土台としていることを述べました。より厳密に言うと、聖餐論において根本にあるものは、キリスト論ではなく、キリスト像であると言うことができます。

たとえば、宗教改革の時代、聖餐論争を通して宗教改革者たちは自身のキリスト論を確立していきました。ただし元々内にもっていたのは、「論」以前のもの、現存のリアリティを伴うキリスト「像」であったのではないでしょうか。キリスト像には、その人が「キリストの救い・現存のリアリティをどの側面に感じているか」が深く関わっています。ルターにはルターのキリスト像があり、ツヴィングリにはツヴィングリのキリスト像があり、カルヴァンにはカルヴァンのキリスト像があったのです。宗教改革者たちにおいては、そもそも、このキリスト像が相違していいました。そしてその相違が、聖餐論争を通して露《あら》わになっていったというのが本論の受け止め方です。聖餐のパンとぶどう酒との関わりを通して、自身のキリスト像を具体的に言語化・解釈し、そして「論」として展開することを求められていったのです。

よって、本論では以後、聖餐論の根本にあるものを表す語として、キリスト論に替わりキリスト像という語を用いていきたいと思います。

聖餐論の根本にあるのはそれぞれが現存のリアリティを感じているキリスト像である――。だからこそ、妥協したり、曖昧にすることができない事柄でもあるのです。それぞれが現存のリアリティを感じているキリスト像には、本来、「正しい」も「間違っている」もありません。問題は、それぞれが自らの信じる聖餐論とそのキリスト像のみが「正しい」と判断し、相手の主張を否定してしまうところから生じていきます。

第一部で述べた四福音書のキリスト像を思い起こしていただきたいと思います。四福音書が提示するキリスト像は、それぞれ、信実なものでありました。と同時に、どれかひとつのみが「正しい」というものでもありませんでした。福音書記者それぞれが自身の信仰を懸けて、キリストの一側面を指し示していたというのが実態であったのです。福音書記者たちがそれぞれの福音書を通して提示していたのはイエス・キリストの全体ではなく、部分であったことを思い起こしていただきたいと思います。

そしてそれは、今日の聖餐論議においても、同様です。伝統的な聖餐論も開かれた聖餐論も、それぞれが、信実なものである。その根本に、それぞれが現存のリアリティを感じているキリスト像が存在しているからです。聖餐とは、そのキリストを可視化するものに他なりません。実際に行われている礼拝の中で、どちらの聖餐においても参加者が「救いの確かさ」を経験していることがそのひとつの証しでありましょう。[377] 伝統的な聖餐論と開かれた聖餐論の核にはそれぞれ、固有のキリスト像があるというのが、第二部で提示したい仮説です。そしてその固有のキリスト像が、神学の基礎構造や思考のパラダイムを形成していきます。

伝統的な聖餐論と開かれた聖餐論の核にはそれぞれ、固有のキリスト像がある。そして、それらのキリスト像は相互に補完し合う関係にある——これが、この第二部で提示したい仮説です。四福音書のキリスト像に「相互補完性」があったように、伝統的な聖餐論と開かれた聖餐論の間にも「相互補完性」が存在している。伝統的な聖餐論と開かれた聖餐論は本来、対立し合う関係にはなく、互いに補完し合う関係にあるのだと本論は考えています。

~提示したい仮説~
仮説④　伝統的な聖餐論と開かれた聖餐論の核にはそれぞれ、固有のキリスト像がある。
仮説⑤　それらのキリスト像は相互に補完し合う関係にある。

またそして、それらの仮説を踏まえて、改めて、第一部の仮説③「四福音書のキリスト像の相互補完性——信仰告白のキリスト像と生前のイエス像の相互補完性」について論じていきたいと思います。

仮説③（第一部第8章第6項参照）
四福音書のキリスト像の相互補完性②
……信仰告白のキリストの側面と生前のイエスの側面には相互補完性がある

しかし、すでに述べたように、現在の日本基督教団における聖餐論議は、双方の主張がすれ違ったまま、平行線をたどっているのが現状です。キリスト像の相違が根本の要因としてありますが、その固有のキリスト像に基づく神学的基礎構造や思考のパラダイムの相違についての配慮がなされていない状況も長く続いています。

伝統的な聖餐論と開かれた聖餐論とでは、前提としている神学的なパラダイムに大きな相違があります。たとえば、「罪」「十字架」「復活」「福音」などの重要な用語を巡っても、両者においては定義や理解が異なっています。パラダイムに大きな相違があるにも関わらず、現在の日本基督教団の聖餐論議においてはそれらの相違を配慮した議論がなされていない傾向があります。もちろん、互いに相違があることは理解されていますが、それらの相違を明確化し、尊重し合った上での議論がなされていないのです。よって、議論がますますかみ合っていかない状況が生じているように思います。すなわち、「互いが前提とするものがすれ違ったまま議論がなされている」という宗教改革の時代から引き継ぐ課題がここにも見られます。

また、神学論議に限らず、相手が実存を懸けて信じている事柄を安易に否定したり、軽んじたりしてはならないということは、私たちが他者に接する際の基本的な態度のひとつです。伝統的な聖餐理解に立つ方々が開かれた聖餐理解の意義を認めようとしないことを述べましたが、同様の課題は、開かれた聖餐理解に立つ方々の中にも見受けられます。開かれた聖餐論の立場である方々の中には、もはや伝統的な聖餐論や伝統的な教理（特に贖《しょく》

377　秃準一・高柳富夫編『新教コイノーニア24　聖餐　イエスのいのちを生きる　57人の発言』（新教出版社、2008年）には開かれた聖餐に「救いの確かさ」を経験している人々の言葉が収められています。同書には「開かれた聖餐理解」と「伝統的な聖餐理解」に立つ双方の人々が寄稿しているのが特徴です。《ここには聖餐を「開く」立場と「閉じる」立場の両者が執筆しており、自身の牧会経験を自分の言葉で、北村慈郎牧師「免職」のような教条的にいきなり戒規執行で黙らせて議論を封じ込めてしまうのでなく、日本基督教団内に冷静な聖餐論議の場が設定されることを求めている》（小海基「日本における聖餐論義の現状」、前掲書所収、82頁）

また同時に、伝統的な聖餐に「救いの確かさ」を経験している人々がたくさんいることももちろんのことです。

罪論《ざい》）に意義を認めない方、あるいは伝統的なキリスト教信仰を否定している方もいます。そのような論述に接すると、伝統的な聖餐論に立つ人々はこれまで自分たちが実存を懸けて信じてきた事柄が軽んじられたかのように感じ、ますます態度を硬化させてしまうことでしょう。

このように見ていくと、日本基督教団の聖餐論議には、宗教改革時と同じ課題が存在していることが分かります。(1)互いが前提とするもの（＝神学的な思考のパラダイム）がすれ違ったまま議論がなされている点、そして、(2)自己を相対化する姿勢が欠如、あるいは希薄化している場合がある点です。

3 今日の日本基督教団の聖餐論義の寄与
——四福音書に内在する「生前のイエス像」の可視化

日本基督教団における二つ課題——(1)互いが前提とするものがすれ違ったまま議論がなされている点、(2)自己を相対化する姿勢が希薄化している場合がある点について触れました。これらは課題であると同時に、キリスト教会に対して重要な寄与をもたらした側面があります。それは、論争を通して、伝統的な聖餐理解が拠って立つキリスト像と開かれた聖餐理解が拠って立つキリスト像が明確に言語化された点です。伝統的な聖餐論と開かれた聖餐論の核にはそれぞれ、固有のキリスト像があるという本論の仮説（仮説④）はすでに述べた通りです。

> 仮説④　伝統的な聖餐論と開かれた聖餐論の核にはそれぞれ、固有のキリスト像がある。

互いに厳しい態度で対峙《たいじ》し合ったことにより、混合されたり、どちらか一方に同化されることなしに、それぞれの聖餐論の核にあるキリスト像が明確化されました。とりわけ、開かれた聖餐理解が拠って立つキリスト像がはっきりと可視化されていったことには大きな意義があると言えるでしょう。

もちろん、そのことでこれまでの過ちが免責されるわけではありません。伝統的な聖餐論に立つ一部の人々によってなされた北村慈郎氏に対する「戒規免職」処分は本来、撤回されるべきです。どれほど神学的な「正しさ」を確信していようとも、正当な手続きを軽んじてもよいことにはならないし、自分たちとは異なる思想信条をもつ相手の尊厳を軽んじてよいということにはなりません。また、早急に教団内において聖餐の在り方についての対話が始められていくことを願っています。[378]

378 北村慈郎牧師への「戒規免職」の撤回を求める議案、教団内で聖餐についての神学的対話を求める議案が継続的に複数の教区から提出されています。

たとえば、2018年10月23–25日に開催された第41回教団総会においては、神奈川教区より「第36(合同後21)総会期日本基督教団教師委員会及び審判員会による北村慈郎教師への免職戒規適用を無効とし、北村慈郎教師の免職戒規撤回を求める件」(議案第36号)と「聖餐のあり方について慎重かつ十分に議論する場を教団内に設置する件」(議案第37号)が提出されています。ただし、前者は議案第1号の「第41回日本基督教団総会議事日程承認に関する件」の際、石橋秀雄議長より「上程不可」が宣言されました。「未受洗者の配餐は教憲教規違反」であること、「教師委員会による戒規執行は教憲教規に照らして適正であり、その審判はすでに最終決定となっている」ことがその理由です(参照:日本基督教団『第四十一回日本基督教団 議事録』、19頁)。議場からすべての議案を審議してから協議会を開くことの修正案が出され、それを動議として採決したところ、373人中137人の賛成で否決されました。その後、議事日程承認に関する件は挙手による採択の結果、賛成多数で承認されました。後者の「聖餐のあり方について慎重かつ十分に議論する場を教団内に設置する件」は339人中140人の賛成で否決されました。

また、2022年の9月27–29日に開催された第42回教団総会においては(2020年は新型コロナウイルス感染拡大を受けて延期)、神奈川教区より「第36(合同後21)総会期(2008年～2010年)日本基督教団教師委員会及び審判員会による北村慈郎教師への免職戒規適用を無効とし、北村慈郎教師の免職戒規撤回を求める件」(議案第55号)と「聖餐のあり方について慎重かつ十分に議論する場を教団内に設置する件」(議案第56号)が再度提出されています。前者は議事日程承認の際、同じく議長より「上程不可」が宣言されました。議場より上程を求める提案が出され、それを動議として採決そのことを踏まえた上で、これから、それぞれの聖餐論の核にある、固有のキリスト像について述べていきたいと思います。伝統的な聖餐論が指し示す固有のキリスト像は「信仰告白のキリスト像（十字架－復活－昇天－再臨のキリスト像）」であり、開かれた聖餐論が指し示す固有のキリスト像は「生前のイエス像」であるというのが、本論の考えです。

伝統的な聖餐論が指し示すキリスト像：「信仰告白のキリスト像」（十字架－復活－昇天－再臨のキリスト像）
開かれた聖餐論が指し示すキリスト像：「生前のイエス像」

特に、後者の聖餐論を通して、四福音書に内在する「生前のイエス像」の内実がはっきりと言語化され、可視化されることが起こったことに、重要な意義があります。ここに、今日の日本基督教団の聖餐論議がキリスト教会にもたらした重要な寄与があると考えます。

〜今日の聖餐論議の重要な寄与〜
四福音書に内在する「生前のイエス像」の可視化

4　伝統的な聖餐論が指し示すキリスト像――信仰告白のキリスト、開かれた聖餐論が指し示すキリスト像――生前のイエス

伝統的な聖餐論は信仰告白のキリスト像（十字架－復活－昇天－再臨のキリスト像）を指し示し、開かれた聖餐論は生前のイエス像を指し示している――。これは改めて提示するまでもなく、自明の事柄であるかもしれません。

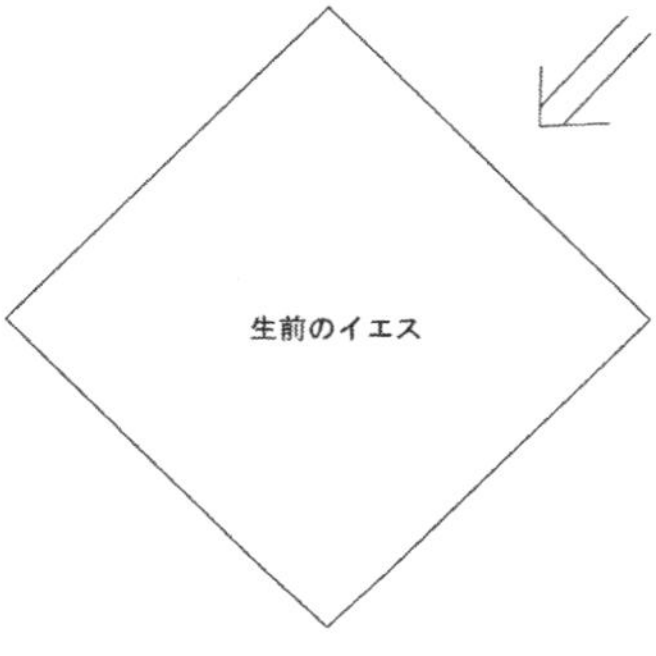

「開かれた聖餐」の聖餐論が指し示すキリスト像　～生前のイエス

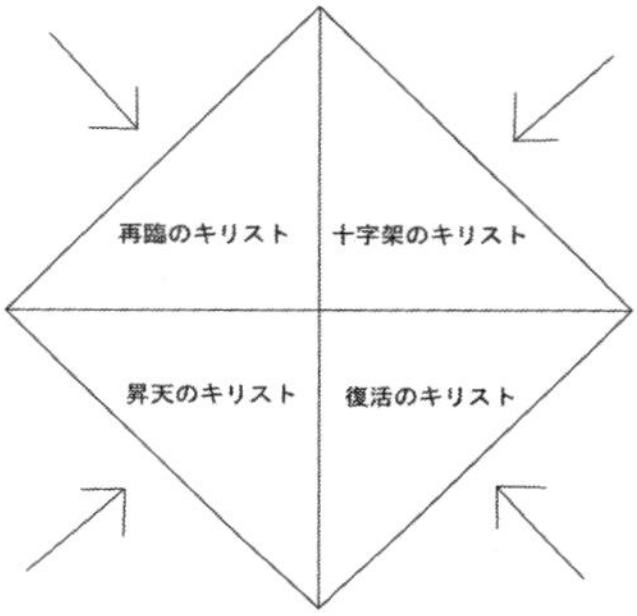

伝統的な聖餐論が指し示すキリスト像　～信仰告白のキリスト

しかし、改めて言語化することは重要な意味をもつと思われるので、以下、詳しく論述していきます。

上図の矢印の部分は、それぞれの聖餐論がイエス・キリストのどの側面に強調点を置いているかを表しています。伝統的な聖餐論（右の図）は信仰告白のキリスト像の四側面――十字架のキリスト－復活のキリスト－昇天のキリスト－再臨のキリスト――を指し示しています。四福音書に内在する固有のキリスト像とその相互補完性が、キリスト教信仰の最も基本的な枠組みであるこの信仰告白のキリスト像の形成を促したことは第一部で論じた通りです。

宗教改革者たちの間でも、十字架－復活－昇天－再臨のキリスト像の四側面のどこに強調点を置くのかについて相違がありましたが（第二部第1章参照）、信仰告白のキリスト像を柱としそれを神学全体の枠組みとしている点においては一致していました。

対して、開かれた聖餐論（左の図）は生前のイエス像を特化して指し示していることがお分かりいただけるかと思います。

ここでの生前のイエスとは、歴史上の人物であるナザレのイエスのことを

したところ、326人中143人の賛成で否決されました。後者の「聖餐のあり方について慎重かつ十分に議論する場を教団内に設置する件」は時間切れ審議未了廃案となりました。

指しています。この側面が四福音書の「共通の土台」であることは第一部で述べた通りです。イエス・キリストが一人の人間として生きた、歴史的人物であるとの前提（土台）なくして、四福音書のキリスト像も成り立ちません。ただし、古代教会において議論となったのは、生前のイエスの「内実」ではなく、キリストの人性および受肉論でした。生前のイエスの内実が問題とされるようになったのは、聖書学が発達した近現代以降のことです。生前のイエスの側面はキリスト教がキリスト教である上で決定的に重要なものであると同時に、その内実については、はっきりと言語化されない時代が長く続いたのです。開かれた聖餐論が指し示しているのは、この生前のイエスとその内実であるというのが本論の考えです。

このように、伝統的な聖餐論と開かれた聖餐論においては、指し示しているキリスト像が異なっています。そしてこの異なる二つのキリスト像が、それぞれの神学的な思考のパラダイムを創り出しています。今日の聖餐論議の根本には、この信仰告白のキリスト像と生前のイエス像の相違の問題があるのだと言えるでしょう。

（1）信仰告白のキリスト像の特質——信仰によって可視化

信仰告白のキリスト像の特質のひとつは、信仰がないと可視化できないものだということです。[379] 十字架－復活－昇天－再臨のキリスト像は、信仰によって可視化されます。いわば、信仰という眼鏡をかけないと見ることができないイエス・キリストの四側面であると言えます。その意味で、特殊主義的[380]であり、限定的です。伝統的な聖餐論はこのキリスト像を柱としているので、「キリストへの信仰が前提とされる」ことになります。この立場においては、キリストへの信仰は洗礼によって実存を新しくされて与えられるものです。よって、聖餐に与るためには洗礼の有無を問う必要があり、「洗礼から聖餐へ」という道筋が不可欠・不可逆なものとされます。

芳賀力氏が次のように述べる通りです。《洗礼から入らなければ聖餐にはなりません。そして愛餐をいくら繰り返しても、洗礼を受けた人間になることはできません。まず洗礼的実存に変えられて、そこに聖餐的敬虔を盛り、世へと遣わされていく者でありたいと思います》。[381]《聖餐を愛餐に変えてしまった時、教会は一番大事なものを失います。そして、聖餐を愛餐にしない唯一の歯止めは、聖餐を洗礼者の陪餐として守り、洗礼から聖餐への順路を正しく守ることなのです。洗礼と聖餐は、逆転し得ない、順序のあるひとつながりのサクラメントです》。[382]

伝統的な聖餐論とは、「応答」[383]としての（能動的な）聖餐であるとも言えるでしょう。

（2）生前のイエス像の特質 —— 信仰がなくても可視化

対して、開かれた聖餐論が土台としている生前のイエス像とその内実は、「信仰がなくても可視化できる」ものです。人間イエスがどのような言葉を発し、どのように振る舞ったかは、信仰がなくても可視化できるものであ

379 《聖餐の「象徴的」な解釈は、アウグスティヌスに至って、「信じる」ことによって、可視的物素の背後にあるキリストの現実性の問題へと向けられていくのです。すなわち、信仰をもたずに霊的世界の外にある人間は、しるしが指し示す現実性に近づくことも、またそれに参与することもできないのです》（関川泰寛「古代教会における聖餐」、前掲書所収、56頁）。

380 近藤勝彦氏は聖餐を《契約共同体の食事》として位置付けています（近藤勝彦「第4章　聖餐の再検討」、前掲書所収、307頁）。《洗礼は契約への加入であり、聖餐はすでに加入した契約を繰り返し更新する》（同、307、308頁）、《聖餐理解は、「契約」の意味を現代に回復するために内容豊かに更新されなければならない》（同、308頁）。聖餐を《契約共同体の食事》と理解する時、聖餐はより明確に特殊性を伴う儀式となるでしょう。契約には特殊性と普遍性の両面がありますが、後者の普遍性を表現するものは「伝道」以外にないと近藤氏は述べています（同、308頁）。

381 芳賀力「それが「聖餐の豊かさ」なのだろうか」（『まことの聖餐を求めて』所収）、387頁。

382 芳賀力「荒れ野に備えられた主の食卓」（同所収）、227頁。

383 《ヒュッポリュトスの『使徒伝承』に見られたように、神の救いの歴史への応答としての聖餐の実践を前提にすると、信仰は不可欠です。信仰なくして、救済史そのものが理解できないからです》（関川泰寛「古代教会における聖餐」、前掲書所収72頁）。

るからです。その意味で、普遍主義的であり、開放的な特徴をもっています。よって、開かれた聖餐においては「キリストへの信仰が必ずしも前提とされない」ことになります。陪餐に際して洗礼が必ずしも条件とはされないし、「聖餐から洗礼へ」という道筋も可能であるとされるのです。

高柳富夫氏は「洗礼から聖餐へ」という一方向のみを「正しい」とする考え方に疑問を呈しています。《聖餐は全ての人に開かれている恵みだと言いながら、聖餐のサクラメント性を超越的な秘義性や奥義性としてあまりにも強調しすぎることは、聖餐式の聖性を重んじるあまり、結局は洗礼という狭い門を通らなければそこにまで至ることができない奥義なのだという仕方で、聖餐式を閉ざされたものにしてしまいます。その結果、洗礼から聖餐へという一方向のみを「正しい」とすることになり、その「正しい」聖礼典に与った者だけが「正しい」のだとして、聖餐から洗礼への道を閉ざして、オープンを排除することになります》[384]

開かれた聖餐論とは、無条件の「招き」としての（受動的な）聖餐であるとも言えるでしょう。

開かれた聖餐論において、聖餐における無条件の招きは欠かすことの出来ない、必須の事柄です。ここに洗礼という条件を附加してしまうと、無条件の招きの恵みが失われてしまうこととなります。伝統的な聖餐論の立場である人々にとって「洗礼を受けた者が聖餐に与ることができる」のが譲ることができない一致点であるように、開かれた聖餐論の立場である人々にとっては、「洗礼の有無に関わらず＝無条件で聖餐に与ることができる」ことが譲ることができない一致点であるのです。

よって、この聖餐理解においては、「イエスの食卓」（第2章第1項参照）が特に重要なものとなります。開かれた聖餐論は、差別されていた人々をはじめ、人々を無条件に自身のもとに招いた生前のイエスの姿を指し示し、可視化するものに他ならないからです。以下、高柳富夫氏の言葉を引用します。

《わたしは、ナザレのイエスが当時のユダヤ社会の中で、弟子たちと、またとりわけ律法主義者によって排除され差別されていた人々と、日常的に実践した「食べて飲む」ことに注目します。そして、その「イエスの食卓」の本質は開放性と包含性にあると考えています。教会で行われる「聖餐式」は、この「イエスの食卓」の本質を想起し現在化するものなのであり、従って礼拝に集まったすべての人々に開かれてあるべきものであると考えます》[385]。

（3）聖餐とはパンとぶどう酒を通して「イエス・キリスト自身を可視化しようとする」もの

伝統的な聖餐論に立つ芳賀力氏は、洗礼がすべての人に開かれており、《無資格、無条件》[386]であることを強調しています。洗礼はすべての人に開かれているのだから、洗礼を聖餐参与の条件にする自分たちの立場を「差別的」とすることは《お門違いの批判》[387]であると述べています。また、「開かれた」ということを強調したいのであれば、開かれた聖餐論の立場である人々は、なぜもっと《洗礼の開放性》[388]を語らないのかと疑問を投げかけています。《洗礼を受けるに当たって求められるのは、品行方正な人格でも立派な行いでもなく、ただ十字架につけられ甦られた方を救い主と信じ、神にすべてを委ねる信仰だけです。そこには人種や性別、学歴や職種、知力も体力も一切問われません。洗礼はそれほどに普遍的で、包括的なものとして、すべての人に開かれたものなのです。私たちはまず何よりもこの洗礼の普遍的包括性の恵みをしっかりと心に刻むべきでしょう》。[389]

384　高柳富夫「包含的・開放的イエスの食卓の想起として」（『聖餐の豊かさを求めて』所収）、25頁。
385　高柳富夫「開放的・包含的聖餐論」（『新教コイノーニア31　戒規か対話か　聖餐をめぐる日本基督教団への問いかけ』所収）、51頁。同様に、北村慈郎氏は《未受洗者に開かれた聖餐は、教会の集うすべての人とともにこの世で最も小さくされた者のために全存在をささげられたイエスの出来事を想起する教会的行為》であると述べています（『自立と共生の場としての教会』、199頁）。
386　芳賀力「それが「聖餐の豊かさ」なのだろうか」（前掲書所収）、377頁。
387　同、375頁。
388　同、374頁。
389　同、387頁。

確かに、洗礼はすべての人に開かれているもので、そこには無条件の招きがあると言えるでしょう。「洗礼から聖餐へ」という道筋が「差別的」「律法主義的」であるという批判に、伝統的な聖餐論の立場の人々が反発するのも理解できることです。芳賀力氏は『聖餐の豊かさを求めて』の筆者たちの言説に対して、アイロニカルに次のように反論します。《よく考えてください。洗礼はむしろ強者のためではなく弱者のためにこそ備えられているものです。強者は自分に悔い改めの洗礼など必要ないと思っているからです。開かれた〈洗礼から聖餐へ〉という教会の実践を、いきなり差別論と結びつけるこの種の発想からはそろそろ卒業してほしいと思います》。[390]

けれども、聖餐とはパンとぶどう酒を通して「イエス・キリスト自身を可視化しようとする」ものであるとの定義を踏まえると、どうでしょうか。たとえ洗礼がすべての人に開かれているのだとしても、聖餐が自身が拠って立つキリスト像を指し示すものである限り、生前のイエス像に自身の信仰の土台を据える人々にとっては、それが「開かれた聖餐」であることが必須の事柄となるでしょう。生前のイエス像を可視化しようとするものが、開かれた聖餐であるからです。よって、開かれた聖餐論の枠組みにおいては、洗礼がすべての人に開かれているからといって、聖餐はクローズでよいことにはならないのです。

また、前掲の文章において、芳賀氏は《いきなり差別論と結びつけるこの種の発想からはそろそろ卒業してほしい》と述べていますが、『聖餐の豊かさを求めて』に寄稿された文章もまた、各人の実存を懸けた信仰告白の言葉であることを伝統的な聖餐論に立つ方々は受け止める必要があるのではないでしょうか。開かれた聖餐論が強調する無条件の招きというのは、何か教会政治的なイデオロギーによるものなのではなく、信仰の根本から――現存のリアリティを感じているキリスト像から――生じているものです。それぞれの聖餐論の土台にあるものは信実なるキリスト像であることを、私たちは今一度受け止め直すことが求められています。[391]

5　伝統的な聖餐論と開かれた聖餐論の神学的パラダイムの相違

『聖餐の豊かさを求めて』と『まことの聖餐を求めて』の対立の根本的な要因として、キリスト像の相違があることを述べました。そのキリスト像から、それぞれの神学的な思考のパラダイムが生じています。

既に述べたように、伝統的な聖餐論と開かれた聖餐論とでは、前提としている神学的なパラダイムに大きな相違があります。「罪」「十字架」「復活」「福音」などの重要な用語を巡っても、両者においては定義や理解が異なっています。パラダイムに大きな相違があるにも拘《かか》わらず、現在の日本基督教団の聖餐論義においてはそれらの相違に配慮した議論がなされていない傾向があります。すなわち、「互いが前提とするものがすれ違ったまま議論がなされている」という宗教改革時から引き継ぐ課題がここにも見られます。

以下、赤木善光氏の文章を改めて引用します。

《物事を考えるにあたって、基本的にどのような仕組みで考えるかは非常に重要なことであるが、それが異なる場合、理解は困難となり、話し合いは食い違ってくる。そしてその相違が意識されないことさえしばしばである。ルター派と改革派との聖餐論争においては、個々の概念や言葉と共に、否、それ以上に、考え方の基本的構造、思考のパラダイム、信仰と神学との根本的設問が異なるのであるが、その当時は、それを乗り越えることはおろか、その存在すらも明確に自覚されなかったのである》。[392]

伝統的な聖餐論と開かれた聖餐論の神学的なパラダイムを整理しておくことにも意味があると思いますので、

390　同、375頁。
391　これからの聖餐論義においては、相手を全否定したり、自らの優位性を主張したりするのではなく、それぞれの聖餐論——およびその根本にあるキリスト像——の固有性（かけがえのなさ）を共に見出そうとする姿勢が求められます。そうして、互いの間に何らかの相互補完性を見出そうとすることが重要であるでしょう。
392　赤木善光『宗教改革者の聖餐論』、400頁

この項では改めて両者の神学的パラダイムの相違を論述し、その上でそれぞれが依拠するキリスト像の内実について述べていきたいと思います。

(1)「罪」理解の相違

伝統的な聖餐論と開かれた聖餐論の神学的パラダイムの相違として第一に挙げられるものとして、「罪」理解の相違があります。これが、互いの議論がかみ合わない大きな要因のひとつとなっているように思います。前者は罪を「実存的・内面的な罪」として理解するのに対して、後者は「社会的な罪(社会の構造的悪)[393]」として理解する傾向があります。この点を踏まえて議論を進めていかないと、両者の主張はすれ違ったままになってしまうことでしょう。

伝統的な聖餐論の「罪」理解　……罪を「実存的・内面的な罪」として理解
開かれた聖餐論の「罪」理解　……罪を「社会的な罪(社会の構造的悪)」として理解

(a)伝統的な聖餐論における「罪」理解

伝統的な聖餐論のように罪を「実存的・内面的」に理解する場合、罪の贖い(罪の赦し)が不可欠のものとなります。すなわち、十字架のキリストの犠牲への信仰(贖罪信仰)が不可欠となります。伝統的な聖餐論と密接な関係にあるのは救済論であり、とりわけ贖罪論です。近藤勝彦氏は贖罪論についての論考において、贖罪論こそは《「キリスト教のアイデンティティ」を構成する教理》であり、《決定的な位置と意味[394]》をもっていることを強調しています。

この伝統的なパラダイムにおける「救い」とは「(実存的な)罪と死の支配からの救い(解放)」であり、よって十字架のキリストによる罪の赦しと復活のキリストによる新しい命を告げ知らせる「伝道」が教会の取り組むべき責任事項となります。

そしてこの救いに与ることと切っても切り離せないものが洗礼です。水と聖霊による洗礼によって、人間存在はキリストの死と復活に与り、救われるというのが伝統的な洗礼の理解です。伝統的なキリスト教信仰においては、贖罪信仰と復活信仰が不可欠のものです。ここには罪の中に生きていた古い自分がキリストと共に一度死んで、復活の命の中に新しく生まれることが必須のこととして伴います。伝統的なパラダイムにおいては、洗礼は《生まれ変わりの洗礼》[395]です。《洗礼とは、古い自分に別れを告げ、神が与えてくださる新しい命を受け取る聖礼典です。洗礼においては、完全に自分を神へと明け渡すことが求められます。水の中をくぐり抜けることは、自我の死を意味します。そこからの新しい誕生は、死人の中からの復活になぞらえられます》。[396]

洗礼はすべての人に開かれていると共に、それを受けるに当たって、本人の主体的な決断と悔い改めが伴います。人間存在を「無条件に肯定する」という視点は、このパラダイムにおいて重きは置かれません。伝統的な聖餐論の立場である芳賀氏から見ると、人々を「無条件に聖餐へと招く」開かれた聖餐論は《古い自分のままを肯定するイエス教》[397]として映ってしまうのです。

---

393 《現代社会に生きている者にとっても基本的な問題は、この社会の構造的な罪の問題だと思います。（略）信仰がそういう構造的な罪の問題を捨象して、私たちの罪はイエスの十字架の贖罪によって赦されているのだから、私たちは赦された罪人として感謝して信仰を持ってこの社会を生きていくのだとして、社会の構造的な罪の問題にまったく触れないでいくとすれば、クリスチャンは随分勝手な人たちだということになるのではないでしょうか》（北村慈郎、『自立と共生の場としての教会』、96頁）。

394 近藤勝彦『贖罪論とその周辺 —— 組織神学の根本問題2』、20頁。

395 芳賀力「それが「聖餐の豊かさ」なのだろうか」（前掲書所収）、373頁。

396 芳賀力「荒れ野に備えられた主の食卓」（同所収）、230頁。

まとめると、伝統的な聖餐論の神学的なパラダイムにおいては、①まず初めに十字架のキリストの「罪の赦し」と復活のキリストの「新しい命の付与」の出来事があり、②その決定的な救いの出来事を人々に「伝道」し、③そしてその救いに共に与るための「洗礼」へ導く、という道筋が必須のものとなります。実存的・内面的な悩みを抱え、その重荷を担いながら生きている人にとって、この伝統的なパラダイムの使信は希望の光となり得ることでしょう。教会は人々にその光をもたらす役割を神から託されており、特に「礼拝」を通して、その業に参与しています。よって、この伝統的なパラダイムにおいては「礼拝をささげる共同体としての教会」が重視されることになります。

(b) 開かれた聖餐論における「罪」理解

対して、開かれた聖餐論はまた異なる「罪」理解をもっています。開かれた聖餐論のように「罪」を「社会的な罪（社会の構造的悪）」として理解する場合、贖罪は必ずしも必要とはされなくなります。よって、「開かれた聖餐論」の立場の人々は贖罪論に否定的な傾向があります。[398] このパラダイムからすると、「罪人」とは、社会的に差別を受ける立場にある人々に対する律法主義者からのレッテル（蔑称）となります。《……ですから、律法の戒めに違反するということは、その社会から律法違反者、すなわち罪人というレッテルを貼られて、共同体の周縁に追いやられていくということであったわけです》（北村慈郎氏）。[399]

この新しいパラダイムにおいて「救い」とは、「（社会的な罪悪である）差別や抑圧からの救い（解放）」であり、「人間の尊厳の付与（回復）」です。よって社会との関わり・変革が教会の取り組むべき責任事項となります。[400] このパラダイムにおいては、「社会の様々な問題に連帯する共同体としての教会」が重視されます。もちろん礼拝も重視されますが、それ「のみ」が中心の事柄とはなりません（礼拝と共に、社会との関わりが等しく大切なものとなります）。差別や抑圧に苦しみ、その重荷を担いながら生きている人にとって、この新しいパラダイムの使信は希望の光となり得ることでしょう。また、社会をより良いものへ変えていく力となっていくことでしょう。

以上のことの必然の帰結として、このパラダイムにおいて洗礼の位置付けには変化が生じます。場合によっては、洗礼は必須の条件ではなくなっていくのです。「伝道して、洗礼に導く」という伝統的な道筋はもはやこの新しいパラダイムにおいては必ずしも不可欠の事柄とはなりません。そうではなく、「社会の問題・課題と連帯」し、一人ひとりに「より人間らしい生を取り戻す」ことに重点が置かれるようになるからです。

芳賀力氏は、開かれた聖餐論の立場の人々の論理に共通して見られることとして、《洗礼そのものの位置づけが曖昧》[401]である点を指摘しています。それは確かにその通りでありましょう。開かれた聖餐論における洗礼の位置

397　同、229頁。
398　贖罪論に否定的な立場をとる代表的な神学者として、日本では新約学者の青野太潮氏が挙げられるでしょう（主著に『「十字架の神学」の成立』、オンデマンド版、新教出版社、２０１１年、初版１９８９年など）。青野氏はパウロ書簡の釈義を通して、パウロの使信の中心にあるのは「贖罪論」ではなく逆説的な「十字架の神学」であることを論証しています。青野氏の論述は説得力があるものであると同時に、それらの論述の根底には「生前のイエス像」のパラダイムを言語化したいという促しがあるように思われます。青野氏は神学的な立場としては「生前のイエス像」の枠組みに立っているからです。
また近年は神学の領域の外からもキリスト教の伝統的な贖罪論の問題点を指摘する書が出版されています（哲学者の高橋哲哉氏の『犠牲のシステム　福島・沖縄』、集英社新書、２０１２年など）。
399　北村慈郎『自立と共生の場としての教会』、79、80頁。
400　この点について、『聖餐の豊かさを求めて』の執筆者の一人である山口雅弘氏は別の著書で次のように述べています。《私たちは、自覚的に努力して、疎外された人々の場に目の高さを移し、苦しみを強いられて生きる人々との触れ合いを得るとき、その人々の個人的な苦しみや問題が政治的・経済的、また父権制社会の構造的悪の問題と結びついていることを知らされます。そのことに鈍感であったり、無視することは、自由と解放をもたらすイエスの福音、愛と平等を現実化する先駆けになったイエス自身を無視するということに他なりません。もしそうするならば、私たちはイエスの福音を精神化・理念化するだけでなく、私たちの語る言葉を虚しいものにしてしまうのではないでしょうか》（山口雅弘『イエス誕生の夜明け　ガリラヤの歴史と人々』、日本キリスト教団出版局、２００２年、23、24頁）。

付けについては、これから議論していく必要があると思います。芳賀氏は、洗礼を強調しない開かれた聖餐論を《古い自分のままを肯定するイエス教》[402]と呼んで批判しているわけですが、一方で、開かれた聖餐論に立つ人々からすると、芳賀氏らの拠って立つ伝統的なパラダイムは「問題ある社会を問題あるままに肯定（放置）する無責任なキリスト教」として映っているのかもしれません。

このように、伝統的な聖餐論と開かれた聖餐論とでは、「罪」理解に相違があります。赤木善光氏の言葉を踏まえると、そもそも《信仰と神学との根本的設問が異なる》[403]のです。私たちはこれらの相違を出来るだけ正確に理解し、受け止め合っていく必要があります。芳賀力氏は開かれた聖餐論を《贖罪信仰から切り離された、悔い改め不要のイエスへの信従という新しい宗教》[404]と批判していますが、そのように立場の異なる神学的なパラダイムを全否定するのではなく、そのパラダイムの中にどのような意義があるのかを見出そうとする姿勢が求められます。

また、開かれた聖餐論の神学を《悔い改め不要》のものとする見方も適切ではないでしょう。確かにこのパラダイムにおいては「実存的な罪に対する悔い改め」は語られません。一方で、「社会的な罪に対する悔い改め」は鋭く語られています。すなわち、社会の構造的な悪に加担してしまっている自己のあり方に気付き、それを「悔い改める」姿勢です。社会との関わりにおいて自己を厳しく問い続けるという姿勢がこのパラダイムにはあります。この開かれた聖餐論の枠組みから見ると、伝統的なキリスト教信仰は「社会的な罪に対する悔い改めが希薄だ」ということにもなり得るのではないでしょうか。

（2）「十字架」理解の相違

開かれた聖餐論における「十字架」理解

開かれた聖餐論のパラダイムにおいて贖罪論は必ずしも重要なものではなくなることを述べました。では、この枠組みにおいては「十字架」はどのように捉えられるのでしょうか。

この思考のパラダイムにおいて十字架は、①「人間の罪によってもたらされた暴力」[405]となります。イエスは私たちのために「死んでくださった」（救済史的視点）のではなく、十字架という人間の暴力によって「殺された」。すなわち、十字架の死は「神の計画」ではなく、「人間の罪悪の象徴」となります。たとえば北村慈郎氏は《イエスの十字架は、イエスの解放の出来事を好ましく思わなかった権力者による殺害である》[406]と述べています。

また、この立場において十字架は、②「生前のイエスの生全体（言葉や振る舞い）の不可避的な帰結」とされます。ここでの強調点は「十字架の死」ではなく、あくまで、その死に至るまでのイエスの「生」にあります。それを端的に表わしている高柳富夫氏の文章を引用します。

《すでに述べましたように、聖餐はイエスの死を記念し、同時に死に至るイエスの生を想起する食事なのです。イエスの死を記念することは、イエスの生を想起することなしにはあり得ません。イエスの死から生を切り離して考えることはできませんし、イエスの生とは無関係にイエスの死があるわけでもありません。イエスの死はイエスの生の結果です。とりわけ、十字架刑に処されたイエスの死は、イエスが何を語り何をなしたかの結果なの

401　芳賀力「それが「聖餐の豊かさ」なのだろうか」（前掲書所収）、377頁。
402　芳賀力「荒れ野に備えられた主の食卓」（同所収）、229頁。
403　赤木善光『宗教改革者の聖餐論』、400頁。
404　芳賀力「荒れ野に備えられた主の食卓」（前掲書所収）、381頁。
405　青野太潮氏は川島重成氏の批判への応答として、次の言葉を述べています。《川島氏の言われる「全人類の救済をもたらす神の一方的な恩恵とは、川島氏によれば明らかにイエスの贖罪死による「神の側の転換」を指しているのでありましょうが、しかし私の考えでは、イエスの「殺害」は神が意図された計画に沿った神の摂理そのものとしてあるなどということではまったくなく、あくまでも人間の罪がもたらしたもの以外の何物でもないのでありまして、その限りでそれは、厳しく「偶然的（kontingent）なものであったのだと私は考えています」（青野太潮氏『「十字架の神学」をめぐって　講演集』、新教出版社、２０１１年、125頁）。
406　北村慈郎『自立と共生の場としての教会』、83頁。

です。イエスの生における言葉とふるまいと切り離されたところに、それらとは無関係に十字架の死があるのではありません》。[407]

また高柳氏は注において、伝統的なキリスト教信仰が十字架の死の意味を贖罪論に限定させてきたことに疑問を投げかけています。開かれた聖餐論の立場である高柳氏にとって、「イエスの生」こそが重要なものであるからです。開かれた聖餐論においては、「イエスの生」が「十字架の死」を規定しています。

《この点で、イエスの十字架の死の意味を贖罪の意味にだけ限定して、イエスの誕生や生涯の目的であったと位置づけるのは、イエスの十字架はイエスの生の結果であったことに十分注目することを阻害してしまうのではないかと思います。わたし自身は全面的に賛成しているわけではないのですが、日本キリスト教団奥羽教区北西地区教師会が「日本基督教団信仰告白の評価と問題点」(『福音と世界』2002年10月号、47―51頁)において、教団信仰告白の問題点の一つとして「贖罪論的集中」を指摘しているのは、とても大切な視点であると思います。イエスの死をイエスの生との十分な結びつきの中で考えないところから、信仰は信仰、社会は社会という悪しき並行主義が生じてくるのではないかと、わたしには思われます》。[408]

(3)「復活」理解の相違

開かれた聖餐論における「復活」理解

では、開かれた聖餐論の思考のパラダイムにおいて、「復活」はどのように捉えられるのでしょうか。

この枠組みにおいて、復活は「神が『イエスの生』を『よし(然り)』とした」ことのしるしとなります。[409] 神は十字架という人間の不正と暴力を認めず、復活を通して、「生前のイエスの生」全体に対する「よし(然り)」を明らかにしたのだとの理解です。北村慈郎氏は《イエスの復活は、十字架に極まるイエスの生に対する神による肯定である》[410]と定義しています。

この復活理解をよく表している山口里子氏の文章を引用したいと思います。山口氏はイエスの受難と死は人間による暴力であり、イエスの生の帰結であることを述べた上で、復活の記憶は《神によってイエスの生涯の正しさが立証され新しい生命が与えられた》事柄であると述べています。

《最近は感謝の食卓の交わりとしての聖餐が強調されていますが、以前はイエスの受難の記憶が強調されていました。最後の晩餐には受難と死のテーマが切り離せません。そしてイエスの受難と暴力的な死は、神の国のヴィジョンを今ここで実現していくイエスのラディカルに包含的な宣教活動・包含的な食卓の交わりの結果であり、すなわちこの世の抑圧的・差別的な価値観や在り方に挑戦して正義を求めるイエスの生涯と切り離せないものです。さらにイエスの受難と死の記憶は、神によってイエスの生涯の正しさが立証され新しい生命が与えられた、復活の記憶とも切り離せないものです。私たちはイエスの生涯に勇気づけられ、その結果として支払われた受難と死

407　高柳富夫「包含的・開放的イエスの食卓の想起として」（前掲書所収）、28頁。

408　同、28頁注。

409　注405の青野太潮氏の文章の続き。《しかし神は、自らの命を賭してまでもその逆説的な福音を生き抜き、それゆえに十字架につけられ、さらには絶叫して死に果てたイエスに対して、全き「然り」を言われたのであり――つまり十字架上でのイエス自身は、まさに自らが宣言したあの逆説的な「さいわいなるかな」が語りかけている対象そのものに自らなっておられるのです――、その全き「然り」こそが、神によって可能とされたイエスの「復活」の出来事の内実そのものであったのではないでしょうか》（青野太潮、前掲書、125頁）。

また、新約学者の佐竹明氏の文章を参照。《つまりそれは、刑死し、神に捨てられたかに見えたイエスに対し、神が決定的な然りを宣したという告白であった。この場合、イエスに対する神の然りとは、同時に、彼の地上のわざに対する然りを意味する。告白する信徒の側から言うならば、それは、到底一人前に扱われる資格なしと自他ともに決めていた自分たちを一人前に遇したイエスのわざに対しての然りであった》（『新約聖書の諸問題』、新教出版社、1977年、62、63頁。ただし引用文は聖餐論議とは関係のない文脈において述べられたもの）。

410　北村慈郎『自立と共生の場としての教会』、84頁。

の犠牲を忘れることなく、復活の喜びに希望を与えられます。こうして私たちもまた、神の国の到来を待ち望み諦めることなくその実現にコミットする力を与えられます》。[411]

開かれた聖餐理解は「イエスの生」に重点を置き、その枠組みを通して、「キリストの十字架の死と復活」を捉えます。「イエスの生」が「キリストの十字架と復活」を規定しているのです。対して、伝統的な聖餐理解は「キリストの十字架と復活」に重点を置き、その枠組みを通して、「イエスの生」を捉えています。「キリストの十字架と復活」が「イエスの生」を規定しているというのが伝統的な理解です。[412]

（4）「福音」理解の相違

これらのことを踏まえると、伝統的な聖餐理解と開かれた聖餐理解とでは根本的に、「福音」理解そのものに相違があることが分かります。[413]

伝統的な聖餐理解の立場においては、福音とは、「キリストの十字架と復活と昇天と再臨による救いの出来事」を指します。すでに述べましたように、ここでは特に贖罪信仰と復活信仰が不可欠の位置を占めます。

対して、開かれた聖餐理解の立場においては、福音は「イエスの生」の内にあります。イエスの生き方（言葉と振る舞い）の内に、福音があるのです。例として、北村慈郎氏の文章を引用します。《イエス・キリストの福音はこの世の価値観、差別から私たちを絶えず自由にし、真実の交わりを作り出していく出来事である》（紅葉坂教会前任牧師の井石彰氏の言葉を引用して）。[414] そう述べた後、北村氏は「ここには贖罪論はない」ということを改めて強調しています。

幾つか具体例を挙げてみましたが、このように、伝統的な聖餐理解と開かれた聖餐理解においては神学的なパラダイムに大きな相違があることが分かります。これらの相違を正確に理解し、かつ互いに尊重し合った上で対話を行っていかないと、議論はずっと平行線をたどったままになってしまうことでしょう。そして後述するように、これらの相違には「相互補完性」があるというのが本論の受け止め方です。両者のパラダイムは二者択一的なものではなく、それぞれに、なくてはならない固有の役割があるのです。

6 「生前のイエス像」の内実

（1）四福音書が提示する「キリスト像」と素材とする「史的イエス証言」の相違

では、そもそも、これらの相違はどこから生じているのでしょうか。本論は、その根本的な要因は、新約聖書の四福音書にあると考えています。他ならぬ四福音書の本文が、両者の違いを生み出しているのです。

四福音書にはそれぞれが素材としている資料があることは本論の第一部で述べた通りです。共通する資料もあれば、その福音書が独自に参照したであろう資料もあります。そしてそれらの資料を基に、四福音書はそれぞれ固有のキリスト像を描き出しています（第一部参照）。

福音書が編集を通して意識的に提示しているキリスト像と、素材としている資料やそこに含まれる諸々の伝承には相違があります。もちろん共通する部分もありますが、福音書記者によって編集の手が加えられたことによ

---

411 山口里子「聖餐　世界のディスカッションから考える」（『聖餐の豊かさを求めて』所収）161頁。

412 《イエスの生の意味は、〈イエスの生と死、そして復活〉の歴史の中にあり、その全体から見なければ理解できないものです》（芳賀力「それが「聖餐の豊かさ」なのだろうか」、『まことの聖餐を求めて』所収、376頁）。

413 福音理解に相当の開きがあることについては芳賀力氏も『まことの聖餐を求めて』の「おわりに」で言及しています。《福音理解に相当の開きがありますので、フリー聖餐をしている方々にそう簡単に耳傾けてもらえるとは思いませんが、事が教会の大切にしてきたサクラメントに関わることですので、言わなければならないことは言わなければなりません》（同、374頁）。

414 北村慈郎『自立と共生の場としての教会』、75、76頁。

り、かなり異なっている部分もあるのです。また、福音書記者が素材とした伝承も伝えられる過程ですでに変化しており、それがそのまま歴史のイエスを証言するものとはなりません。

信仰告白のキリスト像は四福音書が意識的に提示する「キリスト像」に基づいており、生前のイエス像は四福音書が素材としている「史的イエス証言」に基づいている——これが本論の考えです。ここでの史的イエス証言は、福音書が素材としている資料や諸々の伝承とそのままイコールのものではなく、そこに内在する歴史上のイエスについての断片的な証言を指す言葉として用いています。

伝統的な聖餐論は基本的に前者を土台としており、開かれた聖餐論は後者を土台としています。よって、両者の間には大きな相違が生じているのだと考えられます。

信仰告白のキリスト像は四福音書や書簡が（意識的に）提示する「キリスト像」に基づいており、生前のイエス像は四福音書が素材としている「史的イエス証言」に基づいている。

神学的には、これは「ケリュグマ（宣教）のキリスト」と「史的イエス」の問題とつながっている事柄です。ケリュグマのキリストとは「原始キリスト教会の伝承や福音書記者の編集を通して提示されている信仰的なキリスト像」のことを言います。第一部で論じた四福音書のキリスト像は、福音書記者それぞれの編集を通して提示されている信仰的なキリスト像であり、このケリュグマのキリストに該当すると言えるでしょう。対して、史的イエスは「原始キリスト教会の伝承や福音書記者の編集を取り除いて復元された歴史的なイエス像」のことを言います。

ケリュグマのキリスト……原始キリスト教会の伝承や福音書記者の編集を通して提示されている

史的イエス　信仰的なキリスト像……原始キリスト教会の伝承や福音書記者の編集を取り除いて復元された歴史的なイエス像

近代以前は、ケリュグマのキリストと史的イエスの緊張関係は意識されることはありませんでした。信仰的なキリスト像も歴史的なイエス像も切り離されることなく、一体であったからです。しかし、20世紀以降、聖書学の発達により、ケリュグマのキリストと史的イエスの緊張関係が意識されるようになっていきました。そうして、生前のイエス像の内実にスポットが当てられるようになっていったのです。

次項では、生前のイエス像が言語化されるようになった歴史的な経緯について、簡単に概観しておきたいと思います。

(2)「ケリュグマのキリスト」と「史的イエス」の問題

生前のイエス像とその内実の言語化は、近代以降の聖書学の発達と密接な関係があります。歴史的なイエスを重視する流れはすでに18世紀末からありましたが（『イエス伝』研究の時代）、特に20世紀のはじめ、聖書学の発展（様式史、編集史などの研究方法の発展）により、福音書の中から原始キリスト教会の伝承部分や福音書記者による編集部分を取り除き、「歴史的なイエスの復元」を試みることが可能となっていきました。

前項で述べたように、原始キリスト教会の伝承や福音書記者の編集を通して提示されているキリスト像は「ケリュグマ（宣教）のキリスト」と呼ばれ、それらの編集を取り除いて復元された（復元を試みられた）イエス像は「史的イエス」と呼ばれます。生前のイエス像は言うまでもなく、史的イエスと密接な関係をもっています。[415]

聖書学の視点からすると、福音書そのものの中に、ケリュグマのキリストと史的イエスという相違したキリスト像が内在していることになります。特に20世紀以降、神学の領域において両者の相違が緊張関係をもって意識されるようになりました。

日本において早い時期からこの問題を論じて来た八木誠一氏は、１９６９年に出版された『キリストとイエス』において次のように述べています。《新約聖書自身の中にひとつの対立があること、「歴史のイエスか信仰のキリストか」という、信仰の対象ないし根拠そのものについての見解の相違がある事が示される。新約思想を全体として理解しようとする限り、この対立を無視することはできない》。[416]

すでに述べたように、近代以前は、ケリュグマのキリストと史的イエスの緊張関係は意識されることはありませんでした。信仰的なキリスト像も歴史的なイエス像も切り離されることなく、一体であったからです。人々は福音書が提示するキリスト像を歴史的なイエス像でもあると素朴に受け止めて来ました。よって、生前のイエス像の枠組みが重視する「差別や抑圧からの解放」や「人間の尊厳の回復」も教会内においてはまだはっきりとは言語化されていなかったと言えます。近代以前はこれらの事柄は、たとえばキリスト教的人文主義者（ヒューマニスト）たちによって担われてきたように思われます[417]（宗教改革時代のルターとエラスムスの論争に象徴される二つの立場の相違と対立は、調停されることなく終わりました）。[418]

20世紀以降、聖書学の発達により、ケリュグマのキリストと史的イエスの緊張関係が意識されるようになり、多くの人々によって史的イエスの復元が試みられるようになりました。こうして、生前のイエス像の枠組みとそれに基づく神学的なパラダイムが新たに言語化される準備が整えられていったのです。

ここで問題となるのは、⑴ケリュグマのキリストと史的イエスはそもそも、切り離すことができるものなのか、⑵史的イエスの客観的な復元は可能なのかということです。

⑴に関して、神学者の中にも様々な立場があります。ケリュグマのキリストと史的イエスは切り離して考えることができないとする人も、切り離して研究する人もいます。あるいは両者を一度切り離した上で、統合しようと

する人もいます。伝統的な聖餐論に立つ人々は、ケリュグマのキリストと史的イエスとを切り離して考えない傾向があると言えるでしょう。たとえば芳賀力氏は、「贖罪信仰はイエス由来のものではなく、復活信仰を持った原始キリスト教会の産物である」という一部の聖書学者たちの主張を《相変わらず史的イエスとケリュグマのキリストの分断です》[419]とアイロニカルに批判しています。芳賀氏自身は当然、贖罪信仰は歴史のイエスに由来するものであるとの解釈を採《と》っています。芳賀氏は福音書記者が提示するキリスト像と素材としている生前のイエス像との間に

415　ただし、生前のイエス像と史的イエスはイコールではありません。後述しますように、史的イエスの復元には解釈者によって相違があり、多様性があります。それは豊かさであると同時に、場合によっては混沌状態にもなり得るものです。そのように多様な史的イエスが混在する中にあって、開かれた聖餐論を通して生前のイエス像の輪郭線とその内実が浮かび上がっていくことが生じた、というのが本論の受け止め方です。

416　八木誠一『キリストとイエス　聖書をどう読むか』、18頁。この問題について思考し続けている八木氏は独自の神学的なパラダイムを構築しています。八木氏のキリスト像と神学的なパラダイムは「生前のイエス像」の枠組みというよりも、後述する「内住のキリスト像」の枠組みの中に位置付けることができるものかもしれません。

417　宗教改革時代の「キリスト教的ヒューマニズム」とは《キリスト教の原理に立っていながら、同時にヒューマニズムの説く人間性を認める立場である》(金子晴勇『宗教改革の精神 —— ルターとエラスムスの思想対決』、講談社学術文庫、２００１年、106頁)。ただし、「人文主義」という用語自体は19世紀に初めてつくられたものです。かなり早い時期の使用例であるサミュエル・テイラー・コールリッジの著作（１８１２年）においては、英語のhumanismという語は《イエス・キリストが純粋に人間であるという信念、つまりキリスト論的立場をさすもの》として使用されています（A・E・マクグラス『宗教改革の思想』、高柳俊一訳、教文館、２０００年、66頁）。「ユマニスト」という言葉は16世紀後半にはフランスの文学者においてすでに使用されていました（渡辺一夫『ヒューマニズム考　人間であること』講談社現代新書、１９７３年、29頁）。

418　《ここにヒューマニズムと宗教改革の二つの運動の統一は最後の可能性を失い、分裂する。その結果、ヒューマニズムはキリスト教的宗教性を失って人間中心主義に変貌していく道をとり、他方、宗教改革も神学という狭い領域に閉じこもり、ドグマティズムによって人間性を喪失する方向を宿命的に辿らざるをえなくなったのである》(金子晴勇、前掲書、63頁)。

419　芳賀力「それが「聖餐の豊かさ」なのだろうか」（前掲書所収）、380頁。

は「連続性」があるのだと捉えており、両者は基本的に一致すると考える立場であることが分かります。対して、開かれた聖餐論に立つ人々は両者を「非連続的なもの」「異なるもの」として切り離し、史的イエスの方に自身の実存的な関心を寄せる傾向があります。これは開かれた聖餐論が生前のイエス像を土台としていることの必然的な帰結であると言えます。またその際、贖罪信仰を始めとする伝統的な教理は原始キリスト教会以後の産物であると捉える傾向があります。

(2)の問題に関しても、様々な受け止め方があります。史的イエスの客観的な復元は不可能だとする人もいれば、復元は可能だと考える人もいます。また、完全な復元は不可能であるけれども、そのように個々人が自分なりの史的イエスを言語化することに意味があると考える人もいます。

史的イエスの復元作業には当然、解釈者によって相違が生じ、多様性が生じることになります。また、その復元作業には、解釈者の主体的な決断が伴うことでしょう。史的イエスの復元作業には当人の主観的な解釈がどうしても入らざるを得ません。伝統的な聖餐論の立場の赤木善光氏はこの点を批判しています。赤木氏は、史的イエス研究は最新の学問的な方法を使って《最も客観的な》史的イエス像を書くことを目指しながら、皮肉なことに、《最も主観的》なイエス像を書き上げる結果になっていると述べています。

《そこで「イエスを語ることとは自分を語ることである」と言われたように、最新の学問的方法を使って、最も客観的な史実のイエス像を書くことを目指した試みが、結果としては、最も主観的なイエス像を書きあげるという結果になったのです。これは実に皮肉なことです》。[420]

上村静氏も同じく「正しい」イエス像は存在しないと述べつつも、だからといって史的イエス研究は無意味にはならないと語っています。《結局、史的イエス全体像の再構成は、歴史家の想像力に頼るほかはない。歴史家は自分の問題意識を投影して史的イエスを描くのであるから、すでに多くの「イエス本」は出されているけれども、「正しい」イエス像などは存在しない。しかし、そうであっても史的イエス研究は無意味にはならない。なぜなら、本当に必要なことは「正しい」過去などではなく、「今」という時代をどう認識するかにあるからだ。史的イエスは歴史家をとおして現代の問題を映し出す。読者諸氏は、さまざまなイエス像をとおして、現代という時代をどう捉えられるのかということを学ぶことができるはずである》。[421] 上村氏は史的イエスは現代の問題を映し出すもの[422]として捉え、そこに意義を見出しています。

また、史的イエスの復元は、その作業を行う本人にとっても意義のあるものです。個々人の主体的な決断をもって行われるそれらの作業は、場合によっては、当人が伝統的な価値観や様々な権威から自由になっていくことをもたらし、主体的な自己を取り戻していくようにと促すからです。

荒井献氏は《「史的イエス」は常に開かれていなければならないと同時に、その相対的正当性は歴史家の主体と責任においてあくまで主張さるべきである》[423]ことを強調しています。史的イエスの復元作業は個々人の人生と切り離すことができないものであり、その意味で、荒井献氏の《「イエスを語ることは自分を語ることである」と言われる。私はこの言葉をある意味で正しいと思う》[424]という言葉はその通りであるでしょう。生前のイエス像の枠

420 赤木善光『イエスと洗礼・聖餐の起源』（教文館、２０１２年）64頁。
421 上村静『シリーズ神学への船出02　旧約聖書と新約聖書 ——「聖書」とはなにか』（新教出版社、２０１１年）、203頁。
422 松永希久夫氏の指摘も参照。《つまり、「史的イエス」像復元という操作は、元来、「ナザレ人イエス」の原初の像になるべく近く、なるべく忠実たらんとの意図をもち、学問的に厳格な過去への遡行という方向を取りながら、その裏側には現代における有意義性を希求するという全く逆の方向を志向する契機を内包しているのである》（『史的イエス』像考察 —— 荒井献著「イエスとその時代」（岩波新書）批判の試み」、東神大パンフレット16、１９７８年、27頁）。松永氏は「史的イエス」像復元作業に懐疑的な立場からこの文章を記しています。
423 荒井献『イエス・キリスト　三福音書による（上）』（講談社学術文庫、２００１年）、214頁。またこの文章では、信仰告白のキリスト像の枠組みに立つ松永希久夫氏に対して、《自らの主体性と責任において主張できる「史的イエス」像はないのか》と問いかけています（初出：１９７６年度日本キリスト教学会学術大会レジュメ。『日本の神学』第16号、１９７７年、168、169頁に掲載）。荒井氏と松永氏の論争については注433を参照。

組みに重心を置く荒井氏は、赤木氏とは異なり、「(史的) イエスを語ることは自分を語ること」となる側面を肯定的・積極的に受け止めています。

(3) 生前のイエス像の内実

このように、史的イエス像の復元には多様性があります。それは豊かさであると同時に、場合によっては混沌状態にもなり得るものでした。そのような中、開かれた聖餐論を通して、生前のイエス像の輪郭とその内実が浮かび上がっていくことが起こりました。混沌としていた史的イエスの領域にも、ある共通項(固有性)が存在することが明らかになっていったのです。生前のイエス像の内実の一端が示されたこと——言い換えれば、四福音書に内在する「生前のイエス像」とその内実が可視化されたこと——、ここに今日の聖餐論義の重要な意義があるのだと考えます。

開かれた聖餐論が指し示す生前のイエス像を本論なりに言語化すると、以下のようになります(ただし、以下の定義は暫定的なものであり、今後修正し得る可能性があることはもちろんのことです)。

~開かれた聖餐論が指し示す「生前のイエス像」の内実~

開かれた聖餐論が指し示す「生前のイエス像」の内実は、「その『生』全体(言葉と振る舞い)をもって、創造神の『無条件の肯定と招き』を伝える『人の子』(=一人の人間)なるイエス」である。彼は人々を社会的な罪から解放し、より人間らしい生を付与し、人間に尊厳を確保するよう働く。

(a)「その『生』全体(言葉と振る舞い)をもって、創造神の『無条件の肯定と招き』を伝える」

まず前半部分の《その『生』全体(言葉と振る舞い)をもって、創造神の『無条件の肯定と招き』を伝える》について説明します。

開かれた聖餐論が指し示す生前のイエス像の枠組みにおいて重要なのは、一人の人間としてのイエスの生涯です。「イエスがどのようにこの地上を生きたか」が重視されるのが大きな特徴です。開かれた聖餐論が重点的に指し示そうとしているのはイエスの「生」全体であり、その「言葉」と「振る舞い」[425]であると受け止めることができます。高柳富夫氏は、聖餐式は（イエスの死を記念することに限定されず、むしろ）《イエスの生を想起するもの》[426]だと述べています。

また、開かれた聖餐論が示す生前のイエス像の枠組みにおいては、「一人の人間」としてのイエスに強調点が置かれると同時に、創造神（いのちなる神）の「無条件の肯定と招き」[427]への信仰が —— 決定的に重要なものとして

424　荒井献『イエス・キリスト　三福音書による（上）』、14頁。

425　筆者は、「振る舞い」と「生」全体という表現は荒井献氏の著作に拠っています。《イエス理解の基本は、やはり彼の振舞を現在において追体験することにあることを、私は改めて思い知らされた》（『イエスとその時代』、岩波新書、１９７４年、207頁）、《こうして、信仰告白伝承の担い手やパウロにとって「キリスト」は彼らのいわゆる「罪人」を贖い赦すイエスの十字架と復活の出来事に限定されて、そのような死に極まったイエスの生全体、とりわけ「地の民」としての「罪人」の地平に立ち尽くしたイエスの振舞全体を覆うものではなかったのである》（『イエス・キリスト　三福音書による（上）』、62頁）などを参照。

426　《「聖餐式」はイエスの死を記念することに限定されるものではありません。イエスの生を想起するものです。（略）イエスの生を想起するとは、イエスが実践した「イエスの食卓」を「今、ここで」現在化し、イエスの食卓の包含性と開放性を再現することです。洗礼を受けていない者に対して閉ざさなければならない理由はないのです》（高柳富夫「「聖餐とは」　包含的・開放的イエスの食卓の想起として」、『聖餐の豊かさを求めて』所収、34頁）。

427　例として、本田哲郎氏の言葉を引用します。《「福音」とは、いかなる宗教の枠をも超えた、改宗をも条件にしない、救いと解放の知らせです》（本田哲郎訳『小さくされた人々のための福音――四福音書および使徒言行録――』（新世社、２００１年、771頁付録より）。フランシスコ会司祭の本田哲郎氏は福音書および使徒言行録の個人訳を出版していますが、これは新約聖書を本田氏の「生前のイエス像」の立場から一貫して訳し直している聖書であり、本田氏がどのように訳出しているか、

――前提とされているという特質があります。

「神の子」キリストへの信仰（ピスティス）は必ずしも前提とされませんが、「人の子（＝一人の人間）」なるイエスが伝える創造神への信仰は前提とされており、その意味での宗教性は伴っています。[428] いのちを無条件に生かす絶対者への信仰です。この場合、イエスは絶対者の無条件の肯定と招きを伝える「啓示者」[429] となります。

この無条件の肯定と招きを体現しているのが、「イエスの食卓」です。だからこそ、開かれた聖餐論においては「イエスの食卓」が重要な意味をもつことになります。この食卓には、社会の構造的な罪によって差別され抑圧されていた人々をはじめ、すべての人が無条件に招かれています。開かれた聖餐論はこの「イエスの食卓」を想起するものであり、その食卓に座す「生前のイエス」を会衆の目前に現存させるものです。

生前のイエス像の枠組みにおいては、無条件の肯定と招きが前提とされていることを述べました。この点がこの枠組みにおいて決定的に重要なものであると同時に、信仰告白のキリスト像の枠組みと鋭く対立する点です。芳賀力氏が洗礼を強調しない開かれた聖餐論を《古い自分のままを肯定するイエス教》[430] と呼んで批判したことはすでに述べた通りです。

信仰告白のキリスト像の枠組みにおいては、「悔い改め＝実存的に変えられ、新たにされること」が決定的な意味をもっています。罪を実存的に理解するゆえに、人間存在はそのまま（古い自分のまま）では肯定されず、[431] キリストの十字架による贖罪と悔い改めが不可欠の事柄となります。よって、伝統的な聖餐論に立つ人々には開かれた聖餐論が理解不能なもの、または斥けねばならないものとして受け取られるのです。伝統的な枠組みに立つ人々が理解できない（あるいは重きは置かない）のが、この「無条件の肯定と招き」です。すべての人が無条件に肯定されているのであれば、悔い改めも洗礼も必要ではなくなり、[432] 教会の存在意義も消失することにつながり得るからです。

（b）「彼は人々を社会的な罪から解放し、より人間らしい生を付与し、人間に尊厳を確保するよう働く」

開かれた聖餐論が指し示す生前のイエス像のもうひとつの重要な要素が、「社会との積極的な関わり（人間的な連帯）」です。本論なりに定義すると、生前のイエスとは、《人々を社会的な罪から解放し、より人間らしい生を付与し、人間に尊厳を確保するよう働く》存在であることになります。

そのひとつひとつが興味深いものです。本田氏は『3・11以後とキリスト教』の質疑応答の中で、ミサにおいて「開かれた聖餐」を行っていることを示唆する言葉を述べています（荒井献・本田哲郎・高橋哲哉『3・11以後とキリスト教』、ぷねうま舎、2013年、41頁）。

428 創造神への信仰をも前提としない「生前のイエス像」の立場の神学者として、日本では新約学者の田川建三氏が挙げられます。主著『イエスという男』（第二版〔増補改訂版〕、作品社、2004年）など。

429 この立場においては、イエス自身に「神性」を見出すというよりも、神によって相対化された「一人の人間」イエスが指し示す「事柄」（神の国）に神的な啓示を見出します。生前のイエス像の立場においては、ここに信仰があります。

430 芳賀力「荒れ野に備えられた主の食卓」（前掲書所収）、229頁。

431 伝統的な信仰告白のキリスト像の枠組みに立つ人々は、「ありのまま」「そのまま」という表現、「自分らしく」「私らしく」などの表現に対して否定的な受け止め方をする傾向があります。

432 言い換えると、信仰告白のキリスト像の枠組みにおいては、人間存在はキリストの十字架とその贖い、キリストの復活とその新しい命の中に「無条件に」招かれているのだと言えるでしょう。このキリストの十字架と復活の救いに与ることによって、人間存在は新しく生まれ変わります。その救いの出来事の目に見えるしるしが「洗礼」です。よってこの枠組みにおいては、洗礼を受ける前と後では、決定的な区別が存在します。赤木善光氏は洗礼がもつ決定的な意味について次のように述べています。《（1）洗礼は「抹消できない印銘」と言われるように、一回限りの、決定的なものであり、やり直しや繰り返しはできない。いったん受ければ、それで事は決定されるのであるから、受洗志願者は重大な決断を要求される。

（2）洗礼は「キリストと共に死に、共に復活すること」（ローマ六・三以下）、罪と死とから生まれかわること（ヨハネ三・五、エフェソ四・二二以下等）であるから、受洗の前と後とでは、明確な区別がある。この意味でも受洗には決断が要求される。決断とは、文字通り「分けること」「断絶すること」を意味する。したがって受洗の有無によって区別することは、洗礼の本質からして当然である》（赤木善光『なぜ未受洗者の陪餐は許されないのか —— 神の恵みの手段としての洗礼と聖餐』、86、87頁）。

八木誠一氏と共に日本で早い時期から史的イエスについて論じて来た荒井献《ささぐ》氏が１９７４年に発表し、当時キリスト教会内で大きな反響を呼んだ『イエスとその時代』という著書があります。この著作には次の文章が記されています。

《もちろんイエスは、一度も自らメシアなること、つまりキリストなることを主張しなかったし、現在のローマ支配体制を倒して、新しい神支配体制を打ち立てる意図をも持っていなかった。彼はただひたすらに、当時の政治的＝宗教的体制によって差別されていた「地の民」あるいは「罪人」のもとに立ち、民衆と共にあって、人間が人間らしく生きることを、人間が他者から生きる生活を共有し合えることを求めたに過ぎない》。[433]

生前のイエス像の枠組みにおいては、荒井氏も述べるように《人間が人間らしく生きること》が追及すべき最重要事項のひとつとなります。《より人間らしい生（人間が人間らしく生きること）》を追求するとき、差別や貧困の問題をはじめとする社会的な問題に取り組むことは必然のこととなるでしょう。すでに述べたように、この枠組みにおいては「罪」は「社会の構造的悪」として理解され、ゆえに人々をその《社会的な罪から解放》することが欠くことが出来ない課題となります。

この後半部分（b）「社会との積極的な関わり」の根拠となっているのが、前半部分の（a）「無条件の肯定と招き」です。後半部の欠くことの出来ない前提・根拠となっているのが、前半部の無条件の肯定と招きの側面です。

生前のイエス像の枠組みにおいて、創造神の無条件の肯定と招きはすべての人に向けられています。そこには何ら限定も条件もありません。この万人に対する無条件の招きは、すべての人は生まれながらに尊厳をもった存在であるとの視点へとつながっていきます。近代以降の表現を用いるなら、天賦《てんぷ》人権説につながる視点であると言えるでしょう。

すべての人が神の目に貴い存在であるのだから、その尊厳がないがしろにされることはあってはならない。《人間に尊厳を確保する》ことがこの枠組みの目指す地点です。人間の尊厳の認識が出発点であると同時に、その尊厳を現実の社会において一人ひとりに確保していくことがこのパラダイムの主要な目的となっていきます。まとめると、《「開かれた聖餐論」が指し示す「生前のイエス像」の内実とは、「その『生』全体（言葉と振る舞い）をもって、創造神の『無条件の肯定と招き』を伝える『人の子』（＝一人の人間）なるイエス」である。彼は人々を社会的な罪から解放し、より人間らしい生を付与し、人間に尊厳を確保するよう働く》。開かれた聖餐において現存するのは、この「生前のイエス」であり、その言葉と振る舞いです。このイエスと「共に生きていきたい」との願い（＝イエスとの連帯）が、この枠組みにおける信仰の告白となります。[434]

433 荒井献『イエスとその時代』（岩波新書、1974年）、205頁。『イエスとその時代』は生前のイエス像の立場が一般的な新書として紹介された比較的早い事例であったと言えます。荒井献氏の提出する「生前のイエス像」は、信仰告白のキリスト像の立場の神学者たちから批判を受けました。その事例のひとつは、松永希久夫氏による批判です（「『史的イエス』像考察——荒井献著「イエスとその時代」（岩波新書）批判の試み」、東神大パンフレット16、1978年。初出1975–1976年。『松永希久夫著作集　第一巻　史的イエスの考察とキリスト論』にも同様の論考が所収、一麦出版社、2010年、67–133頁。この論考を契機として、1976年度の日本キリスト教学会学術大会で荒井氏と松永氏は対論をすることになりました。荒井氏が提出した16の提題と松永氏の質問の内容については『日本の神学』第16号、1977年、168–182頁を参照）。信仰告白のキリスト像の立場である松永氏は、荒井氏の『イエスとその時代』を幾分の皮肉も込めて《荒井献による福音書》と呼びました。《極言すれば「イエスとその時代」は、著者の意図に従えば「マタイによる福音書」や「ルカによる福音書」や、あるいは「トマスによる福音書」と並置さるべき「荒井献による福音書」なのである》（「『史的イエス』像考察——荒井献著「イエスとその時代」（岩波新書）批判の試み」、39、40頁）。荒井献氏は松永氏の批判を受けて、それが不適当であるとし反論しています（「金芝河における民衆と復活信仰」、『「同伴者」イエス』所収、新地書房、1985年、81–84頁、初出：『福音と世界』1976年10月号。『イエス・キリスト（上）』、講談社学術文庫、2001年、212–215頁など）。
荒井氏と松永氏のこれらの議論は論点がかみ合っておらず、すれ違いのまま終わっています。宗教改革時の聖餐論争同様に、互いの神学的な思考のパラダイムの相違、そして土台とするキリスト像が相違していることを踏まえないまま論争をしていることがその主要な要因のひとつであると言えます。

最後にもう一点、生前のイエスの枠組みにおいては、新約文書の中で特にマルコによる福音書が重視される傾向があります。マルコ福音書固有のキリスト像が「生前－十字架のキリスト」であることは第一部で述べた通りです。最も早い時期に記されたマルコ福音書が、四福音書の中では最も生前のイエスの姿を直截《ちょくさい》的に――活き活きと――保存している書だと言えるでしょう。他の三つの福音書は同様に「生前のイエス」の側面を土台としながらも、マルコと比較すると、生前のイエスの側面が幾分背後に退いています。

（４）信仰告白のキリスト像の内実

このことから改めて浮かび上がってくる「信仰告白のキリスト像」の内実は、次のように定義することができるでしょう。《『信仰告白のキリスト像』の内実は、『十字架－復活－昇天－再臨のキリスト』である。彼は人々を十字架により実存的な罪と死の支配から解放し、復活による新しい命を付与し、神に栄光を帰するよう働く》。伝統的な聖餐論はこのキリスト像を指し示すものです。生前のイエス像と対照的なものであることが分かります。この「十字架－復活－昇天－再臨のキリスト」が他ならぬ四福音書から生じているものであることは第一部で詳述した通りです。

この信仰告白のキリスト像の枠組みにおいては、人々を実存的な罪と死の支配から解放することが欠くことが出来ない課題となります。キリストはそのために十字架にかかってくださったのであり、その「罪の赦し」を信じることが最重要事項のひとつです。またそして、復活のキリストに結ばれることによって「新しい命」が付与されていることが私たちの希望の光となります。

締めくくりの《神に栄光を帰するよう働く》の部分について説明をします。生前のイエス像の枠組みにおいては「人間に尊厳を確保する」ことが目的でした。対して、信仰告白のキリスト像の枠組みにおいては、「神に栄光を帰する」ことが最終の目的となります。目的であると同時に、様々な言動の動機付けともなっています。

たとえば、この枠組みにおいては「人間存在の卑小さ」「人間存在の罪深さ」が繰り返し強調されます。そのように人間の卑小さ・罪深さが絶えず強調されることの背後には、「神に栄光を帰する」動機付けがあります。人間の卑小さ・罪深さを強調すればするほど、「キリストの救いの業（十字架－復活－昇天－再臨）」の恵みが際立ち、神に栄光を帰することにつながっていく[435]からです。

このように、生前のイエス像と信仰告白のキリスト像とでは人間観が異なっていることが分かります。前者は人間存在の貴さに強調点を置き、後者は人間存在の卑小さに強調点を置いています。そこには「人間に尊厳を確保する」ことを目的としているか、「神に栄光を帰する」ことを目的としているかの方向性の違いが関わっています。

これまで述べて来た伝統的な聖餐論と開かれた聖餐論の相違を表にしてまとめると、以下（次頁）のようになります。

434 《包含的で開放的な主の食卓に与ることを通して、そこで繰り返し示されていくイエスのメッセージの恵みの深さに気づかされ捉えられることが起こります。イエスとの関わりを抜きにした自己の生をもはや考えることができなくなります。イエスと向き合い、その言葉とふるまいに導かれ、イエスの後に従ってイエスと共に生きて行きたいという信仰の告白に導かれ、イエスの名による洗礼を受けることが実際に起こっているのです。「聖餐から洗礼へ」という方向性や道を閉ざす根拠がどこにあるでしょうか。イエスの言葉とふるまいの本質を理解し、イエスの後に従って生きて行きたいという信仰の告白がそこで引き起こされているのですから》（高柳富夫「包含的・開放的イエスの食卓の想起として」、前掲書所収、26頁注、傍点部筆者）。

435 たとえば、「人間は塵芥に過ぎない」という（ある意味極端な）表現は、人間存在についての「客観的な事実」というより、「神に栄光を帰する」ための賛美表現（信仰的な表現）のひとつとして受け止めた方が適切であるかもしれません。

開かれた聖餐論	伝統的な聖餐論
「生前のイエス像」を土台とし、それを指し示す。 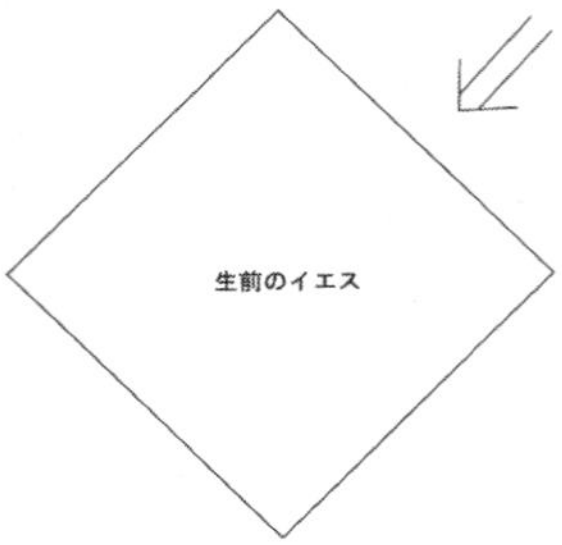 その内実は、「その『生』全体（言葉と振る舞い）をもって、創造神の『無条件の肯定と招き』を伝える『人の子』（＝一人の人間）なるイエス」。彼は人々を社会的な罪から解放し、より人間らしい生を付与し、人間に尊厳を確保するよう働く。	「信仰告白のキリスト像」を土台とし、それを指し示す。 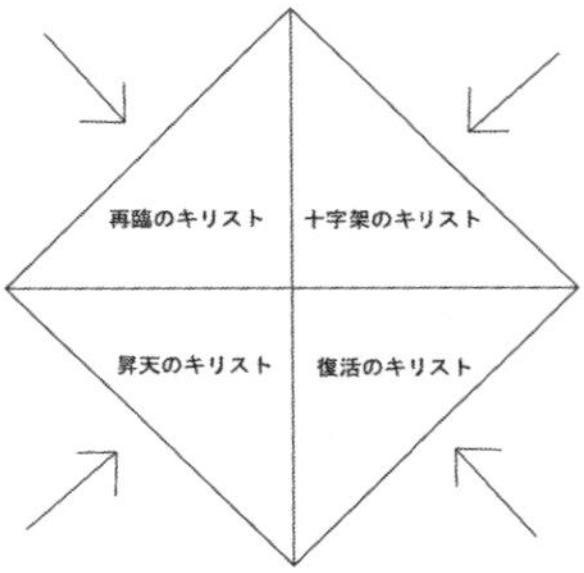 その内実は、「十字架－復活－昇天－再臨のキリスト」。彼は人々を十字架により実存的な罪と死の支配から解放し、復活による新しい命を付与し、神に栄光を帰するよう働く。
キリストへの信仰が必ずしも前提とされない。信仰がなくても可視化できるイエス・キリストの側面。	キリストへの信仰が前提とされる。信仰がないと可視化できないイエス・キリストの側面。
洗礼の有無は問われない。普遍主義的・開放的。	洗礼が条件となる。特殊主義的・限定的。
神からの無条件の「招き」としての聖餐。受動的。	神への「応答」としての聖餐。能動的。
日常的な愛餐（イエスの食卓）が聖餐（主の晩餐）を規定する。	宗教的な聖餐（主の晩餐）が愛餐（イエスの食卓）を規定する。
隣人への愛を教える。人間に尊厳を確保する方向性。人間の貴さに強調点を置く。	神への愛を教える。神に栄光を帰する方向性。人間の卑小さ・罪深さに強調点を置く。

・このキリスト像は使徒信条などの古代信条においてはいまだ言語化されていない。聖書学の発達に伴い、近現代以降に明確に言語化。 ・イエスの「生」（言葉と振る舞い）を重視（私たちはこのイエスと『共に生きる』＝イエスとの連帯）。このイエスの生の内に福音がある。 ・イエス・キリストの「人性」を重視。人の子イエスが指し示す「事柄」（神の国）に神的な啓示を見出す。 ・創造論的。[436] 贖罪論には否定的。	・このキリスト像は使徒信条において明確に言語化。初期カトリック教会（古代教会）の時代より伝統的なキリスト論の枠組みを形成。 ・キリストの「十字架－復活－昇天－再臨」（出来事）を重視（私たちはこのキリストを『信じる』＝キリストへの信仰）。これらの神的な救いの出来事の内に福音がある。 ・イエス・キリストの「神性」を重視。神の子キリスト自身に神性を見出す。 ・救済論的。贖罪論を重視。
・罪を社会の構造的な悪として理解する傾向。 ・十字架は「イエスを死に追いやった、人間の罪悪の象徴」であり、復活はイエスの「生」全体への神による「然り」である。 ・「史的イエス」と関わる。 ・四福音書や書簡が素材とする「史的イエス証言」に基づく。 ・「社会との関わり（人間的な連帯）・変革」が教会が取り組むべき責任事項。 ・マルコによる福音書を特に重視する傾向。	・罪を実存的・内面的に理解する傾向。 ・十字架は「キリストの贖罪による、人間の罪の赦し」。十字架と復活は人間を救済するための「神の計画」。 ・「ケリュグマのキリスト」と関わる。 ・四福音書や書簡が意識的に提示する「キリスト像」に基づく。 ・「礼拝」「伝道」が教会が取り組むべき責任事項。
日本における代表的な著書：山口雅弘編著『聖餐の豊かさを求めて』	日本における代表的な著書：芳賀力編著『まことの聖餐を求めて』

436　上村静氏はイエスの述べる「神の国」に《創造的な神支配の復権》を見ています。そこには当時流布していた終末論的な「神の国」理解へのイエスの批判があると受け止めるのです（『キリスト教の自己批判――明日の福音のために』、新教出版

7　信仰告白のキリスト像と生前のイエス像の相違とその対立の問題

以上、伝統的な聖餐論が指し示す信仰告白のキリスト像と、開かれた聖餐論が指し示す生前のイエス像の相違について述べて来ました。読んでいただいた通り、両者の間には大きな相違[437]があります。両者はまったく対照的であるとさえ言えるかもしれません。

これまでの日本基督教団の歴史において、互いの立場を否定し合うことに終始してしまっていたというのも、理解の出来ることです。両者が拠って立つ枠組みがあまりに異なっているものであったからです。信仰告白のキリスト像の枠組みを堅持しようとする人々は、生前のイエス像の新たな枠組みの中に立つ人々の言説を否定しようとしました。確かに、伝統的な信仰告白のキリスト像の枠組みに拠って立てば、生前のイエス像とそれに依拠する開かれた聖餐論は斥けねばならない対象と映ってしまうかもしれません。伝統的なキリスト教の理解とは、枠組みそのものが異なっているからです。

また一方で、生前のイエス像の枠組みの中に立つ人々も、従来の伝統的な枠組みにもはや意義を認めようとしない傾向があったと言えます。従来の史的イエス研究は、伝統的なキリスト教信仰を批判・否定する傾向がありました。よってなおさら、信仰告白のキリスト像の枠組みを堅持しようとする人々から敵視されることとなったのです。

（1）従来の史的イエス研究――イエスによってキリスト教を批判・否定

赤木善光氏は論考「現代日本人のイエス像」において、新約学者の荒井献氏と八木誠一氏と田川建三氏の共通点として、《正統的信仰に対してきわめて批判的、もしくは、否定的であったこと》、《正統的信仰を批判または否

定する場合、「歴史のイエス」または「史的イエス」によっていること》[438]を挙げています（赤木氏自身は、はっきり

社、2013年、75頁）。上村氏は一貫して「生前のイエス像」の立場に立って聖書を論じています。と同時に、終末論的「神の国」待望を《人間のエゴイズムの表れ》と切り捨てるなど、「信仰告白のキリスト像」を全否定するような姿勢を取っているところに課題が見受けられます。

437　この相違は、ヘブライ語聖書（旧約聖書）においては、二つの異なる契約理解 ——《兄弟盟約的な契約理解》と《申命記的な契約理解》において現れていると言えるでしょう。

旧約学者の並木浩一氏は、ヘブライ語聖書の中には大きく二つの契約理解の流れがあることを述べています。ひとつ目はよく知られた《申命記的な契約理解》であり、もうひとつは《兄弟盟約としての契約理解》です。後者のこの契約理解においては、成文化された法の遵守よりも、《日常生活において兄弟の、すなわち契約団体の成員一人一人の尊厳が冒されていないかどうか、人間的な感覚が麻痺し、倒錯してはいないかどうか》が問題とされます（「イスラエルにおける神・人間・社会」、『ヘブライズムの人間感覚〈個〉と〈共同性〉の弁証法』所収、新教出版社、1997年、51頁）。並木氏によると、兄弟盟約的な契約理解においてとりわけ重要となるのは、《人間の尊厳についての感覚》とその共有です（「古代イスラエルにおける契約思想」、『並木浩一著作集3　旧約聖書の水脈』所収、日本基督教団出版局、2014年、65頁）。《兄弟を兄弟として認めること、すなわち神への立ち帰り》となります（同、63頁）。

信仰告白のキリスト像の枠組みはヘブライ語聖書における《申命記的な契約理解》の流れを受け継ぐもの、生前のイエス像の枠組みは《兄弟盟約的な契約理解》の流れを受け継ぐものであるというのが本論の考えです。

この二つの契約理解については、本論の「あとがき」および筆者の小論「ヨブ記と契約」（『季刊　教会』No. 99所収、2015年、50–56頁）を参照ください。

438　赤木善光『イエスと洗礼・聖餐の起源』所収、18頁。他の二つの共通点は《二代目、もしくは三代目の信者である、あるいは、であったこと》、《東京大学の出身であること》（同、18頁）。赤木氏は教会史家として、荒井氏、八木氏、田川氏が初代のキリスト者ではなく二代目ないし三代目のキリスト者であることに留意し、そこに幼い頃からキリスト教的伝統の中で育った故の《アンビヴァレント「両価感情的」または二重構造》を読み取っています（同、21頁）。生前のイエス像を言語化しようとする動機や理由に幼少期から青年期にかけての個人的なキリスト教体験を読み取る赤木氏の指摘はある部分、妥当性があると思うと同時に、そこに強調点を置くあまり、生前のイエス像を追求することの意義を個人史的なものに矮小化

と『伝統的な聖餐論』の立場で一連の論考を記しています）。

赤木氏は、このように《イエスによってキリスト教を批判、もしくは否定すること》[439]は、すでに1964年に出版された赤岩栄《あかいわさかえ》氏の『キリスト教脱出記』（後述）に顕著に見られた現象であると述べています。そして、「脱出」という言葉を使って前記の三人の主張を表すこともできるとも述べています。荒井献氏は史的イエス研究によって《聖書的・教会的権威からの脱出》を、八木誠一氏は史的イエス研究によって《キリスト教からの脱出》を、田川建三氏は史的イエス研究によって《宗教や思想からの脱出》を主張している、[440]と。

また赤木氏は、荒井氏、八木氏、田川氏の三人はキリスト教は否定するがイエスは肯定している点をその共通点として挙げています。《明治時代の幸徳秋水著『基督抹殺論』（一九一〇年）はイエスをふくめて、キリスト教そのものを全部否定するものでした。しかし彼らはそうはしないのです。キリスト教は否定するが、イエスは肯定する、しかもそのキリスト教批判や否定を、イエス伝を書くことによって試みる、という複雑な構造となっているのです》。[441]

赤木氏が指摘していることを本論なりに言い換えると、荒井氏、八木氏、田川氏の「史的イエス」研究で目指されているのは、「信仰告白のキリスト像」に依拠するパラダイムから「生前のイエス像」に依拠するパラダイムへの「脱出」であったと言えます。伝統的なキリスト教信仰は批判・否定するけれども、イエスそのものは否定しないという構造は、このことを要因としています。信仰告白のキリスト像から生前のイエス像へと自身の信仰的な実存を「移行」したこと、それがすなわち、見方によっては「脱出」ということになるでしょう。

（2）赤岩栄牧師『キリスト教脱出記』と「辞任勧告」問題

ここで改めて、赤岩栄氏の『キリスト教脱出記』に触れておきたいと思います。赤岩栄氏の『キリスト教脱出記』（1964年）および個人雑誌『指』に発表された言説とそれを巡って起こった赤岩氏への「辞任勧告」問題は、

2000年代の北村慈郎氏の「開かれた聖餐」執行とそれを巡って起こった北村氏への「戒規免職」問題と密接につながっていると思うからです。

赤岩栄氏（1903－1966）は日本基督教団の牧師であり、1949年に牧師でありつつ「共産党入党宣言」をしたことでも知られています。1931年に上原教会（現在の代々木上原教会）[442]を開拓、以後、亡くなるまでこの教会で牧師を務めました。[443] 赤岩氏は1964年にやはり教団の牧師でありつつ、従来のキリスト教信仰との決

させている部分もあるように思います（視点を変えれば、そのように叙述する赤木氏の背後に、伝統的なキリスト教信仰の正当性を堅持しようとする動機付けがあるのだと指摘することもできるでしょう）。

439 同、18頁。

440 同、19頁。

441 同、19頁。赤木善光氏自身は（キリスト教的伝統の中で育てられてこなかった）一代目のキリスト者であり、荒井氏らの主張を聞いたとき、赤木氏は当初はその動機や理由をよく理解することができなかったと述べています。《彼らがなしたような、イエスによってキリスト教を批判したり、否定したりすることは、彼ら自身が親からキリスト教信仰を譲り受けたということを前提として、初めて可能なことで、私のような初代の信者には、到底思いもつかない、不可能なことです。初代の信者であったら、イエスによってキリスト教を脱出するのではなく、イエスそのものから脱出してしまうでありましょう。彼らの脱出は、親が信者であったからこそ可能であったのです》（同、63頁）。

442 1997年に上原教会とみくに伝道所とが合同して設立。

443 上原教会の代務者（1996年当時）を務めた陶山義雄氏は、赤岩栄と上原教会が辿った歴史を第一期～第三期に区分しています。第一期は《赤岩がカルヴィニストを自称してその模範的な教会を築こうとした》1931年～50年頃、第二期は《戦時下においてかかる教会が戦争協力と戦争犯罪に加担してしまったことへの反省から、教会の社会的参与につとめた》1950年代、第三期は《教会形成はバルトに負い、社会実践はマルクスに従おうとする赤岩の二元論的展開から、次に聖書の歴史的批評的研究と史的イエスの探求を手掛かりに一元化を試みて行く》1960年代です（陶山義雄「想起すべき聖餐・愛餐 —— 赤岩栄が残した課題」、赤木善光『なぜ未受洗者の陪餐は許されないのか —— 神の恵みの手段としての洗礼と聖餐』所収、122頁。初出：『福音と世界』1996年5月号）。

別を記した『キリスト教脱出記』を発表しました。この書やその他の文書（個人雑誌『指』など）を巡って、当時日本基督教団内で議論が巻き起こりました。

赤木善光氏は『キリスト教脱出記』について、次のように述べています。《すでに赤岩栄の『キリスト教脱出記』（1964年、再版1971年、教文館）において明らかに見られるように、サクラメントの問題は、彼が、一方ではマルクス主義の影響を受けたことと共に、他方でブルトマンの影響を受けて、伝統的なキリスト教信仰から、兄弟愛と社会実践のイエスへと移ったことによって起こりました。つまり彼のイエス像が大きく変化したのです》。[444]

赤木氏が指摘する《伝統的なキリスト教信仰から、兄弟愛と社会実践のイエスへと移った》こと、それが本論なりに表現すると、「信仰告白のキリスト像の枠組みから生前のイエス像の枠組みへの移行」ということになります。赤岩栄氏は「生前のイエス像」に自身の信仰の実存を置き換えることによって、従来の伝統的なキリスト教信仰とはっきりと袂《たもと》を分かちました。赤岩栄氏自身はそれを《イエスのヒューマニズム》への移行＝脱出であると形容しています。《キリスト教から脱出することで、私が到達した地点は、イエスのヒューマニズムである。（略）ヒューマニズムという表現には、ハイネマンの指摘するような、神の権威に守護をもとめて生きる幼児癖を断念して、人間として独立して生きようとする成人宣言が含まれている》。[445]

赤岩氏はその《イエスのヒューマニズム》は、成熟した《成年期のヒューマニズム》[446]であることを強調しています。伝統的なキリスト教信仰はいわば「幼年期」の人間のあり方であり、自分はいまその段階を脱し、より成熟した「成年期」のあり方＝《イエスのヒューマニズム》に向かうのだ、との意識がここに表明されています。よって、『キリスト教脱出記』の叙述の仕方も従来のキリスト教と「はっきりと決別する」表現の仕方――言い換えると、従来のキリスト教を「完全に否定する」表現の仕方となっています。

そこには本人の主体的な決断が伴うものであり、赤岩氏自身にとっても、自分の身を切るような痛みが伴うものであったであろうと想像します。それは、自分自身の半身（幼少期から血肉となってきた伝統的なキリスト教信仰）

を否定することであり、また、自分自身のこれまでの歩み（キリスト教の家庭に育ち、そして教団の牧師として生きて来たこれまでの半生）を自ら否定することに他ならないからです。田川建三氏は『赤岩栄著作集９』の解説で、「キリスト教脱出」は赤岩栄氏にとって《重い飛躍であった》[447]と述べています。また田川氏は、赤岩氏が「キリスト教脱出」の地点に《一生かかってやっとたどりついた》[448]ことの重みを強調しています。『キリスト教脱出記』のひとつひとつの文章は、赤岩氏が自身に向けた厳しい「自己批判」であったことを忘れてはならないでしょう。

　赤岩栄氏は牧師の家庭に生まれ、幼い頃からキリスト教が身近な環境で育ちました。青年期は高倉徳太郎氏（当時、信濃町教会牧師）の教えを受け、カール・バルトの神学にも深い影響を受けました。『キリスト教脱出記』の序文で、赤岩氏は《私は以前、プロテスタント・キリスト教の正統主義的信仰の保持者であった。それは回心と召

444　同、16頁。

445　赤岩栄『キリスト教脱出記』（『赤岩栄著作集９』所収、教文館、１９７０年）、203、204頁。

446　同、206頁。

447　田川建三「解説」（『赤岩栄著作集９』所収）、331頁。

448　《『キリスト教脱出記』を読んで、キリスト教脱出をおのれの「立場」とすることは、ある意味では実にたやすい。そのためには本書は簡潔明快だし、とらわれない心をもって読めば、半日もあればキリスト教脱出の精神を身につけるにことたりる。実際、論理的な内容からいえば、単純明快なことなのである。けれども、それを小半日の行為としてすませず、一生かかってやっとたどりついた、ということは、この問題の持っている思想的重要性をよく示している。その作業をなすのに、赤岩は最適の人だったと思う。その世代の人にはめずらしい三代目のクリスチャンで、しかもなまくらな信徒ではなく、親子二代続いた牧師だから、生れた時からキリスト教的観念世界を自分の肉の中にきざみこんでいたような人である。その人が一生かかってキリスト教脱出を果たした時に、その過程には、キリスト教のもっているあらゆる問題が噴出してきたのだし、それを一つ一つ乗りこえる仕方で脱出してきたのである。従ってまた、「もうやめた」というようなことではなく、脱出するという行為自体に大きな意味があり、キリスト教思想という形で人類がかかえ続けてきた根本的な諸問題と、当然のことながら、徹底的に対決する過程なのである》（同、333、334頁）。

命を意識したうえで、自分のものとした信仰であり、そうした根拠に立って、数種の護教的書物も書いている》[449]と記しています。そのような歩みをしてきた赤岩氏であるからこそ、「史的イエス」研究はより深い意味をもつものとなったのでしょう。それは赤岩氏にとって、これまで自らを縛ってきた伝統的な価値観や様々な権威から自由になることを意味し、主体的な自己を取り戻していくことを意味していたからです。赤岩栄氏はキリスト教からの《脱出》を旧約聖書の「出エジプト（エクソダス）」と重ね合わせ、その《脱出》の過程を通して自分自身に決定的な《変革》をもたらしてくれたことに意義があった[451]と述べています。

またそのような意義と共に、「生前のイエス像」を言語化しようとすることそのものに重要な意義があることはすでに述べてきた通りです。

けれども、『キリスト教脱出記』が発表された当時、日本基督教団内においてその意義は理解されることはありませんでした。『キリスト教脱出記』および個人雑誌『指』に発表された赤岩栄氏の言説に対して、1966年1月17日の第9回常任常議員会において、《同氏の言説は教団信仰告白の限度を越えたものとして許されがたいものと判断する》[452]旨が決議されました。この問題を審理するために設置された教団の信仰職制委員会の小委員会の報告の一部を引用します。

《赤岩氏の言説は、信仰告白についての一つの解釈であるという見方もあるが、しかし、本委員会としては、その解釈および表現は自由の『限度』を越えたものとして、教団の信仰告白、特にその中心をなすキリスト告白に照らして、許されがたいものと判断するのやむなきに至った》。[453]

赤岩氏の言説が、教団の信仰告白の枠組みから逸脱しているとみなされたことが分かります。遡《さかのぼ》ること1948年の10月27－29日に開催された第5回教団総会では、当時の信条委員長（村田四郎氏）[455]より、信仰告白の《度はずれた神学的解釈はゆるされない》[454]ことが表明されていました。赤岩氏の言説はその原則と照らしてみるとき、《度はずれた神学的解釈》であると結論付けざるを得ないとみなされ、その判断が第8回常議員会で承認（1966年

2月22－25日)、日本基督教団は赤岩氏に教団の教師を自発的に辞任するよう勧告しました。その後、同年10月の第14回教団総会でもこの件が報告・審議され、議場で常議員会の判断が承認されました。[456] その時すでに赤岩氏は

---

449 赤岩栄『キリスト教脱出記』(同所収)、71頁。

450 赤岩氏は『キリスト教脱出記』出版の2年前の1962年に『史的イエス研究の挫折』という文章を記しています(『指』、1962年8月、同所収、43－50頁)。ここで赤岩氏は史的イエス研究に伴う困難さについて率直に吐露し、結局のところ、史的探究によって《史的事実》を把握することよりも《イエスの実存》が自身にとって重要なのであり、福音書をも超越している《イエスの主体》に生かされて生きることが肝要であることを述べています(同、48－50頁)。《僕が多年の努力によって、イエスを歴史的に理解しようとして、苦心惨憺の結果凡ての試みが挫折し、水泡に帰したということは、むしろ、僕にとって喜ぶべきことであったのだ。(略)キリスト教的制度、ドグマ、そのようないかなる客体的なものも、僕をいかさない。むしろ、そのようなものは、僕にとって、今日足かせ、手かせになっている。むしろ、それらのものを逸脱するイエスの主体が、僕を生かしてくれるのである。この主体は決して福音書の中に閉じ込められていない。その主体は福音書をも超越している。だからこそ、今日、僕らはイエスの主体に生かされて生きることができるのである》(同、50頁)。

陶山義雄氏は、赤岩氏は『史的イエス研究の挫折』の発表以降、《歴史のイエス》(史的イエス)ではなく《自らが抱く理念としてのイエス(もっぱら兄弟愛と社会実践の人としてのイエス)》をもって集会の存続をはかっていったのだと分析しています(陶山義雄「想起すべき聖餐・愛餐 —— 赤岩栄が残した課題」、前掲書所収、134頁)。赤岩氏が自らの理念・理想として抱いた「イエス像」は、その後、開かれた聖餐論の言説を通してよりその輪郭線が明確になっていった(可視化されていった)と受け止めることができるでしょう。

451 赤岩栄『キリスト教脱出記』(前掲書所収)、198頁。

452 日本基督教団宣教研究所教団資料編纂室編『日本基督教団資料集第4巻　第5篇　日本基督教団の形成(1954－1968年)』(日本基督教団出版局、1998年)、322頁。「第一四回教団総会議案・報告書」、38頁を資料83として掲載。

453 同、324頁。「第一四回教団総会議案・報告書」、165－168頁を資料84として掲載。

454 同、323頁。

455 《——信仰告白の解釈に関しては、ある程度の自由は認められるが、『度はずれた神学的解釈は許されない。』》(第5回教団総会議事録、25頁。『日本基督教団資料集第4巻　第5篇　日本基督教団の形成(1954－1968年)』、324頁より)。

病床に伏せており、総会の一か月後に赤岩氏は亡くなりました。[457]

当時の教団の多数の牧師たちが赤岩氏の言説を教団の信仰告白の枠組みから逸脱するものと受け止めたことは、理解のできることです。すでに述べたように、赤岩氏の信仰的な実存が信仰告白のキリスト像の枠組みから、別の生前のイエス像の枠組みへと移行していたからです。しかし当時はその意義が理解されず、単なる「逸脱（秩序を乱すもの）」としか見なされず、赤岩氏の言説が一方的に排除されてしまったことは残念なことです。

日本基督教団の聖餐論義（伝統的な聖餐論と開かれた聖餐論の相違とその対立の問題）は、この赤岩栄氏の『キリスト教脱出記』と同じ課題——信仰告白のキリスト像と生前のイエス像の相違とその対立の問題——が、かたちを変えて現れたものだと受け止めることができます。そしてその重要な課題に対する教団の対応は、赤岩栄氏に対しても北村慈郎氏に対しても、問題あるものだったと言わざるを得ません。神学的な対話をすることなく、一方的に排除をしようとする姿勢に終始するものであったからです（赤岩氏の場合は教団教師の『辞任勧告』、北村氏の場合は『戒規免職』。[458]２０００年代になるとより強硬な姿勢となっています）。ここにもやはり、⑴互いが前提とするものがずれ違ったまま議論がなされているという問題、⑵自己を相対化する姿勢が希薄化しているという問題が認められます。

（３）『キリスト教脱出記』および史的イエス研究に内在する課題

教団からの「辞任勧告」を受けて、赤岩氏は『脱出記をめぐる（除名についての私の弁明）』という一文を記しています。信仰告白のキリスト像と生前のイエス像の相違とその対立の問題を考えるにあたって示唆深い文章であると思いますので、以下、少し長めに引用します。

《私の《キリスト教脱出記》が、信条の限界を越えているとの判断が、私の除名の理由であるということを私はきいている。むろん、私は《キリスト教脱出記》が無謬のものだなどとは考えていない。しかし、同時に、教団の信仰告白も、教団員を拘束するものとは受け取っていないし、ブルトマン以後の今日ではいささかアナクロニズムであると思われるのである。

したがって、イエスにあるものという前提のもとに、一方的に自分の考えを押しつけるのでなく、互いに話し合う必要があるのではないか。私が《キリスト教脱出記》を書いたのは、福音書の様式史的研究、編集史的研究の結果、在来、私の抱いていた信仰が神話にもとづく迷信であったということを知らされたので、私はそれに対

456　同、320頁（解説と改題）、325頁（「第一四回教団総会議事録」、63頁を資料85として掲載）。第一四回教団総会において、平山照次議員は赤岩栄氏への辞任勧告について反対の意を表し、《赤岩牧師の神学と信仰には流動性があり、また教団牧師として底辺にある人々への奉仕等、良いあかしをしているものに辞任勧告をすべきでない》と述べました。しかし、《議長は、赤岩牧師の言説に関する質疑の打ち切りを議場にはかり、議場はこれを承認》しました（当時の教団総会議長は大村勇氏）。

457　赤岩氏の死によって問題は立ち消えになりましたが、70年代に万博問題との関連でこの問題が再び取り上げられるようになります（参照：「第五篇　概論」、同所収、22頁）。

458　赤岩栄の聖餐理解とその変遷については、陶山義雄「想起すべき聖餐・愛餐 —— 赤岩栄が残した課題」（赤木善光『なぜ未受洗者の陪餐は許されないのか　神の恵みの手段としての洗礼と聖餐』所収、121–140頁）を参照。陶山氏は、赤岩氏がその聖餐理解を50年後半に「聖餐から愛餐（あるいは供食）へ」と変化させたことを述べています。《赤岩はヨハネ福音書を根拠にして聖餐から愛餐への回帰を図った》（同、136頁）。「聖餐から愛餐へ」と重心が移ったことは、氏が依拠するキリスト像の変化 —— 信仰告白のキリストから生前のイエスへ —— を鑑みると、必然のことであったと受け止めることができるでしょう。

ただし、赤岩氏が実行したのは開かれた聖餐ではなく、受難週木曜日に（ヨハネ福音書に倣って）会食の形でパンとぶどう酒を食すという新しい形式の愛餐でした。《一九五七年四月八日の夜になされた愛餐会は、その名の通り愛餐の集いであった。パンは空腹を満たすほどの量であり、葡萄酒はグラス一杯に注がれて各参加者が飲料として楽しむために置かれ、聖餐の式文に代わって先の言葉が赤岩によって話された後、会食がなされたのである》（同、131頁）。しかし、聖餐式に代わるものとして行われた受難週木曜愛餐会は、その後、教会において継承されることはありませんでした（同、132頁。日曜日の愛餐は継続）。

して責任を感じ、その過程を明らかにしたのである。この点に関して、そういう誤りを犯した以上、以後沈黙すべきだという意見を私は聞いている。しかし、この試行錯誤は、私にとってはイエス追求という過程の一道標なのであって、イエス追求の結果が私の《キリスト教脱出記》となったのであって、この点に関しては、過去も現在も変りなく首尾一貫しており、節操をうんぬんされるいわれはないと思っている。もし、私がこのイエスの線を外してしまうなら、私は当然、自から教団脱退を申しでるべきであろう。しかし、教団はイエスにあるということを根拠にすべきであって、信条や教規を第一義とすべきでないと考える。（略）今日の教団は、イエスという広い地盤にとどまり、あらゆる立場から活撥に論議し合うことで、現代にふさわしい教団になることができるであろう。私が教団にとどまる理由はこのようなきっかけをつくりだしたいためである》。[459]

生前のイエス像を言語化することの重要性については、すでに本論で述べてきました。そのかけがえのなさを踏まえた上で、赤岩氏の言説に内在する課題についても言及しておきたいと思います。第一に問題性が指摘されるべきは教団側の強硬な姿勢ですが、同時に、赤岩栄氏の姿勢にも幾つかの課題が見受けられます。

（a）課題①　自己の信実を語ることが、他者の信実を否定することになってしまう構造

前項で、『キリスト教脱出記』のひとつひとつの文章は、赤岩氏の厳しい「自己批判」であったことを忘れてはならないと記しました。『キリスト教脱出記』は徹底した自己批判の書であると言えます。赤岩氏が自己のこれまでの神学、これまでの在り方を批判的に吟味し、一切のごまかしなしに自己の信実（真実）を追求した末に記されたのが『キリスト教脱出記』です。『キリスト教脱出記』は赤岩氏自身の『キリスト教脱出記』でもあるのです。

改めて前記の引用文のある部分に注目してみたいと思います。

《私が《キリスト教脱出記》を書いたのは、福音書の様式史的研究、編集史的研究の結果、在来、私の抱いていた信仰が神話にもとづく迷信であったということを知らされたので、私はそれに対して責任を感じ、その過程を

明らかにしたのである。（略）しかし、この試行錯誤は、私にとってはイエス追求という過程の一道標なのであって、イエス追求の結果が私の《キリスト教脱出記》となったのであって、この点に関しては、過去も現在も変りなく首尾一貫しており、節操をうんぬんされるいわれはないと思っている》。

この文章の中には、《私の抱いていた信仰が神話にもとづく迷信であった》との強い表現もあります。ここでの強調点は、あくまで《私の抱いていた》にあります。赤岩氏は妥協なく自らの信実を追求した結果 —— 史的イエス研究によって ——、これまで自分が抱いていた信仰が不確かなものであったことを受け止め、それは《神話にもとづく迷信であった》と率直に表現したのでしょう。

しかし、読者はそのようには受け止めない可能性があります。特に、読み手が伝統的なキリスト教信仰のもち主である場合、これらの表現によって自らの信仰が全否定されたように感じてしまうことも起こり得るでしょう。ここに、キリスト教信仰において自己の信実を述べることの難しさがあります。妥協なく自己の信実を述べたものが、同時に、他者の信実を否定するニュアンスを含んだものとなってしまうのです。これは共通のものを信仰している（または信仰していた）ゆえに生じる現象です。元来は自己批判であるはずの書が、他者批判の書として受け取られてしまうのです。「自己の信実を語ることが、他者の信実を否定することになってしまう構造」がここにはあります。

もしも自己の信実を偽ることなく語りつつ、同時に、同じ教団内の牧師や信徒にも広く読んでほしいという意図で文章を発表するのであれば、私たちは相当の配慮をしつつ言葉を紡いでいく必要があるでしょう。視点を変えれば、赤岩氏の『キリスト教脱出記』はそのような配慮をすることなく、ひたすら自己の信実を述べている書だから固有の価値があるのだとも言えます。その価値を受け止めつつ、今を生きる私たちは、信仰の領域におい

459　赤岩栄「付　脱出記をめぐる（除名についての私の弁明）」（『赤岩栄著作集9』所収）、214–216頁。

て自己の信実を語ることに伴う難しさを踏まえ、より他者が心を開いてくれるような言葉の紡ぎ方を模索していく必要があります。

（b）課題② キリスト像には多様性があり、かつ、それぞれが信実なるものであるという視点の欠如

前記の課題は、特にキリスト像を巡って、重大な問題を引き起こします。自己の拠って立つキリスト像を語ることが、他者の信じているキリスト像を否定してしまうことにつながりかねないからです。実際、『キリスト教脱出記』において、赤岩氏は自己の拠って立つ「イエス」（生前のイエス像）を語ると同時に、「信仰告白のキリスト像」を否定しています。

赤岩氏自身は気づいていなかったかもしれませんが、赤岩氏が否定してしまったのは、キリスト教の伝統的な信条や教理や教規だけではありませんでした。その背後にある「キリスト像」そのものを否定してしまっていたのです。当時も現在も、多くの人々が自身の実存を懸けて信仰している信仰告白のキリスト像を赤岩氏は――意図せずに――否定してしまった。他ならぬ自分たちの信仰するキリスト像が否定されたように感じた[460]ので、当時の教団の牧師たちの間に激しい反発が生じたのだと受け止めることができます。赤岩氏の言説を受け止めることができない人が多数いたのも、当然のことであったと言えるでしょう。

『キリスト教脱出記』に内在する根本的な課題は、この書において「キリスト像には多様性があり、かつ、それぞれが信実なるものである」という視点が欠如しているところにあります。赤岩氏は聖書が指し示すキリスト像自体に多様性があり、そしてそれぞれが信実なるものであることに思い至っていません。個々人が主体的な決断をもって、自身が現存のリアリティを感じるキリスト像を選び取ることは重要なことです。赤岩氏の提示するキリスト像も、信実なるものです。と同時に、自身が現存のリアリティを感じているキリスト像「のみ」が信実であることにはならないのです。この視点が欠如しているのは、赤岩氏の言説だけではありません。従来の史的イ

エス研究の多くに見られる共通の課題であり、ここに、従来の史的イエス研究の限界点があるように思います。

赤岩氏は引用した文章の最後で次のように述べています。《もし、私がこのイエスの線を外してしまうなら、私は当然、自から教団脱退を申しでるべきであろう。しかし、教団はイエスにあるということを根拠にすべきであって、信条や教規を第一義とすべきでないと考える。（略）今日の教団は、イエスという広い地盤にとどまり、あらゆる立場から活撥に論議し合うことで、現代にふさわしい教団になることができるであろう。私が教団にとどまる理由はこのようなきっかけをつくりだしたいためである》。

赤岩氏は、あらゆる立場から活発に論議し合うことを求めています。これはまさにその通りであるでしょう。と同時に、《イエスという広い地盤》にとどまることを前提としています。日本基督教団は《イエスにある》ということを根拠にし、対話をしていくことを求めているのです。これは本論なりに言いかえると、赤岩氏は日本基督教団が「生前のイエス像」の枠組みに信仰の重心を置くことを前提にしてしまっているということになります。それがいかに困難を伴うことであるかは、これまで述べて来たことでお分かりになるかと思います。生前のイエス像と信仰告白のキリスト像とはそもそも枠組みが異なるものであるからです。異なる枠組みに信仰の重心を移行するよう相手に求めることは容易なことではありませんし、またそれは強要すべきことではありません。

引用したような表現の仕方になってしまうのも、赤岩氏が自身の拠って立つキリスト像のみが信実なるものであると認識してしまっていることに要因があると言えるでしょう。赤岩氏の提示する生前のイエス像はかけがえなく重要なものですが、同時に、唯一のキリスト像でもないのです。

---

460 《赤岩氏の言説は、信仰告白についての一つの解釈であるという見方もあるが、しかし、本委員会としては、その解釈および表現は自由の『限度』を越えたものとして、教団の信仰告白、特にその中心をなすキリスト告白に照らして、許されがたいものと判断するのやむなきに至った》（傍点部筆者。日本基督教団宣教研究所教団資料編纂室編『日本基督教団資料集第4巻　第5篇　日本基督教団の形成（1954–1968年）』、324頁）。

（４）伝統的な聖餐論と開かれた聖餐論の相互補完性

私たちが常に立ち止まって考えねばならないのは、自分が拠って立つ枠組み「のみ」が、本当に「正しい」ものなのだろうかということでしょう。キリスト教信仰に関して言えば、私たちは自らが拠って立つキリスト像だけが「絶対である」と捉えることに、注意深くあらねばなりません。

この姿勢の重要性は、四福音書のキリスト像を顧みるときに実感されるものでありましょう（第一部参照）。四福音書のキリスト像を通して私たちが教えられるのは、福音書記者たちが指し示していたのはイエス・キリストの「全体」ではなく、「一側面」であったことです。それぞれが信実なるキリスト像を指し示していたのであり、よって、あるひとつの福音書だけが「正しい」とは言えない。

そしてそれは今日の聖餐論争においても同様のことが言えるのではないでしょうか。あるひとつの聖餐論のみが「正しい」とは言えない。伝統的な聖餐論も開かれた聖餐論も、それぞれが信実なるイエス・キリストの一側面を指し示しているからです。伝統的な聖餐論は「信仰告白のキリスト像」を指し示し、開かれた聖餐論は「生前のイエス像」を指し示している。すなわち、両者は本来的に対立する関係にあるのではなく、「相互補完」する関係にあるというのが本論の考えです。四福音書のキリスト像に相互補完性があったように、伝統的な聖餐論と開かれた聖餐論の間にも相互補完性があるのです。改めて、本論の仮説を記します。

～提示したい仮説～
仮説④　伝統的な聖餐論と開かれた聖餐論の核にはそれぞれ、固有のキリスト像がある。
仮説⑤　それらのキリスト像は相互に補完し合う関係にある。

仮説⑤にあるように、信仰告白のキリスト像と生前のイエス像は相互に補完し合う関係にあると本論は考えています。では、両者は具体的に、どのような関係性にあるのでしょうか。次の第3章において、その関係性について述べていきます。そしてそのために新たに提示したいのが、「十全のイエス・キリスト」という視点です。これは、信仰告白のキリストと生前のイエスが結び合わされることによって立ち現れるキリスト像です。

第3章　「十全のイエス・キリスト」へ

1　十全のイエス・キリスト像――信仰告白のキリスト像と生前のイエス像の相互補完性

ここから、本論の根本の命題のひとつである「十全のイエス・キリスト」について述べていきます。信仰告白のキリスト像と生前のイエス像は本来、対立する関係にはなく、相互補完する関係にある。両者を組み合わせると、「十全のイエス・キリスト像」が立ち現れる（可視化されるようになる）――これが本論の考えです。

信仰告白のキリスト像と生前のイエス像は本来対立する関係にはなく、相互補完する関係にある。両者を組み合わせると、「十全のイエス・キリスト像」が立ち現れる。

「十全のイエス・キリスト像」というのは本論の造語です。信仰告白のキリスト像と生前のイエス像を内包するキリスト像であり、時代と共にさらに多面的なものへと変化し続けるキリスト像のことを指しています。この十全のイエス・キリストとそれを土台とした新しい枠組み・神学的パラダイムを提示することが、本論が最終的に目指していくところです。

「十全」はひとつの欠けもなく、完全であることを意味する言葉です。ここで完全や全体ではなく十全という言葉を用いているのは、「ひとつの欠けもないこと」と「多様性がありつつひとつであること」を強調したいからです。この十全性[461]においては、信仰告白のキリスト像も生前のイエス像もなくてはならないイエス・キリストの側面として確保されます。

十全のイエス・キリスト像を図にすると以下のようになります。

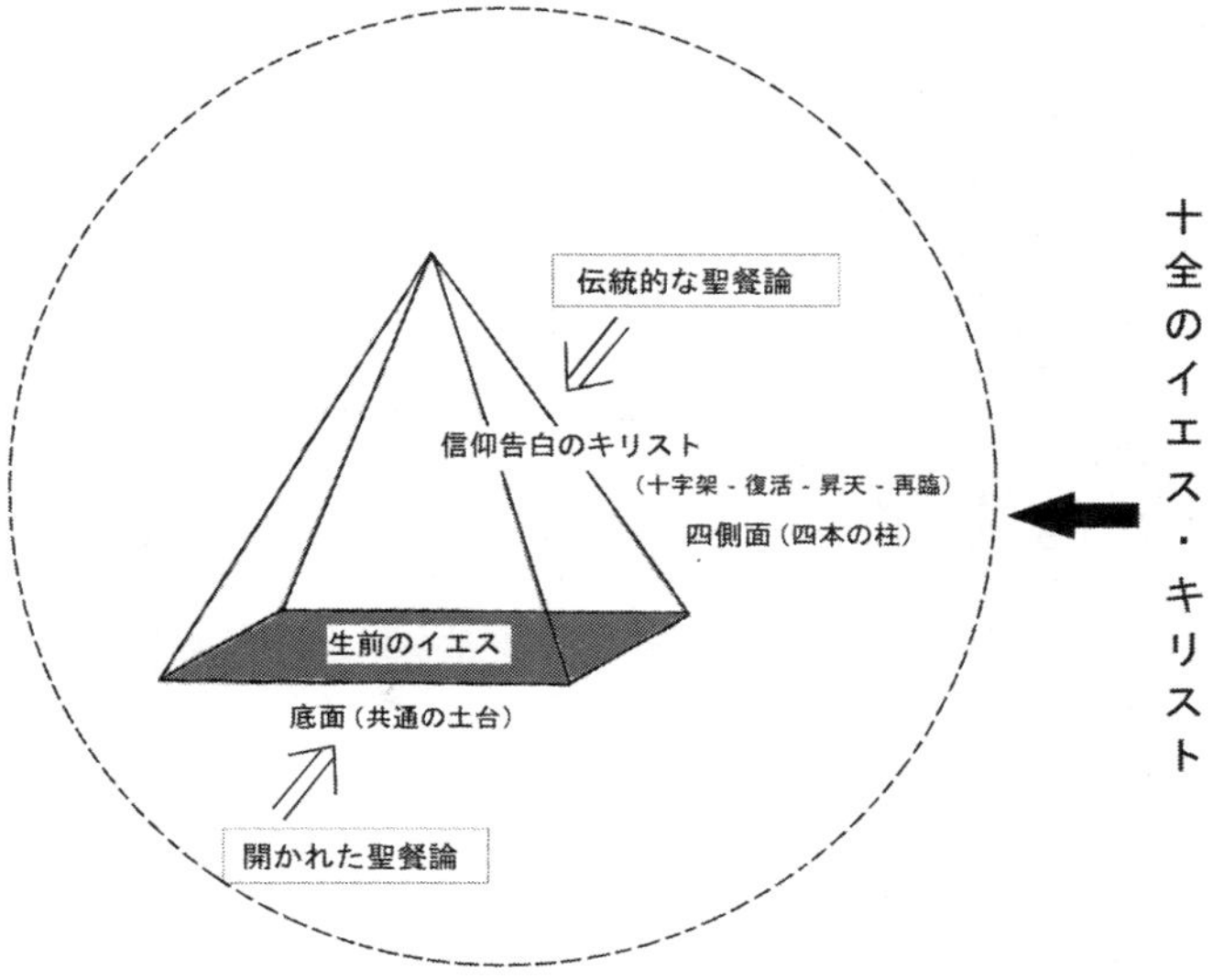

この図において、信仰告白のキリスト像は十全のイエス・キリスト像の「四つの側面」に相当します。「十字架のキリスト」「復活のキリスト」「昇天のキリスト」「再臨のキリスト」の四側面です。この四つの側面を上から見ると、次頁右図のようになります。

この四側面は十全のイエス・キリスト像においては「四本の柱」を構成していることがお分かりいただけると思います。

この四本の柱は、神の子キリストへの信仰がないと可視化できないものです。信仰という眼鏡を通して見ることができるイエス・キリストの四側面です。

この四側面は、特に、神の栄光について私たちに教えるものだと言えるでしょう。この四側面は神の栄光につ

461　この十全性は、必要なときに必要な一側面が私たちの前に現存するという意味での十全性でもあります。

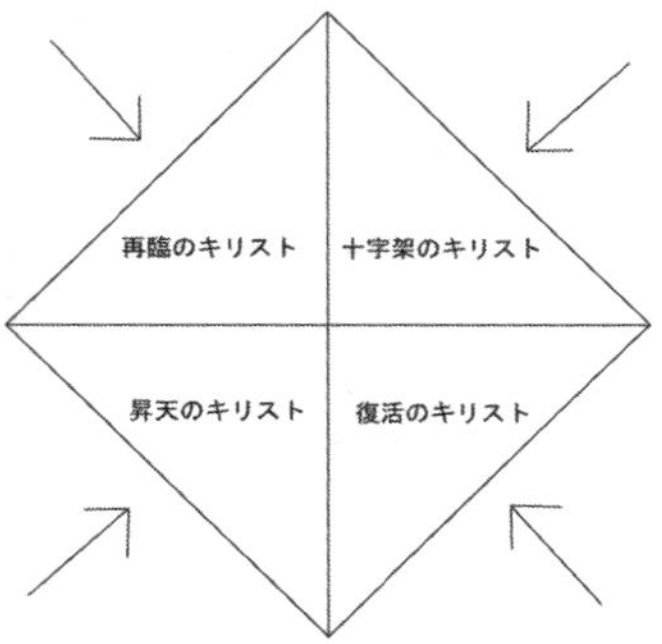

四本の柱

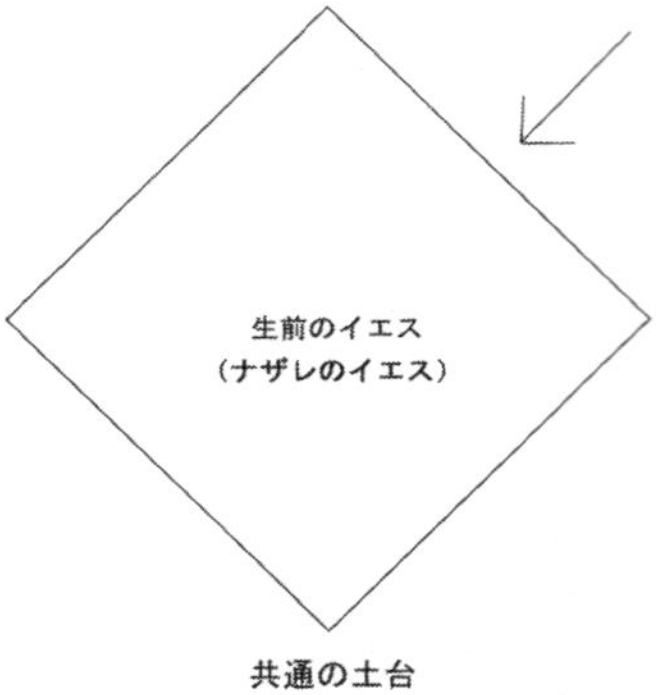

共通の土台

いての感覚を私たちの内に育みます。

対して、生前のイエス・キリスト像は十全のイエス・キリスト像の「底面」に相当しています。生前のイエス像は、信仰告白のキリスト像の「共通の土台」となるものであるというのが本論の考えです（左図）。生前のイエス像は土台として信仰告白のキリスト像を支え、信仰告白のキリスト像は柱として生前のイエス像を支えている――これが、信仰告白のキリスト像と生前のイエス像の本来的な関係性であると考えています。両者は互いに否定し合うものではなく、元来、相互補完的な関係にあるのです。

この土台部分はキリストへの信仰がなくても可視化できるものです。そこに現存しているのは一人の人間(人の子)なるナザレのイエスであるからです。信仰という眼鏡がなくても見ることができるイエス・キリストの底面です。

この底面は、特に、人間の尊厳について私たちに教えるものです。この側面は、人間の尊厳についての感覚を私たちの内に育むものだと言えるでしょう。

これらのキリスト像に優劣はありませんが、集中して言語化すべき〈時〉はあると言えるでしょう。いまの時代（特に20世紀後半以降）は、特に後者の生前のイエスの側面を言語化している時期であると受け止めることができます。開かれた聖餐論が登場し、世界的に広く受け容れられてきているのも必然的なことであったのです。開かれた聖餐こそが、生前のイエス像を具体的に「可視化する」ものであるからです。

この生前のイエス像を土台に据える――はっきりと意識して――とき、キリスト教会はこの社会にまことに根を下ろしていくことができるようになるのではないでしょうか。

2 「十全のイエス・キリスト」へ――まことの神であり、まことの人

（1）イエス・キリストが「まことの神であり、まことの人」であることの問い直し

このように、信仰告白のキリスト像と生前のイエス像には相互補完性があります。この両者が合わさることにより、「十全のイエス・キリスト像」が私たちの目前に立ち現れ始めます。この十全なるキリスト像を通して、私たちはイエス・キリストの「広さ、長さ、高さ、深さ」（エフェソの信徒への手紙3章18節）をより立体的に知らされていくのではないでしょうか。

「十全のイエス・キリスト」は本論の造語ですが、何か独自のキリスト像を創出しているというわけではありません。キリスト教会がこの2000年近く、「まことの神であり、まことの人である」と告白し続けてきたイエス・キリストを、新しい視点と新しい言葉で表現し直しているのです。

たとえばカルケドン公会議（451年）において採択された古代信条のカルケドン信条では、イエス・キリストの両性が《真の神であり、同時に……真の人間である》[462]と定義されています。イエス・キリストにおいて、神性と人性は、「混ざらない」、と同時に、「分離はされない」。神性と人性はそれぞれ固有性が保たれつつ、同時に、ひとつに結び合わされているとしています。

生前のイエス（キリストの人性）を土台とし、十字架－復活－昇天－再臨のキリスト（キリストの神性）を柱とする正四角錐――それが伝統的なキリスト教信仰の基本構造であることは、第一部で述べた通りです（190頁の図を参照）。

462 デンツィンガー・シェーンメッツァー『カトリック教会 文書資料集』（A・ジンマーマン監修、浜寛五郎訳）、69頁。

イエス・キリストが「まことの神であり、まことの人である」とはどういうことであるのか、キリスト教会は今、その問い直しが求められているのではないでしょうか。「信仰告白のキリスト像（＝キリストの神性）」も「生前のイエス像（＝キリストの人性）」も二者択一的なものではなく、元来、切り離すことのできないものなのです。両者の枠組みの間には、確かに大きな相違があります。その固有性は「混ざらない」、と同時に、「分離はされない」ものです。

第一部では、四福音書のキリスト像の「違いがありつつ、ひとつ」である在り方について述べました。「違いがありつつ、ひとつ」である関係性は、信仰告白のキリスト像と生前のイエス像についても当てはまるものです。私たちはそれぞれのキリスト像とその神学的なパラダイムの固有性を保ちつつ、両者をひとつに結び合わせていくことが求められています。四福音書に内在する「違いがありつつ、ひとつ」である在り方を改めて提示していくことは、キリスト教会においてのみならず、私たちが生きる社会においても重要な使信になり得るものと考えています。

（2）自己を絶えず相対化する原理を内にもつこと、新しいパラダイム――神に栄光、人間に尊厳

元来切り離し得ない両者が切り離されてしまうとき、それぞれの枠組みが極端化していく危険性が生じます。それぞれの枠組みにおいて、自己絶対化が生じていってしまうのです。信仰告白のキリスト像と生前のイエス像を「違いがありつつ、ひとつ」であるものとして受け止めるとき――一度切り離されてしまった関係性を再び結び合わすとき――、私たちは自己を絶えず相対化する原理を内にもつことになるでしょう。

またそして、両者を切り離し得ないものとして受け止め直す作業を通して、新たな神学的なパラダイムが生じていく可能性があるでしょう。

信仰告白のキリスト像の最終目的は「神に栄光を帰する」ことであり、生前のイエス像の目的は「人間に尊厳

を確保する」ことであることを述べました。これまでのキリスト教の歴史においては、前者が強調され、後者が陰に隠れていた部分があったと思います。たとえば、宗教改革時の代表的な標語は「ただ神にのみ栄光（ソリ・デオ・グロリア）」でした。

　また、これまで述べてきた通り、現代の教会においては両者が切り離され、それぞれの立場に身を置く人々の間に対立が生じてしまっている現状があります。

　信仰告白のキリスト像と生前のイエス像は本来対立する関係にはなく、相互に補完する関係にあるのだと受け止め直すとき、従来の「ただ神にのみ栄光」というパラダイムから、「神に栄光、人間に尊厳」という新しいパラダイムへと移行していく、と本論は考えています。神に栄光を帰することも、人間に尊厳を確保することも、どちらも等しく重要なことです。いまを生きる私たちはもはや、どちらか一方のみを重視することはできません。イエス・キリストが最も重要な掟として、「神を愛すること」と「隣人を愛すること」の二つを挙げた通りです（マタイによる福音書22章34－40節）。

　礼拝をささげ伝道をすることはもちろん、教会の大切な役割です。と同時に、社会と関わり（人間的な連帯）、私たちの生きる社会をより良い方向へと変えていくことも、教会に与えられた大切な役割です。この二つの役割が等しく大切なものとして協働していくとき[463]——互いに影響を与え合い、かつ互いに相対化し合うとき——、教会の働きはより豊かなものとなっていくでしょう。

　最後に、一言付け加えます。前項で提示した十全のイエス・キリストの図は完成形ではなく、いまだ途上のものです。図の中の正四角錐は、十全のイエス・キリストが可視化される上で必要な最小限の枠組みです。十全のイエス・キリストは私たちの意識の変化に伴って、より多面的なものとして可視化されていくでしょう。多様な

463　「礼拝」「伝道」と「社会との関わり（人間的な連帯）・変革」とが組み合わさった教会の働きを、広義の意味で、「ミッション（宣教）」と呼ぶことができるでしょう。

キリスト像がさらに結び合わさっていくことにより、十全のイエス・キリスト像はより多面的になり、[464]最終的には、限りなく球体に近い多面体になるものと考えています。

3 日本基督教団の戦争責任の問題

ここでどうしても言及せずにはおられないのが、筆者が属する日本基督教団の戦争責任の問題[465]です。キリスト教会の戦争責任の問題と、これまで述べてきたことは密接に関わっていると考えるからです。

日本基督教団は戦時下において、国家権力に取り込まれ、戦争に進んで協力するという罪責を犯しました。その要因のひとつとして、「教会が国家を批判・相対化する」視点が決定的に抜け落ちていたということが挙げられます。

戦時中の日本基督教団の在り方については別個に論文を記して詳細に検討すべきことですが、この項では、1967年に発表された日本基督教団の戦責告白と、それを巡って生じた議論について取り上げたいと思います。

(1) 日本基督教団「戦責告白」

敗戦から22年経った1967年のイースター[466]に、当時の教団総会議長の鈴木正久《まさひさ》氏の名義で「第二次大戦下における日本基督教団の責任についての告白」(略称:『戦責告白《せんせき》』)[467]が発表されました。この「戦責告白」においては戦時下の教団の責任について次のように告白されています(以下、全文を引用します)。

《わたくしどもは、1966年10月、第14回教団総会において、教団創立25周年を記念いたしました。今やわたくしどもの真剣な課題は「明日の教団」であります。わたくしどもは、これを主題として、教団が日本及び世界の将来に対して負っている光栄ある責任について考え、また祈りました。

まさにこのときにおいてこそ、わたくしどもは、教団成立とそれにつづく戦時下に、教団の名において犯し

464 同時に、すべての側面はひとつも欠けることなく、その存在性・固有性が確保されていきます。

465 個人的なことを記しますと、私の父方の祖父は日本バプテスト同盟の牧師でした（祖父は私が11歳のときに亡くなりました）。祖父は１９３９年に青山学院神学部を卒業し牧師になりましたが、１９４２年の9月に召集令状を受け軍隊に入隊しました。新任の牧師であった祖父は、長野県の軍隊に配属されました。
敗戦後、復員した祖父は広島のバプテスト教会に赴任し、引退するまで40年間、その教会で働きました。祖父は自身の戦争責任について問い続けていたことを父から聞いています。ただし、祖父は戦争中のことについて自ら語ることはしなかったそうです。もしいま祖父が生きていたら、ぜひその想いを聞いてみたいと思いますが、それは適いません。私は現在日本基督教団の教師であり、教団の教師である以上、戦争責任の問題に取り組む責任があるのはもちろんのことですが、それのみならず、この問題を祖父と私自身に関わる事柄としても受け止めています。

466 １９６７年のイースターにこの告白を発表したのは、１９４４のイースターに発表された「日本基督教団より大東亜共栄圏に在る基督教徒に送る書翰」を《否定・克服する》意味が込められています（佐藤司郎「「戦争責任告白」五〇年」、『時の徴』同人編『新教コイノーニア33　日本基督教団戦争責任告白から50年　その神学的・教会的考察と資料』所収、新教出版社、２０１７年、19頁）。

467 その前段階として、１９６６年10月の第14回教団総会にて「教団として戦争責任に対する告白を公けにすることの建議」が提出されています（建議者は渡辺泉氏、同意議員は大木英二、岩井健作、高戸竹二、赤阪栄一、西村一之、鈴木正久の各氏。参照：日本基督教団宣教研究所教団資料編纂室編『日本基督教団資料集第4巻　第5篇　日本基督教団の形成（１９５４〜１９６８年）』、334、335頁）。戦責告白が公にされるまでの経緯については岩井健作氏「教会の戦争責任とわたし」（『兵士である前に人間であれ――反基地・戦争責任・教会』所収、ラキネット出版、２０１４年、131−167頁）も参照。
一方、同総会において赤岩栄氏への「辞任勧告」が承認されています。「戦責告白」を発表することを主導した鈴木正久氏ですが、彼は１９６４年（11月25日付け）に東京教区常置委員会議長・森文次郎氏宛てに赤岩栄氏の言説の検討を求め（同年10月に『キリスト教脱出記』が出版。鈴木氏は当時、東京教区教師資格審査委員長でした）、それが赤岩問題の発端となっています。鈴木正久氏の中でこの二つの事柄がどのような位置付けになっていたのか、関心のあるところです。

たあやまちを、今一度改めて自覚し、主のあわれみと隣人のゆるしを請い求めるものであります。

わが国の政府は、そのころ戦争遂行の必要から、諸宗教団体に統合と戦争への協力を、国策として要請いたしました。

明治初年の宣教開始以来、わが国のキリスト者の多くは、かねがね諸教派を解消して日本における一つの福音的教会を樹立したく願ってはおりましたが、当時の教会の指導者たちは、この政府の要請を契機に教会合同にふみきり、ここに教団が成立いたしました。

わたくしどもはこの教団の成立と存続において、わたくしどもの弱さとあやまちにもかかわらず働かれる、歴史の主なる神の摂理を覚え、深い感謝とともにおそれと責任を痛感するものであります。

「世の光」「地の塩」である教会は、あの戦争に同調すべきではありませんでした。まさに国を愛する故にこそ、キリスト者の良心的判断によって、祖国の歩みに対し正しい判断をなすべきでありました。

しかるにわたくしどもは、教団の名において、あの戦争を是認し、支持し、その勝利のために祈り努めることを、内外にむかって声明いたしました。

まことにわたくしどもの祖国が罪を犯したとき、わたくしどもの教会もまたその罪におちいりました。わたくしどもは「見張り」の使命をないがしろにいたしました。心の深い痛みをもって、この罪を懺悔し、主にゆるしを願うとともに、世界の、ことにアジアの諸国、そこにある教会と兄弟姉妹、またわが国の同胞にこころからのゆるしを請う次第であります。

終戦から20年余を経過し、わたくしどもの愛する祖国は、今日多くの問題をはらむ世界の中にあって、ふたたび憂慮すべき方向にむかっていることを恐れます。この時点においてわたくしどもは、教団がふたたびそのあやまちをくり返すことなく、日本と世界に負っている使命を正しく果たすことができるように、主の助けと導きを祈り求めつつ、明日にむかっての決意を表明するものであります。

１９６７年３月26日　復活主日
日本基督教団総会議長　　鈴木正久》[468]

佐藤司郎氏は、この１９６７年の戦責告白が言い表している罪責について、大きく二つのことを挙げています。ひとつは《教団の成立の事情に関わるもの》であり、もうひとつは、《戦時下、教会が国家に対してとった態度に関して》[469]です。《わたくしどもは、教団成立とそれにつづく戦時下に、教団の名において犯したあやまちを、今一度改めて自覚し、主のあわれみと隣人のゆるしを請い求めるものであります》。

（２）ひとつ目の罪責《教団の成立の事情に関わるもの》

ひとつ目の罪責に関して、日本基督教団の成立について述べておきます。

日本基督教団は１９４１年６月24日、34のプロテスタント諸教派が合同することによって成立しました。その合同の直接の《契機》[470]となったのは、１９３９年４月に成立・公布された宗教団体法でした。宗教団体法は、諸宗教を合同させ、国家の管理下に置くことを目的とした法です。キリスト教だけではなく、神道系宗教（ただし神

468　日本基督教団宣教研究所教団資料編纂室編『日本基督教団資料集第４巻　第５篇　日本基督教団の形成（１９５４〜１９６８年）』、337、338頁より（『教団新報』１９６７年３月18日発行に掲載）。戦責告白の簡潔な解説としては、関田寛雄「われらの信仰（「戦責告白」をめぐって）」（『われらの信仰』所収、日本基督教団出版局、１９８３年、11－31頁）を参照。
469　佐藤司郎「「戦争責任告白」五〇年」（前掲書所収）、20頁。
470　「第二次大戦下における日本基督教団の責任についての告白」本文より。「教団として戦争責任に対する告白を公けにすることの建議」（注467参照）の同意議員の一人である岩井健作氏は本来は《契機として》ではなく《基づき》が適切な表現であるとしています（岩井健作「教会の戦争責任とわたし」、前掲書所収、134、135頁）。

社は除く）や仏教その他の諸宗教もその対象とされました。原誠氏は宗教団体法は不敬罪や治安維持法と並ぶ弾圧法・統制法であったと述べています。宗教団体法とは《ファシズム期の国家による宗教統制であった》。[471]

もちろん、宗教団体法が施行される以前からも、日本のプロテスタントの諸教派による合同に向けての内発的な取り組みは存在していました。[472] 宗教団体法は、もともとあった合同に向けての内発的な動きを「後押しした」のか、あるいは、これまで丁寧に積み上げられてきたその動きを「呑みこんでしまった」のか。その認識には個々人によって差があることでしょう。少なくとも、宗教団体法の施行がプロテスタント諸教派が合同を果たす直接の要因となったというのは間違いのないことでしょう。そしてそのことは、日本基督教団がその成立の時点において既に国家権力の枠組みの中に入れられていたことを示しています。

宗教団体法が諸宗教を国家の管理下に置くための統制法であったのだとすれば、キリスト教会から宗教団体法に対する反対運動が起こって当然であったでしょう。けれども当時、そのような反対運動は起こることはありませんでした（数少ない事例として、韓国のキリスト者である安利淑《アンイスク》氏たちによる反対運動がなされました）。日本のキリスト教会の多くは宗教団体法を歓迎する向きを見せました。国に認可されることによって、教会が「保護される」と理解していたのです。

日本基督教団は成立当初は十一の「部制《ぶせい》」を採用していました。同じ伝統をもつ教派ごとにまとまり、それらを主体として合同するというかたちです。それは当時の潮流であった教派主体の「連盟型」[473]の合同の形式を引き継いだものでした。

しかし文部省は部制ではいまだ合同が不十分だと捉え、教団成立当初から、部制の解消を要求していました。キリスト教会をより徹底して合同させ、完全に文部省の統制下に置きたい考えがあったのでしょう。その文部省の要求に従い、１９４２年11月開催の第１回教団総会において、早々と部制は解消[474]されてしまいました。こうして日本基督教団は合同を果たしたわけですが、それは結果的に無教派主義的な——否定的な言い方をすれば、各教

471 原誠『国家を超えられなかった教会 15年戦争下の日本プロテスタント教会』（日本キリスト教団出版局、２００５年）、74頁。戦後、宗教団体法は廃止され、替わりに宗教法人法が公布されました。

472 合同に向けての内発的な動きを考察した論文としては、棚村重行氏『二つの福音は波濤を越えて 十九世紀英米文明世界と「日本基督公会」運動および対抗運動』（教文館、２００９年）を参照。

　また、同書の要旨とその研究成果を踏まえた仮説的展望については、棚村重行氏の講演記録「二つの福音は波濤を超えて——改革派・ピューリタン系諸教会の系譜とエキュメニズム」（日本エキュメニカル協会『エキュメニカル情報 30』所収）を参照。棚村氏は「宗教団体法」という《外圧》とはまた別に、日本のプロテスタント諸教派の《「古層」から突き上げる「無教派合同派」と、「新層1」の「連盟型合同派」とが大連合を成立させ、「教派主義派」連合を圧倒し、三十余派の「大合同」による日本基督教団が成立した》との仮説的言説を述べています（同講演記録、37、38頁）。

473 １９１０年のエディンバラ国際会議の後、連盟型エキュメニズムが日本に移植され、教派を主体に組織された「日本基督教会同盟」が１９１１年に結成されました。その後、１９２１年の世界基督教連盟（ＷＣＣ）の結成の影響も受けて、１９２３年に各教派・各キリスト教諸団体を主体とした「日本基督教連盟」が結成、初の全国的な教会組織が形成されることになりました（１９２４年、協力伝道のひとつとして全国基督教教化運動が展開されました）。

　この日本基督教連盟の段階で、すでに日本のプロテスタント諸教会は国家権力に取り込まれ、国家に迎合する（国家に従順な）組織となっていったことが伺われます。たとえば１９３０年代後半、日本の宗教界には「宗教三派」と呼ばれる組織がありました。三派として加盟しているのは「神道教派連合会」「仏教連合会」、そして「日本基督教連盟」です。これらの三派は「国民精神総動員運動（大政翼賛会の前身）」に積極的にのめり込んだと原誠氏は述べています（原誠『国家を超えられなかった教会 15年戦争下の日本プロテスタント教会』、113頁）。その愛国的な性質が、そのまま日本基督教団へ受け継がれていったことが伺われます。

474 棚村重行氏は、部制の解消によって、合同の母胎であった連盟型エキュメニズムが失われてしまったことが《教団成立における最大の逆説》であるとしています。《ところが間もなく「部制」を廃止し、世界プロテスタント史上例をみない無教派主義的な「多数派間合同」教会となった。だから、教団成立における最大の逆説は、「部制」採用に示された「新層１」の「連盟型」エキュメニズムを実際には母胎としたのに、「部制」廃止後あたかも「古層」の「日本基督公会」の無教派合同原理を「超教派主義」とよび、これこそ教団成立の原理であるかのような歴史認識へと傾斜していく》（前掲講演記録、38頁）。

　また、部制が解消された年である１９４２年の６月（〜43年4月）、国家によるホーリネス系の教会（６部・９部）への弾圧が行われたこと、日本基督教団はホーリネス系の教会・信徒・牧師を守ることをせず、むしろホーリネス系の牧師たちに

会の教派的な伝統やその固有性が尊重されないかたちでの——合同となりました。

そして、以降、日本基督教団は国家総動員体制の下、戦争遂行のために忠実に働く宗教「報国（国に尽くす）」団体[475]となっていきます。

（3）二つ目の罪責《戦時下、教会が国家に対してとった態度に関して》

次に、第二の罪責《戦時下、教会が国家に対してとった態度に関して》について記します。この第二の罪責について、教団の「戦責告白」は二つの側面から言い表していると佐藤司郎氏は述べています。ひとつは、教会が戦争に協力したという「戦争協力」の側面、もうひとつは、教会が《『見張り』の使命》をおろそかにした側面です。

《第二の問題は、戦時中に国家に対してとった教会の態度・教会の在り方であった。「戦責告白」のこの部分は一つの事柄が二つの側面から言い表されている。一つは「あの戦争に同調」し、「教団の名において、あの戦争を是認し、支持し、その勝利のために祈り努めることを内外にむかって声明」したことであり、その意味で「戦責告白」は「祖国」の犯した罪に連帯していることを表明した。もう一つは世の光・地の塩である教会が「キリスト者の良心的判断によって、祖国の歩みに対し正しい批判を」なさず、その意味で『『見張り』の使命』をないがしろにしたという自らに向けられた批判であった》。[476]

教会が《『見張り』の使命》を果たすには、「国家を批判・相対化する視点」が欠かせませんが、戦時中の日本の教会においてはそれが決定的に欠如していました。

この「戦責告白」がなされたことの意義は大きく、当時、特に韓国、台湾、フィリピンなどのアジア諸教会からこの告白は積極的な評価をもって迎えられました。[477]

ただし、この告白は、教団として出された文書としては十分なものではありませんでした。この告白はあくま

475 辞任を強要し、事実上教師籍をはく奪したことを私たちは忘れてはならないでしょう。ホーリネス系の教会が弾圧されたその直後、教団は部制を廃止させました。

当時の日本基督教団のトップに置かれたのは「教団統理者」という役職でした。統理とは「統一しておさめること」を意味する言葉ですが、その名の通り、統理者には教団のあらゆることを総括する権限が賦されていました（戦後の宗教団体法の廃止に伴い、統理という役職は廃止されています）。教団の代表者である総会議長は実質的には教団を総括する権限は与えられてはいませんでした。

統理者は教区に意志を伝達し、教区は支教区に意志を伝達し、支教区は各個教会に意志を伝達します。そのように徹底した「上位下達（トップダウン）」方式の組織が造られていきました。戦時下の統理者に就任したのは富田満牧師です。統理者をはじめとする教団の指導者たちは文部省と密接なる関わりをもっていました。

指導者たちが教団の第一命題にしたのは《国家が要求する政策、具体的には国家総動員体制のもとで、いかに戦争遂行のために国民を動員するか、しうるか》ということでした（原誠『国家を超えられなかった教会　15年戦争下の日本プロテスタント教会』、109頁）。

宗教団体法はそもそも、宗教団体が国家に忠実であることを条件としているものでした。その基準を満たす団体のみ、文部大臣によって認可をされました（宗教団体法第三条）。もしその宗教行為が「安寧秩序を妨げ又は臣民たるの義務に背くときは」認可を取り消されることになっていました（第一六条）（参照：キリスト教史学会編『戦時下のキリスト教　宗教団体法をめぐって』、教文館、２０１５年、20、180、184頁）。これらのことからも、宗教団体法の性質上、宗教団体はそもそも国家に忠実であるほか法人として存立の仕様がなかったことが分かります。

「伝道」と「報国」

日本基督教団が戦時中に発行していた機関紙『教団時報』の第1号（１９４１年8月15日）の一面に、富田統理が「教団の使命」という一文を寄せています。この一文には、戦時下の教団がいかに国家に忠実なることを志向していたかが端的に示されています。

《基督の福音は一貫して吾等に伝道を命ずる。之は基督の最後の御言葉である。今日伝道の業が衰え勝ちなる時、合同した二十五万の信徒は一団となって伝道戦線に奮起すべきである。／実に教会の職域奉公は伝道をおいてはない。伝道報国こそ教団に負わされた使命である。今や吾等は大合同を機として伝道に専念したい。神の言を以てこの非常時突破に処し得るよう国民を導くために献身せねばならぬ。福音に生きる事が最も君に忠、国に忠なる道なる事を信じて、この時局に於て吾等日本基督教団の信徒は捨身になって奉公して行くのである》（筆者注：読みやすくするため、漢字表記を旧漢字から新漢で教団議長名義で発表されたものであり、日本基督教団が全体として罪責を告白しているものではなかったからです。次項に記すように、この「戦責告白」が出された後、教団内には大きな議論が巻き起こりました。そこには賛否両論があり、一部の人々は強い反発を示しました。以後、現在に至るまで、教団全体としての罪責告白はいまだなされていないという課題があります。

また、この「戦責告白」が告白する内容も十分なものとは言えません。関東教区が２０１３年に独自に作成した『日本基督教団罪責告白』においては、１９６７年の「戦責告白」では告白されていなかった罪責として、以下の五つが挙げられています。

《１、教団成立において、天皇を神とする「国体」に組み込まれ、イエス・キリストのみを唯一の主と告白する信仰を貫けなかった罪。
２、アジアの諸教会に対しても「宮城《きゅうじょう》遥拝《ようはい》」や神社参拝を強要した罪。
３、教団の組織を守るためにキリストの体の一部である沖縄の教会を見放した罪。
４、旧六部・九部の教会（ホーリネス系の教会）の受難に際し、主にある支持をしなかった罪。
５、戦後の教団の新しい出発に際して、主の前に信仰的な悔い改めを十分に表明しなかった罪》。[478]

（４）「戦責告白」を巡る批判的な見解

１９６７年に鈴木正久議長名義で「戦責告白」が発表されると、それを巡り教団内に大きな議論が巻き起こったことを述べました。そこには賛否両論の見解がありました。《特に批判的な見解としては、戦時下の教会のありようについてやむを得なかったとするもの、教団成立の摂理を否定することになる、手続きとして不十分である、さらに鈴木正久議長個人の言動への批判まで、多岐にわたった。それらの反対の主張や意見はやがて「教団問題についての懇談会」というグループに集約されることとなる。（略）こうして「戦争責任告白」をめぐる教団内の字に、旧かなづかいを現代かなづかいに修整しています）。

富田統理は、教団の使命として、第一に「伝道」を挙げています。「伝道」を宗教団体が第一の使命として挙げることは当然のことであると思われますが、ではその「伝道」が、一体どのようなものとして捉えられているのかが問題となります。

文中に《伝道報国》という言葉が使用されています。この言葉がその内実を端的に表わしていると言えるでしょう。「伝道」と「報国（国に尽くすこと）」が一体となっているのが、当時の教団指導者たちの「伝道」の捉え方であったようです。つまり、ただキリスト教信仰を言葉で伝えるのが「伝道」ではない。この《非常時》において、キリスト者が率先して「国に《献身する》こと（＝報国）」がすなわち「伝道」であるとの考えが見出されます。国のために《捨身になって奉公》するキリスト者の実践的な「行動」が、キリスト教信仰を周囲に知らしめて行く、という考えでありましょう（それが日本国民に良い感化を与え、そして国家を戦争の勝利へ導いていくであろう）。

476　佐藤司郎「「戦争責任告白」五〇年」（前掲書所収）、22頁。

477　参照：日本基督教団宣教研究所教団資料編纂室編『日本基督教団資料集第4巻　第5篇　日本基督教団の形成（1954―1968年）』、340頁。岩井健作、前掲書、147頁など。

韓国と日本のキリスト教関係史における戦責告白の意義を述べた論考としては、徐正敏「日韓キリスト教関係史における戦争責任告白の意義」（『福音と世界』2017年3月号、36―39頁）を参照。徐正敏氏は、日本基督教団は1967年の戦責告白以後、日本社会の中に存在するマイノリティへの理解と、共に生きることの実践を試みるようになったと述べています（第一に『在日韓国・朝鮮人』に対する関心、第二に沖縄問題に関する関心、第三に『部落』『アイヌ』に対する関心。あわせて、《障がい者、都市貧民、農民、労働者、外国人、女性、性的少数者、いじめやひきこもりのこどもなどの社会的弱者に対する持続的な関心と努力》。38、39頁）。1967年以前の日本のキリスト教は《社会の主流に編入しようと努力し、多数の信頼を獲得することを目標にしてきた》（同、38頁）が、その在り方に《具体的な進路変更》が生じた。《以上の実践的な変化、つまり日本基督教団を中心に1967年以後に展開された具体的な進路変更こそ、戦責告白の核心的・歴史的な意味ではないかと考える》（同、39頁）。

478　森野善右衛門「教団戦責告白の継承と前進」（日本基督教団関東教区「教団罪責告白」作成検討特設委員会『罪責を告白する教会――真の合同教会を目ざして』所収、2014年）、308頁。

《2、アジアの諸教会に対しても「宮城遥拝」や神社参拝を強要した罪》に関して、日本基督教団はいまだ教団全体として罪責を告白するに至っていませんが、韓国基督長老会は『神社参拝と日帝への協力に対する罪責告白宣言文』（2007年9月13日）を発表しています（飯塚拓也「在日大韓基督教会をめぐる罪責告白」、前掲書所収、314、315頁）。

賛否両論、またその対立は、教団全体へ、さらに各教区、諸教会へと広がっていった》。[479]

批判的な見解をもつ人々は、どのような点を問題視したのでしょうか。「戦責告白」に批判的な立場である牧師たちから出された『教団の現状を憂い　鈴木議長に要望する書』[480]を参照してみたいと思います。

この要望書は⑴戦時下の教会、⑵教会の預言者性、⑶教団成立の問題、⑷教団総会への態度、⑸手続き問題、⑹むすびの項目に分かれています。ここでは特に「⑴戦時下の教会」の文章を取り上げます。

「⑴戦時下の教会」の項は、《われわれは、戦後二十年を経た今日においても、戦争当時を追想すれば、主キリストの前に、深い懺悔《ざんげ》を表明せざるを得ません》[481]との言葉から始まります。その上で、《しかしそれと共に、歴史的情勢を考慮する必要がありましょう》と、以下の言葉が続いていきます。最初にまず、「日本にプロテスタントが伝えられた当初から、教会は国家から庇護《ひご》を受ける立場になく、明治、大正、昭和前期を通して官憲の厳しい圧迫のもとにあった」こと、「特に第二次大戦下においては憲兵や特別高等警察の厳しい監視のもとにあった」ことが述べられます。

《このようなことを記すのは、戦時中の教会を英雄視したり、そのまま是認したりするためではありません。当時の教会を知らない若い世代の人々が、鈴木議長の告白文やその周辺の諸文書によって、当時の教会の全部が国家の戦争政策に全面的に積極的協力をして、キリストへの服従を放棄したあまりに堕落した教会であったと誤解するおそれが多分にあるからです。

戦時中の教会についてのことは、前記のように苦闘した教会でありました（ここに当時の指導者の苦心もあったわけで、それはそれで覚えられなければならないことでしょう）。また今日われわれと共にある教職の中には、獄に入れられ、獄死した人々もあったことを忘れてはならないと思います》。[482]

この要望書を記した人々は、特に次の点を危惧しているということが分かります。それは、「戦責告白」を読んだ戦後世代の人々が、《当時の教会の全部が国家の戦争政策に全面的に積極的協力をして、キリストへの服従を放棄したあまりに堕落した教会であったと誤解するおそれが多分にある》点です。戦争に協力したことの《深い懺悔》を表明しつつ、しかし、当時の教会が置かれていた状況を鑑みて、(1)やむを得ない部分があったこと、(2)戦時下の厳しい状況の中でも個々の教会が懸命に《苦闘》していた事実があること、そして(3)そのような状況にあっても、自分たち教会は《キリストへの服従》を放棄したわけではなかったこと —— キリストへの信仰を失ったわけではなかったことが語られています。この文書から、要望書を作成した方々（25名の牧師、1名の大学教授）[483]は、1967年の「戦責告白」によって、戦時下の日本の教会の「信仰が否定された」ように受け止めていたことが伺われます。

(1)に関して言えば、当時の教会の置かれていた状況を鑑みると、確かにやむを得ない部分はあったでしょう。しかし、そのように「やむを得ない」状況に追いやられるまで、教会があまりにも国家の動向に無批判であったこともまた事実でありましょう。明治期に日本にプロテスタントが伝えられて以降、教会はしばらく国家から庇護を受ける立場にありませんでしたが、だからこそ教会が国家に認可されることや教勢を拡大していくことに主たる関心を注いでしまい、国家に批判的に対峙する視点をもつことができなかった側面があります。気付いた時には、日本のキリスト教会は国家の枠組み —— 天皇を神とする「国体」—— の中に完全に取り込まれてしまってい

479 「2「戦争責任告白」をめぐるその後の論議〔解題〕」（日本基督教団宣教研究所教団資料編纂室編『日本基督教団資料集第4巻 第5篇 日本基督教団の形成（1954–1968年）』所収）、340頁。

480 「資料90 教団の現状を憂い 鈴木議長に要望する書」（同、所収）、341–347頁。

481 同、342頁。

482 同、342頁。

483 同、347頁。要望書の発議人は稲垣守臣、稲垣徳子、市嶋和夫、浜崎次郎、原登、本田清一、小原十三司、鷲山林蔵、加藤亮一、上良康、竹前昇、津田正則、都留忠明、武藤健、向井芳男、奥山作市、福島勲、藤田昌直、小崎道雄、海老沢宣道、湯川文人、水野正巳、宮内彰、志村静雄、石川豊次、田上穣次の各氏。

たのです。

(2) 戦時下の厳しい状況の中でも個々の教会が懸命に《苦闘》していた事実があることについて、これも確かにその通りであると思います。戦時下の厳しい状況の中、信徒と牧師が懸命に礼拝を守り、その信仰を守り抜いていた。その懸命なる営みのおかげで、今も多くの教会が存続することができています。

そして、(3) そのような状況にあっても、自分たち教会は《キリストへの服従》を放棄したわけではなかったこと――キリストへの信仰を失ったわけではなかったこと。これが、要望書を記した方々が最も主張したい点であったのでしょう。「キリストへの信仰を失ってはいなかった」、これもその通りであると思います。戦時下の厳しい状況の中にあっても、多くの信徒と牧師がキリストへの真実なる信仰を貫いたのだと私も受け止めています。先達たちの信仰を敬意をもって受け止めつつ、同時に、戦時下の状況の中で教会が犯した罪責について、率直に受け止める必要があります。参照した要望書ではその罪責の受け止めが十分になされていません。冒頭で懺悔を述べつつも、その罪責の表明は中途なものにとどまっていると言えます。

要望書の文章は次のように続きます。《われわれが、教会が真に教会であったかどうかを知るためには、そこで福音が正しく宣教され、聖礼典が正しく執行されていたかどうかという点に立って、批判はなされなければならないと思います。戦時下の福音宣教が正しかったかどうかは、個々の教会の在り方の調査にまで及ばなければ、正《せい》鵠《こく》を射た判定とはいえません》[484]。教会が真の教会であるか否かの判断は、宗教改革時からの伝統的な規定である「福音の正しい宣教」と「聖礼典の正しい執行」（『アウグスブルク信仰告白』第七条、ラテン語版[485]）の有無によってなされるべきだと述べられています。

（5）二つの問題点――「教会と社会」の二元化、「信仰と行為」の二元化

（a）「教会と社会」の二元化

『教団の現状を憂い　鈴木議長に要望する書』「(1) 戦時下の教会」の項の文章を読むと、この要望書を提出した方々が伝統的な信仰告白のキリスト像の神学的パラダイムに依拠していることは明らかです。ただし、その枠組みは、非常に縮小化されているものだと言うことができるでしょう。この要望書が記すように、福音の正しい宣教と聖礼典の正しい執行を遵守していれば、果たして教会は教会であり続けられるのでしょうか。この二つのことは「教会が教会であるために」なくてはならないものですが、「教会が教会であるために」堅持すべき事柄はこれだけにとどまるものではありません。

前記の教会理解は、たとえば、ドイツ福音主義教会の『バルメン神学宣言』（1934年）において示されている教会理解[486]とは隔たりがあります。

484　同、342頁。

485　《「その中で福音が純粋に説教され、聖礼典（サクラメント）が福音にしたがって与えられる」（ドイツ語版）、「その中で福音が純粋に教えられ、聖礼典が正しく執行される」（ラテン語版）》（江藤直純「『アウグスブルク信仰告白』五、七、八条に見る教会とその職務——歴史的またエキュメニカルな考察」、『ルター研究　別冊3号　宗教改革500周年とわたしたち　3』所収、149頁）。

　この第7条の規定は教会が一致するための《最小限綱領》（鈴木浩氏）であることに注意。ルターは「教会のしるし」として、この二つの他に様々なしるしを挙げていることを江藤直純氏は述べています。《たとえば、『公会議と教会について』（一五三九年）においては「一　みことば、二　洗礼、三　聖餐、四　鍵の権能、五　奉仕者、六　神を讃え感謝する祈り、七　聖なる十字架、すなわち苦難を引き受けること」を列挙している。さらには、『ハンス・ヴォルストに対して』（一五四一年）では「一　洗礼、二　聖餐、三　鍵の権能、四　説教の務め、五　使徒信条、六　主の祈りをはじめとする祈り、七　この世の権威の尊重、八　神が祝福される秩序としての結婚、九　兄弟たちとともに苦しむ十字架、十　復讐しないこと、忍耐や警告、十一　断食」が、一五三九年版の「しるし」に若干付け加えられたものとして並べられている。ここに注目したい》（同、159頁）。江藤氏はルターが挙げた「教会のしるし」の中で、特に《聖なる十字架、すなわち苦難を引き受けること》《兄弟たちとともに苦しむ十字架》に注目しています。

『アウグスブルク信仰告白』については本論第二部の「付論」を参照。

◎バルメン神学宣言

1934年5月30日－31日、バルメン・ゲマルケ教会で開催されたドイツ福音主義教会第1回告白会議において採択されたもので、正式名称は『ドイツ福音主義教会の今日の状況に対する神学的宣言』。ナチス・ドイツと闘争する教会の信仰告白として書かれ、六つのテーゼから構成される。宣言の起草から採択まではスイスの神学者カール・バルトが中心的な役割を果たした。

例として、『バルメン神学宣言』の第五、第六テーゼを引用いたします。

《第五テーゼ》

「神をおそれ、王を尊びなさい」（Ⅰペトロ二・一七）

国家は、教会もその中にあるいまだ救われないこの世にあって、人間的な洞察と人間的な能力の量に従って、暴力の威嚇と行使をなしつつ、法と平和とのために配慮するという課題を、神の定めによって与えられているということを、聖書はわれわれに語る。教会は、このような神の定めの恩恵を、神にたいする感謝と畏敬の中に承認する。教会は、神の国を、また神の戒めと義とを想起せしめ、その事によって統治者と被治者との責任を想起せしめる。教会は、神がそれによって一切のものを支えたもう御言葉の力に信頼し、服従する。

国家がその特別の委託をこえて、人間生活の唯一にして全体的な秩序となり、したがって教会の使命をも果たすべきであるとか、そのようなことが可能であるとかいうような誤った教えを、われわれは退ける。

教会がその特別の委託をこえて、国家的性格、国家的課題、国家的価値を獲得し、そのことによってみずから国家の一機関となるべきであるとか、そのようなことが可能であるとかいうような誤った教えを、われわれは退ける。

第六テーゼ

「見よ、わたしは世の終わりまで、いつもあなたがたと共にいるのである」（マタイ二八・二〇）

「しかし、神の言はつながれてはいない」（Ⅱテモテ二・九）

その中にこそ教会の自由の基礎があるところの教会への委託は、キリストに代わって、したがってキリスト御自身の御言葉と御業に説教とサクラメントによって奉仕しつつ、神の自由な恵みの使信を、すべての人に伝えるということである。

教会が、人間的な自立性において、主の御言葉と御業を、自力によって選ばれた何かの願望や目的や計画に奉仕せしめることができるというような誤った教えを、われわれは退ける》。[487]

最後の第六項だけを読むと、前項の要望書と共通のことを言っているように思われるかもしれません。しかし、この第六項は、その前の第五項と密接に結びついています。第五項は《国家に対する教会の関係》を、第六項は《非キリスト者に対するキリスト教徒の関係》を取り扱い、前者は《政治的神奉仕》を、後者は《伝道的神奉仕》について語っています。[488]「教会が教会であるため」には、《政治的神奉仕》と《伝道的神奉仕》[489]のどちらも不可欠

486 『バルメン神学宣言』の教会論については、佐藤司郎氏『カール・バルトの教会論 旅する神の民』「第三章 「バルメン神学宣言」の教会論」を参照（新教出版社、２０１５年、103―222頁）。同書は日本において初めてカール・バルトの教会理解の全体像を統一的に解明することを試みた書です。

487 宮田光雄『バルメン宣言の政治学』（新教出版社、２０１４年、51―53頁。新教出版社『信条集』の訳文を一部変更）より引用。

なものだと言えるでしょう。

前項で参照した『教団の現状を憂い　鈴木議長に要望する書』においては、《政治的神奉仕》への意識が希薄です。言い換えますと、国家に対する教会の《政治的共同責任》[490]が語られていません。ここには、ルターの「二王国＝統治説」以来受け継がれてきた、教会の「霊的権威（霊的統治）」と国家の「世俗的権威（世俗的統治）」の区別の問題が見受けられます。

この区別が推し進められると、「教会と社会」とを切り離して捉える、二元化の問題が生じていきます。このことは、戦時下の日本の教会が《天皇を神とする「国体」に組み込まれ、イエス・キリストのみを唯一の主と告白する信仰を貫けなかった罪》[491]を犯したこととも密接に関わっているでしょう。戦時中に多くの教会が「教会の秩序」と「世俗の秩序」とを切り離す二元化に陥り、結果、「神ならぬものを神とする罪」「神ならぬものを崇拝する罪」（すなわち、十戒の第一戒の違反）を犯したことは否定することのできない事実です。

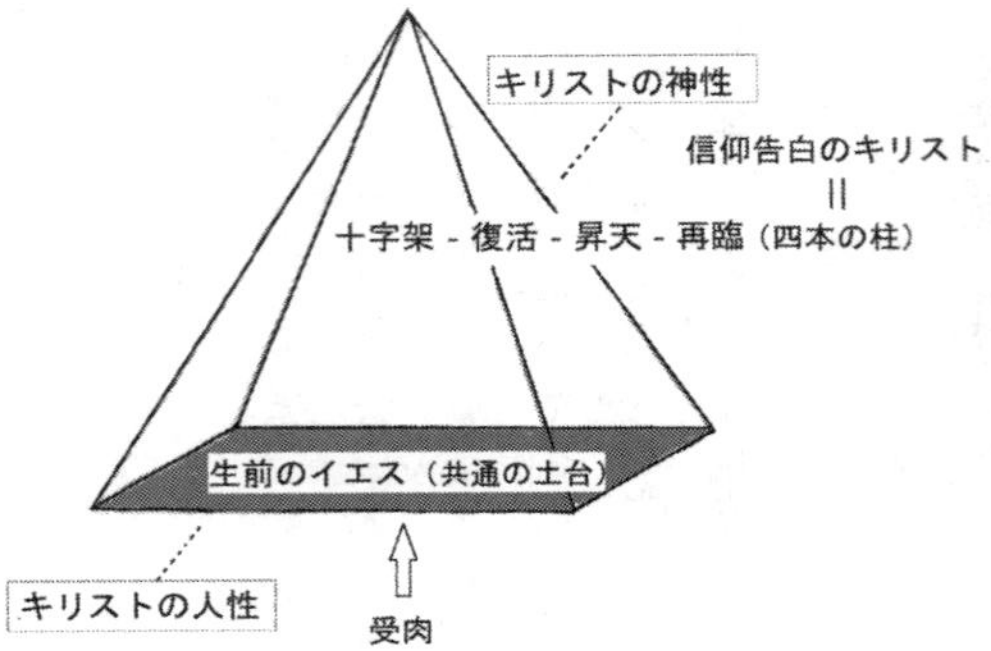

～伝統的なキリスト教信仰の基本構造～

この教会と社会の二元化の問題を、これまで述べてきましたキリスト像の視点と結び合わせるとどうなるでしょうか。本論としては、教会と社会の二元化の背景には、信仰告白のキリスト像の枠組みの縮小の問題があると考えています。信仰告白のキリスト像の領域を教会・教団の「内に」限定するとき、このような二元的論理構造が生じていきます。

上に載せたのは、伝統的なキリスト教信仰の基本構造の図です。この図における四本の柱（四つの側面）は本来、全世界を「包み込んでいる」ものと受け止めることができるのではないでしょうか。キリストの神性が全世界を覆っていることを認識するとき、教会が「国家を批判・相対化する」視点もまた得ることになります。

福音の正しい宣教と聖礼典の正しい執行だけを教会が教会であることのしるしとしてしまうと、右の図の四本の柱（四つの側面）を各個教会や教団の「内に」閉じ込めてしまうことになりはしないでしょうか。

《伝道的神奉仕》だけではなく、《政治的神奉仕》もまた、教会が教会であるために欠かせない働きです。『バルメン神学宣言』およびカール・バルトの神学は、「教会と社会」という二元対立的な世界観を超えて、キリストの支配が全世界に及ぶものであることを徹底して認識するゆえに[492]、国家を批判・相対化する視点をもち得ていたのだと言えます。またそして、国家に対する教会の《政治的共同責任》について語ることができたのだと言えます。

教会と社会の分離を克服していくためには、信仰告白のキリスト像の枠組みをより拡張すること[493]が必要でありましょう。

488　佐藤司郎、前掲書、183頁（E・ブッシュの分析の紹介）。

489　佐藤司郎氏は、《政治的神奉仕と伝道的神奉仕》が不可分に結びつく『バルメン神学宣言』の教会論に、後のカール・バルトの『教会教義学』「和解論」第三部の「世のための教会」への基本の方向を見ることが許されるとしています。《「教会が教会であるため」（バルメン神学宣言前文）の戦いの中でバルトが認識し、告白し、自らの神学的実存をかけて提示した教会の在り方は、その意味で、後の言葉で言えば、まさに「世のための教会」以外のものではなかった》（佐藤司郎、同、188頁）。

490　佐藤司郎、同、143頁（『バルメン神学宣言』第五項を小括する中での言葉。佐藤氏は第五項（テーゼ）のテキストにバルトの《政治的共同責任の神学》を見出しています）。

491　関東教区『日本基督教団罪責告白』（２０１３年）より。

492　『バルメン神学宣言』第二テーゼの《拒絶》命題を参照。《われわれがイエス・キリストのものではなく他の主のものであるような、われわれの生の領域があるとか、われわれがイエス・キリストによる義認と聖化を必要としないような領域があるとかいう誤った教えを、われわれは退ける》（宮田光雄、前掲書、49頁）。

493　私たちの認識において、信仰告白のキリスト像の枠組みをより拡張していくためには、まず、その土台である生前のイエス像の枠組みを広げていく必要があります。この土台を「すべての人（万人）のためのもの」であると受け止めるとき——

（b）「信仰と行為」の二元化

「教会と社会」の二元化の問題について述べました。もうひとつ、別の二元化の問題があります。それは、「信仰と行為」の二元化の問題です。

再び、『教団の現状を憂い　鈴木議長に要望する書』の文章を引用したいと思います。《われわれが、教会が真に教会であったかどうかを知るためには、そこで福音が正しく宣教され、聖礼典が正しく執行されていたかどうかという点に立って、批判はなされなければならないと思います。戦時下の福音宣教が正しかったかどうかは、個々の教会の在り方の調査にまで及ばなければ、正鵠を射た判定とはいえません》。

ここには、戦時下の教会は、「行為」においては戦争協力という過ちを犯したが、「信仰」においては間違っていなかったとの考え[494]が伺われます。要望書が拠って立つ限定的な神学的パラダイムにおいて重要なのは福音の正しい宣教と聖礼典の正しい執行であり、この二つの事を遵守していた戦時下の個々の教会は、「信仰」においては間違っていなかったことになります。

このように、信仰と行為（生き方）を区別する二元的な論理構造は、「戦責告白」を巡る議論を調停するために結成された五人委員会の答弁（『五人委員会答申』、１９６７年９月11日付）の中にも見受けられます（次項を参照）。

～二つの二元化の問題～

①「教会と社会」の二元化

②「信仰と行為」の二元化

(6)『五人委員会答申』――「信仰と行為」の二元化

1967年に発表された日本基督教団の戦責告白と、それを巡って生じた議論について取り上げました。そこには肯定的な意見もあれば、否定的な意見もありました。そのことによって、教団の内部には混乱や対立が生じることともなりました。

事態を収拾するために、1967年7月、教団内に五人委員会が設置[495]されました。メンバーは北森嘉蔵、菊池吉弥、秋山憲兄、佐伯倹、木村知己の各氏です(五人委員会は北森嘉蔵氏を委員長に選任)。

五人委員会は《「戦争責任告白」推進側の人々との面談や、反対運動を展開する人々からの聞き取り調査などを経て》[496]9月11日の第6回常任常議員会に「『第二次大戦下における日本基督教団の責任についての告白』をめぐって」(通称『五人委員会答申』)を提出、その後『教団新報』(1967年9月16日発行)紙上に公表します。

---

494 戦争中も、懸命に礼拝をささげ、御言葉と聖礼典を正しく執行し、伝道し、受洗者が与えられていった。戦争中であっても、神の救いの業は進められていったとの受け止め方です。また、ここには、「神に栄光を帰する」という信仰告白のキリスト像の枠組みの志向性も関係しています。神の栄光が関わっているので、これまでの教会の歩みを完全には否定しきれないのです。どれほど人間が過ちを犯そうと、神の計画は進められていくと受け止めるからです。この枠組みにおいては、「人間の罪責」よりも「神の摂理」に強調点が置かれる傾向があります。

カール・バルトの神学において信仰告白のキリスト像の枠組みがあれほど広い視座をもち得ていたのは、その土台を「万人」に据えていたこと(=万人救済の信条)が関係していたのではないかと考えます。

さらにはすべての被造物のためのものであると受け止めるとき――、信仰告白のキリスト像は全世界を包み込むものとして、新たに私たちの前に立ち現れるでしょう。

495 1967年6月12日の第五回常任常議員会にて提案、賛成多数で承認。7月6日の第四回常議員会で正式決定(「第5章 日本基督教団の「戦争責任告白」とその後の問題〔解説〕」、日本基督教団宣教研究所教団資料編纂室編『日本基督教団資料集第4巻 第5篇 日本基督教団の形成(1954―1968年)』所収、328頁)。

496 同、328頁。

本項では、この五人委員会の答申を取り上げたいと思います。前項で述べた「信仰と行為」の二元化の問題は、以下の『五人委員会答申』において端的に表れていると考えるからです。この答申には現在にまで引き継がれている教団の課題・問題点が内包されており、その意味で貴重な文献であると言えます。

(a)「信仰と行為」の二元化

五人委員会が提出した答申の内容は、「常議員会の姿勢」「告白文発表の時期」「信仰告白と『告白文』との関係」「教団創立の問題」「戦時下の教会」「将来の教団」「鈴木議長個人の言説」の7項目に分かれています。

ここでは特に「信仰告白と『告白文』との関係」と「将来の教団」の項を取り上げたいと思います。

後者の「将来の教団」の項でまず注目すべきは、教会は《社会と連帯化》すること、教会と政治の《二元的並行主義》をやめることが[497]語られている点です。「教会と社会」を区別しつつも、同時に、二元化を乗り越えようとする姿勢がここには見受けられます。

《教会が「地の塩」であるかぎり、塩としての教会は地としての社会に対して連帯的に責任を負わねばなりません。しかしそのことは、塩が地からの超越性を失い、味なくして、地と一元的に同化することではありません。塩としての教会は地としての社会からの超越性をもったままで、社会と連帯化するのです。連帯化は二元的並行主義をやめることですが、それは単純な一元主義になることではありません。二元主義は無責任な立場ですが、一元主義は粗雑な神学です》。[498]

一元主義を《粗雑な神学》と牽制《けんせい》しつつも、《社会と連帯化》し、「教会と社会」の二元主義を乗り越えようとする姿勢（《二元主義と一元主義の綜合》）[499]が提示されている点は、評価すべき点でありましょう。しかし、この『五人委員会答申』においては同時に、別の二元主義——「信仰と行為」の二元主義が生じています。

最もそのことが表れているのが、「信仰告白と『告白文』との関係」の項です。この項では、日本基督教団信仰告白[500]（信仰告白）と戦責告白（告白文）の関係について次のように記されています。

497　「資料92　「五人委員会答申」　「第二次大戦下における日本基督教団の責任についての告白」をめぐって」（同所収、354頁）。これらの提言は、「戦責告白」の締めくくり《終戦から二〇年余を経過し、わたくしどもの愛する祖国は、今日多くの問題をはらむ世界の中にあって、ふたたび憂慮すべき方向に向かっていることを恐れます。この時点においてわたくしどもは、教団がふたたびそのあやまちをくり返すことなく……》に表されている教団の姿勢に対する教団内からの疑問や警告の声に応えるかたちで語られています。

498　同、354頁。

翌1968年2月3日発行の『教団新報』に掲載された北森嘉蔵氏の「「五人委員会」委員長の「総括的なお答え」」の「教会と政治」の項では、答申の「将来の教団」の項についての五人委員会の共通の見解は《信仰と政治的実践との間に、二元主義でもなく一元主義でもない、新しい狭い道を歩むことが、正しい解決である》と補足的に説明されています（「資料93　「五人委員会」委員長の「総括的なお答え」」、同所収、357頁）。ちなみに、この北森氏の文章は、教団問題懇談会の「五人委員会の発表に応えて」（『教団新報』1967年11月4日発行）、井上良雄氏の「二元主義と一元主義の綜合 —— 五人委員会の答申について」（『福音と世界』1967年12月号）、千葉昌邦氏の「戦争責任告白問題の措置に提案する」などの文章に対して総括的に回答をしたものです。

499　井上良雄氏は五人委員会答申が《二元主義と一元主義の綜合を目指すこと》（教会が社会に対して超越しつつ、社会と連帯すること。また、社会と連帯しつつ、超越すること）をその基本的な線としていることは、その限りにおいて正しいとしながらも、問題は、では《何をもって二元主義と一元主義の綜合、あるいは社会に対する教会の超越性と連帯性の綜合を考えているか》という点にあるとし、答申の《二元主義と一元主義の綜合》の内実を批判しています。井上氏の受け止めは、五人委員会の答申に示された問題処理の仕方は、つまるところ《旧態依然たる教会擁護の精神に立っている》というものでした（井上良雄「二元主義と一元主義の綜合 —— 五人委員会の答申について」、『戦後教会史と共に　1950―1989』所収、新教出版社、1995年、171―177頁を参照）。

500　1954年10月26日、第6回教団総会において制定。教団信仰告白の制定にあたっては信仰告白制定特別委員会が設置された（北森氏は書記を担当）。制定までの経緯についての簡単な概説は北森嘉蔵『合同教会論』（キリスト新聞社、1993

《しかし、信仰告白と告白文との積極的な関係についても語らねばなりません。この両者の関係は、聖書と宗教改革との伝統にしたがって、「信仰と行為」という古典的表現で理解するのが、最も妥当でしょう。行為は信仰と区別されねばなりませんが、信仰から生じるものであり、信仰をあかしするものです。「行為」は、現代の表現になおせば「生きかた」（エトス）ということになるでしょう。告白文が扱っているのは、この生きかたの問題であると言えましょう。人が義とされるのは、信仰のみによります、その事を確認した上で、私たちは生き方について神からきびしい要求をうけていることを告白せざるをえません。

福音主義教会においては、「信仰」の問題以外の理由で、分裂することは許されません。「行為」の問題にかかわる「告白文」をめぐって、教団を新しい会派運動へ追い込むようなことがあってはなりません。異なる立場が閉鎖的に対決するのではなく、「共通の理解による共同の解決」を目ざすように、祈りかつ努めねばならないと思います》。[501]

ここで、『五人委員会答申』は、日本基督教団信仰告白と戦責告白の関係を「信仰と行為」になぞらえ、区別をしています。《行為は信仰と区別されねばなりませんが、信仰から生じるものであり、信仰をあかしするものです。「行為」は、現代の表現になおせば「生きかた」（エトス）ということになるでしょう》。戦責告白が扱っているのは、この《生きかたの問題》であり、《人が義とされるのは、信仰のみ》による。福音主義教会は《「信仰」の問題》以外の理由で分裂することは許されないと、戦責告白を巡って教団が分裂することを否定しています。

同様のことは、答申が出された後に発表された『「五人委員会」委員長の「総括的なお答え」』でも述べられています。

《教会と政治（政党）とを直結させるならば、政治的（政党的）立場の相違によっては教会の分裂をも辞しないという結論に導くかも知れない。もし、政治的（政党的）決断が信仰そのものであるなら、教会の分裂もやむをえないであろう。しかし、本委員会の答申は、信仰と政治的実践との関係を、聖書的・宗教改革的な「信仰と行為」の主題に当てはめ、行為は信仰の生み出す果であり、信仰から切り離されないが、しかし信仰とは区別されねばならないように、政治的実践は教会の責任であるが、しかし教会を教会たらしめるのはあくまで信仰のみであると解したのである。信仰問題のためなら教会分裂もやむをえないが、「行為」としての政治的立場の相違によっては教会は分裂してはならないと信じる。これは教会の「自己保存」ではなく、教会を「傷のない」（エペソ五・二七）ものにしようとすることである》。[502]

北森氏は《行為は信仰の生み出す果であり、信仰から切り離されない》と述べつつも、《しかし信仰とは区別されねばならない》と改めて語ります。《政治的実践》は「行為」に属するものであり、《信仰問題》のためなら教会分裂もやむを得ないが、《「行為」としての政治的立場》の相違によっては教会は分裂してはならない。

五人委員会はそもそも教団内の分裂を阻止するために招集された委員会であり、そのための神学的な理論を提供しようとしていることは理解できます。前記の言説は「教会の一致」を目指す文脈の中で語られたものである

年）31−48頁を参照。内容についての解説は北森嘉蔵『日本基督教団　信仰告白解説　増補改訂版』（日本基督教団出版局、1968年）、関田寛雄「われらは信じかつ告白す（「教団信仰告白」をめぐって）」（『われらの信仰』所収、32―102頁）を参照。

501　「資料92　「五人委員会答申」「第二次大戦下における日本基督教団の責任についての告白」をめぐって」（前掲書所収）、350頁。

502　「資料93　「五人委員会」委員長の「総括的なお答え」」（『教会と政治』の項の文章を一部引用。前掲書所収、358頁）。注499の井上良雄氏の「二元主義と一元主義の綜合 —— 五人委員会の答申について」に記された問題提起を受けての言葉。

ことを踏まえる必要があるでしょう。

それらの文脈を踏まえた上で、しかし、この五人委員会および北森氏が提出している理論は重大な問題を内包しているものだと言えるでしょう。「信仰と行為」の区別を強調することによって、その二元化へつながってしまう問題です。そしてその結果、本来切り離されてはならないものが切り離されてしまう事態が生じています。信仰告白のキリスト像と生前のイエス像とが切り離されるという事態です。「信仰と行為」の区別の問題の背景には、信仰告白のキリスト像と生前のイエス像の枠組みの分離の問題があると本論は考えています。

(b) 信仰告白のキリスト像と生前のイエス像の枠組みの分離の問題

生前のイエス像の内実とその働きとして、《人々を社会的な罪から解放し、より人間らしい生を付与し、人間に尊厳を確保するよう働く》ことがあることを述べました。「行為（生き方）」あるいは《政治的実践》と呼ばれる営為の背後にあるのは、この生前のイエス像の枠組みです。よって、それらの営みは《政治的実践》に区分される にとどまるものではありません。その根本にあるものは他ならぬ「キリスト像」であり、その生前のイエス像への信実・信仰に基づいてなされるあらゆる実践的な営みが「行為」であると受け止めることができます。その意味で、生前のイエス像の枠組みに拠って立つ人々にとって、その実践的な営みは、他ならぬ《信仰問題》であるのです。「行為」もまた《信仰問題》であり、「行為」の根本に生前のイエス像の領域が深く関わっています。

改めて、「十全のイエス・キリスト」の図（次頁）が示す信仰告白のキリスト像と生前のイエス像の関係性を見てみたいと思います。

この図においては、すでに述べたように、信仰告白のキリスト像が「四本の柱（四つの側面）」を、生前のイエス像が「共通の土台」を形成しています。私たちの「信仰」は信仰告白のキリスト像を指し示し、私たちの「行為（生き方）」は生前のイエス像を指し示しています。「信仰と行為」は切り離せない関係にあることはもちろんのこと、どちらか一方が優位にあるものでもないことがお分かりいただけるかと思います。それぞれが固有性をもちつつ、不可欠な役割を果たしつつ、ひとつに結び合わされています。その両者が結び付いてはじめて、お一人のイエス・キリストが十全なるかたちで可視化されていきます（＝十全のイエス・キリスト）。《教会を教会たらしめ》ているのは、信仰告白のキリスト像だけ、あるいは生前のイエス像だけではなく、両者が結びついたお一人なるイエス・キリスト御自身です。両者は本来、切り離されてはならないものです。

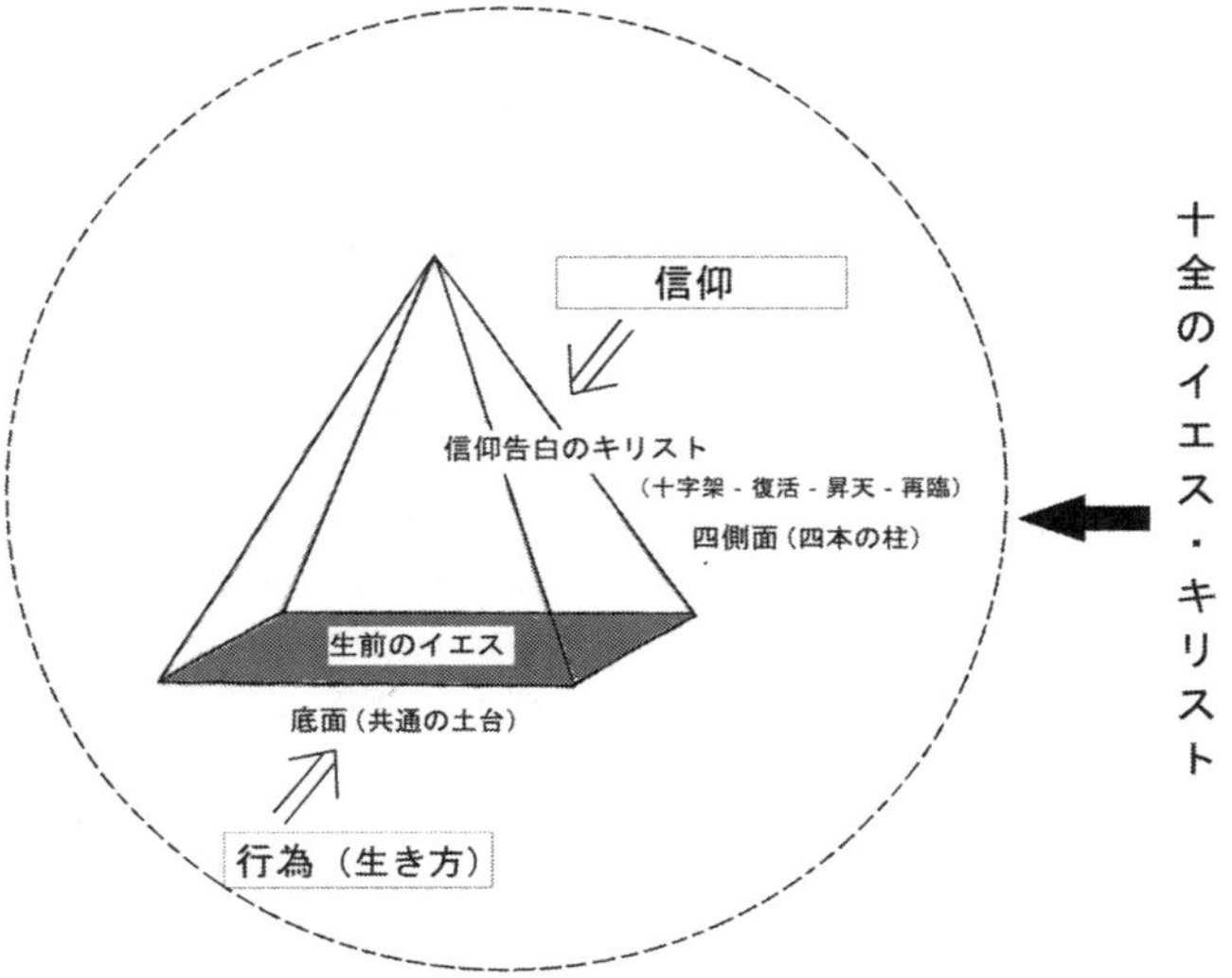

そのことを踏まえますとき、《政治的実践は教会の責任であるが、しかし教会を教会たらしめるのはあくまで信仰のみである》という北森氏の言説が問題を含むものであることが分かってきます。《教会を教会たらしめる》ものから「行為（生き方）」を切り離すことは、教会が「生前のイエス像への信実を見失う」ことにつながると言えるのではないでしょうか。この問題性は、第(4)項で取り上げた『教団の現状を憂い　鈴木議長に要望する書』においても表れているものです。五人委員会および北森氏の理論は、もともと日本の教会が内包する性質を、改めて神学的に言語化したものだと受け止めることができます。教団の分裂を阻止するためにこの時点で新たに創出された理論というより、教団成立以来ずっと存在している《教団の信仰の体質》（池田伯《あきら》氏、後述）が明らかにされたものだと言えるのではないでしょうか。

事実、戦時中の多くの教会において、生前のイエス像への信実が見失われていました。日本の多くの教会が、また多くの個々人のキリスト者が、《人々を社会的な罪から解放し、より人間らしい生を付与し、人間に尊厳を確保するよう働く》使命を見失っていたと言わざるを得ません。確かに当時、多くの信徒と牧師が信仰告白のキリストへのまことなる信仰を貫いたのは事実でありましょう。その一方で、多くの信徒と牧師の内において、生前のイエスへの信実は見失われてしまっていました。生前のイエスへの信実が見失われるとき、いかに大きな惨禍が引き起こされるかを教団の歴史は示しているのだと受け止めることができます。

国家を相対化しそれと対峙する姿勢は、信仰告白のキリストの枠組みと生前のイエスの枠組みが「協働」してこそ、もち得るものではないでしょうか。

（c）罪責の否認の問題

「信仰と行為」の区別およびその二元化によって引き起こされる重大な問題がもうひとつあります。それは、罪責の否認の問題です。「信仰と行為」を区別することによって、戦時下の教会は、「行為」においては戦争協力という過ちを犯したが、「信仰」においては間違っていなかったとする考えが生じ得ることはすでに述べた通りです。これはある種の罪責の否認[503]——ここでは戦争責任の否認あるいは軽視——であり、この理論によって、戦責告白の内実が失われてしまう危険性[504]があります。

池田伯氏は、『新教コイノーニア33　日本基督教団戦争責任告白から50年——その神学的・教会的考察と資料』の中で、この五人委員会の「信仰と行為」を区別する考え方を批判し、ここには《明らかに信仰においては誤りがあったわけではないとの主張がある》としています。

《その答申の主要部の一つで語られているのは、戦責告白で表明されていることが「信仰と行為」の行為のことだということであり、行為は「生き方」の問題だということである。信仰においてではなく生き方における懺悔だというのである。ここには明らかに信仰においては誤りがあったわけではないとの主張がある。教団成立時も戦中も教会は義認・贖罪の主を信じることで的を外すことはなかったが、生き方において反省懺悔すべきことがあった —— これは単に政治的収拾策だけでなく、むしろ本音だと受け取らざるを得ない。私はここに、教団成立以来戦後も、そして今日もずっと変わらずに流れている教団の信仰の体質を見ざるを得ない。この「信仰」には懺悔はおよそ起こりえない。懺悔がなければ教会は同じ質の過ちを自覚なく繰り返す》。[505]

503　ここには、罪理解の相違も関係しています。『五人委員会答申』は、罪を「実存的・内面的なもの」として捉え、「社会的なもの」としては捉えない神学的パラダイムに立っています。罪の問題を個人の心（実存）の問題に限定し、社会的な問題は別とする神学的パラダイムがこれらの二元論的思考を可能としていると言えるでしょう。そしてその根本には、信仰告白のキリスト像と生前のイエス像の枠組みが切り離されている問題があります。

504　《「五人委員会は政治的収拾に終始して、戦責告白を風化させた」（土肥昭夫）》（森野善右衛門「教団戦績告白の継承と前進」、日本基督教団関東教区「教団罪責告白」作成検討特設委員会『罪責を告白する教会 —— 真の合同教会を目ざして』所収、306頁）。《「戦責告白」はこの「五人委員会答申」によって骨抜きにされたと言われる。私もまたそのように思う。しかし「五人委員会答申」は、どのような仕方で「戦責告白」を骨抜きにしたか。

五人委員会は、教団信仰告白と「戦責告白」の関係を「信仰と行為」の関係として捉えて、「行為は信仰と区別されねばなりませんが、信仰から生じるものであり、信仰をあかしするものです」と語った。そのような言葉は、形式的には正しい。しかし、そのような形式的な正しさから何が起こるかといえば、教団の戦争責任等々の問題は、信仰とは「区別され」た行為の領域に押しやられる。「行為は信仰と区別されねばなりません」と言いつつ、実際にはそれは信仰から分離される。そして「福音主義教会においては、『信仰』の問題以外の理由で、分裂することは許されません」という威丈高な言葉が語られる》（井上良雄「私にとって「教団問題」とは何か」、前掲書所収、215、216頁）。

505　池田伯「教団の信仰への問い・促しとして」（『時の徴』同人編『新教コイノーニア33　日本基督教団戦争責任告白から50年　その神学的・教会的考察と資料』所収）、85頁。

北森神学は戦後、日本基督教団が合同教会を形成する上で神学的理論を提供し、《教団の神学的・思想的支柱》となったが、この罪責の否認（戦争責任の否認あるいは軽視）と、戦時下の教団のあり方の検証が徹底してなされてこなかったことは、密接に関係しているでしょう。

敗戦後、日本基督教団は戦争によってもたされた惨禍を受け止め、今一度自分たちの在り方を見つめ直すべきでした。明治期からのプロテスタント教会において、一体何が欠落していたのかを徹底的に見つめ直すべきであったでしょう。しかしその作業をすることなく、戦後も戦時下のあり方がそのままに引き継がれていってしまいました。

関東教区作成の『日本基督教団罪責告白』ではそれを「戦後の教団の罪責」として指摘しています。《5、戦後の教団の新しい出発に際して、主の前に信仰的な悔い改めを十分に表明しなかった罪》。[506] この「戦後の教団の罪責」も非常に重要な課題です。戦後の教団の新しい出発に際して、それまでの在り方に対する十分な悔い改めが表明されず、《教団の信仰の体質》の検証が徹底してなされなかったことが、戦後から現在到るまで教団内に大きな影響――否定的な意味での大きな影響――を与え続けているように思います。教団の戦争責任の問題を、教団全体としては、今も十分に受け止めることができていない現状があるのです。

〜「信仰と行為」の二元化〜
背景にあるもの：信仰告白のキリスト像と生前のイエス像の枠組みの分離の問題
その結果、生じていること：罪責の否認の問題

（7）再び北村慈郎牧師「戒規免職」問題について

北村慈郎氏は自著の中で、日本基督教団の戦争責任が自分の一貫した問題意識として在り続けていることを述

べています。《全体を貫く私の問題意識は、国家に順応・内応して成立し、戦争協力という過ちを犯した日本基督教団成立の問題を教会がどう乗り越えられるかにあります。そのために教会の伝統を批判的に検証し、イエスの出来事に応答する教会の在り方を模索してきました》。[507]

また、北村氏は日本基督教団に留まり続ける教会のアイデンティティとは何かを考える時、《教団成立と戦時下戦争協力による国家権力に対する教団の敗北》こそがそれではないかと述べています。《山北議長と議長を支えている教団正常化の方々と私との基本的な認識の違いは、日本基督教団という教会のアイデンティティは何かということにある。私は教団成立と戦時下戦争協力による国家権力に対する教団の敗北こそが日本基督教団に留まり続ける教会のアイデンティティではないかと考えている》。[508]

聖餐理解の対立が明確化する以前から、北村氏と、《信仰告白路線》（後述）に立つ教団の執行部の牧師たちとの間に、戦争責任の受け止め方に根本的な相違があったことが分かります。「戒規免職」が決定される以前から、執行部の人々と北村氏との間には対立関係が生じていました[509]（北村氏は２００４年に教団の常議員に選ばれています）。

---

506 特に１９６９年の「教団闘争／紛争」（次項参照）以降、《教団そのものが問われたとき、北森神学も激しい批判のうちに置かれていった》と川口葉子氏は述べています（『日本基督教団と北森神学　第３回　合同教会の神学としての北森神学』、『福音と世界』２０２４年五月号所収、67頁）。「なぜ日本基督教団罪責告白なのか」（日本基督教団関東教区「教団罪責告白」作成検討特設委員会『罪責を告白する教会 —— 真の合同教会を目ざして』所収）、242頁。

507 北村慈郎『自立と共生の場としての教会』、214頁。

508 同、202頁。

509 ２００２年の教団総会で沖縄教区との合同のとらえなおし関連諸議案が審議未了廃案になり、靖国・天皇制情報センターや性差別問題特別委員会が廃止される経過の中で、北村氏は抗議の前面に立ち山北議長（当時）と対立する形になったことを北村氏は述べています（北村慈郎「私の「戒規免職」問題とは何か？」、『新教コイノーニア31　戒規か対話か』所収、12、13頁）。

北村氏は日本基督教団内の教会で行われている聖餐は、戦争責任の問題を避けては通れないとも述べています。《戦争協力をした戦時下の教会でなされた聖餐と現在教会でなされている聖餐がどう連続性をもち得るのか。日本基督教団に所属し、聖餐を重んずる全ての教会は、この問いに応えなければならない》。[510] 戦時下の日本基督教団の罪責を踏まえるとき、北村氏においては、聖餐理解が生前のイエス像を土台とする「開かれた聖餐」に向かうのが必然のことであったのでしょう。

このような対立関係の中で、北村氏が、当時の常議員会から次第に戒規適用の対象とされていったことが分かります。北村氏の「私の「戒規免職」問題とは何か？」という論考によると、その直接的なきっかけとなったのは2006年の教団総会での聖餐式でした。北村氏は2002年の教団総会で沖縄教区との合同のとらえなおし関連諸議案が審議未了廃案になったことに抗議し、常議員ではありましたが、礼拝の際に聖餐に与りませんでした。このことが問題視され、翌2007年の常議員会で聖餐について発題をすることとなったと北村氏は振り返っています。《記録に残さない自由な協議という約束で、開かれた聖餐を行っている教会の考えを語ったのですが、これが「教団の公的な場で事実を認めた」こととされ、その十月に教団議長から教師退任勧告を受けるに至りました。この勧告を私が受け入れませんでしたので、その後、常議員会の決議により、教団議長が教師委員会に対し、私への戒規適用を提訴したのです》。[511]

以上の経緯を改めて鑑みても、北村慈郎氏一人がいわば「見せしめ」のようにして、戒規免職にされてしまったことが伺われます。《九〇年以降の体制を支える護教的な人たちにとっては、私は目障りだったと思います》[512] と北村氏自身も語っています。

北村慈郎氏の「戒規免職」問題の根底には、キリスト像の相違の問題と共に、戦争責任の問題があることを踏まえる必要があるでしょう。

4 日本基督教団が内包する問題、「教団闘争／紛争」「東神大闘争／紛争」

「十全のイエス・キリスト像」の命題とあわせ、日本基督教団の戦争責任の問題について述べました。前項まで述べてきた通り、日本基督教団の戦争責任はキリスト像の問題と密接に結び付いています。そこには、(1) 信仰告白のキリスト像の枠組みの縮小を背景とする、「教会と社会」の二元化の問題、(2) 信仰告白のキリスト像と生前のイエス像の枠組みの分離を背景とする、「信仰と行為」の二元化の問題、そして(2) の結果生じている、(3) 罪責の否認の問題があります。この三つの事柄は、現在も日本基督教団が内包する問題であり続けています。

〜日本基督教団が内包する問題〜
① 信仰告白のキリスト像の枠組みの縮小を背景とする、「教会と社会」の二元化の問題
② 信仰告白のキリスト像と生前のイエス像の枠組みの分離を背景とする、「信仰と行為」の二元化の問題
③ その結果生じている、罪責の否認の問題

戦後、これらの問題について徹底的な考察がなされないまま、問題は問題のまま、教団内に引き継がれていきました。結果、教団内においては「闘争／紛争」というかたちで問題が浮上、顕在化していくこととなりました。

510 北村慈郎「聖餐についての個人的体験と一教会の試み」(『自立と共生の場としての教会』所収、199頁。初出:『福音と世界』2006年1月号)。
511 北村慈郎「私の「戒規免職」問題とは何か?」(前掲書所収)、13頁
512 同、14頁。
513 信仰告白のキリスト像の枠組みを堅持しようとする立場の人々は、「教団闘争／紛争」に関わった当事者たちについて、自

特に、(2)の「信仰と行為」の二元化の問題は、60年代の終わり頃から、教団の中にいわゆる「教会派」と「社会派」[513]と呼ばれる対立構造を生じさせることとなりました。またそして、1969年からは万博問題を契機のひとつとして、「教団闘争／紛争」および「東神大闘争／紛争」[514]と呼ばれる事態が生じていくこととなりました。これらの事態は、教団が内包する「信仰と行為」の二元化の問題が「闘争／紛争」のかたちで浮上し、顕在化しているものとして受け止めることができます。その対立の構造は世代から世代へと引き継がれ、現在も影響は少なくないものがあります。

「教団闘争／紛争」「東神大闘争／紛争」

「五人委員会」の答弁が出された後、教団はいったん分裂は免れましたが、《「戦責告白」路線と信仰告白路線との対立》[515]が生じることになります。結局、対立の構造は解消に至るどころか、まもなくその対立がより激化していくのです。《「戦責告白」路線》に立つ人々はいわゆる「社会派」と呼ばれ、《信仰告白路線》[516]に立つ人々は「教会派」と呼ばれるようになります。

前者の立場である(一部の)人々は、伝統的な信仰を批判・否定する「史的イエス」研究を積極的に取り入れ、「行為(生き方)」を強調することによって、教会の戦争責任を厳しく問おうとする傾向がありました。対して、後者の立場である(一部の)人々は、信仰告白のキリスト像の枠組みを限定し、「信仰と行為」を区別することによって戦時中の教会の在り方を正当化しようとする傾向がありました。この対立構造は、日本基督教団において、限定された信仰告白のキリスト像の枠組みを固定化させ、信仰告白のキリスト像と生前のイエス像をますます分離させていく状況をもたらすこととも なりました。

北森嘉蔵氏の『「五人委員会」委員長の「総括的なお答え」』(1968年2月)には、翌年からの「闘争／紛争」を予見させるような一文が記されています。

分たちを《教会派》、対立していた相手を《造反派》と呼ぶことがあります。
《紛争に係った人たちの呼び方を統一しておきたい。
A 造反派
紛争の主役となった人びとをこう呼びたい。教師、信徒、神学生、教団に属していない人を含む多様な顔ぶれであった。この人々は、毛沢東の造反有理から発した〝暴力革命も辞さず〟を金科玉条として行動し、それが日本基督教団にも波及することになったのである。
B 教会派
福音主義教会連合に結集した人や、小島誠志・山北宣久教団議長を強く推進した教師・信徒たちをこう呼びたい。伝道派と呼ばれることもある。教団の信仰告白、教憲・教規を重んじた人びとである。
初心の方のために一言つけ加えれば、造反派と鋭く対立し、その誤りと強く闘ったのが教会派だったのである。歴史にくわしい方のために一言つけ加えれば、いわゆる旧教派はあまり関係がなかった》(小林貞夫『日本基督教団 実録 教団紛争史』、メタ・ブレーン、2011年、10、11頁)。

514 「闘争」と表記するか「紛争」と表記するかは、立場によって相違があります。「東神大闘争/紛争」について、東神大全学共闘会議の立場であった人々は「闘争」と表記し、教授会の立場であった人々は「紛争」と表記することが多いようです。全共闘学生の立場から書かれた書としては、東京神学大学全学共闘会議編『死せる言葉の終焉 —— 東神大闘争の記録』(1970年、筆者未読)、碑文谷創『キリスト教界と東神大闘争 —— 碑文谷創全発言録』(論創社、2012年)を参照。教授会の立場から書かれた書としては、東京神学大学教授会『東神大紛争記録』(東京神学大学、1974年)を参照(ただし、同書の中で大木英夫氏はあえて《東神大闘争》という語を採用しています。第二部 関係文書 大木英夫「東神大闘争の回顧」、84–112頁)。

515 岩井健作、前掲書、153頁。

516 1977年に発足した「福音主義教会連合」は五人委員会の答申の基本線に基づき、教団を《信仰告白路線》でまとめていく立場をとるようになります。
福音主義教会連合創立宣言(1977年4月28日)では次の四つの事柄が宣言されています。《一、説教と聖礼典の確立による福音の回復につとめる/二、合同教会としての日本基督教団の歴史を検討し、新しい合同教会の形成につとめる。/三、次代を担う教職者と信徒の育成に着手する。/四、復活の主のご委託に応え、ひろく出て福音宣教のわざに励む》(小林貞夫、前掲書、64頁)。

《今日の教会が、「社会行動派」と「教会主義派」との二つの流れに分裂しつつあるのではないかという竹中正夫氏の判断（キリスト新聞、昭和四三年一月一日号）は重大であり、教団はこの問題を正しく解決しなければならない》。[517]

教団が分裂しつつあることを認識しつつも、教団はこの問題を《正しく解決》することはできず、翌年から「教団闘争／紛争」および「東神大闘争／紛争」が始まっていきます。

「教団闘争／紛争」「東神大闘争／紛争」は様々な要因が複雑に絡み合っており、また立場によって事実関係の認識にもかなりの相違があり、当事者ではない者には状況を正確に理解するのがなかなか困難な部分があります。「闘争／紛争」の詳しい考察は今後の課題としたいと思いますが、本論との関連でひとつだけ取り上げたいのは、東神大（東京神学大学）の高崎 毅《たかさきたけし》学長（当時）が「東神大闘争／紛争」のただ中で記した『まことの福音のために』[518]（『東神大学報』54号、1969年12月20日付）という文章です。

高崎氏はこの文章において、今回の「紛争」の背後には《二つの福音理解》が争っているのだと述べています。《しかしこうした紛争を通じてわたしたちが身に沁みてさとったことは、ここで争われていることは決してただ教授と学生との力関係などというものではないということです。そこには意識的、無意識的に二つの神学校の理念が互いに争っており、その背後には二つの福音理解が争っております》[519]。そしてそれは日本基督教団および日本の全キリスト教会にも根本において共通する問題であり、《いまわたしたちには本当の福音のための戦いが要求されています》と高崎氏は続けます。

ここでの《二つの福音理解》の対立とは、「信仰告白のキリスト像」と「生前のイエス像」の神学的パラダイムの相違として受け止め直すことができるでしょう。高崎氏は《もちろんわたしはヒューマニズムの意味を決して低いものとは思っていません》と述べつつ、《けれども教会の本当の、そして窮極的には唯一のつとめは神がイエス・キリストを通して与えられた罪の赦しの福音を宣べ伝えることであって、それ以外ではありません》[520]とし、信仰告白のキリスト像の神学的パラダイムに基づく伝道こそが教会のつとめであることを強調しています。
また高崎氏は、キリストの十字架による信仰義認への告白が《告白という意味を失って一つの原理とされると、

517 「資料93 「五人委員会」委員長の「総括的なお答え」」（前掲書所収）、359頁。

518 東京神学大学教授会『東神大紛争記録』（東京神学大学、１９７４年）175－179頁に収録。『まことの福音のために』への批判的な言説としては、井上良雄氏「私の視点から —— 「東神大紛争」について」（前掲書所収、197－212頁。初出:『死せる言葉の終焉 —— 東神大闘争の記録』）も参照。井上氏は当時、教授会の一員として学生と対峙しつつ、１９７０年2月2日の第2回予備集会以降、教授会に対する自らの批判的な見解を明らかにしました（参照:赤木善光「井上良雄と東神大紛争」、『イエスと洗礼・聖餐の起源』所収、401頁）。

同じく教授会の一員であった赤木善光氏の、40年の歳月を経た、当時の井上氏の言動に対する批判的な応答については、前掲の「井上良雄と東神大紛争」を参照（同所収、392－456頁）。

また、かつて東神大全学共闘会議の議長であった碑文谷創氏は、『キリスト教界と東神大闘争 —— 碑文谷創全発言録』（赤木氏の「井上良雄と東神大紛争」と同じく、40年の歳月を経て出版）の「あとがき」において、恩師井上良雄氏に対する感謝の辞をささげています。《井上先生は、私たちが東神大を去るにあたって、唯一、行動を共にしてくれた。その後も辞めた学生一人ひとりの消息をたずね、それをノートに記していた。約70名のその後について、もしかしたら井上先生がもっとも情報をもっていたかもしれない。

先生がいなかったら、私たちは自尊をもって大学を去ることができなかったろう。先生の存在が私たちを大きく支えてくれた。（略）私たちの思想闘争には欠けが多いだろう。しかし、単なる言葉の喧嘩ではなく、多くの学生の生身を傷つけて行われたことを思う。そして、それぞれがそれなりに生きていくには、井上先生のような温かな見守りが必要であり、支えてくれたことを深い感謝と共に思う》（同、340、341頁）。

ちなみに、北村慈郎氏は東神大に機動隊導入がなされた１９７０年（3月11日）の前年に東神大を卒業しています。《東神大に機動隊導入が起こったとき、私はその一年前に東神大を出て教会で働いていました。私より下の学生たちが当事者になったのです》（『自立と共生の場としての教会』、154頁）。

519 東京神学大学教授会『東神大紛争記録』、176頁。

520 同、177頁。

人間が何もしなくてよいという立場、つまり無律法主義、Antinomianism に変質してしまう》[521]との注意を喚起した上で、しかし逆に、《教会の姿勢、態度、社会的活動が、教会が教会であることの基準とされるようになれば、そこに「よきわざ」の強調、そして行為義認主義が色濃く出てまいります。それは、たしかにヒューマニズムではあるが、教会の福音とは異質なものです》[522]と述べています。この文章にも明白に、信仰告白のキリスト像と生前のイエス像の枠組みの分離を背景とする、「信仰と行為」の二元化の問題が表れている[523]と言えます。前述した通り、「行為（生き方）」もまた《信仰問題》なのであり「行為」の根本に生前のイエス像の領域が深く関わっています。根本にあるのは、教会政治やイデオロギーの問題ではなく、キリスト像の相違の問題です。

視点を変えますと、このキリスト像の相違の問題への理解が深まることが、戦争責任の問題への理解が深まることにつながっていると言えるかもしれません。また、今も影響を及ぼし続けている「教団闘争／紛争」「東神大闘争／紛争」への理解が深まることにもつながっていくことでしょう。今を生きる私たちにとっての喫緊の課題は、信仰告白のキリスト像と生前のイエス像の相違と相互補完性への理解――および「違いがありつつ、ひとつ」なる在り方[524]への理解――を深めていくことであると言えます。またそして、日本基督教団の聖餐論義の根本にあるのも、やはりこの課題です。

5　十全のイエス・キリスト像の内実

日本基督教団が内包し続けてきた三つの問題点について述べました。長年解決されずに来たこれらの問題は、もちろんすぐに解決に至るものではないでしょう。しかし現状を少しでもより良い方向へと変えていくため、教団内において対話を進めていくことが求められています。

～日本基督教団が内包する問題～
① 信仰告白のキリスト像の枠組みの縮小を背景とする、「教会と社会」の二元化の問題
② 信仰告白のキリスト像と生前のイエス像の枠組みの分離を背景とする、「信仰と行為」の二元化の問題
③ その結果生じている、罪責の否認の問題

まず必要であるのは、対話を始めていくための場を形づくっていくことでしょう。そのための一助になるかもしれないものとして本論が提示したいと考えているのが、「十全のイエス・キリスト像」の視点です。十全のイエス・キリスト像の内実を本論なりに言語化すると、以下のようになります。

---

521 同、177頁。
522 同、177、178頁。
523 その後、6名の教授と有志の学生たちの間で開かれた非公式の会合にて、学生たちからこの文章を追及されたとき、《高崎学長は珍しくしばらく黙していた》ことを『東神大紛争記録』は記録しています（57頁）。教授陣は、その沈黙は高崎学長の体調不良のせいであったとしていますが（実際、高崎学長の体調はこのときからかなりすぐれない状態にありました）、本当のところは分かりません。学生たちは《これを答弁に窮した》という風にとり、その後の集会においてはこの問題を巡ってさらに学長を糾弾したとのことです（同、57頁）。筆者としては、この高崎学長の沈黙を大切に受け止めたいと思っています。
524 国家を相対化しそれと対峙する姿勢は、信仰告白のキリストの枠組みと生前のイエスの枠組みが「協働」してこそ、もち得るものでありましょう。どちらか一方だけであると、それはいまだ半分です。たとえば、キリストの支配の徹底（カール・バルト）のみならず、イエスの生への感受を深めることにより、神に栄光を帰し人間に尊厳を確保する在り方が、より確かな形・きめ細やかな形で私たちの間に現実化されていくでしょう。「神の栄光」のみが強調されるとき、場合によっては、その「神の栄光」のために「人間の尊厳」が軽んじられてしまう危険性があります。

〜十全のイエス・キリスト像の内実〜
十全のイエス・キリスト像の内実は、あらゆる時間・場所におけるあらゆるキリスト像を〝そのもの〟として内包する《全時的人格》である。
この《全時的人格》は私たちに「存在性の確保」と「相互補完性の意識化」を教える。

（1）十全のイエス・キリスト像の内実は、あらゆる時間・場所におけるあらゆるキリスト像を〝そのもの〟として内包する《全時的人格》である

すでに述べた通り、本論は「十全」という語を、「ひとつの欠けもなく、完全であること」を意味する言葉として用いていています。この「十全性」においては、信仰告白のキリスト像も生前のイエス像もなくてはならないイエス・キリストの側面として確保されます。

本論が提示しようとしているこの「十全性」と最も近いことを述べていると考えるのは、大貫隆《おおぬきたかし》氏の『イエスという経験』[525]です。大貫氏の長年の史的イエス研究のひとつの集大成[526]として記されたものですが、生前のイエスを「内側から」[527]理解しようとしている点にこの書の固有性があります。

『イエスという経験』の中心的な主題は、生前のイエスの独自の時間理解です。大貫氏はこのイエス特有の時間理解を《全時的今》と呼んでいます。本論が提示しようと試みている「十全性」の内実を説明する上で、大貫氏の指摘する《全時的今》が有用な言葉であると思いますので、まずこの概念について説明します。

525　岩波書店、2003年（いくつかの段落と文庫版あとがきを追加した岩波現代文庫版が2014年に出版）。『イエスという経験』においてはマタイによる福音書とルカによる福音書が資料とする「Q資料」（後述）が特に重要なものとされています

（『イエスという経験』は『Q資料に内在するキリスト像／生前のイエス像』の抽出を試みた書であるとも言えるでしょう）。

526　この書を記した直接のきっかけは、2011年9月11日のアメリカ同時多発テロから2003年3月のイラク戦争までの間に、ブッシュ大統領（当時）が繰り返し発したキリスト教原理主義に基づく言葉にあることが「あとがき」で述べられています。一念発起で本書を書きはじめ、わずか一ヶ月強で脱稿したとのことです（同、267頁。岩波現代文庫版313頁）。また、大貫氏の『イエスという経験』に至るまでの神学的思索の過程については「私のイエス研究――序に代えて」（『イエスの「神の国」のイメージ――ユダヤ主義キリスト教への影響史』所収、教文館、13―32頁）を参照。大貫氏が語る《全時的今》および《『神の国』のイメージ》はW・ベンヤミンの時間論から重要な示唆を得ていることが述べられています（ベンヤミンについては『イエスという経験』253―265頁、『イエスの時』、岩波書店、2006年、237―290頁も参照）。

527　『イエスという経験』において大貫氏は、一人の歴史上の人物である「古代人イエス」の世界認識を「内在的に」理解しようとしています。同書ではそのイメージの体系をイエスの「神の国」についての《イメージ・ネットワーク》と形容しています（同、x頁。岩波現代文庫版x頁）。『イエスという経験』の続編である『イエスの時』（2006年）において、大貫氏は《「内側から」の解明なしには、史的イエス研究はありえない》と述べています。《この意味での「内側から」の解明なしには、史的イエス研究はありえない。イエスの社会的行動を「外側から」、言わば「客観的に」規定した歴史的条件を解明することは、もちろん不可欠である。私もこれまでの文学社会学的な研究で、極力そのことに努めてきた。しかし、そのような「外側から」の解明においては、イエスは「客体」の位置にある。他方で、「史的イエス研究」とは、欧米における研究史のはじめから、イエスを「主語」の位置においての研究であったことに注意が必要である。「内側から」の解明なしに、イエスを「主語」の位置におくことはできない。イエスの「内側」と「外側」の両方からの解明が肝要なのである》（『イエスの時』、viii―ix頁）。

　大貫氏の理解に対して、たとえば荒井献氏はまた異なる理解をもっています。荒井氏は生前のイエスをあくまで歴史的場から――すなわち外側から理解しようとしているところに、大貫氏との相違があります。イエスを外側から（歴史的場から）理解しようとする荒井氏は、特にイエスの「振る舞い」（マルコによる福音書が素材としている奇跡物語伝承など）を重視しています。対して、内側からもイエスを理解しようとする大貫氏は『イエスという経験』において、イエスの「語録」（マタイ・ルカが素材としているQ資料など）を重視しています。また、『イエスの時』において大貫氏は、荒井氏の「歴史の再構成にとって『内的動機づけ』の解明は必ずしも不可欠ではない」という趣旨の発言について、《残念ながら、私はこの見方を受け入れることはできない》と述べています（『イエスの時』、106頁）。

（a）《全時的今》

大貫隆氏は、生前のイエスは独自の時間理解をもっていたであろうことを述べています。イエスは、過去－現在－未来へと進む「直線的な」時間感覚とはまた異なる時間感覚を抱いていたというのです。《全時的今》とは、そのイエス特有の時間理解を表している新しい術語です。

たとえば、大貫氏はマルコによる福音書1章15節[528]を《今この時は満ちている》と解釈し、その「今」とは、過去、現在、未来のあらゆる時を内包する（あらゆる時が充溢する）「今」——すなわち《全時的今》であると受け止めています。

《イエスにとって「今」は、過去、現在、未来のあらゆる時に「満ちている」のである。「(神は) お造りになった被造物を終わりの時、一度に生かすであろう」というユダヤ教黙示思想の待望（エズラ記ラテン語五45）が、この「今」においては実現している。それは時間と対立しているわけではなく、あらゆる時間を内包しているのだから、「永遠の現在」（C・H・ドッド）と呼ぶよりは、「全時的今」と呼ぶ方がよい。これが私の提案である。この「今」は、過去から現在へ、現在から未来へと流れる線状的な時間（クロノス）の一こまではなく、それを垂直的に切断して現れている「今」である》。[529]

福音書に内在する生前のイエスの言葉（特にQ資料[530]由来の言葉）を復元すると、この独特な時間理解が浮かび上がって来るというのが大貫氏の解釈です。

◎**Q資料**

イエスの言葉を集めた文書資料（語録集）。一般に、ドイツ語の「Quelle（資料）」のイニシャルを取って「Q資料」と表記される。マタイとルカの著者はマルコ福音書の他に、このQ資料を用いたと考えられている。

《それは時間と対立し、それを超越するような「永遠の今」ではない。それは線状的な時間軸で言う過去、現在、未来のあらゆる時間を凝縮して、内包している「今」である。私たちはマルコ1章15節、すなわちイエスの宣教の第一声をこの意味に解して、「今この時は満ちている」と訳すことをも合わせて提案した（Ⅳ章一）。イエスこそはその全時的「今」を生きた人間であった》。[531]

この《全時的今》をもって世界を見ると、どのように見えるのか。大貫氏はその世界認識を《宇宙の晴れ上がり》と表現しています。

《サタンが稲妻のように天から落下する（ルカ一〇18）のを見た[532]後のイエスの目には、あたかも雷雨のあがった直後の清澄な大気の中のように、今や天地万物が変貌し、まったく新しい姿で立ち現れる。最近の宇宙物理学が

528　新共同訳《時は満ち、神の国は近づいた。悔い改めて福音を信じなさい》。

529　大貫隆『イエスという経験』、88頁（岩波現代文庫版100、101頁）。

530　Q資料の本文の復元を試みた書としては『Q資料・トマス福音書　本文と解説』（新免貢訳、日本基督教団出版局、1996年）、Q資料の復元とそれに基づく新たなイエス像を論じた書としてはバートン・L・マック『失われた福音書 —— Q資料と新しいイエス像（新装版）』（秦剛平訳、青土社、2005年）などを参照。

531　大貫隆『イエスという経験』、240、241頁（岩波現代文庫版284頁）。

532　大貫氏は《イエスの覚醒体験》として、ルカによる福音書10章18節の「サタンの墜落」を挙げ、その幻視体験がイエスの召命と結びついていると解釈をしています（同、43－47頁。岩波現代文庫版50－55頁）。サタンが追放された天上では、神の国が実現し、「天上の祝宴」が始まっている。大貫氏はこの「天上の祝宴」（マタイによる福音書8章11、12節／ルカによる福音書13章28、29節）をイエスの《全時的今》の認識を示す根本的なメタファー（比喩）として捉えています（同、47－50頁。岩波現代文庫版55－59頁。大貫氏の表現を借りると、《ルート・メタファー1》）。大貫氏はイエスの非差別者たちとの会食は《預言者的な象徴行動》であり、「神の国」の祝宴を目に見えるかたちにするものであると理解しています（同、150頁。岩波現代文庫版177頁）。

《ルート・メタファー》とは、イエスの世界認識（『神の国』の《イメージ・ネットワーク》）を構成する《より根源的な

いわゆるビッグ・バンの文脈で使う表現を借りれば、正に「宇宙の晴れ上がり」である。遠藤周作が「長い長い夜があけ、黎明の光がさしこんだという印象」(『イエスの生涯』六二頁)を受けたのは、イエス自身にもその時初めて開かれた天地万物の新しいイメージなのだ》[533]

その《宇宙の晴れ上がり》とは言い換えれば、創世記1章31節に記される天地創造の第6日目の姿――造られたすべてのものが神の目に「極めて良かった」という姿――が目前に立ち現れることでもあります。《「宇宙の晴れ上がり」と共に、イエスの目には自然が変貌し(Ⅲ章五)、「造られたものすべては極めて善かった」(創一31)という太古の創造の六日目の姿で立ち現れているのである》[534]

生前のイエスのこの独自の時間理解とそれに基づく世界認識が最も鮮明なかたちで表されている聖書箇所のひとつとして、大貫氏はルカによる福音書12章22―32節/マタイによる福音書6章25―33節を挙げています。以下、該当箇所を『イエスという経験』から大貫氏の訳で引用します。

《(ルカ一二章22―32節)22 そこで彼(イエス)は弟子たちに言った。「だから私はあなたがたに言っておく。いのちのことで何を食べようか、体のことで何を着ようかと思い煩うな。23 いのちは食べ物よりも大切であり、体は着るものより大切なのだから。24 からすをつぶさに見なさい。蒔かず、刈らず、納屋もなければ、倉もない。しかし、神は彼らを養っていてくださる。あなたがたは鳥よりもどれほど優れた者であろう。25 あなたがたの内の誰が、思い煩ったからといって、自分の背丈をわずかでも伸ばすことができようか。26 そんな小さなことさえできないのに、なぜ他のことまで思い煩うのか。27 草花がどのように育つものか、つぶさに見なさい。紡ぎもせず、織りもしない。しかし、私はあなたがたに言う。栄華を極めたソロモンでさえ、その一つほどにも装ってはいなかった。28 もし、今日は野にあっても明日は炉に投げ込まれる草をさえ、神はこのように装ってくださるのなら、ましてあなたがたにはなおさらのことではないか。信仰の薄い者たちよ。29 そこであなたがたは、何を食べようか、何を着ようかと求めるな、また、あくせくするな。30 なぜなら、これらはすべて、この世の異邦人たちが必死で求めているものだ。しかし、あなたがたの父は、これらのものがあなたがたに必要なことを知っておられる。31 むしろ、神の国を求めなさい。そうすれば、これらのものはあなたがたに添えて与えられる。32 恐れるな、小さな群れよ。あなたがたの父はあなたがたに神の国をくださることをよしとされたのだから》。[535]

大貫氏は前記のルカの本文がそのまますべて生前のイエスの発言であるとは考えにくい[536]としながらも、そこに表されている自然の新しいイメージに注目しています。ここで語られる鮮烈な自然のイメージは、洗礼者ヨハネや従来の黙示文学の自然観とはまったく異なっている。まるで《その変貌ぶりは、写真のネガとポジ、モノクロとカラーの違いである。事実、新約聖書全体の中でも、この記事ほど読者に豊かな色彩的イメージを喚起する箇所は他にない》。[537] 大貫氏はこの新しい自然のイメージの中に、《神の無条件の育み、無条件の肯定》を見ています。《イエスの目には、空の鳥と野の草花が人間と共なる被造物として、生かされてあるいいのちという根源的な現実をレベル》での「神の国」のメタファー（比喩）のことです（大貫氏はこの用語は古川敬康氏の教示に負っているものであると述べています。同、57頁。岩波現代文庫版66頁）。

533　同、69頁（岩波現代文庫版80、81頁）。
534　同、169頁（岩波現代文庫版198、199頁）。引用した文章は、「イエスにおいて旧約聖書の清浄規定の律法はすでに廃棄されている」という文脈の中で語られています。
535　同、70頁（岩波現代文庫版81、82頁）。
536　大貫氏は29－32節は原始キリスト教会の伝承に由来するものであるとし、生前のイエスの元来の発言とは区別しています（同、71頁。岩波現代文庫版82頁）。
537　同、71、72頁（岩波現代文庫版83頁）。

啓示するものとして映っている。しかも、この被造世界のイメージには「悪」が存在しない。（略）モーセ律法が設けた浄と不浄、善と悪、価値と無価値の区別が一挙に無化され、すべてが神の無条件の育み、無条件の肯定の下に置かれている》。[538]

生前のイエスを、創造神（いのちなる神）の「無条件の肯定と招き」を伝える「啓示者」として理解する立場については、生前のイエス像の項ですでに述べました。大貫氏もそれと共通する理解に立ってこれらの文章を記しているわけですが、『イエスという経験』においてはそれを「内側から」――生前のイエスの世界認識という観点から――探求しているところに重要な意義があります。そしてその際、イエス特有の《全時的今》なる時間理解が重要なポイントとなるのです。

（b）「アッバ」なる《全時的人格》

生前のイエスが指し示そうとしていた「新しい世界の在り方（＝『神の国』）」、それが本論で述べようとしている「十全性」の内実になります。そこに立ち現れているのは過去－現在－未来という直線的な時間軸を内包する「今」であり、その「今」のただ中においては、ひとつひとつの存在が無条件の肯定の下に置かれています。生前のイエスは、この十全性（十全なる今、《全時的今》）の内実を生きた人物であったのだと受け止めることができるのではないでしょうか。

そして、福音書から汲み取れることは、生前のイエスがその十全性（十全なる今、《全時的今》）の背後に「人格的存在」を見ていたことです。[539] すなわち、充溢する「今」のただ中に、自分に相対し、絶えず自分に語りかけ、かつ自分も語りかけ得る人格的存在を見出していた。生前のイエスはその人格的存在を「アッバ」[540]と呼びました（マルコによる福音書14章36節）。

これは従来の伝統的なユダヤ教の「神」観とは異なるものであり、大貫隆氏は《イエスは自然の変貌と共に、「父なる神」を発見した》[541]のだと述べています。《誰の上にも太陽を昇らせ、誰の上にも雨を降らせる神は、人間同士が設ける「善」と「悪」、「正」と「不正」の区別を絶対的に無化して、すべてを無条件に肯定している。この自然観が前節で述べた自然の変貌と軌を一にしていることは明らかであろう。とすれば、イエスは自然の変貌と共に、「父なる神」を発見したのである》。

生前のイエスが「アッバ」と呼んだ人格的存在――過去‐現在‐未来という直線的な時間軸を内包する「十全なる今」において立ち現れる人格的存在――を、大貫氏の言葉を借りて《全時的人格》[542]と形容することができます。

538　同、72頁（岩波現代文庫版83、84頁）。

539　大貫隆氏は生前のイエスが《全時的今》の背後に「人格的存在」を見出していたとは述べていません。《イエスの場合には、彼自身が歴史の「今」をどう理解し、生きているかが問題》（『イエスの「神の国」のイメージ――ユダヤ主義キリスト教への影響史』、38頁注）であるからです。大貫氏は《イエスの宣べ伝えた「神の国」は詰まるところ「いのち」のことであった》（『イエスという経験』、262頁。岩波現代文庫版308頁）とも述べています（『いのち』という非人格的な語の使用）。

本論と大貫氏の論述との相違は、本論が生前のイエスが《全時的今》の背後に人格的存在を見出していたのではないかと捉えている点です。そして、その人格的存在をイエスは「アッバ」と呼んだと解釈しているところに相違があると言えます。

540　アラム語で「パパ」（日本語では『父ちゃん』）を意味する言葉（幼児が父親を呼ぶ際の言葉）。大貫氏は、この《「アッバ父」なる神》はイエスの世界認識において、「天上の祝宴」と並んで根本的な意味をもつ語であるとしています（同、77頁。岩波現代文庫版90頁。大貫氏の表現を借りると、《ルート・メタファー2》）。

541　同、75頁（岩波現代文庫版87頁）。

542　同、243頁（岩波現代文庫版286頁）。ただし、大貫氏は生前のイエスの《全時的今》にではなく、後述するヨハネ福音書のキリスト論においてこの語を用いています。

〜「アッバ」なる《全時的人格》〜
過去‐現在‐未来という直線的な時間軸を内包する「十全なる今（《全時的今》）」において立ち現れる人格的存在。
あらゆる時間・場所におけるあらゆる存在（被造物）を〝そのもの〟として内包する。

この《全時的人格》には、あらゆる時間・場所におけるあらゆる存在が〝そのもの〟として内包されています。その《全時的人格》に内包される存在として自己を意識するとき、イエスはその外なる《全時的人格》を「アッバ」と呼びました。また同時に、その《全時的人格》を内包する存在として自己を意識するとき、イエスはその内なる《全時的人格》を「わたしである（ἐγώ εἰμι）」（ヨハネによる福音書8章28節他）との言葉をもって形容したというのが本論の考えです（内なる《全時的存在》の枠組みについては『内住のキリスト』の項で言及します）。

（c）「神の子」なる《全時的人格》――十全のイエス・キリスト

生前のイエスが発見した「アッバ」なる《全時的人格》。これは、生前のイエスを「内側から」見ることによって――福音書に内在する生前のイエスの世界認識を考察することによって――立ち現れてくるものです。この枠組みにおいては、生前のイエスは「アッバ」なる《全時的人格》を啓示する存在（啓示者）となります。

次に、生前のイエスの「外側から」この事態を見るとどうなるでしょうか。言い換えますと、（伝統的な）キリスト教信仰の「内側から」[543]この事態を見るとどうなるでしょうか。

その視点に立つと、イエス・キリストは《全時的人格》の啓示者ではなく、それを体現する存在となります。今度は、イエス・キリスト自身が、《全時的存在》として立ち現れてくるのです。「神の子」なる《全時的人格》と

十全のイエス・キリスト

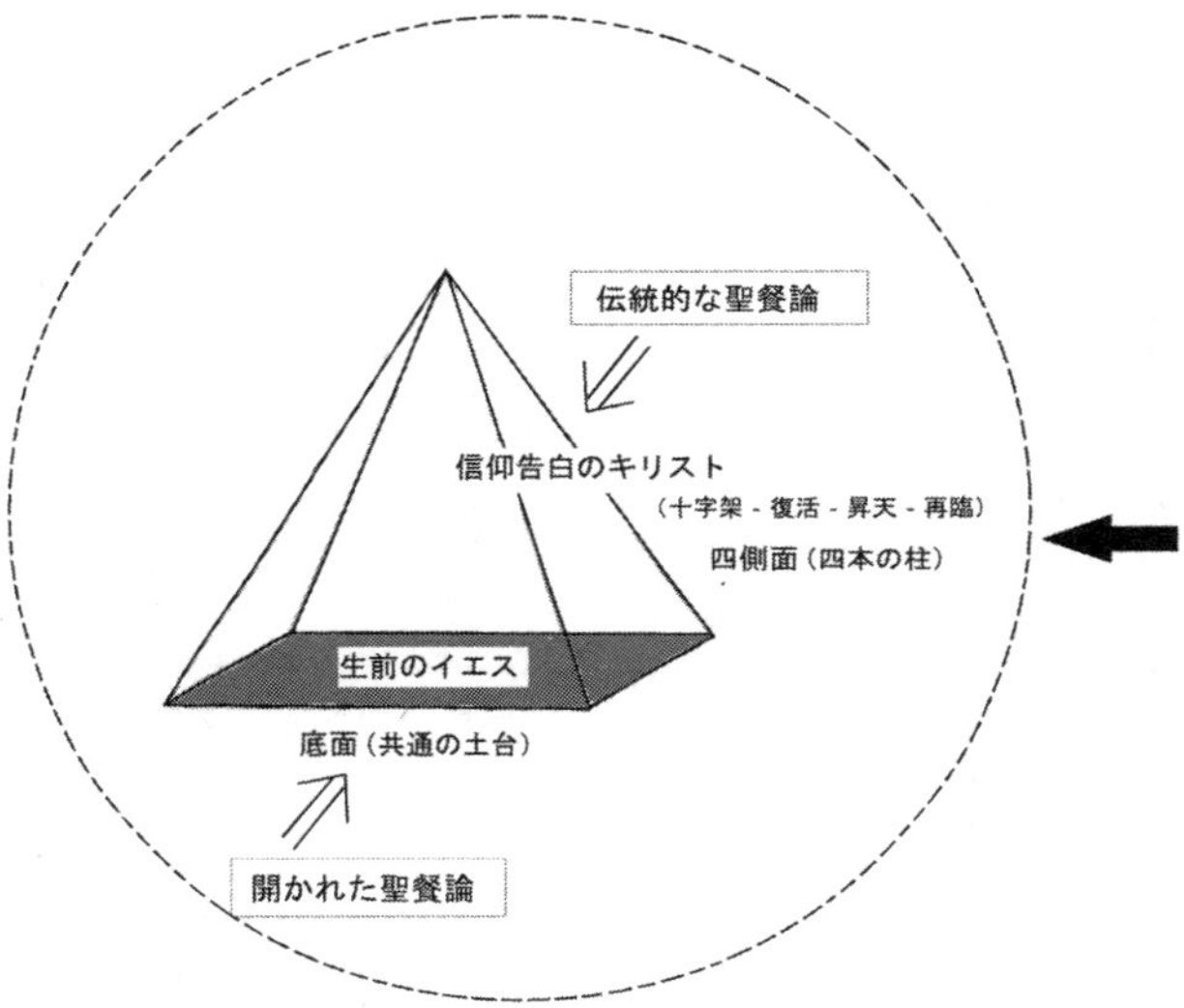

してのイエス・キリストです。

この「神の子」なる《全時的人格》は「アッバ」なる《全時的人格》と「ひとつ」であり、「同質」の存在です。と同時に、「アッバ」なる《全時的人格》とは別の「人格（位格）」として区別されます。本論は、この「神の子」なる《全時的人格》としてのイエス・キリストを「十全のイエス・キリスト」と呼んでいます。

この「神の子」なる《全時的人格》には、「生前のイエス」および「十字架のキリスト」「復活のキリスト」「昇天のキリスト」「再臨のキリスト」のすべてのキリスト像——過去－現在－未来のあらゆるキリスト像——が〝そのもの〟として内包されています。

543 大貫隆氏は聖書解釈において、歴史上のイエスの「内側から」の見方と「外側から」の見方を混同しないことの大切さを述べると共に、キリスト教信仰の「内側から」の見方と「外側から」の見方を方法論的に区別・統合することの必要性を指摘しています（『イエスの時』、113–116頁）。

〜「神の子」なる《全時的人格》〜

過去－現在－未来という直線的な時間軸を内包する「十全なる今（《全時的今》）」において立ち現れる人格的存在。

あらゆる時間・場所におけるあらゆるキリスト像を〝そのもの〟として内包する。

（d）大貫隆氏によるヨハネ福音書のキリスト論――《全時的キリスト》

ここで参照したいのが、大貫隆氏によるヨハネ福音書のキリスト論です。第一部において、ヨハネ福音書のイエスは、パラクレートスによって想起され「現前しているイエス」でもあり、そこには「先在のキリスト」「生前のイエス」（あるいは『内住のキリスト』）「十字架のキリスト」「復活のキリスト」のすべての側面が含まれていることを述べました。

このようにイエス・キリストの「人格（Person）」の内に「先在」「受肉」「十字架」「昇天」などの救いの業とその道のりが内包されている事態を、大貫隆氏は《人格的内包》（あるいは《キリスト論的内包》）と呼んでいます（第一部第7章「ヨハネによる福音書のキリスト像」第6項を参照）。《ヨハネ福音書の著者にとっては、イエス＝キリストは過去、現在、未来のあらゆる時を自分の内に含む「全時的人格（位格）」なのである。それは言わば彼の頭の中にしっかりとインプットされた思考の基本文法である》。[544]

大貫氏はヨハネ福音書が「神の国」ついて僅か2回[545]しか語らないことの理由として、ヨハネにおいてはイエス自身が《全時的存在》と終始考えられており、生前のイエスが宣べ伝えた「神の国」に取って代わっているからであると述べています。《その理由は明白である。ここではイエスその人が、過去、現在、未来のあらゆる時を自分自身の中に内包する存在、言わば「全時的存在」と終始考えられており、生前のイエスが宣べ伝えた「神の国」

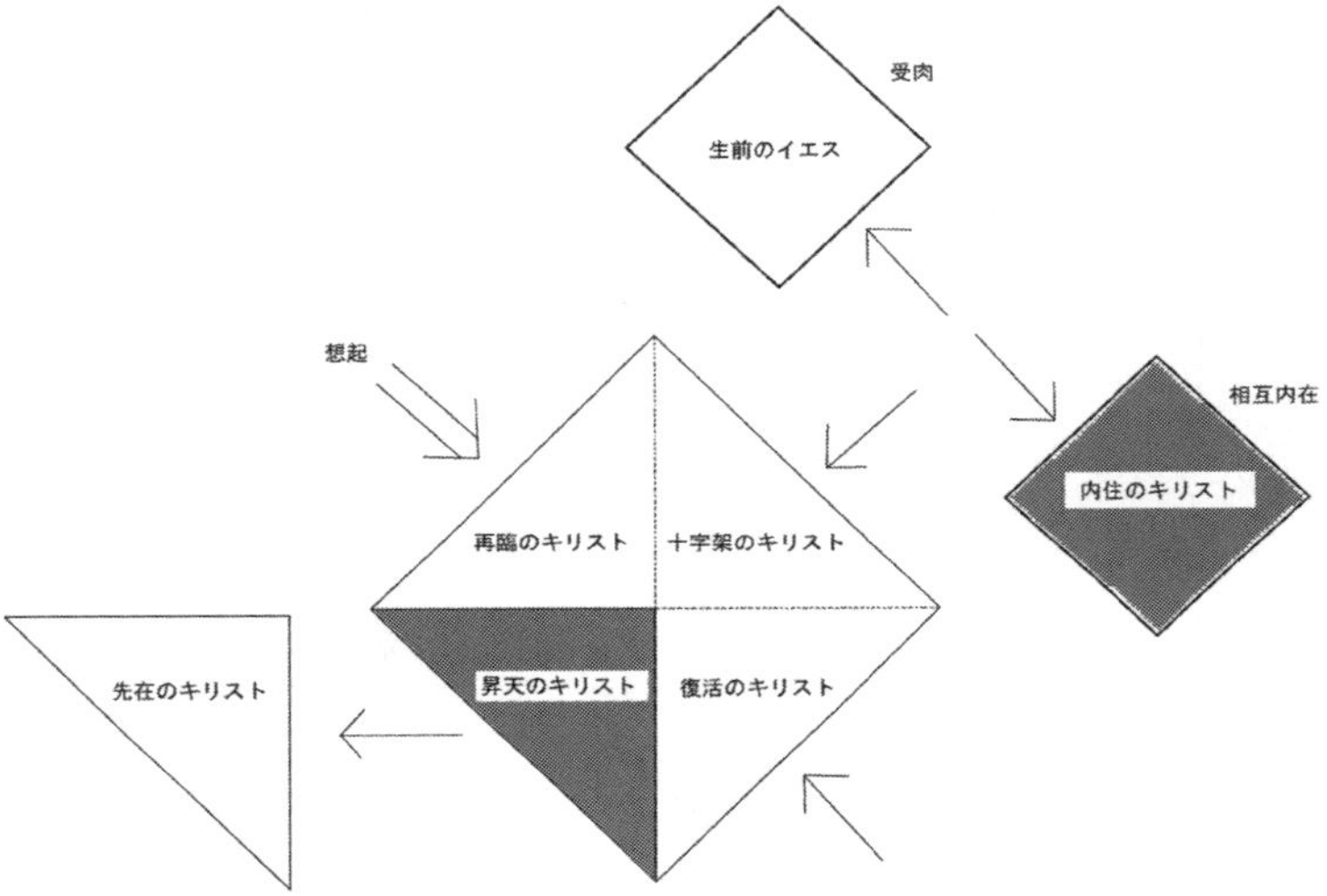

パラクレートスなる聖霊によって、
これらの各側面が一斉に（＝共時的に）想起

に取って代わっているからである》。[546]

イエスがそのような《全時的存在》であることは、すでにヨハネ福音書の冒頭1章1－5節から明らか[547]であり、ヨハネ福音書では《全時的人格としてのイエス・キリストの「今」》、すなわち《全時的今》が繰り返し顔を出す[548]と大貫氏は指摘します。

《これらすべての箇所について観察されることは、過去から現在を経て未来へと「流れる」時間の線状的連続性が、「全時的今」によって切断される事態である。これがヨハネによる福音書の著者の計算づくの書き方なのかどうか、私には未だに判断がつきかねている。いずれにせよ次のことは確かである。すなわち、このような書かれ方をしているヨハネ福音書を読者が読んでゆくうちに、彼のそれまでの常識的な時間理解は一度破綻に導かれる。そ

544 『イエスという経験』、243頁（岩波現代文庫版286頁）。
545 3章3、5節。これらの言葉をニコデモとイエスの対話（3章1－21節）の一部として捉えると、場面的には1回のみの言及。
546 同、242頁（岩波現代文庫版285頁）。
547 同、242、243頁（岩波現代文庫版285、286頁）。
548 同、243、244頁（岩波現代文庫版287、288頁）。たとえば3章13節、4章23節、5章24、25節。

の破綻の向こうから、全く未知の時間、「全時的今」、さらにはその背後に立つあの「全時的人格」が到来するのを経験することになる》。[549]

大貫氏がヨハネ福音書のキリスト論に用いている《全時的キリスト》を、本論は「十全のイエス・キリスト」と呼び換えているのだと言えます。[550]

以上に述べてきたことが、十全のイエス・キリストの内実の前半部です。本論の独自性は、そこに「相互補完性」を加えていることです。《「十全のイエス・キリスト像」の内実は、あらゆる時間・場所におけるあらゆるキリスト像を〝そのもの〟として内包する《全時的人格》である》。このキリスト像は、福音書に内在する「生前のイエスの世界認識」を考察することによって言語化されていくものです。

(2) この《全時的人格》は私たちに「存在性の確保」と「相互補完性の意識化」を教える

次に、十全のイエス・キリストの内実の後半部《この《全時的人格》は私たちに「存在性の確保」と「相互補完性の意識化」を教える》について、説明をします。十全のイエス・キリスト像の枠組みにおいて重要な命題は、「存在性の確保」と「相互補完性の意識化」であると本論は考えています。

(a) 存在性の確保

ここでの「存在性」は、「ある存在が確かに存在していた」ことを意味する語として用いています。「存在性の確保」とは、「一度存在したその存在が、なかったことにはされないこと」を指しています。決して廃棄されることはないその存在の「固有性(かけがえのなさ)」と言い換えることもできるでしょう。

存在ではなく存在性という語を用いているのは、そこに、現在「在る」ものだけではなく、過去に「在った」ものの、そして、これから先に「在るであろう」ものも含めているからです。《全時的今》においては、過去–現在–

未来という時間軸が内包されていることはすでに述べた通りです。過去にあり、現在あり、そして将来あるであろう、ひとつひとつの存在そのものを「なかったことにしない」ことが、「存在性の確保」という命題です。十全のイエス・キリストの枠組みにおいては、この存在性の確保が第一の命題となります。十全という言葉がもつ「ひとつも欠けがないこと」に、本論はこの存在性の確保の意味を込めています。

十全のイエス・キリスト像の中には、多様なキリスト像が内包されています。過去に言語化された様々なキリスト像、現在言語化されつつあるキリスト像、そしてこれから言語化されるであろうキリスト像。そのひとつひとつのキリスト像が〝そのもの〟として、この《全時的人格》の内に内包されています。

よって、十全のイエス・キリスト像は、従来の信仰告白のキリスト像と対立するものではありません。十全のイエス・キリスト像は伝統的な信仰告白のキリスト像と対立する関係性にあるのではなく、信仰告白のキリスト像を「内包する」関係性にあるのだと本論は捉えています。

ここには、「正しい」キリスト像もなければ、「間違っている」キリスト像もありません。《全時的人格》の無条件の肯定の中で、ひとつひとつのキリスト像が〝そのもの〟として存在[551]しています。

〝そのもの〟という語は、存在性と結びついている語です。ひとつひとつのキリスト像は固定されたものではなく、絶えず変化をし続けるものですが —— あるひとつのキリスト像が人間によって絶対化され、極端化されてしまっているのだと言えるでしょう。

549 同、244頁（岩波現代文庫版288頁）。
550 大貫隆氏の本論の第一部に対する総評より。《大貫が（史的イエスに用いた「全時的今」ではなく）ヨハネ福音書のキリスト論に用いた「全時的キリスト」を「十全のイエス・キリスト」と呼び換え、それに著者自身の「相互補完」という統合原理を加えて、全体の統一性を論証することが基本的意図》（大貫隆『鈴木道也『試論「十全のイエス・キリスト」へ』第一部へのメモ』）。
551 私たちは日常の線上的な時間認識においては、多くの場合、《全時的人格》に内包されるキリスト像の「一側面」に出会っているのだと言えるでしょう。

まうこともありますが――、それでも、そのキリスト像の存在そのものは否定することができないものです。確かに存在していたことは、決して否定できないことです。

そして、ひとつひとつのキリスト像を「確かに存在している」こととすることは、そのひとつひとつのキリスト像に自身の信仰の実存を懸けて生きた無数の人々の存在を「なかったことにしない」こととつながっています。ひとつひとつのキリスト像の内には、そのキリスト像を信仰してきたすべてのキリスト者が内包され[552]ています。この十全のイエス・キリストの枠組みにおいて、私たち一人ひとりが生きて存在したことは、決して否定できないこと[553]なのです。

十全のイエス・キリスト像においては、神によって造られた一人ひとりの存在が、決して「なかったこと」にされないことが、至上命題となります。これは、別の言い方をすると、存在を「なかったこと」にしようとする力に対しては徹底して抗うことを意味しています。本論が根本的な命題として比重を置いているのも、この「存在性の確保」です。

(b) 相互補完性の意識化

十全のイエス・キリストの枠組みにおけるもうひとつの命題は、「相互補完性の意識化」です。第一の命題「存在性の確保」を踏まえるとき、この第二の命題が私たちの前に立ち現れてきます。ひとつひとつの存在には相互に補完性があり、役割分担があることを見出そうとする視点です。

相互補完性については、すでに本論で繰り返し述べてきた通りです。四福音書に内在するキリスト像の相違とその相互補完性を考察すること通して、本論はこれまで、この相互補完性の意識化という命題について述べて来ました。十全という言葉がもつもうひとつの意味、「違いがありつつ、ひとつ」であることについてです。

少数を多数に同化させようとする、あるいは違いを排除しようとする全体主義的な言説は形を変えながら、私たち人間の歴史に繰り返し登場しています。これらの全体主義的な支配は、他者の存在性を否定し、相互に補完し合う関係性を否定する力によって成り立っていると言えるのではないでしょうか。全体主義的な支配は、現代においても起こり得るものです。そのような中にあって、存在性と相互補完性について言語化し、そして現実化していくことは、これからの時代を生きる私たちにとって重要な事柄であると考えています。

552 そして、互いに補い合う者として組み合わされ、一人の「新しい人」へ向かって成長を続けていきます（エフェソの信徒への手紙2章15節、4章11–16節）。

553 リルケの『ドゥイノの悲歌』の第九の悲歌はこの項で述べていることを詩的に表現しています。《いや、そのわけは、この地上に存在するということはたいしたことであるからだ、そしてこの地上に存在するすべてのものが、／われわれ人間を必要としているらしく思えるからだ。これらのうつろいやすいものたちが、／ふしぎにわれわれにかかわってくる、ありとあらゆるもののうちで最もうつろいやすいわれわれに。／あらゆる存在は一度だけ、ただ一度だけ。一度、それきり。そしてわれわれもまた一度だけだ。くりかえすことはできない。しかし、／たとい一度だけでも、このように一度存在したということ、／地上の存在であったということ、これは破棄しようのないことであるらしい。／（略）見よ、わたしは生きている、何によってか？　幼時も未来も／減じはせぬ……みなぎるいまの存在が／わたしの心内にほとばしる》（リルケ『ドゥイノの悲歌』、手塚富雄訳、岩波文庫、２０１０年改版第1刷、70、76頁）。

第4章　今後の展望――内住《ないじゅう》のキリスト像

結びとして、今後の展望について述べます。「生前のイエス像」を言語化する段階[554]が一区切りした後、次は、「内住のキリスト像」とその枠組みを本格的に言語化する段階に入っていくというのが本論の仮説です。その簡単な見取り図を示して、第二部を締めくくりたいと思います。

本論が考える内住のキリスト像の内実は――あくまで暫定的なものですが――以下のようなものです。

～内住のキリスト像の内実～

これから本格的に言語化されていく新たなキリスト像は「内住のキリスト」である。「内住のキリスト像」は「信仰告白のキリスト像」「生前のイエス像」と共に、これから、新たなキリスト像の定数のひとつとして加えられる。内住のキリスト像は私たち一人ひとりに、「個」をより深く探求し、個人としての認識と自由を取り戻していくよう教える。

この枠組みにおいては、必ずしも洗礼と聖餐という聖礼典（サクラメント）は必要とされない。

1　内住のキリスト像――新たな定数のひとつとして

前半部《これから本格的に言語化されていく新たなキリスト像は「内住のキリスト」である。「内住のキリスト像」は「信仰告白のキリスト像」「生前のイエス像」と共に、これから、新たなキリスト像の定数のひとつとして加えられる》について説明します。

内住のキリストについては、すでに第一部第7章「ヨハネによる福音書のキリスト像」でも触れました。内住のキリストとは、その言葉が意味している通り、私たちの「内に住む」キリストを指しています。この内住のキリストは、四福音書の中では、ヨハネ福音書のみが一部言語化しているものでした。

この内住のキリスト像については、キリスト教が誕生して間もない頃から言語化されていました。しかし、これまでのキリスト教の歴史においてはメインストリームにはなり得ず、信仰告白のキリストの枠組みからは外れるものとされてきました。いわゆる「神秘主義的」なキリスト理解として、傍流的な位置付けにされ続けてきたと言えるでしょう。内住のキリスト像とその枠組みは、これまでは神秘主義（mysticism）や霊感主義（spiritualism）と呼ばれた一部の人々によって担われてきました。傍流的な位置付けではありましたが、地下水脈のように途絶えることなく流れ続け、受け継がれてきたイエス・キリストの一側面です。

この内住のキリスト像がこれから先、集中して言語化され、キリスト像の新たな定数のひとつとして加えられていくであろう、というのが本論の仮説です。そしてそれは、前章で述べた十全のイエス・キリスト像が、私たち一人ひとりの「内に（も）在る」ようになることを意味しています。

従来のキリスト像との関係性を図で表すと、次頁のようになります。生前のイエス像が底面部（共通の土台）、信仰告白のキリスト像が側面（四本の柱）であるとすると、内住のキリスト像は天井部に相当します。

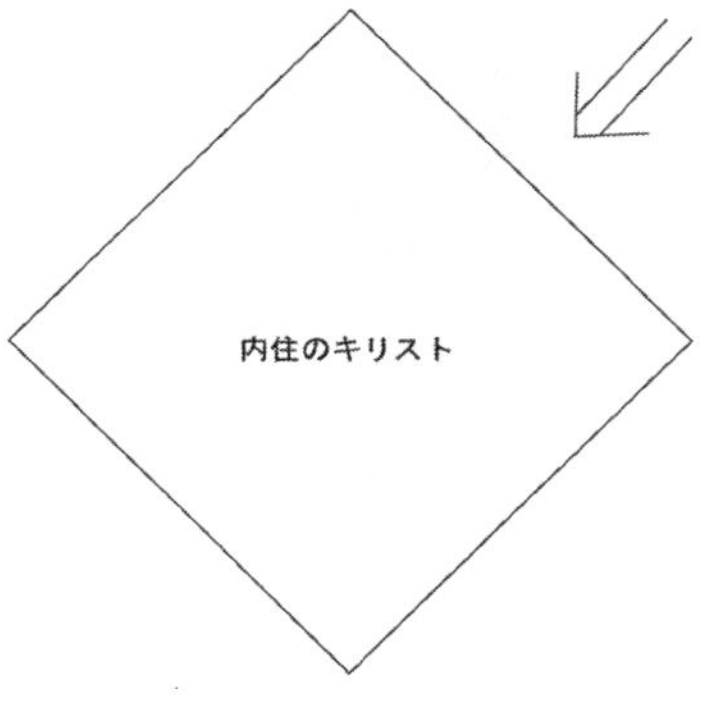

554 特に、20世紀後半から現在にかけて、生前のイエス像の内実が集中的に言語化されてきています。

内住のキリストの側面を天井部に組み込んだとき、正六面体の、新たな「十全のイエス・キリスト像」が立ち上がります。この観点からすると、信仰告白のキリスト像に、生前のイエス像と内住のキリスト像を「橋渡しする」[555]新たな役割が付されることとなります。信仰告白のキリスト像には、そのような歴史的な意義もあったのだと考えています。

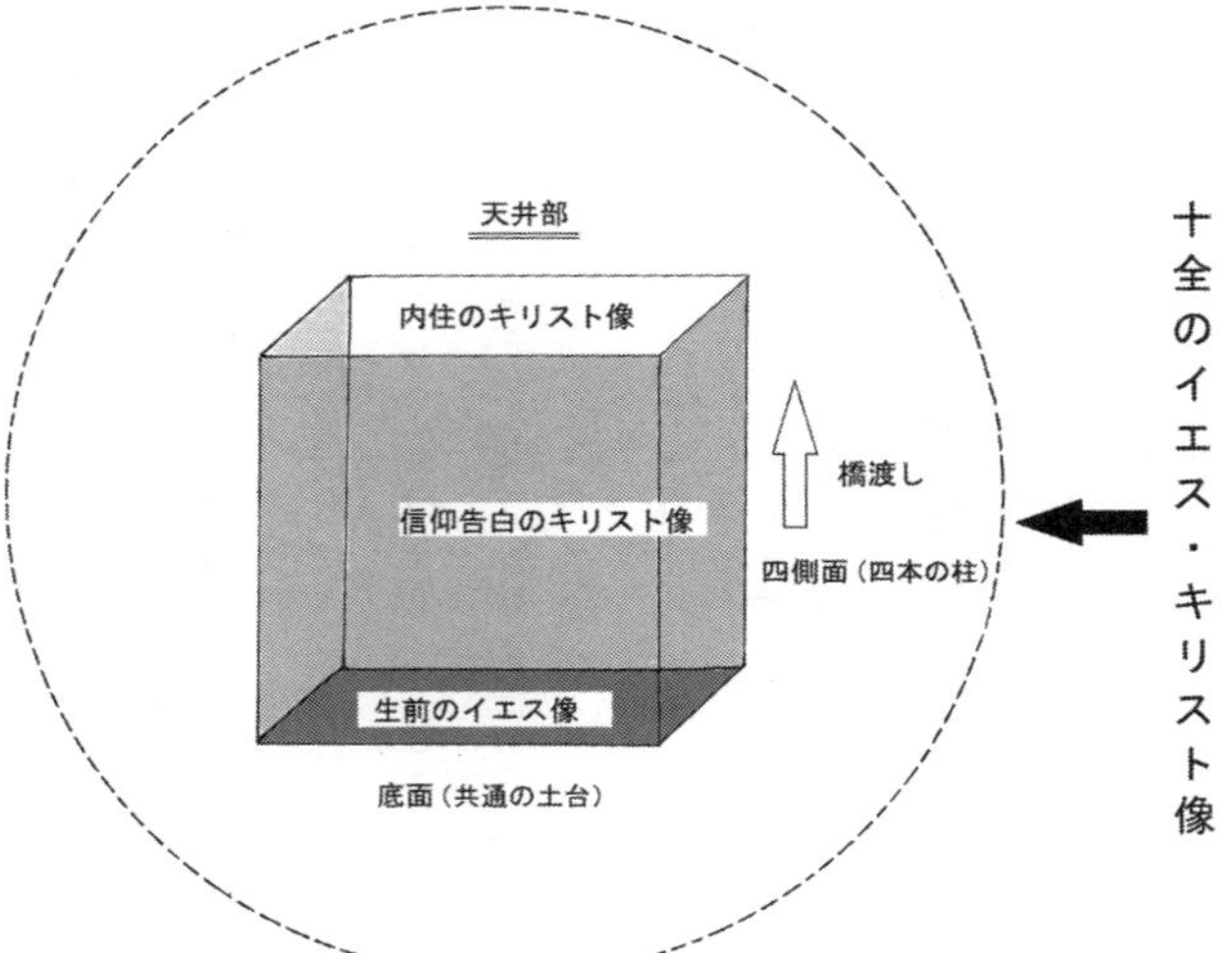

2　内住のキリストを示唆する箇所

新約聖書において内住のキリストを示唆する箇所として、幾つかの箇所を引用しておきます。第一に挙げられるのは、ヨハネによる福音書において、父と子、そして子と弟子たちの「相互内在」が示されている箇所です。

ヨハネによる福音書17章20－26節、私訳

17:20　私はこれらの者のためだけではなく、彼らの言葉によって私を信じる者たちのためにも願います。

17:21　皆がひとつでありますように。父よ、あなたが私の内に〔おり〕、そして私があなたの内に〔いる〕ように、彼らも私たちの内にありますように。世があなたが私を遣わしたことを信じますように。

17:22　また私はあなたが私に与えてくださった栄光を彼らに与えました。私たちがひとつ〔である〕ように彼らがひとつでありますように。

17：23　私は彼らの内に〔おり〕、そしてあなたは私の内に〔おられます〕。彼らがひとつへと完成される者でありますように。あなたが私を遣わしたこと、そしてあなたが私を愛したように彼らを愛したことを世が知りますように。

17：24　父よ、あなたが私に与えてくださったもの、私は望みます、私がいるところに、その人々も私と共にいますように。世の始まりの前にあなたが私を愛し、それゆえに私に与えてくださった栄光を彼らが見ますように。

17：25　義なる父よ、世はあなたを知りませんでしたが、私はあなたを知っていました。そしてこの者たちはあなたが私を遣わしたことを知りました。

555　信仰告白のキリスト像と生前のイエス像を踏まえず、内住のキリスト像「のみ」を強調することには注意も必要です。内なるキリスト像「のみ」が絶対化され、自我が歪んだ形で拡大・増長してしまう危険性があるからです。キリスト教的カルト団体の指導者たちも、そのように自我が増長した状態に陥っていると言えるでしょう（例：自己を再臨のキリストと混同）。自我が極端に拡大・増長した際、特に見失われやすいのは「生前のイエス」の側面です。言い換えますと、イエスの人性に強調点を置く生前のイエス像とその枠組みが、内住のキリスト像とその枠組みが人間性と社会性を見失うことを防止する役割（地に足をつけて活動する、歯止めとしての役割）を果たしているのだと受け止めることができるでしょう。

また、《絶対他者》としての「信仰告白のキリスト」の側面の果たす役割も極めて大きいものです。信仰告白のキリスト像は絶えず《絶対他者》として私たちの前に現れ、私たち人間存在と向き合い、私たちを相対化する役割を担っていると受け止めることができます。

大貫隆氏は論文集『グノーシス考』（２０００年）において、《人間即神也》というグノーシス主義の考え方には《言葉の真の意味で「他者」と呼び得るもの——こちらが勝手に処理することを絶対的に拒みながら、こちらに向き合っているもの——》が根本的に存在していないことを指摘しています。またこのことと関連し、目に見える世界が最終的に消失するグノーシス主義の終末論に触れ、《この表象を実存論的に言い直せば、現実の世界全体が消失して、無限大に膨張した人間の自己だけが残るということであろう。そこには（略）人間に絶対他者として向き合う神が入り込む余地はない》と述べています（「グノーシスと現代思想」、『グノーシス考』所収、岩波書店、351、352頁）。

17：26　そして私はあなたの名を彼らに知らせました。また〔これからも〕私は知らせます。あなたが私を愛してくださったその愛が彼らの内にあり、そして私が彼らの内に〔いる〕ために。

引用した文章の中では、23節「私は彼らの内に〔おり〕（ἐγὼ ἐν αὐτοῖς）……」と26節「……私が彼らの内に〔いる〕ために（κἀγὼ ἐν αὐτοῖς）」において、キリストの内住が語られています。
新約文書の中では、パウロ著のガラテヤの信徒への手紙2章19－20節にも内住のキリストの一端を見出すことができます。

ガラテヤの信徒への手紙2章19節b－20節a、私訳

2：19b　私はキリストと共に十字架につけられている。
2：20a　生きているのはもはや私ではなく、キリストが私の内に生きておられるのである。

20節a「キリストが私の内に生きておられるのである（ζῇ δὲ ἐν ἐμοὶ Χριστός）」にキリストの内住が語られていると受け止めることもできるでしょう。
また、エフェソの信徒への手紙の文言の中にも内住のキリスト像の片りんを見出すことができます。

エフェソの信徒への手紙3章16－17節、私訳

3：16　どうか［父が］その栄光の豊かさにより、あなたがたに力を与えて下さるように。彼の霊を通して、内なる人が強められ、
3：17　信仰を通して、キリストをあなたがたの心の内に住まわせ、愛の内に根ざし［愛に］基づくこと［がで

きるように」。

17節では「信仰を通して、キリストをあなたがたの心の内に住まわせ（κατοικῆσαι τὸν Χριστὸν διὰ τῆς πίστεως ἐν ταῖς καρδίαις ὑμῶν）」という表現があります。新約文書の中で最も内住のキリストを直截《ちょくさい》的に指し示している箇所だと言えるでしょう。

ただし、右記の箇所が内住のキリストを指し示すものであるかどうかについては賛否があることでしょう。ヨハネによる福音書17章23、26節およびガラテヤの信徒への手紙2章20節と、エフェソの信徒への手紙3章17節に含まれる「内に（ἐν）」という表現は、「個」としての一人ひとりを指していると解釈することも、「共同体（教会）」を指していると解釈することも、どちらも可能です。これまでの伝統的な解釈においては、後者の意味として受け止められることが多かったと言えます。内住のキリスト像とその枠組みは聖書に記されてはいますが、必ずしも明確な形では言語化されてはいないという課題があります。

3　ドイツ神秘主義

内住のキリスト像の研究においては、キリスト教神秘主義と呼ばれてきた人々の著作や言説を改めて検討していくことが必要な作業となるでしょう。

たとえば、マイスター・エックハルト（1260 - 1328）、ヨハネス・タウラー（1300 - 1361）、ハインリヒ・ゾイゼ（1295 - 1366）などのドイツ神秘主義に属する文書群を改めて検討することは有益であるでしょう。ドイツ神秘主義共通の根本概念としての「魂の根底（grunt der sele）」[556]は、キリストが人間存在の「内に住まう」場としての「根底（最も深きにある場所、神殿）」であると受け止めることができるからです。

《まことに、父はその子を父の単純な本性のうちで、本性のままに生むのであり、その時、父は真実その子を精神の最内奥で生むのである。つまりこれが内面的世界である。ここでは、神の根底はわたしの根底であり、わたしの根底は神の根底である。ここにおいて、神が神自身のものによって生きるように、わたしはわたし自身のものによって生きる。（略）あなたは、この最内奥の根底から、あなたのわざのすべてを、なぜという問なしに、なさなければならない》[557]（エックハルト、説教５ｂより）。

右記の引用にもあるように、エックハルトは「魂の内における神の子の誕生」について語りました。《精神の最内奥》である「grunt（グルント、根底）」における神の子の誕生です。この神の子の誕生を通して、人間存在は神との合一に至ります。これがエックハルトの中心思想であり、思想上の弟子であるタウラーもこれを受け継いでいます。[558]「根底における神の子の誕生」は、この章においては、「根底における内住のキリストの現存（現臨）」として形容し直すことができるでしょう。

《今日、聖なるキリスト教会では、三重の誕生が祝われますが、（略）第三の誕生は、神は善き魂の中で、毎日、いつでも、恵みと愛によって霊的にお生まれになる、ということです》。[559]《聖書は、一人の子が私たちに与えられた、一人の男の子が私たちのために生まれ、一人の子が私たちに与えられた、と述べています。その子は私たちのものであり、完全に私たちの所有であり、所有以上の所有なのです。その子は常に絶え間なく、私たちの内にお生まれになるでしょう》[560]（タウラー、説教『一人の子が私たちのために生まれ、一人の男の子が私たちに与えられた』Puer natus est nobis et filius datus est nobis より）。

ただし、ドイツ神秘主義は、神学的なパラダイムとしては「信仰告白のキリスト像」の枠組みに重心を置いています。「内住のキリスト像」を志向しながら —— 現存・救いのリアリティを感じながら ——、あくまで伝統的なキリスト教信仰の基本構造内にとどまっているのがドイツ神秘主義だと言えるでしょう。特に、タウラーはそのことに自覚的[561]でした。

556 「根底」については、金子晴勇氏の以下の論述も参照。《Grunt（根底）はエックハルトとタウラーとの共通した学説であり、魂の上級能力である「魂の閃光」（funklein）とか「神の像」（imago dei）また「諸力の根」（Wurzel）と等しく、理性より深い魂の上級の能力であって、身体と魂とから成る人間存在の最も高貴で深淵な部分を指している。「根底」は元来沃土の低地や谷を意味し、やがて泉の湧き出る低地、さらに土台や地盤を指していた。これがエックハルトやタウラーでは宗教的意味をもつようになり、感性や理性を超える霊性の次元を表現するために用いられ、「神の働く場」や「神の住い」を意味し、ここで神の子の誕生や合一と合致が生じると説かれるにいたった。したがって根底は人間学的概念であって、「霊・魂・身体」（spiritus, anima, corpus）という人間学的三区分法における「霊」と同次元に属している。なお、「根底」はタウラーにより「受動的能力」（capasitas passiva）として明確に規定され、神を受容する能力と考えられている》（金子晴勇「ルターからドイツ敬虔主義へ —— 宗教改革の隠れた地下水脈」、『エラスムスとルター —— 一六世紀宗教改革の二つの道』所収、聖学院大学出版会、2002年、210頁）。

557 田島照久編訳『エックハルト説教集』（岩波文庫、1990年）、39頁。

558 エックハルトとタウラーの「grunt（グルント、根底）」理解については、橋本裕明氏『タウラーの〈魂の根底〉の神秘主義』（知泉書館、2019年）も参照。橋本氏は同書においてエックハルトとタウラーの「グルント」概念を比較・検討し、その共通点と相違（《タウラーが創意工夫して展開したグルント概念の独自の内容》、同、7頁）を明らかにすることを試みています。

559 オイゲン・ルカ、橋本裕明訳『中世ドイツ神秘主義　タウラー全説教集　第1巻』（行路社、1989年）、89頁。冒頭の《三重の誕生》とは、《父なる神からの誕生、処女マリアからの誕生、救われた者の心の中での誕生》（同、解説、86頁）を意味しています。

560 同、90頁。

561 橋本裕明氏は《まず、タウラーのキリスト像は伝統的教義に立脚していることが指摘されなければならない。タウラーは橋本裕明氏は、タウラーは師エックハルトの神性との「一」の思想を受け継ぎながら、同時に神と人間の魂との絶対的な「差異」も深く自覚しており、それが結果として彼を正統信仰の枠組みにとどめ得たのではないかと述べています（タウラーの思想上の師であるエックハルトは晩年、『汎神論的』であるなどの異端の疑義をかけられ、死の翌年の1329年に当時の教皇ヨハネス22世より異端宣告を受けています）。

《この神と魂の関係性における「一」と「差異」の両契機、および後者の強調こそが、タウラーの神秘思想の特徴であり、結果として彼を正統信仰の枠内にとどめえたのだといえるのではないだろうか。この立場からして、タウラーはエックハルトを卓越した教師と位置づけながら、他面では異端に傾く危険的要素を嗅ぎとって間接的な批判を加えたのではないかと考えられる》。[562]

伝統的なキリスト教信仰の基本構造に依拠しているか、否か——。これが、後述するキリスト教的グノーシス主義文書との根本的な違いであると言えます。グノーシス主義文書においては、その神学的パラダイムが「信仰告白のキリスト像」から「内住のキリスト像」へと完全に移行しています。そしてそれは、現存・救いのリアリティを感じるキリスト像が完全に「内住のキリスト像」に移行していることを意味しています。それらの「異なる」枠組みに立つキリスト教的グノーシス主義の言説が、キリスト教の初期の歴史においては「異端」とされたことはすでに述べた通りです。

4　キリスト教的グノーシス主義の「福音書」の再検討

キリスト教の歴史において「異端」とされてきたグノーシス。しかし、キリスト教的グノーシス主義文書群——特にグノーシス主義の「福音書」[563]が今後、内住のキリスト像の研究（探求）において重要な役割を果たしていくと本論は考えています。「自己の霊的本質（本来的自己）」の認識（グノーシス、γνῶσις）を通して救済に至る[564]というグ

公会議が決定した信経をふまえてキリストの生を語っている》（橋本裕明『タウラーの〈魂の根底〉の神秘主義』、36頁）とも述べています。その上で、タウラーはニカイア信条などの古代信条には記されていない内住のキリスト像の《信徒の魂内での誕生》（同、37頁）を加えて語っている。

また、タウラーは説教において、復活のキリストよりもむしろ十字架のキリストを強調して語っており、彼の神秘主義は《十字架のキリスト神秘主義》であることを橋本氏は指摘しています（同、41、42頁）。タウラーにとって、神と合一するためにはキリストの受肉、受難、そして十字架が絶対的に欠くことができないものであった。言い換えると、キリストの「人性」は決して欠くことのできないものでした。《キリストの生き方と業、内面の徳、人間への愛を徹底的に探究し、神の子の栄光を最も美しく輝かせている十字架上の苦難を自らの身に追体験することこそが、魂を病んだ人間が神に近づく最善で最短の道である》（同、41頁）ことをタウラーは倦まずに説いたと橋本氏は語ります。ここに、自己の霊的本質（本来的自己）を認識することによって神に至ろうとするグノーシスとの相違——拠って立つ枠組みの根本的な相違——が見られます。タウラーの神学は「内住のキリスト像」を志向しつつ、神学的パラダイムとしては「信仰告白のキリスト像」に重心を置いているものだと受け止めることができるでしょう（その根本にあるキリスト像は『内住－十字架のキリスト像』と形容することができるかもしれません）。

562 橋本裕明、同、92頁。

563 トマス福音書、フィリポ福音書、ユダ福音書、マリア福音書など、新約正典に収められることはなかった福音書。
グノーシス主義の「福音書」の日本語訳については荒木献 大貫隆 小林稔 筒井賢治訳『ナグ・ハマディ文書Ⅱ 福音書』（岩波書店、1998年）を参照。同書には『トマスによる福音書』『フィリポによる福音書』『マリヤによる福音書』『エジプト人の福音書』『真理の福音』『三部の教え』が収録されています。ただし、訳者の一人の大貫隆氏は、序文「グノーシス主義の「福音書」について」において同書に収めた文書のすべてが必ずしも「福音書」の概念に厳密に対応するものではないことを断っています（同、10頁。具体的には、『エジプト人の福音書』と『真理の福音』と『三部の教え』の三つの文書）。また、大貫氏は同シリーズ第一巻『救済神話』に収録されている『ヨハネのアポクリュフォン』は、全体として復活後のキリストと弟子たちとの間の対話形式を取っており、その意味で《「典型的なグノーシス主義の福音書」の中でもさらに典型的なもの》だとしています（同、6、7頁）。

564 このパラダイムにおいては自己の内に閉じ込められている「光（本来的自己）」を認識し、自らの内に統合していくことが「救済」となります。参照：荒井献『トマスによる福音書』（講談社学術文庫）。《それでは、グノーシス主義とは何か。それ

ノーシス主義の枠組みの根本には、内住のキリスト像が関わっていると考えるからです。

（１）自己への志向性

グノーシス主義の特質としてまず挙げられるのは、自己への志向性です。宗教的関心が自己の「内（内部）」へと向かっていることが、グノーシス主義の固有性のひとつだと言えるでしょう。

対照的なのは、伝統的なキリスト教信仰の枠組みです。伝統的なキリスト教信仰において、関心は自己の「外（外部）」へと向かいます。歴史的人物であるナザレのイエスと、そのイエスにおいて現された神の救いの業に徹底して意識が向いていくのです。

関心が自己に向かうのか、それとも、生前のイエスに向かうのか、そこに両者を分ける重大な分岐点があります。[565] そして前者（キリスト教的グノーシス主義）の実存的関心の根底に――意識する・しないに関わらず――内住のキリストへの志向性があると本論は受け止めています。キリスト教的グノーシス主義の根幹には、現存・救いのリアリティを感じるキリスト像としての内住のキリストがあるというのが本論の考えです。

（２）「使徒的であること」と「グノーシスであること」

「使徒的であること」の本質は、「ナザレのイエスという歴史的人物において神が現された」とする信仰（ピスティス）に基づいていることでした。「使徒的」という観点から言えば、グノーシス主義の福音書は確かに、まったく「使徒的ではない」ことになるでしょう。

では、「グノーシスであること（キリスト教的グノーシス）」の本質は、どのようなものでしょうか。本論は、それは、「自己の霊的本質において神が現される」という認識（グノーシス）に基づいていることであると定義したいと思います。

「使徒的であること」の本質
……「ナザレのイエスという歴史的人物において神が現された」
とする信仰（ピスティス）に基づいていること

「グノーシスであること」の本質
……「自己の霊的本質において神が現される」
という認識（グノーシス）に基づいていること

は、端的にいえば、人間の本来的自己と、宇宙を否定的に超えた究極的存在（至高者）とが、本質的に同一であるという「認識」（ギリシア語の「グノーシス」）を救済とみなす宗教思想のことである》（同、102、103頁）。

ハンス・ヨナスは、グノーシス主義において、生来（現存在）の自己は「プシュケー（Psyche 魂）」、本来的（霊的）自己は「プネウマ（Pneuma 霊）」の術語をもって表わされているとしています。ここでの「プネウマ」はキリスト教における聖霊ではなく、グノーシス主義における《救われるべき自己を指す第三の人間論の原理》、《終末論的な本性》を指すものです（ハンス・ヨナス『グノーシスと古代末期の精神　第一部　神話論的グノーシス』、大貫隆訳、ぷねうま舎、２０１５年、180、181、212頁）。

なお、大貫隆氏は、グノーシス主義者の「自己」は《宇宙大に膨張して他者を喪失した自己》であるとし、これまでグノーシス主義研究の場で用いられてきた《「本来的自己」対「非本来的自己」という対句は一考を必要とする》ことを指摘しています。「本来的」「非本来的」という表現は、明確な価値判断を含む。《自己の無限膨張と他者喪失という、グノーシス主義の「本来的自己」そのものが抱える問題性を見落とさないことが重要なのである》（「グノーシスと現代思想」、『グノーシス考』所収、364頁）。この問題提起に関連するものとして、かつて八木誠一氏と荒井献氏の間になされた論争についての見解を述べた「私のグノーシス研究 —— 序にかえて」（『グノーシス研究拾遺 —— ナグ・ハマディ文書からヨナスまで』所収、ヨベル、２０２３年、80–89頁）も参照。

565 両者の共通の前提とされているのは、「先在のキリスト」です（本論第一部「第7章　ヨハネによる福音書のキリスト像」を参照）。

「使徒的であること」と「グノーシスであること」の相違とそのコントラストは、『トマスによる福音書』[566]の語録17とヨハネの手紙一1章1節を並べてみると分かりやすいでしょう。大貫隆氏は、ヨハネの手紙一1章1節がトマス語録17の《正確な裏返し》[567]になっており、《ちょうど写真のポジとネガのような関係にある》[568]ことを指摘しています。

◎トマスによる福音書

1945年にエジプト南部のナグ・ハマディ付近で発見されたナグ・ハマディ文書に収められていた福音書（第Ⅱコーデックス2）。イエスの語録集で、114の語録の内、新約聖書に記されていない固有の言葉（イエスの未知の言葉、アグラファ）が42個含まれる。これらのイエスの未知の言葉はキリスト教的グノーシス主義の立場から記されたものと考えられている。発見された文書はギリシア語からコプト語に翻訳されたもので、ギリシア語原本は遅くとも2世紀後半には成立していたと推測される。

トマスによる福音書　語録17《イエスは「目が見なかったもの、そして耳が聞かなかったもの、そして手が触れなかったもの、そして人々の心に浮かばなかったものを、私はあなたがたに伝えるでしょう」と言った》。[569]

ヨハネの手紙一1章1節《はじめからあったもの、私たちが聞いたもの、私たちの目で見たもの、よく観て、私たちの手で触ったもの、〔すなわち、〕生命のことばについて――》。[570]

トマスによる福音書の語録17は確かに、「仮現論的」であると受け止めることもできるかもしれません。大貫隆氏はトマス福音書の場合、《啓示者と啓示の内容とは本質的に不可分》であり、《その限りでは、トマス語録一七のこの文言も暗黙の中に一定のキリスト論を内包していると言わなければならない》[571]と述べています。私たちはこの語録17から、トマス福音書のキリスト論――トマス福音書が現存のリアリティを感じているキリスト像を垣間見ることができるでしょう。そのキリストとは、目（視覚）・耳（聴覚）・手（触覚）、またそれらの五感に基づいた心（感性）では捉えられない存在である。すなわち、肉体を伴わない――人性から切り離された――キリスト像であることを伺い知ることができます。

---

566 荒井献氏はトマス福音書のギリシア語原本は遅くとも2世紀後半には成立していたとしています（『トマスによる福音書』、講談社学術文庫、29、30頁）。一方、年代をより早い時期――1世紀の最後の30年間と想定する研究者もいます（S・J・パターソン「トマスによる福音書概説」、『Q資料・トマス福音書』所収、新免貢訳、日本基督教団出版局、1996年、130、131頁）。日本におけるトマス福音書の最新の翻訳としては戸田聡氏のものを参照（「【翻訳】『トマスによる福音書』」、『古代キリスト教研究論集』所収、113―135頁）。戸田氏はトマス福音書は2世紀初頭あるいはそれ以降に成立した（共観福音書より後に成立した）としています（「『トマスによる福音書』をめぐる諸問題」、同所収、153頁）。

567 大貫隆「ヨハネの第一の手紙序文とトマス福音書語録一七――伝承史的関連から見たヨハネの第一の手紙の論敵の問題」（『グノーシス考』所収）、149頁注5。なお、この事実はすでにR. Grant/D. N.Freedmann, *Geheime Worte Jesu. Das Thomas-Evangelium*, Frankfurt am Main 1960, S. 132が短く指摘していると大貫氏は注で述べています。大貫氏は論文「ヨハネの第一の手紙序文とトマス福音書語録一七」において両者の伝承史的相互関係を検証し、ヨハネの手紙一1章1節がトマス語録17の《正確な裏返し》になっている事実を説得的に論証しています。

568 同、vii頁。

569 戸田聡訳、『古代キリスト教研究論集』所収、120頁。荒井献訳《イエスが言った、「私があなたがたに、目がまだ見ず、耳がまだ聞かず、手がまだ触れず、人の心に思い浮かびもしなかったことを与えるであろう」》（『ナグ・ハマディ文書Ⅱ　福音書』所収、24頁）。

570 大貫隆訳『ヨハネの第一の手紙』（新約聖書翻訳委員会訳『新約聖書』所収、岩波書店）、800頁。

571 大貫隆「ヨハネの第一の手紙序文とトマス福音書語録一七――伝承史的関連から見たヨハネの第一の手紙の論敵の問題」（前掲書所収）、147頁。

このキリスト教的グノーシスの枠組みにおいては、場合によっては二元論的な世界観が伴います。肉体・物質から解き放たれたところにある「認識（グノーシス）」によって、人間存在は救いに至るものと考えるからです。このパラダイムにおいては多くの場合、キリストの人性は（たとえその価値は否定はされないとしても）救いの上で最重要のものとはなりません。

対して、ヨハネの手紙一1章1節は意図的に、トマスによる福音書の語録17の文言を《論駁のために否定形から肯定形に裏返しにして》[572]います。書かれた年代としては、ヨハネの手紙一の方がトマス福音書より前[573]です。よってトマス福音書の著者がヨハネの手紙一の著者の直接の論敵[574]であったわけではありませんが、後にトマス福音書が受け継いだ「主の言葉」の伝承を当時のヨハネの論敵が用いており、それをヨハネの手紙一の著者が論駁のため《裏返し》にしたものを序に記した[575]と考えられます。

ヨハネの手紙一の著者は論敵の伝承を《裏返し》にすることにより、背後に退けられていたキリストの人性（イエスの人間性）を再び前面に押し出しています。私たちは《生命のことば》をこの耳で聞き、目で見て、心でも観て、そしてこの手で触った。自分たちが現存のリアリティを感じているキリストは肉体をもち、一人の人間として生きた――そして十字架の死によって、完全に救いを成し遂げた[576]ナザレのイエスに他ならないことを手紙の著者は記しています。《ヨハネの手紙の著者にとって、「命の言」とは、人々の間にあって命を与え続けたイエスの生涯というヨハネ福音書のメッセージそのものなのである》。[577]

ヨハネの手紙の著者は、イエスの十字架の死にこそ《救済的重要性がある》[578]と受け止めています。だからこそ、キリストの人性は決して軽視されてはならないものだったのです。

以上のように、「使徒的であること」と「グノーシスであること」は実に対照的であり、まさに互いに《写真のポジとネガ》のような関係にあることがお分かりいただけるかと思います。

（3）生前のイエスの側面の希薄化、内住のキリストへの志向性とのつながり

トマスによる福音書はイエスの語録集であり、マルコによる福音書のように生前のイエスの生が描かれているわけではありません。重要なことは、そもそもトマス福音書においては生前のイエスの側面はもはや重視されていない点です。荒井献氏はトマス福音書における「生けるイエス」[580]は《人間の本来的自己（「光」「霊魂」）が至高者（「父」）と本質的に同質であることを、人間に「言葉」を通して告知する》存在であり、《したがって、この「生けるイエス」（序）は、共観福音書では復活以前に地上で語られたイエスの言葉と並行する言葉を語ってはいるが、初めから地上を超えた存在である》[581]と述べています。

572　同、144頁。
573　本論はヨハネの手紙一の執筆年代を100～110年頃と想定しています。
574　ヨハネの手紙一とその論敵に関しては本論第一部第7章「ヨハネによる福音書のキリスト像」第12項を参照。
575　大貫隆「ヨハネの第一の手紙序文とトマス福音書語録一七――伝承史的関連から見たヨハネの第一の手紙の論敵の問題」、（前掲書所収）144―149頁。
576　ヨハネによる福音書19章30節。
577　レイモンド・E・ブラウン『ヨハネ共同体の神学とその史的変遷――イエスに愛された弟子の共同体の軌跡』（湯浅俊治監訳、田中昇訳）、143頁。
578　同、143頁。
579　トマス福音書の言葉の中で共観福音書と並行する箇所は114個中72個、新約聖書に記されていない固有の言葉（イエスの未知の言葉、アグラファ）は114個中42個（参照：荒井献「解説　トマスによる福音書」、『ナグ・ハマディ文書Ⅱ　福音書』所収、320頁）。
580　トマスによる福音書「序」《これは、生けるイエスが語った、隠された言葉である。そして、これをディディモ・ユダ・トマスが書き記した》（荒井訳、同所収、18頁）。《これらは、生けるイエスが語り、ディディモ・ユダ・トマスが書き記した、隠された言葉である》（戸田訳、『古代キリスト教研究論集』所収、115頁）。
581　荒井献「解説　トマスによる福音書」（前掲書所収）、323頁。

「生前のイエス」の側面が希薄化することには、先に述べた「自己の霊的本質において神が現される（＝未来形）」という認識（グノーシス）が関係しています。自己の霊的本質への志向性が強くなるほど、歴史的人物であるナザレのイエスへの志向性が背後に退いていくことが起こり得るからです。

第一部で述べたように、四福音書の共通の土台となっていたのは生前のイエスの側面でした。だからこそ、「使徒的」であるとされ、新約正典の中に収められることとなったのです。またそして、四つの福音書の間には「相互補完性」が内在していることも、第一部で論じた通りです。[582]

対して、キリスト教的グノーシス主義の福音書の共通の土台となっているのは、内住のキリストの側面であるというのが本論の考えです。自己の霊的本質への志向性は、内住のキリストへの志向性と根幹でつながっていると考えるからです。

この点において、グノーシス主義の福音書とマルコ－マタイ－ルカ－ヨハネの四福音書は根本的に異なっています。同じ「福音書」という呼称が用いられていても、その内実はまことに対照的であるのです。生前のイエスの側面を重視しないグノーシス主義の福音書の言説は紀元90年以降の初期キリスト教会および初期カトリック教会から教会を破壊する教えだとして激しく批判[583]されました（第一部を参照）。

> 四福音書共通の土台
> ……「生前のイエス」の側面
> グノーシス主義の福音書共通の土台
> ……「内住のキリスト」の側面

自己の霊的本質への志向性を表わす言葉として、たとえば次のトマスによる福音書の中のイエスの言葉を挙げることができます。

《イエスが言った、「もしあなたがたを導く者があなたがたに、『見よ、王国は天にある』と言うならば、天の鳥があなたがたよりも先に（王国へ）来るであろう。彼らがあなたがたに、『それは海にある』と言うならば、魚があなたがたよりも先に（王国へ）来るであろう。そうではなくて、王国はあなたがたの直中にある。そして、それはあなたがたの外にある。あなたがたがあなたがた自身を知るときに、そのときにあなたがたは知られるであろう。そして、あなたがたは知るであろう、あなたがたが生ける父の子らであることを。しかし、あなたがたがあなたがた自身を知らないなら、あなたがたは貧困にあり、そしてあなたがたは貧困である」》[584]（トマスによる福音書　語録3、傍線部筆者）。

《あなたがたがあなたがた自身を知る》とき、《あなたがたが生ける父の子らである》ことを知るであろう、と「生けるイエス」は述べます。ここで認識することを促されている自己の霊的本質とは、「至高者」（父）および「生けるイエス」（子）と同一・同質のものです。自己の霊的本質を知り、この本質において「神とひとつとなる」こ

582　当時、正典としての福音書がこの四つに限られたことには極めて重要な意味と必然性とがあったわけですが、今を生きる私たちは、正典とされなかった諸福音書にも改めて向かい合っていくことが求められているでしょう。

583　そこには「生れ出ようとするものを守るための厳しさ」も関わっていることは、本論第一部で述べた通りです。

584　荒井献訳「トマスによる福音書」（『ナグ・ハマディ文書Ⅱ　福音書』所収）、18頁。戸田聡氏による語録3の翻訳は次の通り。《イエスは、「あなたがたを先導する人々が『見よ、王国は天にある』とあなたがたに言うなら、その場合、空の鳥たちがあなたがたより先になるでしょう。彼らが『王国は海の中にある』とあなたがたに言うなら、その場合、魚たちがあなたがたより先になるでしょう。そうではなく、王国はあなたがたの内にあり、そしてあなたがたの外にあります。あなたがた

とがトマス福音書における救済となります。

ここに、前項で述べたタウラーとの相違があります。タウラーの神学においては、自己と内住のキリストは完全にイコールとはなりません。タウラーはエックハルトの神性との「一」の思想を受け継ぎながら、同時に神と人間との間の絶対的な差異および神の子キリストの絶対的な他者性も強調しました。タウラーにとって、神と合一するためにはキリストによる「救済」——受肉、受難、そして十字架の死が決して欠くことができないものでした。「内住のキリスト像」を志向しつつ、神学的パラダイムとしては「信仰告白のキリスト像」に重心を置いているのがタウラーの神学であると言えます。対して、(4)の項で後述する通り、グノーシス主義の福音書においては、枠組みが完全に「信仰告白のキリスト像」から別の枠組みへと移行しています。

(4) グノーシス主義の神学的パラダイムの類型、正統教会とは異なるパラダイム

グノーシス的思考はキリスト教に限られるものではありません。グノーシス主義は《古代末期の地中海世界に現れた宗教思想の一つ》[585]であり、その内容も多岐に渡ります。そもそも、古代世界に「グノーシス主義」という名称の運動が存在していたわけではありません。[586]

大貫隆氏はグノーシス主義を《伝統的な都市国家や民族文化という根を失って、今や広大無辺な世界の中に分断された個人として放り出された人間たちが、新しい自己定義を求めて挙げた懸命な叫びである》[587]と説明しています。その《個人として》の《新しい自己定義》には相違があり、多様性があるのはもちろんのことです。本章で取り上げているのはグノーシス主義とキリスト教が結合[588]した「キリスト教的グノーシス主義」についてですが、そこにもやはり多様性が存在しています。と同時に、そこにはやはり、ある種の共通項もあると言えるでしょう。

その共通項の第一のものは、すでに述べた通り、内住のキリスト像を土台としている点です。そしてそれを土台とする枠組みと神学的パラダイムにもある種の類型があります。たとえば、C・マルクシースは「グノーシス」

の類型として、次の8つの要素を挙げています（ここではキリスト教的グノーシス主義に限らず『グノーシス』全般の類型として）。

《一、まったく彼岸の、遠い至高の神の経験

は自分自身を知るなら、その時にはあなたがたは知られるでしょう。そしてあなたがたは自分たちが生ける父の子であると知るでしょう。もしあなたがたが自分自身を知らないなら、その場合、あなたがたは貧困のうちにあります。そしてあなたがたは貧困［それ自体］です」と言った》（［【翻訳】『トマスによる福音書』」、『古代キリスト教研究論集』所収、116頁）。

585　大貫隆『グノーシス考』、v頁。

586　参照：C・マルクシース『グノーシス』（土井健司訳、教文館、2009年）。《これまでの議論をまとめると、次のことが確実となる。近代ヨーロッパの中で古代の多様な集団や思潮を「グノーシス」や「グノーシス主義」という概念の下に統合することは、古代のキリスト教神学者の戦略に加担することなのである。この人々は多種多様な運動を「認識」という至極便利な言葉でまとめあげたのだが、それらの運動にとって認識というものは、他の同時代の多くの思潮や宗教と同程度に重要であったにすぎないのである。その結果、古代では一定のキリスト者集団にのみ適用された「認識者」という自己規定も、「認識」と名づけられた運動の帰属者すべてにまで拡げられてしまった。しかしそもそもそうした名称の運動が存在したということが、古代の特定の神学者とともに疑問視されることなく前提となっている》（同、27頁）。

同書の第1章では「グノーシス」という概念についての概要を簡潔に説明しています（13―46頁）。

587　大貫隆『グノーシス考』、v頁。

588　《グノーシス主義そのものが元来キリスト教とは無関係に成立した独自の宗教思想であったこと、そしてそれが事後的にキリスト教のテキストに自らを適合し、それを解釈して「キリスト教グノーシス派」の神話論を形成したことは、すでに確認した通りである》（荒井献「序にかえて」、『ナグ・ハマディ文書Ⅱ　福音書』所収、xvi頁）。

ヨハネ共同体から分離したグループがもたらした高度なキリスト論（特に先在のキリスト論）が、ユダヤ教の周縁から発生したグノーシス運動に《神学を構築するための新たな根拠》を提供し、《キリスト教グノーシス思想が成長するための触媒としての役割》（レイモンド・E・ブラウン、前掲書、177頁）を果たした可能性があることは本論第一部 第7章「ヨハネによる福音書のキリスト像」で述べた通りです。

二、とりわけこの経験を条件とした、いっそう広範囲の神的諸像の導入、あるいは現前する諸像の、遠い至高の神よりも人間に近い諸像への分裂

三、世界と物質についての悪しき被造物としての評価、そしてこれに拠って認識者（グノーシス者）が世界の中で異質なものとして自らを経験すること

四、自らの創造神あるいは守護神の導入。この神はプラトン主義の伝統において「制作者」、ギリシア語で「デミウルゴス」と名づけられ、一部では単に「未知なるもの」として、しかし一部では悪しきものとして語られる

五、自らの領域から墜落した神的要素がある階級の人間内部で神的火花として眠っているが、そこから解放され得るという神話的ドラマによって、この状態を説明すること

六、この状態について、上位の領域から降り、そして昇る彼岸の救済者像を通してのみ獲得できる認識（グノーシス）

七、神（たとえば火花）は自らの中にあるという人間の認識を通した救済（『真理の証言』NHC Ⅸ・三、五六頁一五―二〇行）

そして最後に、

八、神概念や精神と物質の対立、人間論において表現される、さまざまに形成された二元論への傾向》。[589]

本論では右記の要素をひとつひとつ検討することはできませんが、これらの8つの要素はキリスト教的グノーシス主義文書にもある程度共通するものだと言えます。これらの要素は特にグノーシス主義の「救済神話」[590]において言語化されています。

救済神話の核心部は、すでに述べた「自己の霊的本質」における救済です（右記の類型では五、六、七）。またその

神学的パラダイムの傾向として、二元的世界観および現世否定的世界観（類型一、二、三、四、八）が挙げられます。また、過度に禁欲的[591]である傾向もあります。

これらのパラダイムは、「信仰告白のキリスト像」のパラダイムとはまたまったく異なるものです。それは四福音書の神学的パラダイムとグノーシス主義の福音書の神学的パラダイムの相違でもあります。両者は枠組み自体が根本的に異なっているのです。

右記の固有のパラダイムを言語化するため、キリスト教的グノーシス主義文書は従来の聖書（ここではヘブライ語聖書）の解釈を自由に変形させて —— ある意味、パロディー化[592]して —— 叙述することを試みました。このような叙述の仕方によって、正統教会からさらに誤解され敵視されていった部分もあったでしょう。見方を変えれば、キリスト教的グノーシス主義の立場に身を置く人々は、正統教会の立場に身を置く人々と激しく対立する中で、当時はそのような否定的な世界観[593] —— ポジに対するネガ —— によってしか、自分たちの神学の固有のパラ

589 C・マルクシース『グノーシス』、34、35頁。

590 グノーシス主義の「救済神話」の日本語訳は、荒井献 大貫隆 小林稔訳『ナグ・ハマディ文書Ⅰ 救済神話』（岩波書店、1997年）を参照。同書には『ヨハネのアポクリュフォン』『アルコーンの本質』『この世の起源について』『プトレマイオスの教説』『バシリデースの教説』『バルクの書』が収録されています。

591 グノーシス主義における禁欲主義については大貫隆氏「古代キリスト教における禁欲主義の系譜」（『グノーシス考』所収）、5―33頁を参照。

592 たとえば『ヨハネのアポクリュフォン』§45―46、§55。《これが同時に旧約聖書創世記の二章七節の人間創造譚に対する悪意に満ちたパロディーであることは、創世記のその場面を読んだことのある人には直ぐに分かるであろう。ユダヤ教の周縁で発生したグノーシス主義一般がそうであるように、『ヨハネのアポクリュフォン』も旧約聖書の造物神を悪と愚かさの筆頭に貶めているのである》（大貫隆「否定神学の構造と系譜 —— 中期プラトン主義とナグ・ハマディ文書」、『グノーシス考』所収、328頁）。

593 大貫隆氏は、ナグ・ハマディ文書所収の『ヨハネのアポクリュフォン』などの救済神話の基本構造は《明確な否定神学で

ダイムを表現できなかったのだと受け止めることができます。

キリスト教的グノーシス主義文書が盛んに記された2世紀後半～5世紀は、正統教会において「信仰告白のキリスト像」とその枠組みが集中して言語化されようとしていた時期でした。そのただ中にいる指導者たち（たとえば古代教父）の視点からすると、キリスト教的グノーシス主義の枠組みに立つ人々の言説が、決して看過することのできない「異端」として映ったのも理解できることです。両者の間では、枠組み自体が根本的に異なっていたからです。そしてその相違の根本には、依拠するキリスト像の相違があります。キリスト教的グノーシス主義が現存・救いのリアリティを感じているのは「生前のイエス」ではなく、人性から切り離された「内住のキリスト」であり、その内住のキリスト像に重心が完全に移行しているのが特質です。[594]

それから長い時を経て、かつては「異端」として排除された諸福音書が、一体何を指し示そうとしていたのか、その信実が解明されていく時が、これから始まっていくのだと考えます。1945年にナグ・ハマディ文書が発見されてから、研究者の間ですでに膨大なる量の研究がなされていますが、その検討と再評価を他ならぬキリスト教会も行っていくことに、重要な意味があるのだと考えています。キリスト教的グノーシス主義の立場に身を置く人々も、正統教会の立場に身を置く人々も、現存・救いのリアリティを感じるキリストの側面は異なれど、同じ一人なる「十全のイエス・キリスト」に結ばれている同士（同志）であったと言えるのではないでしょうか。以下、本論においては「キリスト教的グノーシス主義」の立場に身を置く人々を「グノーシス的キリスト者」と呼びたいと思います。

（5）個別的であること

前項で、グノーシス的キリスト者たちの神学的パラダイムの類型を簡単に概観しました。その神学的パラダイムには共通項があると同時に、前項の冒頭でも述べた通り、それぞれに相違があり、多様性があります。その神学的パラダイムには地域差[595]があり、そして個性差があります。文書によって、その救済神話の構造にも相違があるのです。

（1）の項で述べたように、グノーシス主義の特質としてまず挙げられるのは、自己への志向性です。現代の用語を使えば、その問題設定は極めて「実存的」[596]であり、その意味で現代を先取っているとも言えます[597]。

始まる点》も含め、中期プラトン主義に負うところが大きいことを指摘しています（同、292頁）。

594　たとえば、同じ内住のキリスト像を重視していても、キリスト教的グノーシス主義文書とドイツ神秘主義とは相違があります。ドイツ神秘主義の神学は、基本的には信仰告白のキリスト像の枠組みを踏まえたものです（仮現論を明確に否定）。内住のキリスト像を志向しながら、その重心を信仰告白のキリスト像に依拠するパラダイムに置いているのがドイツ神秘主義と言えるでしょう。前述したように、特にタウラーはその点について自覚的でした。

595　たとえば、ハンス・ヨナスはグノーシス主義の救済神話を「イラン型」と「シリア・エジプト型」の2類型に分類しました（ハンス・ヨナス『グノーシスと古代末期の精神　第一部　神話論的グノーシス』（大貫隆訳、327—441頁）。

596　グノーシス主義の実存論的な解釈としてはハンス・ヨナスの研究が知られています（『グノーシスと古代末期の精神　第一部　神話論的グノーシス』、原著初版1934年、『グノーシスと古代末期の精神　第二部　神話論から神秘主義哲学へ』、原著初版1954年、原著最終版1993年。第一部・第二部の日本語訳が2015年に大貫隆氏の個人全訳によって出版されています）。

ただし第二次世界大戦後、ヨナスはハイデガーの実存哲学と決別、それに対置するものとして新たに「生命の哲学」を提唱していきます（参照：大貫隆「訳者解説」、『グノーシスと古代末期の精神　第二部　神話論から神秘主義哲学へ』所収、451—455頁）。ハイデガーの実存哲学を本来的に「グノーシス的」なものとみなす戦後のハンスのアプローチの転換については、『グノーシスの宗教　増補版　異端の神の福音とキリスト教の端緒』第13章「エピローグ —— グノーシス主義、実存主義、ニヒリズム」（秋山さと子・入江良平訳、人文書院、2020年、427—452頁）を参照。

また、実存主義とグノーシスについては大貫隆氏の論考「グノーシスと現代思想」（『グノーシス考』所収、346—353頁）も参照。

597　現代とグノーシスの時代（グノーシス運動が現れたキリスト紀元最初の数世紀のギリシア・ローマ世界の、危機的な時代状況）の親近性・類似性、また特にハイデガーの実存主義と「グノーシス的ニヒリズム」の類似性については、ハンス・ヨ

《われわれは一体誰であったのか。何になってしまったのか。われわれはかつて一体どこにいたのか。今やどこに投げ込まれているのか。われわれはどこへ向かって急ぐのか。何から解放されたのか。生まれるとは何のこと、再び生まれるとは何のことなのか》[598]（グノーシス主義者テオドトスの言葉。アレクサンドリアのクレメンス『テオドトスからの抜粋』七八2より）。

《現に今在るものが［何であり］、［かつて在った］ものが何であり、やがて成る［べき］ことが何であるか》[599]（『ヨハネのアポクリュフォン』§5より）。

大貫隆氏は右記のグノーシス主義者たちの問いはすぐれて《「実存的な」問い》[600]であると述べ、それらの実存的な問いから生み出されてきたグノーシスの救済神話の類型上の違いには、《それぞれの地域の文化的前提の違い以外にも、まさに実存理解の上での個性差が働いていると考えなければならない》[601]としています。グノーシス文書の類型が多様であることには、それらが個々人の実存的な問いから生み出されていることが要因のひとつとして関わっていると受け止めることができます。

ただし、本論としては、グノーシス的キリスト者たちの神学的パラダイムについては、後世の私たちが必ずしもそこに統一性を見出さなくても良い、十分に類型化することができなくても良いと考えています。この枠組みにおいてはむしろ、個性差があることが重要だと考えるからです。それぞれに、個別的であることが重要である。「内住のキリスト像」の内実は《私たち一人ひとりに、「個」をより深く探求し、個人としての認識と自由を取り戻していくよう教える》ものであると捉えているからです。

引用した『テオドトスからの抜粋』七八2（の大貫氏による別の訳）はこのように語ります。《われわれは一体何なのか、何になってしまったのか、何処にいたのか、そして何処へ行こうとしているのか、どこへ向かって急いでいるのか、何から解き放たれるのか、認識とは何か、再び生まれるとは何なのか。このことの認識もまた自由にするもの（τὸ ἐλευθεροῦν）なのである》。[602]

（6）『マリアによる福音書』、「個」の探求、個人としての認識と自由

この点に関連して本論が特に注目している文書は、『マリアによる福音書』です。ここでのマリアとは、マグダラのマリアのことです。[603] この福音書において、マリアは主に愛された、卓越した使徒の一人[604]として登場します。現存しているのは3世紀初頭のギリシア語写本（の断片）二つ[605]と、5世紀のコプト語写本ひとつ。[606] テキストの3分

ナス「エピローグ —— グノーシス主義、実存主義、ニヒリズム」（前掲書所収）433–451頁を参照。

598 大貫隆「グノーシスと現代思想」（前掲書所収）、346、347頁。

599 大貫隆訳「ヨハネのアポクリュフォン」（『ナグ・ハマディ文書Ⅰ　救済神話』所収）、22、23頁。大貫隆『グノーシスと現代思想』（前掲書所収）、347頁。

600 大貫隆「グノーシスと現代思想」（同所収）、347頁。

601 同、348頁。

602 大貫隆「ハンス・ヨナス『グノーシスと古代末期の精神』を読む」（『グノーシス研究拾遺 —— ナグ・ハマディ文書からヨナスまで』所収）、326頁。

603 福音書本文では最後に（3行に分けて、表題として）「マリアによる福音書」と付されているだけですが、ここでの「マリア」とは明らかにマグダラのマリアのことを指していると言えるでしょう。

604 アン・グレアム・ブロックは『マグダラのマリア、第一の使徒　権威を求める闘い』（吉谷かおる訳）において使徒の定義と使徒の権威に関する問題を再検討し、マグダラのマリアも使徒に位置付けられるべき存在であることを説得的に論証しています（マリア福音書についても、《『マリア福音書』におけるマリアとペトロの描き方》という観点で言及。同、113–120頁）。

マグダラのマリアについては、E・S・フィオレンツァ『彼女を記念して —— フェミニスト神学によるキリスト教起源の再構築』（山口里子訳、日本基督教団出版局、1990年、424–428頁）、山口里子氏「マグダラのマリアに出会い直す」（『いのちの糧の分かち合い —— いま教会の原点から学ぶ』所収、新教出版社、2015年、121–165頁）も参照。

の1を占めるコプト語写本（ベルリン写本）は最初の6頁と11－14頁が欠落[607]しています。

原本はギリシア語で書かれたと考えられ、発見されたギリシア語断片が3世紀初頭のものであることから、遅くともその頃までには成立していたと考えられます。カレン・L・キングは、マリア福音書が取り組んでいる問題は2世紀初期のキリスト教会の文脈に最も適合するとし、その成立を2世紀前半とするのが良い[608]としています。

◎マリアによる福音書（マグダラのマリアによる福音書）

1896年、ドイツの学者カール・ラインハルトがカイロで購入し、ベルリンにもち帰ったパピルス写本（ベルリン写本8502、5世紀）に含まれていた文書（ベルリン写本8502、1）。

前半部では復活のキリストと弟子たちの対話が記され、中盤ではマグダラのマリアに啓示されたキリストの教えと幻が、後半部ではマリアの教えを巡る弟子たちの論争が記される。

その後、3世紀初頭に記されたギリシア語写本（の断片）二つも発見。発見されたギリシア語断片が3世紀初頭のものであることから、『マリアによる福音書』は3その頃までには成立していたと考えられる。

『マリアによる福音書』の構成自体は単純明快なものです。その前半部では復活のキリストと弟子たちの対話[609]が記され（最初の6頁が失われているので途中から）、中盤ではマグダラのマリアだけに啓示されたキリストの教えと幻[610]とが語られ（途中の11－14頁は欠損）、そして後半部ではマリアの教えを巡る弟子たちの論争が記されています。

この福音書において、マグダラのマリアは最初期のキリスト教会の指導者として位置付けられています。興味深いのは、後半部において、マリアと対立する存在として使徒ペトロが登場している点です。

マリアからの開示を受けた後、使徒の一人のアンデレが《……私に関する限り、救済者がこのようなことを言ったとは信じられない。これらの教えはなじみのない考え方である》[611]と彼女の言葉を否定すると、ペトロも同調してマリアに疑義を呈します。《あの方がわたしたちに隠れて内密に女と話したのか。わたしたちのほうが向きを変えて、彼女に聴くことになるのか。あの方は、わたしたちをとびこえて彼女を選んだのか》。[612]

605 オクシリンコス・パピルス3525、ライランズ・パピルス463。
606 ベルリン写本8502、1。マリアによる福音書はナグ・ハマディ文書の中には含まれていません。
607 ベルリン写本は冊子体の写本であり、マリア福音書はその最初の18頁(と4分の1頁)分を占めています。《問題の古写本は、パピルス巻物を裁断して何十枚かの紙にし、それらが一つに束ねられてでき上がったものである。通常一束の紙は少なくとも三八枚からなる。束ねられた紙を真ん中で折り、それらの紙を縫い合わせて、約一五二頁の本が制作された。そして最後に、皮表紙で包まれた。『マリア福音書』は、寸法の比較的小さい冊子体写本の最初の一八・二五頁分を占めているにすぎず、平均して一頁あたり縦約一二・七センチ、横一〇・五センチの大きさで、作品としては短い》(カレン・L・キング『マグダラのマリアによる福音書 —— イエスと最高の女性使徒』、山形孝夫・新免貢訳、河出書房出版社、2006年、23頁)。
608 同、300、301頁。
609 復活のキリストと弟子たちの対話では後述する《内なる人の子》の他、「罪といったようなものは存在しない」など固有の世界観が示されます。マリア福音書によれば、私たちの内の本性の根源(根)にあるものは「善きもの」であり、本来的に「罪」は存在せず、物質も「悪」ではない。同福音書においてマリアは救済者と共に、弟子たちの心を「善なる方」へ向けさせる教師・啓示者の役割を担っています。
610 マリアは弟子たちには隠されている言葉として、キリストの言葉と固有の幻視体験を語ります。それは魂の内なる上昇の旅についてであり、マリアの心魂はその過程において七つの勢力(《運命を支配する占星術の空間に対応》、カレン・L・キング、前掲書、113頁)と対峙し、尋問を受けます(以下、カレン・L・キングによるベルリン写本8502、1の訳を参照。同、37—40頁)。
第一の勢力は「暗闇」、第二の勢力は「欲望」、第三は「無知」、第四は「死への熱望」(小林稔訳は《死(ぬほどの)妬み》)、第五は「肉の王国」、第六は「肉の愚かな知恵」、そして第七の勢力は「怒れる者の知恵」でした。内に向かって上昇する魂はそれらの勢力に打ち克ち——解放され、自由を得て——、最後には沈黙と真の安息(救い)へと至ります。
611 カレン・L・キングによるベルリン写本8502、1の訳(同、40頁)。小林稔氏による翻訳は次の通り、17・10—15《……救い主がこれらのことを言ったとは、この私は信じない。これらの教えは異質な考えのように思われるから》(小林稔訳「マリヤによる福音書」、『ナグ・ハマディ文書Ⅱ 福音書』所収、124頁)。

ペトロの言葉を受け、マリアは涙を流します。《わたしの兄弟ペトロよ、あなたは何を想像しているのですか。わたしがこのようなことを自分一人で勝手に考えたり、あるいは、救済者について私が虚偽を語っているとでも思っているのですか》[613]

カレン・L・キングは、このやり取りの背景に、初期キリスト教会[614]で論争となっていた《女性の指導者の立場の正当性》の問題を読み取っています。マリアに疑義を呈する使徒ペトロは、ここで、男性としての性別とそれに基づく地位に依拠する存在として登場している。対して、マリア福音書は、性別とそれに基づく地位ではなく、個人の人格と霊的成熟を重視する論理を提示している。初期キリスト教の女性の指導的立場を巡る論争の観点からも、カレン・L・キングは同福音書を高く評価しています。

《ペトロの異議申し立ては、初期キリスト教界で激しく争われていた問題を代表している。それは、女性の指導者の立場の正当性という問題である。『マリア福音書』は、権威と指導力は、男と女にかかわりなく、その人の霊的成熟度にもとづくべきであるという論理に立ち、女性がイエスの真正な信奉者の中にいたことを明確に肯定している。また女性たちが各地でキリスト教運動の重要な先達であったことも、他の資料から知られる。『テモテへの手紙一』のようなテクストに見出される、人前で発言する女性への激しい糾弾は、女性が実際に目立つ働きをしていない限り、理解できない》[615]

マリアに疑義を呈するペトロは、教会の父権制化[616]を象徴する存在として登場しているとも言えるでしょう。

右記のカレン・L・キングの論述にあるように、マリアによる福音書が重視しているのは、個々人の霊的成熟です。「個」を重視し、「個」をより深く探求していくよう促すこの福音書は、「内住のキリスト」の内実を最も明確に表していると言えるのではないでしょうか。内住のキリスト像の内実は、《私たち一人ひとりに、「個」をより深く探求し、個人としての認識と自由を取り戻していくよう教える》ものであると考えるからです。そしてこの内住のキリスト像とその枠組みを体現・象徴する人物が、マグダラのマリアです。

マリアによる福音書には次の言葉があります。前半部の最後、復活のキリストが弟子たちに送った告別の言葉です。

《祝福された方はこれらのことを言ってから、彼らすべてに別れの言葉を告げた。「あなたがたに平安があるように！　わたしの平安をあなたがた自身のうちに得るように！『ほらここに！』『ほらあそこに！』と言ってあなたがたを惑わすもののために警戒しなさい。まことの人の子は、あなたがたの内側に存在するのだから。それに従いなさい！　求める者は見いだすであろう。

それだから、行って、王国の福音を宣べ伝えなさい。わたしがあなたがたのために定めたもの以外にいかなる規則も定めることを［する］な。法制定者のように法を発布することもするな。さもなければ、あなたがた

612　カレン・L・キングによるベルリン写本8502、1の訳（前掲書、41頁）。小林稔訳、17・15―22《〈まさかと思うが〉彼がわれわれに隠れて一人の女性と、（しかも）公開でではなく語ったりしたのだろうか。将来は、われわれは自身が輪になって、皆、彼女の言うことを聴くことにならないだろうか。（救い主）が彼女を選ん〈だ〉というのは、われわれ以上になのか》（前掲書所収、124頁）。

613　カレン・L・キングによるベルリン写本8502、1の訳（前掲書、41頁）。小林稔訳、18・1―5《私の兄弟ペトロよ、それではあなたが考えておられることとは何ですか。私が考えたことは、私の心の中で私一人で（考え出）したことと、あるいは私が嘘をついている（とすればそれ）は救い主についてだと考えておられるからには》（前掲書所収、124頁）。
本文ではその後、レビがマリアをかばい、ペトロをたしなめる言葉が続きます。

614　本論の区分では、紀元70年―150年頃（2世紀半ば）。

615　カレン・L・キング、前掲書、304頁。

616　初期キリスト教会における《教会と聖職（ミニストリー）》の父権制化については、フィオレンツァ『彼女を記念して —— フェミニスト神学によるキリスト教起源の再構築』（山口里子訳）、397―440頁、山口里子『いのちの糧の分かち合い —— いま、教会の原点から学ぶ』、41―49頁を参照。

はその法によって支配されることになる》。[617]

前半部について、類似する表現は共観福音書の小黙示録[618]やトマス福音書[619]にも見られます。本論第一部第6章「共観福音書の小黙示録のキリスト像」でも述べた通り、「人の子」は元来、ユダヤ教黙示思想において登場する終末的メシアのことを指します。最初期のキリスト教会はその人の子を再臨のキリストと同定しました。福音書記者マルコ、マタイ、ルカは第一世代のユダヤ人キリスト者たちの小黙示録伝承を受け継ぎつつ、そこに独自の修正を施していることは、第一部で述べた通りです。

マリア福音書の特質は、人の子を自らの《内側》に見出すよう促しているところです。カレン・L・キングはマリア福音書における「人の子」は《終末論的な王国の先がけとなるために将来のある時に到来する黙示文学的な救済者》のことを指しているのではなく、《自己の内側に位置を定めている人間の最も重要な霊的本性の似姿》[620]を指し示していると述べています。共観福音書とはまたまったく異なる、固有の意味付けが施されていることが分かります（＝《内なる人の子という神学》[621]）。

本論としては、この《内なる人の子》を、内住のキリストにつながるものとして捉えています。

ユダヤ教黙示文学……人の子＝終末的メシア
共観福音書の小黙示録……人の子＝再臨のキリストと同定
マルコによる福音書……人の子＝十字架のキリストと修正
マリアによる福音書……人の子＝自己の霊的本質と意味付け　↓　内住のキリストとのつながり

マリア福音書において、まことの権威はこの《内なる人の子》から生じます。言い換えますと、この権威以外に自己が支配されることを認めません。その視点は、復活のキリストの告別の言葉の後半部とつながっています。《わたしがあなたがたのために定めたもの以外にいかなる規則も定めることを［する］な。法制定者のように法を発布することもするな。さもなければ、あなたがたはその法によって支配されることになる》。

ここでの《法》として念頭に置かれているのはユダヤ教の律法ではなく《キリスト教の諸規則》[622]であるとカレン・L・キングは推定しています。《結局のところ、人びとを支配し、制限するのは、彼ら自身がつくる法なので

617 カレン・L・キングによるベルリン写本8502、1の訳（前掲書、33、34頁）。小林稔訳、8・11–21《祝された方はこれを言ってから、彼は彼ら皆に言葉を送った、（次のこと）を言って、「平和があなたがたにあるように。私の平和を自分たちのために獲得しなさい。護りなさい。何者にもあなたがたを惑わさせるな。その者が『ここにいる』とか『そこにいる』というようなことを言っても。

人の子がいるのはあなたがたの内部なのだから。あなたがたは彼の後について行きなさい。彼を求める人々は見いだすであろう。

それで、あなたがたは行って、王国の福音を宣べなさい。

私があなたがたのために指図したこと、それをこえて何かを課するようなことをしてはならない。法制定者のやり方で法を与えるようなことはするな。あなたがたがその（法）の内にあって、支配されるようなことにならないために》（前掲書所収、120頁）。

618 マルコによる福音書13章5、6節、21–26節など。

619 トマスによる福音書語録 3、113。

620 カレン・L・キング、前掲書、158頁。

621 同、184頁。ちなみに、マリア福音書が四福音書やパウロ文書の一部を知っていて、それらを用いていたかについては意見が分かれます。カレン・L・キングは、マリア福音書が他のキリスト教の見解と対話しつつ記されたことは明らかであるとしつつも、四福音書を踏まえて執筆されたことには否定的な見解を示しています（参照：カレン・L・キング「補遺：文学的依存関係を決定する諸基準」、同所収、171–184頁）。

622 同、86頁。

ある。霊的な向上は、外側からの規制によってではなく、内から求められねばならない。『マリア福音書』におけるこのような命令は、ユダヤ人やローマ人との関係においてではなく、明らかにキリスト教内部の論争の文脈の中で読まれねばならない》。[623] この《法》に関する文言からも、「普遍主義（カトリシスム）」に向かおうとする初期キリスト教会——「使徒的であること」を第一に重んじる教会[624]——との緊張関係が見て取れます。

使徒的キリスト教が重んじていたのは、「ナザレのイエスという歴史的人物において神が現された」ことへの信仰（ピスティス）であり、使徒的伝承／使徒的権威でした。使徒的教会はその「伝承（traditio）」／「継承（successio）」のため、2世紀から4世紀にかけて、①新約文書の正典化、②教会組織の強化に取り組んでいくこととなります。前者の新約正典の成立は使徒信条（古ローマ信条）の成立と結び付き、後者の教会組織の強化は単独司教制の成立[625]と結び付いていきます。

～使徒的キリスト教会の取り組み（2～4世紀）～

① 新約文書の正典化[626] → 使徒信条（古ローマ信条）の成立へ

② 教会組織の強化 → 単独司教制の成立へ

対して、マリア福音書が重んじているのは「自己の霊的本質において神が現される」という認識（グノーシス）であり、その果実としての「自由（ἐλευθερία、エレウセリア）」[627]であると言えます。マリア福音書において最も重要な事柄のひとつが、「個人としての認識と自由」[628]だと受け止めることができるのではないでしょうか。

前記のように、マリア福音書を読むと、正統教会に至る潮流とはまた別の神学的潮流があったことが分かります。使徒的教会が「（教会の）信仰と職制」[629]を重視したとすると、グノーシス的キリスト者たち（特にマリアによる福音書）は「（個人の）認識と自由」を重視しようとしたのです。

使徒的キリスト教：（教会の）信仰と職制を重視
グノーシス的キリスト者たち（特にマリアによる福音書）：（個人の）認識と自由を重視

623 同、90頁。

624 初期キリスト教会および初期カトリック教会が重視したのは「使徒性（使徒的であること）」と「公同性」「統一性」でした（例：『ムラトリ正典表』、2世紀末～3世紀初め）。

625 参照：荒井献「原始キリスト教史」（『初期キリスト教の霊性――宣教・女性・異端』所収、岩波書店、2009年、221–229頁）。《単独司教制とは、ローマ、アンティオキア、アレクサンドリア、エルサレムなどの当時の「世界」中心都市における司教が、単独でその都市の支配が及ぶ地域を統括する制度。この中から後世、ローマ司教が「司教たちの司教」、すなわち「教皇」となる》（同、226、227頁）。《単独司教制の正当性は、例えばエイレナイオスによって証言されているように、使徒たちの教えが各地域の単独司教によって「伝承」（traditio）され、使徒たちの権威がそれら司教によって「継承」（successio）されているという見解によって裏づけられた。エイレナイオスは、この「継承」リストに一二人の司教の名を連ねている（『異端反駁』Ⅲ・三・二―三）》（同、227頁）。

626 なお、荒井献氏は聖職位階制が男性のみによって担われ、女性がそれから「排除されていった」事実を強調しています。《監督（司教）・長老（司祭）・執事（助祭）からなる聖職位階制は、男性のみによって担われ、女性はそれから排除されていった事実にも注目すべきであろう。この女性排除の論理は、一方においてパウロの手紙やパウロの名によって書かれた手紙、とりわけ牧会書簡に見られる男性中心的女性観という聖書的伝承によって裏づけられるが、これには他方において、グノーシス派における女性の積極的評価に対する自己防衛という対「異端」戦略的側面もあった》（同、227、228頁）。

627 ヘブライ語聖書全39巻、新約聖書全27巻、計66巻の現存する最古の正典リストは、アタナシウスの『三十九復活祭書簡』（376年）の中に見られます。

628 ヨハネによる福音書8章32節「あなたたちは真理を知り、真理はあなたたちを自由にする」を思い起こすこともできるでしょう。

629 マグダラのマリアは、その認識と自由を体現する人物としてマリア福音書に登場します。

信仰と職制（Faith and Order）という用語自体が最初に使用されたのは、1886年に開催されたアメリカ聖公会のシカゴ総会においてです（参照：神田健次『現代の聖餐論――エキュメニカル運動の軌跡から』、20頁）。

またそして、グノーシス的キリスト者の枠組みにおいて、その認識と自由は、外的な媒介なしに、内的探求を通して、「直接」個々人に与えられるものです。個別的、直接的な「啓示」を重視[630]しているのが特質です。その意味で、自由は人間の自由であるより先に、第一義的に、「啓示者による啓示の自由」を指しているのだと言えます。対して、使徒的キリスト教においては、使徒的伝承／使徒的権威の「伝承」「継承」が重視されます。外的な媒介を必須のものとし、個々人に対する直接的・内的な啓示を斥けることによって、教会の「使徒性」「公同性」「統一性」を確保しようとしたのだと受け止めることができます。

使徒的キリスト教　：使徒的伝承／使徒的権威の「伝承」「継承」を重視
……教会の「使徒性」「公同性」「統一性」の確保
グノーシス的キリスト者たち　：個別的・直接的・内的な「啓示」を重視

5　わたしの内に、あなたの内にキリストが —— まことの意味の「個人の尊厳」

伝統的なキリスト教の枠組みにおいては、キリストは人間存在を超越した「外」なる存在でした。よって、宗教的な関心は内面を離れ、外に向かっていきました。対して、内住のキリスト像の枠組みにおいては、キリストは「外」だけではなく、人間存在の「内」にもいる存在となります。

《祝福された方はこれらのことを言ってから、彼らすべてに別れの言葉を告げた。「あなたがたに平安があるように！　わたしの平安をあなたがた自身のうちに得るように！

『ほらここに！』『ほらあそこに！』と言ってあなたがたを惑わすもののために警戒しなさい。まことの人の子は、あなたがたの内側に存在するのだから。それに従いなさい！ 求める者は見いだすであろう》（マリアによる福音書、傍線部筆者）。

この時、宗教的な探求の志向性は私たちの内に向かっていくこととなります。前項でも述べた通り、それに伴い、「個」の内面のより深い探求――心魂（プシュケー）[631]の旅――がなされるようになっていくと本論は考えています。そしてそれは、私たちが個人としての認識と自由を取り戻していくことにつながっていくでしょう。

もちろん、従来のキリスト教がイエス・キリストを――歴史的人物として、《絶対他者》なる神として――「外」に見出していたことにはかけがえのない意義がありました。自己を超えたところに神性を見出すこと[632]は、私たちが自己への執着から一度「離れる」ことを意味します。「神にのみ栄光」というパラダイムには、なくてはならない重要な意義があります。

と同時に、私たちの歩みはそれで終わりなのではありません。一度自己から「離れた」私たちのまなざしは、再び自己の内側に「戻って」いきます。そうして、自らの内奥で、キリストが再び語り始める声を聴くのです。「わ

630 《グノーシス派において聖文書の権威は、単独司教による「使徒たちの権威」の「継承」によってではなく、キリストの直接的「啓示」によって根拠づけられた。その結果、キリストの啓示（黙示《アポカリュプシス》あるいは秘教《アポクリュフォン》）を受けた人物は十二使徒のみならずマグダラのマリア、イスカリオトのユダ、あるいはグノーシス各派の創立者などに拡大され、それに応じてそれらの人物に帰される聖文書の数が無制限に拡大されていった。これに対して正統的教会の側は、使徒的権威を基準として、この基準に合わない諸文書を「外典」あるいは「偽典」として排除していったのである》（荒井献、前掲書、229頁）。

631 グノーシス的キリスト者の枠組みにおいて、マグダラのマリアは私たちの心魂（プシュケー）を象徴する存在であるとも言えるでしょう。

632 あるいは、《絶対他者》として私たちの前に立ち現れる「信仰告白のキリスト」との出会い。

たしである（ἐγώ εἰμι）」（ヨハネによる福音書8章28節他）との内なる声を――。これから、その時が、いよいよ本格的に始まっていくのではないでしょうか。私たちの存在そのものを通して、内住のキリストの現存のリアリティが見出されていくのです。

一人ひとりが自身の存在の内奥に内なるキリスト[633]を見出していくとき、まことの意味での「個人の尊厳」[634]が確立されていくのではないでしょうか。内住のキリストへの理解がより深まっていくことに伴い、「一人ひとりの存在は、かけがえなく貴い」、このことへの認識[635]が、私たちの間により深まっていくでしょう。

私の内にキリストが住んでいる、あなたの内にキリストが住んでいる――このこと以上に、個人の尊厳の根拠となる事柄はないと考えるからです。

6　内住のキリスト像とその神学的な枠組みの特質――もはや目に見える物質を必要としない

（1）新たな聖餐論義――「そもそも聖餐が必要か否か」

最後に、内住のキリスト像の内実の《この枠組みにおいては、必ずしも洗礼と聖餐という聖礼典（サクラメント）は必要とされない》について説明をします。

内住のキリスト像とその神学的な枠組みの特質は、必ずしも洗礼と聖餐という聖礼典（サクラメント）を必要としない点です。個々人の「内にキリストが生きている」[636]のだとすると、もはや目に見える物質（外的な事柄）を通してイエス・キリストを可視化する必然性はなくなるからです。

前項で、グノーシス的キリスト者たちの枠組みにおいて、認識と自由は、外的な媒介なしに（無媒介で）、内的探求を通して、「直接」個々人に与えられるものであることを述べました。この「直接性」は、ドイツ神秘主義[637]をはじめ、キリスト教神秘主義に共通して見られる特質です。

倉松《くらまつ》功《いさお》氏はキリスト教思想史における宗教的媒体を否定する立場として、「神秘主義（mysticism）」と「霊感主義（spiritualism）」の二つを挙げています。

《キリスト教思想史上宗教的媒体を否定する立場に、「神秘主義（mysticism）」と「霊感主義（spiritualism）」の二つがある。それぞれの定義については種々意見があるが、われわれは、神との一体（Einswerdung）や神との存在論的合一を意味する神秘的合一（unio mystica）を重視するものを神秘主義とし、神との一体や合一よりも聖霊が外的媒介（external media or verbum externum）なしに自由に活動することを強調するものをスピリチュアリズ

---

633 言い換えると、内なる《全時的人格》。
イエスご自身は《全時的人格》に内包される存在として自己を意識するとき、その外なる《全時的人格》を「アッバ」と呼び、《全時的人格》を内包する存在として自己を意識するとき、その内なる《全時的人格》を「わたしである（ἐγώ εἰμι）」（ヨハネ8章28節）との言葉をもって形容したと本論は考えています。

634 ここでは、普遍的な「人間の尊厳」より、個別的な「個人の尊厳」の表現がふさわしいでしょう。

635 言い換えると、「存在性の確保」に対しての認識。

636 この点に重点を置くと、その分、キリストの人性（生前のイエスの側面）が背後に退く傾向があることはすでに述べた通りです。

637 ただし、タウラーは聖体拝領も重視し、ホスチア（パン）を拝領する行為を《最も有益で、最も善い修練（uebung）》としています。《それはこの拝領が、神との合一を直接的に現実化し、そのことは人間の自力の修練を無限に凌駕するからである》、《キリストはここでは人間が食するホスチアとして対象化されて存在するが、それを信徒が食べ、咀嚼することで、キリストの人性と神性と合一することになる》（橋本裕明『タウラーの〈魂の根底〉の神秘主義』、46頁）。タウラーが志向する「神との合一」とは、具体的には、信仰者が「キリストの人性と神性と合一する」ことであることが分かります。
また、橋本裕明氏は、タウラーはこの《物質的な糧を食するという聖体拝領》に加えて、《霊的聖体拝領》について語っていることを述べています。《それは、キリストの人性と純粋に合一することに深く憧れ、それを一心に望むことである。これはミサ中でなくても、いつでもどこでも、病気であれ健康であれできる修練である》（同、47頁）。

ムと規定することにしたい》。[638]

この倉松氏の規定を踏まえると、内住のキリスト像の枠組みにおいて重要な「認識と自由」の要素の内、「認識」に強調点を置くと神秘主義となり、「自由」に強調点を置くと霊感主義（スピリチュアリズム）となると言えるでしょう。

たとえば、ドイツ神秘主義や本論で紹介したグノーシス的キリスト者たちの枠組みは神秘主義的側面が強く、モンタノス派や現代のペンテコステ派は霊感主義（スピリチュアリズム）の側面が強いと言えるでしょう。と同時に、当然ながら、両者は切り離しがたく結び付いているものでもあります。マリア福音書では認識と自由の双方に強調点が置かれており、その内実は神秘主義的であるとともに霊感主義的であると言えます。

〜内住のキリスト像の枠組みにおける「認識と自由」〜
「認識」を強調　……神秘主義へ　→内住のキリストの認識を重視
「自由」を強調　……霊感主義（スピリチュアリズム）へ　→聖霊[639]の自由な働きを重視

次の時代、新たな聖餐論義が起こるとすれば、それは「そもそも聖餐が必要か否か」の議論[640]になるでしょう。パ

638　倉松功「解題」（『宗教改革著作集7　ミュンツァー、カールシュタット、農民戦争』所収、教文館、1985年）、536頁。
639　聖霊は、ヘブライ語聖書（旧約聖書）およびユダヤ教においてはあくまで「神の力／働き」であり、位格として区別されることはありません。対して、新約聖書およびキリスト教において聖霊は、「父なる神」「子なるキリスト」と共に、第三の位格として区別されます（＝三位一体の教理）。4世紀半ば、キリストの神性を巡るアレイオス論争が最終段階に入ったとき、新たな論点として浮上してきたのが聖霊の神性についてでした。

「伝統的なキリスト教信仰の基本構造」においては、天井部の「内住のキリスト」の側面はいまだ言語化されていません。その分、聖霊なる神が、内住のキリストの内実を（代理的に）担う役割を果たしてきたのだと受け止めることができるでしょう（＝聖霊の内住）。

《近代・現代のキリスト教神学、特にプロテスタント神学には、「全き他者」である神の超越だけを一方的に強調する傾向があるが、古代のギリシア教父の神学は、神の超越を認めつつも、神の内在を重視し、その内在によって人間が神の本性にあずかって神化されることを常に力説した。神のこの内在を最もはっきり表しているのが、人間における聖霊の内住である》（ペトロ・ネメシェギ「序言」、アタナシオス／ディデュモス『聖霊論』所収、小高毅訳、創文社、１９９２年、i頁）。

また、A・ファン・リューラーは使徒信条第三項《われは聖霊を信ず》の解説において、《聖霊は神であり、しかも私たちの内に住まわれる神である》ことを強調しています（A・ファン・リューラー『キリスト者は何を信じているか —— 昨日・今日・明日の使徒信条』、近藤勝彦・相賀昇訳、教文館、２０００年、247頁）。

新約聖書（特にルカ文書）およびキリスト教の聖霊理解の重要な特質は、「信仰者の内に宿り、信仰者の内に働きかける」と同時に、常に聖霊が「外なる《絶対他者》」であり続けるところです。聖霊をあくまで外なる《絶対他者》として捉えているところに、キリスト教の聖霊論および三位一体論の特質があります（言い換えると、内住のキリストを言語化しないことによって成り立ってきたのが聖霊論であり、伝統的な三位一体論であると言えます）。

《ここでただちに注意されなければならないことは、この内住は本当に内へと住まわれるということです。神が私たちのところに住まいを選び取られるのです。その際、神は神ご自身でいたまい、そして私たちはいつまでも私たち自身です。神と私たちはひとつにはなりません。両者は永遠にわたって二つであり、また二つであり続けます》（同、247、248頁）。

これから内住のキリスト像が本格的に可視化および現在化されていくにあたって、特に焦点が当てられるようになる聖霊の働きは「想起・現前」であるのかもしれません（ヨハネ福音書が証しするパラクレートスなる聖霊。十全のイエス・キリスト像の『想起・現前』へ）。

640

その際、たとえばクエーカーの神学・思想が参考になるでしょう。クエーカーは派によって相違がありますが、外的な事柄（サクラメント）よりも、直接的な聖霊の働き（『内なる光（inner light）』）を重視する点で共通しています。クエーカーのサクラメント論については、中野泰治氏の「クエーカーのサクラメント論」（『福音と世界』２０１７年5月号所収、32－37頁）を参照。中野氏は同論考の後半部で17世紀の初期クエーカーの立場を概観し、初期クエーカーのサクラメントは確かに《霊と真理による》ものであるが、彼らは《霊の働きの伴わない儀式や活動（時効論的なもの）に反対》しているのでンとぶどう酒という物質を通してキリストを可視化する儀式がそもそも不可欠であるかどうか、という議論です。内住のキリスト像とその枠組みにおいては、サクラメントは必ずしも不可欠のものとはされません。

～宗教改革時の聖餐論争の重要な寄与～
四福音書に内在する諸「キリスト像」（＝信仰告白のキリスト像）の可視化
～今日の聖餐論議の重要な寄与～
四福音書に内在する「生前のイエス像」の可視化
～将来の聖餐論議において起こるであろう事柄～
（私たちに内在する）「内住のキリスト像」の可視化および現在化

この論議はそもそも、宗教改革の時代に、改革者たちによってなされた聖餐論争の発端に位置するルターとカールシュタットの聖餐論争[641]の中に含まれていたものでした。カールシュタットはサクラメントの意義を全否定したわけではありませんでしたが、《サクラメントを媒介にして聖霊が働くとはいわず、サクラメントから自由な聖霊の活動を主張》[642]しました。その意味において、「外的な事柄」を重んじるルターの聖餐理解とは対照的な聖餐理解を示していました。

本論の締めくくりに、宗教改革者の聖餐論争の原点であるルターとカールシュタットの聖餐論争に触れておきたいと思います（改めて、原点回帰）。

（2）ルターとカールシュタットの聖餐論争 —— 原点回帰

カールシュタットの聖餐論の最大の特質は、聖餐において「キリストの現存」を認めないという点にあります。キリストの真の体と血は、パンとぶどう酒の内にはない。カールシュタットは、あくまで聖餐は「想起（Gedechtnis。または『記念』）であるとする考え —— 「内的想起説」[643] と呼びます —— をもっていました。[644] カールシュタットに

あって、《霊の導きの下で賛美歌を歌うことも、説教することも、儀式を行うことも必ずしも否定しているわけではない》ことを確認しています（同、36頁）。

641　ヴィッテンベルク大学の同僚であったアンドレアス・カールシュタット（1480-1541）との論争は、ルターの聖餐論においては中期（1521-1525年）に位置付けられます（中期の代表的な著作は『天来の預言者らを駁す、聖像とサクラメントについて』、1524-1525年）。「指示論者」カールシュタットらと論争を行ったこの中期から、ルターの聖餐論の重点は聖餐における「キリストの現存」へと移行します。聖餐におけるキリストの現存とは、言い換えると、聖餐において「キリストの現存のリアリティをどの側面に感じているか」という問題です。聖餐におけるキリストの現存を巡る論争を通して、ルターの聖餐論を特徴付けるもうひとつの説 —— 「遍在説」が言語化されていきます。

642　倉松功「解題」（『宗教改革著作集　第七巻　ミュンツァー、カールシュタット、農民戦争』所収）、539頁。《その限りにおいて、サクラメントを通しての聖霊・恵みの伝達を主張するルターによって、カールシュタットはサクラメントを汚し、軽んじる者という意味で熱狂主義者と見られることは避けがたかったかも知れない》（同、539頁）。

643　赤木善光氏はカールシュタットの想起は「内的」なものであり、ルターの想起は「外的」なものであると述べています。同じ想起（記念）という語を巡っても、両者の理解は対照的なものであったのです。そしてそれは「外的な事柄」と「内的な事柄」の捉え方の違いに由来しています。

《カールシュタットも聖書を無視するものではない。彼も罪の赦しを宣言する言葉を拠り所にする。しかし、それは彼の言う「想起と認識」の中に内化された言葉である。そして、その内化された言葉にこそ救いがあると誇るのである。これに対しルターはあくまで外的に、公に語られる言葉に固執する。彼の言う Gedechtnis（「想起」「記念」）は内的「想起」のみでなく、外的想起、すなわち「記念」でもなければならない。（略）ルターにとって Gedechtnis とは、単に心の中で想起することではなく、外的言葉をもって公に語ることが伴わねばならない。（略）したがってルターにおいては、義とされることは、外的宣教の言葉を具体的に耳で聞くことと堅く結びついているのであって、後者をはなれて、前者は生じないのである。

とって、聖餐はあくまでキリストの死を「想起」し、「記念」するものでした。

《**ペテロ**　真理を告白しなさい。そして、キリストのみからだはパンの中にはない、またキリストの御血は杯の中にない、と言いなさい。しかし、私たちは主のパンをキリストのみからだの記念として、あるいは、キリストが私たちのために不正な者の手にわたされたことを覚えて、それを食し、キリストが私たちのために血を流したそのキリストの血を覚えて杯から飲むべきです。要するに、キリストの死を覚えて食し飲むということです》(カールシュタット『対話、もしくは対話の小冊子』[645]、1524年)。

ルターにとってはカールシュタットのこの聖餐理解が決して容認することのできないものでした。ルターにとって、聖餐におけるキリストの現存はどうしてもゆずることのできない一点であったからです。[646]

《わが読者よ、これで今あなたはカールシュタット博士の悪魔を知ったことであろう。そしてその企てたこと、すなわち、神の外的な言葉を尊重することも注視することもなく、それを私語すること、息をかけること、吹くことだと称していること、また更に、彼がサクラメントを身体的にも、霊的にも全く廃棄してしまおうとしたこともわかったであろう。すなわち、身体的にはキリストのからだも血もそのうちにはあってはならないこと、罪のゆるしがそこに霊的に起こってはならないこと、サクラメントもその果実もそこには残らぬこと、そして、こうした神の秩序と御言の代わりに、記念と認識についての自分自身の夢を打ちたてようとしたことである》(ルター『天来の預言者らを駁す　第二部』)。[647]

カールシュタットがなぜこのような聖餐理解をもっていたかを理解するには、その背景にある神学および思考のパラダイムを理解する必要があります。カールシュタットは、「外的な事柄」よりも、「内的な事柄」を重視する神学をもっていました。[648] 外的な事柄（説教とサクラメント）を介さない、聖霊による直接的な啓示を主張する立

644　我々は、ルターの言う信仰義認がこのように外的に発せられる言葉を、耳という肉体の感覚器官をもって外的に聞くことと密接にむすびついていることを承知しておかねばならない》（赤木善光『宗教改革者の聖餐論』、106、107頁）。《カールシュタットの見解では、キリストが身体的には聖餐において現在したまわないものだとし、サクラメントは、救い主の苦難と死とに心を熱くして沈潜し、そして救い主の祝福にあずかるように、あざやかな刺激をただ受領者に与えるにすぎないものだとし、聖餐はキリストの十字架を、ただ記念し告知するものに他ならないとしている》（石本岩根訳「天来の預言者らを駁す、聖像とサクラメントについて」「解説」、『ルター著作集　第一集　第六巻』所収、聖文舎、１９６３年、50頁）。

645　倉松功訳、『宗教改革著作集　第七巻　ミュンツァー、カールシュタット、農民戦争』所収、279、280頁。１５２３年にカールシュタットがオーラミュンデの牧師となってから明らかにされた「オーラミュンデの神学（１５２３–１５２５年頃）」に基づく一冊。この対話の小冊子では司祭ゲムザーがルターの立場を代表し、農夫ペテロがカールシュタットの立場を代表しています。

646　聖餐において「キリストの現存」を見出すという点においては、ルターとカトリック教会は一致していました。ルターが批判したのはカトリック教会の実体変化説の哲学的な「説明の仕方」であって、聖餐においてキリストが現存していることについてはカトリックと同様の理解を受け継いでいました（カールシュタットやツヴィングリはその現存そのものを否定したので、ルターは彼らを激しく非難していくこととなります）。
　宗教改革500年に向けて、「一致に関するルーテル＝ローマ・カトリック委員会」が出版した『争いから交わりへ —— ２０１７年に宗教改革を共同で記念するルーテル教会とカトリック教会』においても、ルーテル教会とカトリック教会が聖餐におけるキリストの現存の理解については一致していることが確認されています。《主の晩餐におけるイエス・キリストの現臨の現実性という問題は、カトリック教会とルーテル教会の間では、論争事項ではない。（略）カトリック側もルーテル側も、「現臨の空間的様式や自然的様式を拒否することでも、サクラメントは単なる記念や象徴であるという理解を拒否することでも、共通している」（Eucharist16）》（ルーテル／ローマ・カトリック共同委員会訳『争いから交わりへ —— ２０１７年に宗教改革を共同で記念するルーテル教会とカトリック教会』、111頁）。《ルーテル側とカトリック側は共に、主の晩餐におけるイエス・キリストの現実の現臨を肯定する》（同、112頁）。

647　石本岩根訳、前掲書所収、273頁。

場です。彼の内的想起説はこの神学的な枠組みの中から生じています。

《**ペテロ**　……霊的に（spiritualiter）というのは、私たちは主のみからだを霊的に食しなければならないということです。主のみからだをもはやサクラメントとして食する必要はありません。したがって、生来の外的なキリストのからだはもはや必要ないのです》（カールシュタット『対話、もしくは対話の小冊子』）。[649]

倉松功氏は、前述の神秘主義（mysticism）と霊感主義（spiritualism）の規定を踏まえ、《この規定からすると、オーラミュンデにおけるカールシュタットの神学の特徴の第一は、スピリチュアリズム特有の外的媒介の否定、すなわち、いわゆる直接性の神学である》[650]と述べています。

《カールシュタットのサクラメント・聖餐論の背後にある神学的基本的立場は、ドイツ神秘主義以来の問題として注目される内的言葉と外的言葉（verbum internum et externum）との関連、端的にいえば、外的なものを媒介にしない内的なもの（神の霊）の働きである》。[651]

対して、ルターは聖霊による直接的な啓示を認めない立場に立ち、外的な事柄の先行を主張しました。外的な事柄――すなわち説教とサクラメント――を経てはじめて、内的な事柄が啓示されるというのがルターの立場でした。言い換えると、外的な事柄を経ずしては内的な事柄は与えられない。ルターはこの順序は《神の順序》であるとし、カールシュタットはこの《神の秩序》をくつがえしていると批判しました。

《さて、神がその神聖なる福音を送りたもうたとき、私たちを二とおりの方法で取り扱っておられる。一つは外的にであり、他は内的にである。外的に私たちを取り扱うのに、福音の口をとおしての言葉により、また、洗礼やサクラメントという外的なしるしによっている。

内的には私たちを取り扱うのに聖霊と信仰とその他の賜物とによっておられる。しかしながら、その度合と順序がどうであろうと、外的な事がらが、当然、かつ、必然的に先行すべきであり、内的な事がらはその後にきたり、外的な事がらを通して起こることである。従って、神は、いかなる人間にも外的な事がらを経ずしては、内的な事がらを与えぬ決心をなさったのである》（ルター『天来の預言者らを駁す　第二部』）。[652]

ルターは、ローマ教皇は《霊的なものを身体的に取り扱い、霊的なキリスト教を身体的な外的な集りにしている》が、カールシュタットは《神が身体的、外的に作りたもうているものを霊的にすることを、もっとも企てている》と記します。《それゆえ、私たちは両者の中間を歩み、何ものをも霊的にも身体的にもすることをせず、神が霊的に作りたもうたものを霊的に、神が身体的に作りたもうたものを身体的に保つのである》。[653]

648　倉松功氏はカールシュタットの「オーラミュンデの神学」のキリスト理解の特質は、《新生、新しいキリスト教的生、キリストに似る（模倣）、キリストへの服従などとの関連で語られている模範としてのキリスト（exempel Christi, Christus als fürbild）》にあると述べています。《それは、われわれの自己放棄（gelassenheit）の果てに、神の賜物として、魂の深淵（selengrund）において起こることであるし、キリストが新生した人間の中で生きることである》とし、ここに充分にドイツ神秘主義の影響を見ることができるとしています（倉松功「解題」、『宗教改革著作集　第七巻　ミュンツァー、カールシュタット、農民戦争』所収、536、537頁）。
　また、カールシュタットはトマス・ミュンツァーに深く共感していましたが、《霊の働きを語る際に「人はそれと気づかぬうちに、往々にして偽善と高慢に陥ってしまう」》ことの危険性も指摘しています（倉松功、同、549頁。ここではカールシュタット「キリスト教教理の主要事項についての主張」の解説として）。

649　倉松功訳、同、239頁。

650　倉松功「解題」（同所収）、536頁。

651　同、545頁。

652　石本岩根訳、前掲書所収、162、163頁。

天的な事柄と「同時的」に、身体や物素を尊重するルターの思考パラダイムの一端がここにも見られます。そしてこのカールシュタットとの論争を通して、ルターの「遍在説」が言語化されていくこととなります。遍在説は聖餐における「キリストの体の遍在」を主張するものです。

《ところで、ここから生ずる結論は、キリストはどこにもおられないということではなく、キリストは至るところにいまして、エペソ一章〔二三節〕にあるように、すべてのものを満たしているかたである[654]ということである。しかし、私たちの良心を自由ならしめず、それを特別な場所や、わざや、人に結びつける人々が行なうのとはちがい、彼は、いかなる場所においても、その場以外のどこにおってもならないように、特別に拘束されているかたではないのである。（略）洗礼にしても、サクラメントにしても同様である。というわけは、説教をし、洗礼を授け、サクラメントを執行するのは教会においてだけであって、他のどこでも行なわぬということでなければならぬというのではなく、ただ必要なところではどこででも行なえるということでなければならぬからである。ところで、この点から結論となることは、サクラメントにおけるキリストは、ここかあそことかの場所に束縛されているようにはならず、キリストはそのサクラメントと共にあらゆる場所に自由にいたもうし、あるいは、いたもうであろうということである》（ルター『天来の預言者らを駁す　第二部』[655]、傍点部筆者）。

《しかしながら、私たちは、キリストのからだと血とが目に見えるものとして外的な場所にあるのではなくて、サクラメントの中に隠されていると教えているのである。そればかりではなく、私たちは彼が、すべてのところにおいてではなく、特別のところにおいて、自由でなければならないし、自由であるべきだと言っているのではない。サクラメントのためのパンとぶどう酒とともに、彼は、あらゆるところ、あらゆる場所、あらゆる時、あらゆる人に関して、自由であり、自由であるべきだと言っているのである》(同、[656] 傍点部筆者)。

ルターは、サクラメントにおいてキリストは「ここ」とか「あそこ」とかの場所に束縛される方ではなく、「サクラメントと共に、あらゆる場所に自由におられる」のだと語ります。すなわち、聖餐におけるキリストの体の遍在を示さんとする言葉です。

赤木善光氏は、この遍在説において、《ルターの信仰、神学および思考方法の特色が、最も尖鋭化した形であらわれているとも言える》[657]と述べています。本論も、遍在説においてルターが土台とするキリスト像[658]とそれに基づいた思考のパラダイムが最も明確に現れていると考えています。カールシュタットとの論争で言語化され始めた遍在説の内実は、その後、ツヴィングリ[659]との論争を通してより詳細に明らかにされていくこととなります。

---

653 同、235頁。

654 ルターはカールシュタットが《キリストがすべてのものを満たしている方である》ことを理解していない、と批判しています。《この狂った霊の持ち主は、キリストが上ったり、下ったりするかのような子供らしい考えを抱いて歩き回り……》(同、276頁)。ここでは、前提とする身体論が相違しているので、議論がかみ合わないままでいることが分かります。カールシュタットはルターとはまた異なる、改革派と共通する身体論をもっていました。

655 同、283頁。

656 同、284、285頁。

657 赤木善光『宗教改革者の聖餐論』、131頁。

658 ルターの聖餐論、特にこの「遍在説」を通して、マタイによる福音書のキリスト像（『十字架－復活のキリスト』＝インマヌエルなるキリスト）が可視化されていったというのが本論の考えです。

659 ルターはカールシュタットとツヴィングリを《熱狂主義者》とひとくくりにして批判しました。聖餐にキリストの現存を認めないという点においては、確かにカールシュタットとツヴィングリは共通していますが、その背景にある神学的なパラダイムとキリスト像はまた異なっています。

ルターの聖餐論についてはまた別の機会に取り上げたいと思いますが、これから私たちは巡り巡って、改めてその宗教改革者の聖餐論争の「はじまり」の論点に立ち戻っていくということでもあるのでしょう。

ルターはカールシュタットが指し示そうとしているものを「誤り」として否定[660]しましたが、今を生きる私たちはそれを否定するのではなく、そこにひとつの信実を見出し、そこからかけがえのない意義を汲み取っていくことが求められます。

たとえば、かつてルターとカールシュタットの間でなされた議論の論点を改めて取り上げていくことで、内住のキリスト像の内実とその神学的なパラダイムがよりはっきりと言語化されることが生じるでしょう。そのキリスト像は、もはや目に見える物質を通しては可視化されることはありませんが、その対話を通して、そして何より私たちの存在そのものを通して、「可視化・現在化」されていくでしょう。

その際、私たちはもはや対立し合うのではなく、それぞれの信実とそれぞれの枠組みがもつ意義を尊重した上で対話をしていくことが求められています。十全のイエス・キリスト像の枠組みを私たちの対話の場とするとき、それは不可能なことではなくなっていくのではないでしょうか。

これから内住のキリスト像の内実とその神学的なパラダイムがよりはっきりと言語化されていくのだとしても、これまでの伝統的な聖餐理解の意義がなくなるわけではありません。20世紀後半から集中的に言語化されてきた、開かれた聖餐理解の意義がなくなるわけでもありません。十全のイエス・キリストにおいて、その固有性、かけがえのなさは変わることなく保たれていきます。十全のイエス・キリストにおいて、その存在性は守られていきます。十全のイエス・キリストにおいて重要なことは、「存在性の確保」と「相互補完性の意識化」であるからです。

互いをかけがえのない存在として受け止め合い、相互の補完性をはっきりと意識することができたそのとき、私たちが共に仰ぎ見るものは、多面的に光り輝く、お一人なるイエス・キリストの御体です。

カールシュタットは「神秘主義的・霊感主義的」な神学的パラダイムをもっており、それは本論の考えでは「昇天－内住のキリスト像」（昇天を前提とし、内住のキリストに重きを置く）に依拠しています。対して、ツヴィングリは「改革派的」な神学的パラダイムをもっており、それは「昇天－再臨のキリスト像」（共観福音書の小黙示録のキリスト像と相似。昇天を前提とし、再臨のキリストに重きを置く）に依拠しています。

660 一方で、ルターがタウラーのドイツ神秘主義から大きな影響を受けていたことも広く知られていることです。金子晴勇氏は、ルターには《教義の改革者という側面と内面的な神秘思想家という側面》とが同時に存在しており、後者が《宗教改革の隠れた地下水脈》としてその後のドイツ敬虔主義へと発展していった可能性について述べています（金子晴勇『エラスムスとルター　一六世紀宗教改革の二つの道』、207、208頁）。

あとがき

本書に収録された論文は、２０１３年に私が牧師として日本基督教団 花巻教会（岩手県花巻市）に赴任してから、時間を見つけて書き進めてきたものです。よって、すべての論考が未発表のものになります。

これから本書を読もうする方は、タイトルに含まれる「十全のイエス・キリスト」という聞き慣れない呼称に戸惑いを覚えるかもしれません。

「十全のイエス・キリスト」は本書の造語です。「十全」という語には、「ひとつの欠けもないこと」と「多様性がありつつひとつであること」の意を込めています。

このことは、本書が何か新しいキリスト像を創出していることを意味するものではありません。この２０００年近くの間、私たちキリスト教会が「まことの神であり、まことの人である」と告白し続けてきたイエス・キリストを、また新たな視点と言葉で表現し直すことを試みたのが本書です。

この「あとがき」では、私自身が現存・救いのリアリティを感じている十全のイエス・キリストとの出会いと、本書が完成するまでの簡単な経緯を記したいと思います。

発端は、今から18年前（２００６年）のこと、私が大学4年生の時のことでした。いまだ牧師の道を進むとはまったく考えていなかった頃のことです。

その時、机に向かって考え事をしていた私は、ふと誰かが自分の心に語りかけてくれたように感じました。その声をあえて言葉にするなら、「良い」というひと言でした。

「あなたが、あなたそのもので、在って、良い――」

と、自分を超えた存在――何らかの人格的な存在[661]――から語りかけられたように感じたのです。今振り返るとそれが、本論が提示しようとしている「十全なる世界の在り方」との出会いでした。

この「良い」という語りかけを通して、私は自分の存在そのものが全肯定されたように感じました。心と体と魂のすべてを含めた私そのものが、今、大いなる存在から祝福されている。「わたしは、わたしそのもので、在って、良いのだ――」と思い至りました。[662]

ヘブライ語聖書（旧約聖書）の創世記には、天地創造の際に、神がご自分の造られたひとつひとつの存在を御覧になって「極めて良かった」と語る場面が出て来ます（1章31節）。その「良い」という神の声が、今、自分を包んでいるように感じました。創造主の「良い」という祝福の声は、天地創造のはじまりの時だけではなく、今この瞬間も、私たち一人一人の存在を包み込んでいる。それは言い換えると、神が私たち人間存在を、天地創造の始まりから愛してくださっている（エフェソの信徒への手紙1章4節）という実感でした。

また、その「良い」という祝福の声は、私だけではなく、私の周囲に在る存在のひとつひとつをも包み込んでいました。今・ここで、目の前の存在のひとつひとつが、眩い光の中で、そのものとして輝いていました。

目の前の存在ひとつひとつが、それそのものとして輝いている。

「今」という瞬間が充溢し、自分も自分そのものとして、確かに「ここ」に在る――。

目の前の事物が新しい姿で立ち現れてくるその経験は、私にとって、「新しい世界認識」として自覚されました。普段の私たちの世界認識とは別のもの、あるいは、私たちの日常意識より遥か古層にある世界認識として自覚されました。

そして、私が思い至ったことは、「生前のイエスはこのように世界を認識していたのではないか」ということでした。天地創造の際の神のまなざしと同じまなざしをもって、イエスは私たち人間一人ひとりを、被造物ひとつひとつを見つめておられたのではないか。私にとってその経験は瞬間的なものであり持続的なものではありませんでしたが、生前のイエスは継続的・恒常的にこのように世界を認識しておられたのではないかと思い至りました。

当時、私の関心がまず向かったのは、人類の進化や脳科学の分野でした。自身が経験した世界認識を、人類の進化や脳科学の見地を通して考察し、解明しようと試みたのです。

と同時に、キリスト教の視点からの考察も始めていきました。私が経験したことは聖書の本文――とりわけナザレのイエスが宣べ伝えた神の国の福音と密接な関係があることを予感していたからです。ここから、私の十全のイエス・キリストについての探求と、それを言語化する作業が始まっていきました。

---

661 大貫隆先生の表現を借りると、《全時的人格》(大貫隆『イエスという経験』、243頁。岩波現代文庫版、286頁)。

662 その時、私が同時に意識したことは、「良い」という声に包まれる存在としての自分と、「良い」という声を包む存在としての自分です。「十全のイエス・キリスト」の呼称を用いるなら、十全のイエス・キリストに包まれる存在としての自分と、十全のイエス・キリストを包み込む存在としての自分を同時に意識しました。後者は、私にとっては存在の根底に湧き出た〝泉〟として経験されました(=『内住のキリスト』との出会い)。それは、自身の内に感じ続けてきた渇きが癒される経験ともなっていきました。

しかし、その言語化の作業は大きな困難が伴うものでした。他の方々に伝わるように言語化することは難しく、数年ほど、独り格闘する日々が続きました。論文にしたり、詩にしたり小説にしたり……と試行錯誤を続けましたが、自分の言わんとしていることを他の人に理解してもらえる形で言語化することは、当時の私にとって困難な作業でした。

これらの作業の根底には常に、「あなたが、あなたそのもので、在って、良い――」との〝はじまりの一行〟を大切な人々に伝えたいとの強い促し、願いがありました。それは私にとっては、ある種の「召命」として意識されるものでした。あるいは、イエス・キリストからのご委託として意識されるものでした。

その後、新約学者の大貫隆先生の『イエスという経験』[663]を読み、私が経験し、考えてきたことと同じことが書かれており、驚きと共に、いたく感銘を受けました。

『イエスという経験』は、生前のイエスの世界認識を「内側から」理解することを試みた書です。同書は聖書学の見地から、生前のイエス（古代人イエス）の時間理解と、それに基づく世界認識を考察しています。

たとえば、大貫隆先生は、生前のイエスの世界認識を《宇宙の晴れ上がり》と表現されています。《サタンが稲妻のように天から落下する（ルカ一〇18）のを見た後のイエスの目には、あたかも雷雨のあがった直後の清澄な大気の中のように、今や天地万物が変貌し、まったく新しい姿で立ち現れる。最近の宇宙物理学がいわゆるビッグ・バンの文脈で使う表現を借りれば、正に「宇宙の晴れ上がり」である。遠藤周作が「長い長い夜があけ、黎明の光がさしこんだという印象」（『イエスの生涯』六二頁）を受けたのは、イエス自身にもその時初めて開かれた天地万物の新しいイメージなのだ》。[664]

その《宇宙の晴れ上がり》とは、創世記1章31節の、造られたすべてのものが神の目に「極めて良かった」という姿が目前に立ち現れることでもあります。《「宇宙の晴れ上がり」と共に、イエスの目には自然が変貌し（Ⅲ章五）、「造られたものすべては極めて善かった」（創一31）という太古の創造の六日目の姿で立ち現れているのである》。[665]

これらの大貫先生の記述は私自身が言語化しようとしていたことと共通しており、大きな感動と共に、私が考えてきたことは聖書学的に論述し得るものであることを改めて確かめることができました。私自身もまた、２００６年以降、福音書に内在する「生前のイエスの世界認識」を言語化しようとし続けてきたのだと理解しました。

大貫隆先生は、生前のイエスの世界認識が最も鮮明な形で表されている聖書箇所のひとつとして、よく知られた「空の鳥、野の花を見よ」の箇所（ルカによる福音書12章22－32節／マタイによる福音書6章25－33節）を挙げています。

《（ルカ一二章22－32節）[23] そこで彼（イエス）は弟子たちに言った。「だから私はあなたがたに言っておく。いのちのことで何を食べようか、体のことで何を着ようかと思い煩うな。[23] いのちは食べ物よりも大切であり、体は着るものより大切なのだから。[24] からすをつぶさに見なさい。蒔かず、刈らず、納屋もなければ、倉もない。しかし、神は彼らを養っていてくださる。あなたがたは鳥よりもどれほど優れた者であろう。[25] あなたがたの内の誰が、思い煩ったからといって、自分の背丈をわずかでも伸ばすことができようか。[26] そんな小さなことさえできないのに、なぜ他のことまで思い煩うのか。[27] 草花がどのように育つものか、つぶさに見なさい。

663 岩波書店より２００３年に出版。同書の存在は出版当時から知っていましたが、私が同書を初めて熟読したのは、２００９年に神学校に編入学した後のことでした（その後、いくつかの段落と文庫本版あとがきを追加した岩波現代文庫版が２０１４年に出版されています）。

664 大貫隆『イエスという経験』、69頁（岩波現代文庫版80、81頁）。

665 同、169頁（岩波現代文庫版198、199頁）。

紡ぎもせず、織りもしない。しかし、私はあなたがたに言う。栄華を極めたソロモンでさえ、その一つほどにも装ってはいなかった。[28]もし、今日は野にあっても明日は炉に投げ込まれる草をさえ、神はこのように装ってくださるのなら、ましてあなたがたにはなおさらのことではないか。信仰の薄い者たちよ。……》。[666]

大貫先生は右記の言葉について、《新約聖書全体の中でも、この記事ほど読者に豊かな色彩的イメージを喚起する箇所は他にない》[667]とし、この新しい自然のイメージの中に、《神の無条件の育み、無条件の肯定》を見ておられます。

《イエスの目には、空の鳥と野の草花が人間と共なる被造物として、生かされてあるいのちという根源的な現実を啓示するものとして映っている。しかも、この被造世界のイメージには「悪」が存在しない。（略）モーセ律法が設けた浄と不浄、善と悪、価値と無価値の区別が一挙に無化され、すべてが神の無条件の育み、無条件の肯定の下に置かれている》。[668]

これらの大貫先生の論述は、本書が提示することを試みている「十全性」の内実とも密接に関わっています。詳しくは、本書第二部第3章第5項「十全のイエス・キリスト像の内実」を参照ください。

大学卒業後、私は1年半ほどキリスト教出版社の手伝いをしていましたが、友人からの勧めを受け、牧師となる道へ進みました。２００９年、東京神学大学（東京都三鷹市）の学部3年に編入学をしました。

本書『違いがありつつ、ひとつ ―― 試論「十全のイエス・キリスト」へ』についての具体的な着想を得たのは、神学校在学中の時です。ある時、多面体としてのイエス・キリスト像のビジョンが頭に浮かびました。

この多面体としてのキリストのビジョンにおいて、「十字架のキリスト」と「復活のキリスト」と「昇天のキリスト」と「再臨のキリスト」が、それぞれ違いがありつつ、ひとつに結び合わされていました。〝そのもの〟として存在しながら、同時に、相互に補完し合っていました。またそして、マルコ福音書とマタイ福音書とルカ福音書とヨハネ福音書の四つ福音書がその周囲を取り囲み、それぞれの方向から、それぞれのキリスト像を指し示していました[669]（この『四福音書の相違と相互補完性』についてのビジョンは、本書の186頁に掲載している図の原型となっているものです）。

伝統的なキリスト像が新しい姿で目前に立ち現れるこのビジョンもまた、「あなたが、あなたそのもので、在って、良い――」との語りかけを聴く中で与えられたものであると受け止めています。

以降、私が取り組んでいったことは、当初は半ば直感的に把握したそれらのビジョン（見取り図）を他の方々に理解していただける形で、神学的に言語化していくことでした。神学校での4年間の学びと訓練は、そのために必要な専門的な知識と力を私に与えてくれました。

本書の第一部では、右記の「四福音書の相違と相互補完性」について論述しています。

執筆に本格的に取り組み始めたのは、牧師として働き始めてからです。冒頭で記した通り、２０１３年に教会に赴任してから、少しずつ時間を見つけて執筆を進めていきました。

牧師として働く中で与えられた、もうひとつの大切なビジョンがあります。それが、「十全のイエス・キリスト像」のビジョンです。この十全のイエス・キリスト像は、「十字架－復活－昇天－再臨のキリスト」が組み合わされた「信仰告白のキリスト」と、その土台となった「生前のイエス」とがひとつに結び合わされることを通して、私の目前に立ち現れました。この十全のイエス・キリストの内において、両者は違いがありつつ、ひとつに結び合わされていました。

666 大貫隆訳（同、70頁。岩波現代文庫版81頁）。
667 同、71、72頁（岩波現代文庫版83頁）。
668 同、72頁（岩波現代文庫版83、84頁）。
669 同時に、宗教改革時の聖餐論が、それぞれの方向から、それぞれの福音書を指し示していました。

私が思い至ったことは、前者の信仰告白のキリスト像を可視化するものとして「伝統的な聖餐論」があり、後者の生前のイエス像を可視化するものとして「開かれた聖餐論」があるのではないか、ということでした。十全のイエス・キリストの枠組みにおいて、伝統的な聖餐論と開かれた聖餐論は対立するものではなく、相互に補完し合う関係にあるのだと私は考えるようになりました（この『伝統的な聖餐論と開かれた聖餐論の相違と相互補完性』についてのビジョンは、本書の325頁に掲載している図の原型となっているものです）。

本書の第二部では、右記の「伝統的な聖餐論と開かれた聖餐論の相違と相互補完性」について論述しています。

この十全のイエス・キリストのビジョンが与えられるまでには、様々な大切な出会い、様々な大切な経験がありました。そのひとつとして私が思い起こすのは、旧約学者の並木《なみき》浩一《こういち》先生の著作集[670]との出会いです。

私は神学校で旧約聖書神学を先行し、修士論文[671]ではヨブ記を取り上げました。しかし、自分の解釈に不十分さ――いまだ肝要な部分を言語化することができていないもどかしさ――を感じていました。そのような中、神学校を卒業した年に発行された並木先生の著作集を読み、これまでの自分のヨブ記解釈に足りなかったものをはっきりと自覚しました。それは、「人間の尊厳」についての視点でした。

並木浩一先生は、ヘブライ語聖書の中には大きく二つの契約理解の流れがあることを述べておられます。ひとつ目はよく知られた《申命記的な契約理解》であり、もうひとつは《兄弟盟約としての契約理解》[672]です。

並木先生の見地によると、この兄弟盟約的な契約理解の起源は申命記的な契約理解より古く、モーセ団の時代にまで遡ります。[673]ここでの「兄弟」とは、血縁や民族を超えた兄弟関係を指しています（《契約関係に基づく諸個人の人格的尊厳を認める人間関係》が「兄弟関係」に相当）。[674]ヤハウェはこの兄弟関係の維持を命ずる「盟主」です。兄弟盟約的な契約理解はヘブライ語聖書においては、古典預言者、ヤハウィスト、ヨブ記著者などの人々によって担われていったと並木先生は述べておられます。

《兄弟関係を維持すること、つまり共同体成員間の公正を守り、諸個人の生きる権利を認め、ときに困窮者を保護するという、人々の水平の関係を維持することが、同時に神と人間の関係を維持することに重なるということです》[675]。

この兄弟盟約的な契約理解においては、「人々の水平関係」の維持が「神と人間の関係」の維持に相即しています。契約団体の成員による他者支配があった場合、それは即ち盟主であるヤハウェに対する反抗とみなされる[676]のです。

この契約理解においては、成文化された法の遵守よりも、《日常生活において兄弟の、すなわち契約団体の成員一人一人の尊厳が冒されていないかどうか、人間的な感覚が麻痺し、倒錯してはいないかどうか》[677]が問題とされます。並木先生によりますと、兄弟盟約的な契約理解においてとりわけ重要となるのは、《人間の尊厳についての感覚》[678]とその共有です。《兄弟を兄弟として認めること、すなわち神への立ち帰り》[679]となります。

---

670 『並木浩一著作集1　ヨブ記の全体像』（日本キリスト教団出版局、2013年8月）、『並木浩一著作集2　批評としての旧約学』（同、2013年12月）、『並木浩一著作集3　旧約聖書の水脈』（同、2014年6月）。

671 タイトルは「契約なき苦難――『ヨブ記』詩文における苦難の固有性」。「ヨブ記と契約」という視点からヨブ記を読み解くことを試みた論文です。神学校に在学中、小友聡先生より旧約聖書神学のご指導をいただきました。

672 参照：「付論　ヨブ記における契約――創造と救済」（『並木浩一著作集1　ヨブ記の全体像』所収）、260－271頁。並木先生が提示するこの二つの契約理解については、筆者の小論「ヨブ記と契約」（『季刊　教会』No.99所収、2015年、50－56頁）も参照ください。

673 並木浩一「古代イスラエルにおける契約思想」（『並木浩一著作集3　旧約聖書の水脈』所収、日本キリスト教団出版局、2014年）、51－53頁。

674 並木浩一「イスラエルにおける神・人間・社会」（『ヘブライズムの人間感覚　〈個〉と〈共同性〉の弁証法』所収、新教出版社、1997年）、51頁。

675 同、54、55頁。

676 並木浩一「古代イスラエルにおける契約思想」（『並木浩一著作集3　旧約聖書の水脈』所収）、52頁。

677 並木浩一「イスラエルにおける神・人間・社会」（『ヘブライズムの人間感覚　〈個〉と〈共同性〉の弁証法』所収）51頁。

678 並木浩一「古代イスラエルにおける契約思想」（『並木浩一著作集3　旧約聖書の水脈』所収）、65頁。

神学校を卒業して教会へ派遣されてから、私は「人間の尊厳」ということをしきりに考えるようになりました。今のキリスト教会が求められているのは、人間の尊厳についての感受を取り戻していくことではないか――。そのような問題意識を抱く中、並木先生の著作集を参照することで、その問題意識を、自分なりに少しずつ神学的に言語化することができるようになっていきました。

もうひとつ、私にとってかけがえのない経験となったのが、福島への旅でした。2014年6月9日~11日にかけて、福島県の若松栄町教会を会場にして開催された日本基督教団の部落解放全国活動者会議に妻と共に参加したのです。その集会において、福島に生きる人々の声を聴く機会が与えられました。福島を訪問したのもその時が初めてのことでした。

原発事故により想像を絶する困難を強いられた方々のお話を伺いながら、私は自分の心が、奥の方から強く揺り動かされていくのを感じました。自分の無知や無関心を思い知らされたということもありましたが、それ以上の、何か根本的な変化が自らの内で起こり始めているのを感じました。実際に涙を流していたわけではありませんが、心の中ではもう一人の私がずっと涙を流し続けていたように思います。

少し大げさな表現にもなりますが、この福島での経験は、私にとってある種の「回心」の経験と呼べるようなものとなりました。自分の内でそれまではいまだ閉じたままであったもうひとつの扉が、大きく開いたように感じたのです。その扉とは、「生前のイエス」の扉でした。「一人の人間として、ナザレのイエスがどう生きたか」――その生前のイエスの内実が開示され始めました。

以来、原発事故による放射能問題をはじめ、私たちの社会が抱える様々な課題・問題にコミットしていくことへの願いが私の中で強まっていきました。今苦しみの中にいる方々と連帯し、自分にできること、なすべきことをしていきたいと思うようになりました。

そのような過程を経て示されたのが、「信仰告白のキリスト」と「生前のイエス」が相互に補完し合っているというビジョンです。

信仰告白のキリスト像と生前のイエス像は本来、対立する関係にはなく、相互に補完し合う関係にある。神に栄光を帰することも、人間に尊厳を確保することも、どちらも等しく重要なことです。イエス・キリストが最も重要な掟として、「神を愛すること」と「隣人を愛すること」の二つを挙げた通りです（マタイによる福音書22章34—40節）。

そして前者の信仰告白のキリスト像を可視化するものとして「伝統的な聖餐論」があり、後者の生前のイエス像を可視化するものとして「開かれた聖餐論」がある。両者は本来、対立する関係にはなく、相互に補完し合う関係にあることを、次第に私は確信するようになりました。


私が受け取った二つのビジョン——「四福音書の相違と相互補完性」のビジョンと「伝統的な聖餐論と開かれた聖餐論の相違と相互補完性」のビジョンを神学的に言語化していくことは自分の責務であり、また急務であると感じました。

本書の第二部で取り上げているように、私が属する日本基督教団は伝統的な聖餐論と開かれた聖餐論を巡り、対立と分断が生じています。その他にも、信仰理解や互いの立場を巡って、様々な分断が生じています。そのような状況に牧師として身を置きながら、自分の論文が対話を始めることに少しでも寄与できることを願い、執筆を続けました。

けれども、私が想定していた以上にこれらの作業には時間がかかり（様々な立場の方に納得していただけるよう、しっかりと時間をかけるべきだという思いもあり）、昨年（2023年）、ようやく第一部と第二部を完成させるに至

679　同、63頁。

りました。この10年間、論文のことがいつも心に懸かり続けてきましたが、私としてはこれでようやくイエス・キリストから受けていたご委託を一部分でも果たすことができた思いで、安堵しています。

と同時に、肝要なことは、十全のイエス・キリストを言語化するだけではなく、私自身がその内実を「生きていく」ことでありましょう。私たちが互いの存在をかけがえのないものとして受け止め合い、互いに補い合い支え合う関係性であることをはっきりと意識することを通して、このキリスト像は最もよく現存するでしょう。私たちの外に、私たちの間に、私たちの内に、十全なる形で——。

本書の執筆と出版にあたり、多くの方々からご支援をいただきました。

本書の巻頭言として、小友聡先生が推薦の言葉を記してくださいました。小友先生は神学校で修士論文をご指導くださった恩師です。この度も本書を原稿の段階からお読みくださり、論評と励ましの言葉をお送りくださいました。心より感謝申し上げます。

出版に際して、大貫隆先生が第一部「違いがありつつ、ひとつ——四福音書の相違と相互補完性」の査読をしてくださいました。この「あとがき」でも述べましたように、大貫先生のご著書は私の大切な指針であり続けています。大貫先生に聖書学的見地より詳細な論評をいただけましたこと、厚く御礼申し上げます。

同じく出版に際し、千葉惠先生が第一部を査読してくださいました。千葉先生は北海道大学時代の私の恩師です。千葉先生からも言葉の表記の仕方をはじめ、貴重なご指摘をいただきました。

並木浩一先生は原稿の段階から本書の第一部・第二部の全体をお読みくださり、論評と励ましの言葉をお送りくださいました。前述しましたように、私は並木先生の著作集を参照することにより、人間の尊厳についての問題意識を少しずつ神学的に言語化するよう促されていきました。敬愛する先生方に本書を論評いただきましたこと、心より感謝申し上げます。

また、第二部の執筆に際して、井上智先生が関西学院大学図書館にて資料（基督教新報のバックナンバー）の確認をしてくださいました。コロナ・パンデミックも重なり、県外の図書館の利用もままならない中、資料を確認いただき大変助かりました。

出版の費用についても、多くの方々よりご支援をいただきました。出版の支援は小友聡先生、関川泰寛先生、藤野雄大先生、東北伝道協力会の皆さまが中心になって呼びかけてくださいました。

関川泰寛先生は私の神学生時代の恩師（当時、東京神学大学教授・十貫坂教会牧師）です。神学生時代、私は関川泰寛先生、関川瑞恵先生ご夫妻からご指導をいただきました。様々な面で大変お世話になると共に、お二人を通して、信仰告白のキリストへの信仰がいかにかけがえのないものかを学ばせていただきました。関川泰寛先生、瑞恵先生、十貫坂教会の皆さまの祈りとお支えがあったからこそ、私は牧師としての歩みを始めることができました。心より感謝申し上げます。

２０２２年8月に開催された東北伝道協力会の夏のセミナーでは、私が本書の第一部の内容について発題を担当し、関川泰寛先生、関川瑞恵先生をはじめ、参加者の皆さまから貴重なご意見をいただくことができました。

本書の出版を快諾くださり、丁寧な編集作業を続けてくださったヨベルの安田正人さん、スタッフの皆さまに感謝申し上げます。

そして、２０１３年に赴任して以降、私と家族を支えて続けてくださっている花巻教会の皆さまに感謝の言葉を述べたいと思います。この10年、皆さまに支えていただく中で、論文の執筆を続けることができ、この度の出版にまで至ることができました。ありがとうございました。

最後に、もうひとつ、私が十全のイエス・キリストから聴き取ったと受け止めている言葉を記します。この言葉は法典のように、私の実存を規定しています。この言葉はともし火のように、私の内に燃え続けています。

存在したものが、
あたかも存在しなかったかのようにされてしまうことが、
ないように。

すべての存在が、
「そのもの」として存在し、
かつ、これからも存在し続けるように。

存在が、
あたかもはじめから存在しなかったかのようにされることが、
決して、ないように。

２０２４年10月

鈴木道也

使徒教父文書

教父文書

グノーシス文書

聖書索引

〈旧約聖書〉

〈新約聖書〉

著者プロフィール
鈴木道也（すずき・みちや）
1983 年 京都府京都市生まれ。
2007 年 北海道大学文学部卒業、2013 年 東京神学大学大学院修士課程修了。
2013 年より日本基督教団 花巻教会牧師（主任担任教師）。
日本神学研究センター、東北伝道協力会 会員。

違いがありつつ、ひとつ —— 試論「十全のイエス・キリスト」へ

2024 年 11 月 20 日 初版発行
2025 年 06 月 30 日 再版発行

著　者 —— 鈴木道也
発行者 —— 安田正人
発行所 —— 株式会社ヨベル　YOBEL, Inc.
〒 113-0033 東京都文京区本郷 4-1-1　菊花ビル 5F
Tel 03-3818-4851　Fax 03-3818-4858
e-mail：info@yobel.co.jp

印刷 —— 中央精版印刷株式会社
装丁 —— ロゴスデザイン：長尾優

配給元—日本キリスト教書販売株式会社（日キ販）
〒 162 - 0814　東京都新宿区新小川町 9 -1
振替 00130-3-60976　Tel 03-3260-5670

 ISBN978-4-911054-22-2 C0016

聖書は、『聖書 新共同訳』（日本聖書協会）を使用しています。

ヨベルの既刊・既刊書ご案内

小高夏期自由大学事務局［編著］《飯島 信／小暮修也》　再版出来！

心折れる日を越え、明日を呼び寄せる

——手造りの再生へ向かう原発被災地の小高から

YOBEL新書099　新書判・二四〇頁・定価一四三〇円　ISBN978-4-911054-26-0

ダイアン・ラングバーグ［著］　前島常郎［訳］　反響

パワハラ・セクハラとキリスト教会——権威とその乱用

四六判・二八八頁・一九八〇円　ISBN978-4-911054-40-6

川上直哉［著］　反響　在庫僅少！

私の救い、私たちの希望

——ボッシュ『宣教のパラダイム転換』を被災の地で読む

四六判・二六四頁・一九八〇円　ISBN978-4-911054-33-8

金子晴勇［著］（『キリスト教思想史の諸時代』全9巻の続編　全6巻）

キリスト教思想史の例話集 I

物語集

YOBEL新書100　新書判・三四四頁・一五四〇円　ISBN978-4-911054-27-7

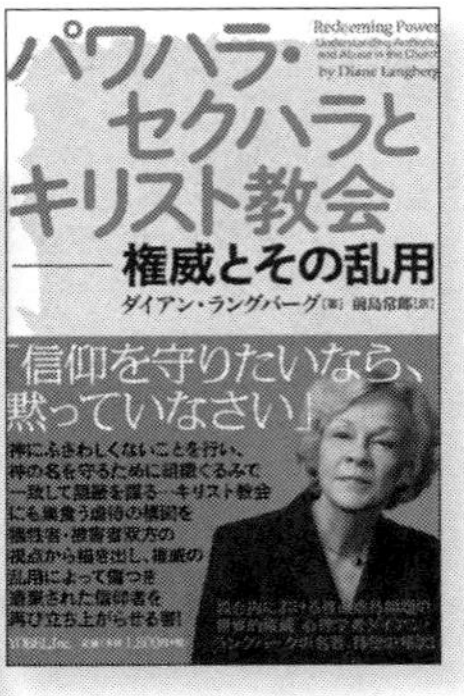

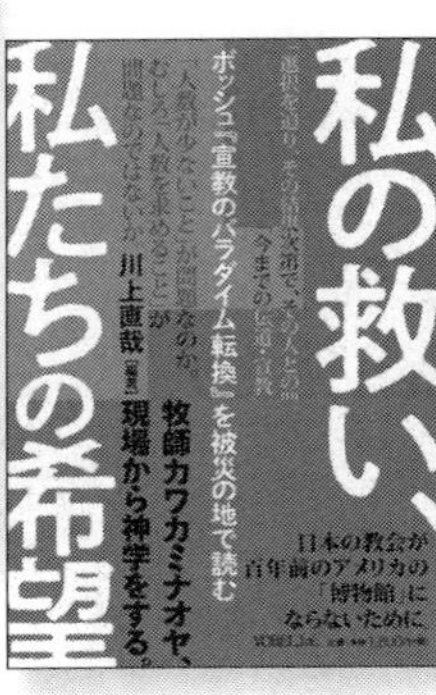

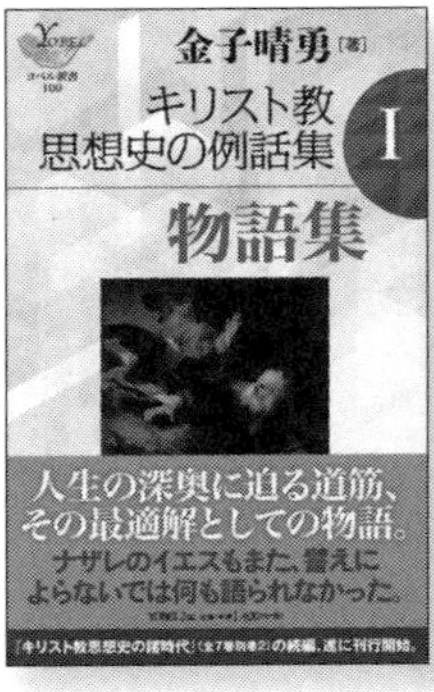